DER NATIONAL GEOGRAPHIC TRAVELER

RUMÄNIEN

Auflage 2009/2010

IS HS

DER NATIONAL GEOGRAPHIC TRAVELER

RUMÄNIEN

Caroline Juler
Fotografien von Steve Weinberg

Inhalt

Seite 1: Ein Junge in Vlahiţa, Transsilvanien, beim jährlichen Narzissen-Fest
Seite 2–3: Morgenlicht in der Biserica Stavropoleos im Bukarester Stadtviertel Lipscani
Links: Ein Geiger in Valea lässt den Căluş, einen uralten Pfingstbrauch, wieder aufleben. Dabei geht es um Fruchtbarkeit und gutes Gelingen

Benutzerhinweise

Text- und Kartensymbole siehe hintere Umschlagklappe

Der *National Geographic Traveler* macht Sie mit den schönsten Seiten Rumäniens bekannt – in Texten, Bildern und Karten. Der Band ist in drei Hauptteile untergliedert und beginnt mit einem Überblick über die Geschichte und Kultur des Landes.

Es folgen acht Regionalkapitel, die vom Autor sorgfältig ausgewählte Orte und Sehenswürdigkeiten ausführlich vorstellen. Ein Inhaltsverzeichnis zu Beginn eines jeden Kapitels erleichtert das Zurechtfinden.

Die Regionen und Sehenswürdigkeiten sind innerhalb eines Kapitels geographisch angeordnet. Karten zu Beginn eines jeden Kapitels ermöglichen eine rasche Orientierung. Die vorgeschlagenen Wanderungen und Rundfahrten werden auf eigenen Karten abgebildet und sind deshalb leicht nachvollziehbar. Specials und Infokästen enthalten zusätzliche Informationen über Geschichte, Kultur und Alltagsleben.

Die Reiseinformationen am Ende des Buches bieten wichtige Auskünfte für den Reisenden und helfen bei der Reiseplanung ebenso wie bei der Suche nach Hotels, Restaurants, Läden oder Unterhaltungsangeboten vor Ort. Diese ausführlichen Hinweise sind nach Regionen gegliedert.

Die Angaben entsprechen dem Stand zum Zeitpunkt der Drucklegung. Da sich immer wieder Änderungen ergeben können, empfiehlt sich eine telefonische Anfrage.

116

Farbkodierung

Um Ihnen die Orientierung zu erleichtern, wurde jeder Region eine bestimmte Farbe zugewiesen. So finden Sie von der Übersicht auf der vorderen Umschlagklappe schnell zu den entsprechenden farbig markierten Seiten. Auch die **Reiseinformationen** sind mit der gleichen Farbkodierung versehen.

Muzeul Naţional de Istorie a României
- 49 E1
- Calea Victoriei 12
- 021 315 0782
- Mo geschl.
- €
- Metro: Piaţa Unirii 1

Besucherinformation

In den Außenspalten am Seitenrand finden Sie die für einen Besuch unentbehrlichen praktischen Angaben (die Bedeutung der Symbole wird auf der hinteren Umschlagklappe erklärt). Der Verweis auf die jeweilige Karte enthält die Seitenzahl. Es folgen Adresse und Telefonnummer, Homepage, Öffnungszeiten und die Höhe des Eintrittspreises – in Preiskategorien von € (unter 4 €) bis €€€€€ (über 20 €) –, die nächstgelegene U-Bahnstation oder Bushaltestelle. Besucherinformationen bei kleineren Sehenswürdigkeiten stehen direkt im Text. Die Eintrittspreise sind Ausländerpreise.

Hotel- und Restaurantpreise

Erläuterungen zu den Preiskategorien finden Sie im Abschnitt „Hotels & Restaurants" ab S. 244.

REISEINFORMATIONEN

TRANSSILVANIEN — Region mit Farbkodierung

GASTHOF CLARA — Name des Hotels und Preiskategorie
€€

STR. RÂULUI 24
TEL. 0269 222 914
FAX 0269 206 071
www.gasthofclara.ro — Adresse, Telefon und Faxnummer, Homepage

Die Pension liegt an einer lebhaften Straße auf der anderen Flussseite; vom Hauptplatz läuft man rund 10–15 Minuten dorthin. — Kurzbeschreibung des Hotels

6 — Ausstattung und Kreditkarten

LA PIAZZETTA — Name des Restaurants und Preiskategorie
€€

PIAŢA MICĂ 15
SIBIU
TEL. 0269 230 879 — Adresse und Telefonnummer

Die italienische Pizzeria serviert die besten Pizzen in Sibiu, wenn nicht sogar in ganz Rumänien. Da sie nur 25 Plätze hat, sind Reservierungen anzuraten. — Kurzbeschreibung des Restaurants

25 — Öffnungszeiten und Kreditkarten

ÜBERSICHTSKARTEN

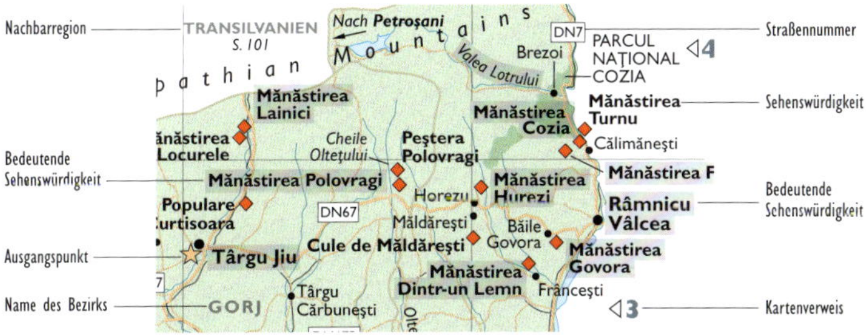

- Zu jeder Übersichtskarte gehört eine Orientierunsgkarte, welche die Lage der jeweiligen Region im Land zeigt.
- Auf angrenzende Regionen wird mit Seitenverweisen aufmerksam gemacht.

SPAZIERGÄNGE

- Eine Infobox nennt Ausgangs- und Endpunkt, Dauer und Länge des Spaziergangs sowie Sehenswürdigkeiten, die man unterwegs nicht versäumen sollte.
- Sind auf einer Karte zwei Wanderungen eingezeichnet, wird die zweite in Orange dargestellt.

AUSFLÜGE

- Eine Infobox nennt Ausgangs- und Endpunkt, Dauer und Länge der Rundfahrt sowie Sehenswürdigkeiten, die man unterwegs nicht versäumen sollte.

DER NATIONAL GEOGRAPHIC TRAVELER

RUMÄNIEN

Über die Autoren und den Fotografen

Caroline Juler ist Schriftstellerin und Künstlerin. Sie reiste 1993 im Rahmen eines Kunstfestivals in den Karpaten erstmals nach Rumänien. Seither ist sie jedes Jahr wiedergekommen. 1998 beendete sie ihre Recherchearbeiten für die Erstausgabe von *Blue Guide Romania* und einem weiteren Buch über Rumänien, *Searching for Sarmizegetusa*, das 2003 erschienen ist. Sie hat sich bei einer Initiative von Einheimischen engagiert, die versuchen, die Ausbeutung des Goldenen Vierecks im Apuseni-Gebirge zu verhindern. Derzeit renoviert sie ein traditionelles rumänisches Haus, das anschließend Freunden und Teilnehmern ihrer geführten Reisen durch Rumänien zur Verfügung stehen soll.

Seit über 15 Jahren hat **Steven Weinberg** die Länder Mitteleuropas und die Staaaten der ehemaligen Sowjetunion bereist und fotografiert. Der Umbruch im Osten mit dem einschneidenden Wechsel der Wirtschaftssysteme erscheint ihm im Rückblick wie der Beginn einer neuen Epoche der Weltgeschichte, und er hatte das Glück, diese Zeitenwende im Bild festhalten zu können. Seine Arbeiten werden von Getty Images vertrieben und weltweit publiziert. Die amerikanische Botschaft im georgischen Tiflis hat eine Ausstellung mit seinen Arbeiten finanziert, und Nikon würdigt Weinberg auf der Firmen-Website im Kapitel „Legends Behind the Lens".

Das Kapitel „Reiseinformationen" wurde von **Mark Baker** verfasst, einem freiberuflichen Journalisten und Reiseautor mit Hauptsitz in Prag. Er arbeitet häufig für das Magazin *National Geographic Traveler*, und seine Artikel sind unter anderem im *Wall Street Journal* veröffentlicht worden. Früher war er längere Zeit als Autor und Korrespondent für Radio Free Europe tätig.

Geschichte und Kultur

Die rumänische Flagge weht am Arcul de Triumf in Bukarest

Rumänien heute

RUMÄNIEN IST EIN LAND VON ZEITLOSER SCHÖNHEIT. DAS MARKANTESTE Landschaftselement ist der Karpatenbogen, der von der südwestlichen Landesgrenze durch das Kerngebiet bis in den Nordosten verläuft. Rumänien war lange Zeit fast vollkommen isoliert und auf sich selbst gestellt; entsprechend unverfälscht präsentiert es sich heute. Hier reichen die Traditionen der Menschen noch bis in graue Vorzeit zurück, und der Rhythmus des Lebens hat sich an manchen Orten seit Jahrhunderten kaum verändert. Farbenprächtige mittelalterliche Klöster, hölzerne Kirchenbauten, wahre Märchenschlösser und Paläste und nicht zuletzt Ruinen aus römischen Tagen künden von einer tiefen Verwurzelung in der Geschichte. Seit dem Sturz Ceauşescus 1989 bemüht sich Rumänien allerdings darum, Anschluss an die Moderne zu finden; ein großer Schritt auf diesem Weg war der Beitritt zur EU im Januar 2007.

BUKAREST

Bukarest steht im Zentrum der gewaltigen Umwälzungen. Die Stadt, in der immerhin 10 Prozent der Einwohner des Landes leben, wurde nach dem Vorbild von Paris gestaltet, was man nicht nur am Triumphbogen, sondern auch an den Palästen und an den bemerkenswerten Museen ablesen kann. Ceauşescu hatte einst versucht, in dieser Stadt so viele Zeugnisse der Vergangenheit wie irgend möglich auszumerzen. Mitten im Zentrum ließ er einen gigantischen Palast auftürmen, der ausschließlich seiner eigenen Verherrlichung diente; mehrere Quadratkilometer mit wertvoller historischer Bausubstanz fielen seiner völlig phantasielosen und öden Vision zum Opfer.

Nach der Revolution 1989 hat sich die Hauptstadt ein modernes Finanzzentrum zugelegt; Hochhäuser aus Glas und Chrom wachsen überall aus dem Boden. Riesige Plakatwände hängen wie Schleier vor den Fassaden, und Autoabgase verpesten mittlerweile die Luft. Vor den Ampeln drängeln sich uralte, schrottreife Karossen neben ultramodernen Limousinen; beide brausen hupend durch die Straßen und scheuchen Fußgänger von den Wegen. Hoch über den Köpfen ist ein Netz aus allerlei Kabeln gespannt, die sich um jede freie Säule und jeden Laternenpfahl winden. Abseits der Hauptverkehrsstraßen gelangt man jedoch in eine völlig andere Welt: Hier erinnert noch Vieles an die osmanische Vergangenheit und an den machtvollen Einfluss der oströmischen Kirche (in der Stadt gibt es nicht weniger als 300 orthodoxe Kirchen!). Girlandengeschmückte Balkone, mit Ornamenten bestückte Bögen, stille Innenhöfe, Straßen mit Kopfsteinpflaster, mächtige Bäume, die im Sommer Schatten spenden, und unzählige Parks und Gärten – dies alles passt ganz und gar nicht zum verbreiteten Klischee vom heruntergewirtschafteten Bukarest. Und gerade im sogenannten Freizeitsektor entsteht ständig Neues: Hotels, Cafés, Bars, Restaurants, Theater, Kinos und Clubs. Das alles mag verwirrend und manchmal auch anstrengend sein, langweilig allerdings ist die rumänische Hauptstadt mit Sicherheit nicht.

LEBENDIGE VERGANGENHEIT

Rumänien war geographisch und politisch lange Zeit dermaßen isoliert, dass an manchen Orten mittelalterliche Lebensweisen bis heute überdauert haben. In ganz Europa gibt es vermutlich kein zweites Land mehr, in dem man so tief in die Vergangenheit des Kontinents eintauchen kann. Überall auf dem Land sind Kleinbauern noch mit Pferdegespannen unterwegs; jeder baut sein eigenes Gemüse an, hält

Der Platz Piaţa Unirii in Timişoara (Temeschwar). Die Universitätsstadt im Westen wirkte schon immer recht kosmopolitisch. Sie führte übrigens auch als erste in ganz Europa die elektrische Straßenbeleuchtung ein

ein wenig Vieh und näht sich seine Kleidung. Doch selbst in abgelegenen Landstrichen sind die Zeichen des Wandels unübersehbar. Privatleute haben Pensionen und Herbergen für Gäste eingerichtet, und Handwerker bemühen sich um eine Vermarktung ihres Könnens: Jedes noch so kleine Völkerkundemuseum besitzt mittlerweile einen Museumsladen und bietet dort die Arbeiten von Kunsthandwerkern an.

Noch deutlicher lässt sich der Wandel an der demografischen Entwicklung ablesen. Nach 1989 sind immer mehr junge Menschen vom Land in die Städte gezogen, und der Trend geht weiter in Richtung Stadt. Deshalb besitzen heute auch so viele Städter kleine Parzellen auf dem Lande; die Familien verbringen dort ihre Wochenenden oder ihren Urlaub. Unmittelbar ins Auge fällt der Konflikt zwischen Stadt und Land, wenn die neuesten Sportwagen durch winzige Dorfstraßen brausen und sich weder um Höchstgeschwindigkeiten kümmern noch auf Menschen oder Vieh Rücksicht nehmen.

Biertan (Birthälm) wurde 1224 gegründet und zählt zu den ältesten deutschen Siedlungen in Siebenbürgen. Die Wehrkirche errichteten die Deutschen im 15. Jahrhundert, um sich vor den Ungarn und Osmanen zu schützen

REGIONALE VIELFALT

Rumänien ist ein großes Land, und innerhalb seiner Grenzen findet sich für jeden etwas – egal, ob man sich nun für Kultur, Geschichte oder für die Tierwelt interessiert oder eher einen Aktivurlaub plant. Die meisten Rumänienbesucher, die zum ersten Mal hier sind, reisen zunächst nach Bukarest, aber dort steckt die Entwicklung eines touristischen Angebots eigentlich noch in den Anfängen.

Ausländische Besucher übersehen oft – und ganz zu Unrecht – Oltenia (Oltenien), die sogenannte Kleine Walachei. Dabei ist diese Landschaft geradezu übersät mit prachtvollen

Klöstern, traditionsreichen Badeorten und zauberhaften Dörfern. Die schönsten von ihnen findet man in den Karpaten. Höhlen gibt es hier ebenfalls mehr als genug – darunter Muierilor und Polovragi, um nur zwei zu nennen. Die Bewohner Olteniens sind bekannt für ihre offene, freundliche Art und für ihren sehr traditionellen Glauben.

Transsilvanien (Siebenbürgen), von den Karpaten eingefasst und reich an außergewöhnlichen Städten und hübschen Dörfern, war dem Rest des Landes schon immer einen Schritt voraus. Historisch gesehen hat dies viel mit dem Wirken von Einwanderern zu tun, unter denen vor allem die Deutschen eine wichtige Rolle spielten. Die Zuwanderer kultivierten das Land und entwickelten die Wirtschaft. Im Mittelalter errichteten die deutschen Siedler hier wehrhafte Kirchenbauten, von denen viele bis heute erhalten sind. Aus späterer Zeit stammen romantische Schlösser und Herrenhäuser, die vielerorts das Land-

schaftsbild bereichern. Und den rumänischen Winter kann man heute in Ferienresorts wie Predeal oder Poiana Braşov genießen. Die Erzählungen vom legendären Grafen Dracula haben ihren Ursprung in Transsilvanien; viele halten Schloss Bran, 1212 errichtet, für das historische Dracula-Schloss.

Maramureş, sehr stark von der Landwirtschaft dominiert, liegt so fernab im Nordwesten, dass selbst die Römer nicht bis hierher kamen. Das Beackern der Felder, die Getreideernte und das Schneiden des Heus werden hier immer noch ganz wie vor Jahrhunderten von Hand erledigt. Berühmt ist dieser Landstrich vor allem für seine Bauten aus Holz und für die Kirchen mit den hohen Türmen und den doppelten Dächern.

Eine Schulklasse besichtigt das Kloster Căldăruşani 30 Kilometer nordöstlich von Bukarest. Die Religion spielt im heutigen Rumänien immer noch eine wichtige Rolle

Im Nordosten Rumäniens, dort, wo das Grasland den waldbedeckten Bergen der Karpaten weicht und wo die Grenze zur Ukraine in Sichtweite gerät, liegt die Bucovina. Hier sind einige der bemerkenswertesten architektonischen Schätze des ganzen Landes zu bestaunen, darunter bemalte Kirchen aus dem 15. und 16. Jahrhundert, die im Inneren ebenso wie an den Außenwänden ein regelrechtes Kaleidoskop byzantinischer Malereien präsentieren. Diese Kirchen sollte kein Kunstliebhaber auslassen, zumal die ländliche Lage der Kirchen den romantischen Reiz noch steigert.

DIE RUMÄNEN

Chaotisch, emotional, respektlos, aber auch tief religiös und obrigkeitshörig: Das sind nur einige der gängigen Klischees, mit denen man versucht, den Charakter der Rumänen auf einen Punkt zu bringen. Ein Blick auf ihre Herkunft und Geschichte kann helfen, die Rumänen besser zu verstehen.

In Rumänien überlagern sich drei große Kulturkreise – Mitteleuropa, Osteuropa und der Balkan. Immer wieder drangen fremde Siedler oder Besatzer ins Land vor; mit Recht kann man von einem Schmelztiegel der Kulturen sprechen. Heute stellen die eigentlichen Rumänen 89 Prozent der Gesamtbevölkerung. Die Ungarn bilden mit 6,6 Prozent die zweitgrößte Gruppe, gefolgt von den Roma mit 2,5 Prozent (viele halten diese Zahl allerdings für zu niedrig angesetzt), den Ukrainern und

Vor 3000 Jahren brachten die Griechen die Kunst des Weinbaus nach Rumänien. Dank guter Böden und eines günstigen Klimas zählt das Land heute zu den großen Weinproduzenten der Welt

Deutschen mit jeweils nur noch 0,3 Prozent; Russen und Türken stellen jeweils 0,2 Prozent der Bevölkerung. Die meisten Deutschen und Ungarn leben in Transsilvanien (Siebenbürgen), Ukrainer und Russen siedeln über-

Ceauşescus zwölfstöckiger Stadtpalast mit 1100 Räumen dient mittlerweile als Sitz des Landesparlamentes. Nach dem amerikanischen Pentagon ist der Riesenkomplex das zweitgrößte Verwaltungsgebäude der Erde

wiegend rund um das Donaudelta und die Türken entlang der Schwarzmeerküste.

Insgesamt leben in Rumänien 17 offiziell anerkannte ethnische Minderheiten; die Roma stellen mit 500 000 die größte Gruppe.

Viele Bewohner der Bergregionen behaupten, ihre Vorfahren seien die Daker gewesen, ein thrakisches Volk, das schon in vorrömischer Zeit hier ansässig war. Die rumänische Sprache geht allerdings eindeutig auf das Vulgärlatein zurück, das auf den Straßen des Landes gesprochen wurde, als im 2. Jahrhundert n. Chr. der römische Kaiser Hadrian über die fruchtbaren Provinzen nördlich der Donau herrschte. Etwa um das 10. Jahrhundert nahm das Rumänische annähernd seine heutige Gestalt an, wobei viele Wörter aus slawischen Sprachen Eingang fanden.

Mehr als die Hälfte der 22 Millionen Rumänen lebt in Städten; insgesamt gibt es 30 000 Städte. Keine davon liegt mehr als 64 Kilometer von der nächsten entfernt – ein Relikt aus alten Zeiten, denn größere Strecken konnte ein Pferdefuhrwerk zwischen Sonnenauf- und -untergang nicht bewältigen. Die durchschnittliche Bevölkerungsdichte liegt bei 98 Einwohnern pro Quadratkilometer (Deutschland: 231 Einw./km²).

Die meisten Rumänen gehören der rumänisch-orthodoxen Kirche an, einer eigenständigen (autokephalen) Institution im Kreis der orthodoxen Kirchen des Ostens. Unter den kleineren Religionsgemeinschaften ist insbesondere die rumänische griechisch-katholische Kirche zu nennen, die mit der römisch-katholischen Kirche uniert ist; sie fasste Anfang des 18. Jahrhunderts in Siebenbürgen Fuß. Daneben gibt es Mitglieder der ungarischen reformierten Kirche, außerdem Juden, Muslime und Protestanten.

REVOLUTION IM DEZEMBER 1989

Bei der rumänischen Revolution 1989 kamen über 1000 Menschen ums Leben; in den meisten größeren Städten des Landes erinnern heute Gedenkstätten an die Verstorbenen. Seit dem Ende des Kommunismus hat sich das Land erheblich verändert. Die Teenager und Studenten, die damals den Umsturz maßgeblich betrieben haben, sind inzwischen in die Jahre gekommen. Für ihre Generation gilt das freie Wort in der Öffentlichkeit als etwas Selbstverständliches – ihre Eltern und Großeltern hätten nie gewagt, an so etwas auch nur zu denken. Diese Generation führt das Land nun mit viel Elan in eine bessere Zukunft.

Früher hatte Rumänien sich eigentlich immer gleichzeitig nach Osten und nach Westen hin orientiert. Man muss sich nur einmal die Biografien diverser rumänischer Fürsten ansehen (darunter Vlad Țepes, Constantin Brâncoveanu, Vasile Lupu und viele andere), und man wird schnell feststellen, dass sie bei all ihren Kämpfen für die Unabhängigkeit doch immer auf die Unterstützung ihrer nichtchristlichen Nachbarn angewiesen waren. Einige oströmische Kaiser hatten es exakt genauso gehalten und sich sogar der Hilfe arabischer Freunde im Kampf gegen christliche Feinde versichert.

Kein Wunder also, dass manche Rumänen einem engeren Bündnis mit den osteuropäischen und nahöstlichen Nachbarn den Vorzug geben würden. 1992 trat Rumänien zusammen mit elf anderen Staaten der Schwarzmeer-Wirtschaftskooperation (SMWK) bei; zu deren Mitgliedern zählen u. a. Bulgarien, Georgien, Griechenland, Russland und die Türkei. Zwar hat der ultranationalistische Politiker Corneliu Vadim Tudor heftige Kritik einstecken müssen, als er in den 1990er Jahren teure Geschenke ausgerechnet von Saddam Hussein angenommen hatte, doch der Vorgang zeigt einmal mehr, dass Rumänien im Grunde genommen immer darum bemüht war, sein Verhältnis zu den verschiedensten Bündnispartnern auszubalancieren. Natürlich findet diese Taktik im Westen nicht immer ungeteilten Beifall.

Inzwischen ist Rumänien der NATO (2002) und der EU (2007) beigetreten, doch nach einer recht schwierigen Übergangsphase vom Kommunismus zur Demokratie scheint das Land immer noch auf der Suche nach dem richtigen Weg zu sein.

Sorgen bereitet vielen Rumänen eine mögliche Bedrohung durch Russland. Die Besetzung Bessarabiens und der nördlichen Bucovina durch die Rote Armee ist noch keineswegs vergessen. Die ablehnende Haltung der russischsprachigen Moldawier gegenüber einer Union mit Rumänien hat erste Hoffnungen der dortigen rumänischsprachigen Mehrheit auf eine Vereinigte Republik Moldau allerdings zunichtegemacht.

DIE GEGENWÄRTIGE LAGE

Erfreulicherweise ist die rumänische Wirtschaft im Aufschwung begriffen. 2006 konnte das Land ein recht stabiles Wachstum vorweisen (2004: 8,3 Prozent). Von der Weltbank erhielt Rumänien 2006 gute Noten für seine Reformbemühungen, und der Beitritt zur EU am 1. Januar 2007 wurde in Bukarest beinahe enthusiastisch gefeiert.

Man bemüht sich allenthalben um die Beseitigung von Altlasten. Heruntergewirtschaftete Staatsbetriebe wurden verkauft, erste Ansätze zu einem sozialen Sicherungssystem sind erkennbar, Straßen und Bahnlinien werden allmählich dem geltenden europäischen Standard angeglichen.

Natürlich darf man die Schwierigkeiten, die noch immer bestehen, nicht unterschätzen: Die Armut ist noch längst nicht besiegt, und viele Menschen sehen in den wechselnden Regierungen nur verkappte Kommunisten mit neuen Namen. Doch trotz allem haben die Rumänen gezeigt, wie tatkräftig sie Probleme angehen können. Gerade die jungen Menschen drängen auf Fortschritte. Und viele Probleme bergen auch enorme Chancen. Wer heute nach Rumänien reist, erlebt ein Land im Aufbruch und Übergang – ein faszinierender Zeitpunkt. ■

Essen und Trinken

POFTĂ BUNĂ (GUTEN APPETIT)! RUMÄNEN LIEBEN GUTES ESSEN: SIE KÖNNEN Stunden mit der Auswahl der Zutaten, mit der Zubereitung und dem Kochen verbringen – und sie teilen ihre Mahlzeiten sehr gern mit Gästen. Auf ein gelungenes Mahl sind Rumänen besonders stolz, und es zählt viel, wenn man einer Frau bestätigt, sie sei eine gute *gazdă* (Gastgeberin) gewesen. Auch wenn sie selbst kaum genug zu essen haben, setzen Rumänen alles daran, ihren Gästen reichlich aufzutischen.

Wird man in Rumänien nach Hause eingeladen, bietet der Gastgeber einem zunächst ein Glas *ţuică* (Pflaumenschnaps) an; man leert das Glas in einem Zug und erwidert „*Mulţumesc. Sănătate!*" („Vielen Dank. Auf Ihr Wohl!"). Echter *ţuică* (auch *rachiu, palincă* oder *horincă* genannt) wird oft mittels kleiner Destilliergeräte aus Kupfer privat gebrannt; auch wenn der Destilliervorgang dreimal wiederholt wird, brennt er wie Feuer, man sollte also aufpassen. Auch Wein fließt reichlich; Reben werden praktisch überall im Land kultiviert.

Rumänen sind begeisterte Fleischesser; das Fleisch ist recht fett und schmackhaft. Viele Bauern halten Vieh zur Eigenversorgung und um Fleisch auf den Märkten der Region zu verkaufen. In der Regel haben Kleinbauern ein paar Kühe, einige Ziegen, Schafe, etliche Hühner und Gänse und ein Schwein. Letzteres wird vornehmlich für die Weihnachtstafel gemästet, und es gibt praktisch nichts an diesem

Obst- und Gemüsemarkt auf der Piata Amzei in Bukarest

Tier, für das man nicht eine Verwendung fände. Überhaupt gibt es in Rumänien eine große Auswahl an verschiedensten Würsten, seien es nun Bratwürste, Salamisorten oder Blutwürste. Ein beliebter Imbiss nennt sich *mititei* – eine gegrillte Wurst ohne Haut, die Rind-, Schweine- und Hammelfleisch enthält. Dazu gehören normalerweise Senf und Weißbrot – und ein rumänisches Bier.

In den Dörfern backen viele Frauen ihr Brot (pâine) noch selbst. Die Bezeichnung *harnică* (kräftige, hart arbeitende Frau) gilt als Kompliment. Die altmodischen Gemeinschaftsbacköfen, die von allen Dorfbewohnern genutzt wurden, gehören allerdings nahezu der Vergangenheit an. Heutzutage wird *pâine neagră* immer beliebter: Dieses dunkle Brot ist entweder ein Roggenbrot oder der Teig enthält Vollkornmehlanteil.

Viele Rumänen bewirtschaften ihren eigenen Gemüsegarten, und ist die Saison vorüber, legen sie oft Essiggurken (mit Paprika) ein, um auch im Winter an Vitamine zu kommen. Die meisten Erzeugnisse, die auf kleinen privaten Flächen angebaut werden, sind ganz automatisch „Bio-Produkte", denn die wenigsten können sich Kunstdünger oder Pestizide überhaupt leisten. Es hat schon Bemühungen gegeben, auch die großen landwirtschaftlichen Betriebe zum biologischen Anbau zu bekehren, bisher allerdings ohne nennenswerten Erfolg.

Die rumänischen Obst- und Gemüsemärkte sind wirklich wunderbar. Wenn Sie im Land unterwegs sind, sollten Sie Ihre Lebensmittel nach Möglichkeit direkt dort einkaufen; die Waren sind preiswert, nahrhaft und lecker. Im Spätsommer und Herbst bekommt man bergeweise frische Äpfel *(mere)*, Birnen *(pere)*, Trauben *(struguri)* und Tomaten *(roşii)*. In der Nähe des Marktes findet man normalerweise auch eine Bäckerei *(brutărie)*, die frisches, warmes Brot verkauft; Fleisch und Würste gibt es beim Metzger *(măcelărie)*, und der Lebensmittelhändler hat gleich etliche Sorten Mineralwasser *(apă minerală)* vorrätig, außerdem Milchprodukte *(lăptărie)*, Milch *(lapte)* und Käse *(caşcaval)*.

Im Restaurant sollte man traditionelle Gerichte der Landesküche bestellen, etwa *sarmale* (Rinder- und Schweinehackfleisch, in Kohlblätter gewickelt und auf einem Bett aus Kohl mit Tomaten gekocht). Außerdem gibt es *salată de vinete* (in Öl gebratene Auberginen mit reichlich Knoblauch), *tocană* (einen Eintopf mit viel Fleisch) und *ciorbă ţărănească* (Gemüsesuppe mit saurer Sahne, manchmal mit Fleischeinlage). Als Nationalgericht gilt

Oben: *Mămăligă*, *sarmale* und saure Sahne
Unten: Die schmackhaften Hackfleischröllchen namens *mititei* werden vor dem Grillen mit diversen Kräutern verfeinert

mămăliga, eine köstliche Polenta aus gelbem Maismehl, das langsam zu einem Brei verkocht wird. Serviert wird die Polenta normalerweise mit saurer Sahne und Fleisch oder Käse.

Unbedingt probieren sollte man auch die Puddings und Desserts, zum Beispiel den *papanaşi* (einen warmen Doughnut mit Marmelade und Sahne) oder eine türkische Baklava, serviert mit einem türkischen Kaffee und einem Glas Sherbet. ■

Natur und Tierwelt

RUMÄNIEN IST ZU RECHT STOLZ AUF EINIGE DER SCHÖNSTEN LANDSTRICHE in Ost- und Südosteuropa. Hier findet man Gebirgszüge, einsame Hochplateaus, bizarre Karstlandschaften, Grasland und weite Ebenen, aber auch Küsten – und alle möglichen Mischformen. Weithin bekannt sind die Karpaten und das Donaudelta, das größte Feuchtgebiet Europas. Im Frühling bedecken regelrechte Teppiche aus blühenden Narzissen die Bergwiesen; später bestimmen Enzian, Nelken und andere Blumen das Bild. Die Laubwälder sorgen im Herbst für prächtige Farben. Das Gebirge ist noch immer sehr ländlich geprägt, und da der Kultivierung enge Grenzen gesetzt sind, ist die Anzahl der seltenen wilden Tierarten dementsprechend hoch.

Mit einer Fläche von 237 499 Quadratkilometern ist Rumänien ungefähr halb so groß wie Frankreich. Das Land besitzt einen 225 Kilometer langen Küstenstreifen am westlichen Rand des Schwarzen Meeres. Die Südgrenze wird vom Lauf der Donau bestimmt, die zusammen mit Siret (Sereth) und Prut (Pruth) das Land entwässert. In den 1970er Jahren errichtete Rumänien nahe Drobeta Turnu Severin einen Staudamm, so dass Schiffe den Taldurchbruch des Eisernen Tores leichter befahren können. Rumänien nutzt die Wasserkraft der Donau aber auch zur Stromerzeugung. Zu den sonstigen wichtigen Flüssen des Landes zählen der Mureş, der auf einer Länge von 768 Kilometern westlich am Nordostrand Transsilvaniens entlangfließt, außerdem der 746 Kilometer lange Olt, der östlich von Sibiu ein weites Tal in die südlichen Karpaten geschnitten hat und anschließend in einer relativ geraden Linie nach Süden verläuft. Der Siret (Sereth) durchquert das östliche Rumänien in südlicher Richtung (470 km) und mündet in die Donau. Der Prut (Pruth, 716 km) bildet die natürliche Grenze zwischen Rumänien und Moldawien und vereinigt sich unmittelbar westlich des Mündungsdeltas mit der Donau.

GEOLOGIE

Das spektakulärste Landschaftselement Rumäniens sind ohne Zweifel die Karpaten, die ein Drittel des Landes bedecken. Sie entstanden vor Jahrmillionen, als sich zwei tektonische Platten ineinander verkeilten und die Erdkruste von den Alpen bis zum Himalaya anhoben.

Einst waren die Karpaten die längste Vulkankette Europas, doch davon zeugt heute nur noch ein einziger längst erloschener Krater nördlich von Braşov (Kronstadt) mit dem Kratersee Lacul Sf. Ana.

Die Bergkette der Karpaten erstreckt sich bis in die Tschechische Republik und nach Serbien hinein; in Rumänien verläuft sie in einem ungefähr U-förmigen Bogen. Die höchsten und mächtigsten Gipfel liegen im Zentrum des Bogens, und zwar im südöstlichen Transsilvanien und im Norden Muntenias; von diesem Scheitelpunkt aus fallen die Berge in beide Richtungen langsam ab. Sedimentationsprozesse, geologische Verschiebungen und die Kräfte der Erosion haben bizarre Konturen geschaffen, die über dicht bewaldeten Hängen aufragen.

Die Berge Rumäniens sind zwar niedriger als die Alpen, aber nicht weniger spektakulär; der höchste unter ihnen ist der Moldoveanu mit immerhin 2544 Metern. Auch die Karpaten waren einst von Gletschern überzogen; die Bergketten des Făgăraş- und des Retezat-Gebirges sind mit Gletscherseen und Felsen übersät, die die Gletscher vor 10 000 Jahren zurückließen.

Die Burg Râşnov liegt auf halbem Weg zwischen Bran (Törzburg) und Braşov (Kronstadt) in Transsilvanien

Geologisch besteht der Untergrund der Karpaten aus drei Komplexen. »Zusammengehalten« wird alles vom Flysch an der Oberfläche; es folgt eine Schicht mit kristallinem Gestein und ein inneres Band aus Vulkangestein. Infolge dieser Schichtstruktur findet man in den Bergen eisenhaltige und andere Erze, pastellfarbenen Marmor (im Apuseni-Gebirge), Steine, die gutes Baumaterial abgeben, und herrliche Kristalle. In vielen Regionen durchziehen Höhlen und unterirdische Flüsse den Fels.

Die zwei Drittel des Landes, die nicht von den Karpaten eingenommen werden, bestehen teils aus Hügelland, teils aus Ebenen, die jahrhundertelang für den Obst- und Weinbau genutzt wurden. Das Flachland im Osten bedeckt dunkle, nährstoffreiche Schwarzerde (Tschernosem); hier baut man Getreide, Gemüse und andere Nutzpflanzen an. Die Dobrogea (Dobrudscha) – auch Transdanubien genannt – bildet den östlichsten Teil Rumäniens. Die dortige Bergkette Munţii Măcinului gilt als die älteste des Landes; die Berge entstanden zwischen dem Paläozän und dem Mesozoikum vor 543 bis 64 Millionen Jahren. Das Bergland soll unter Schutz gestellt werden.

KLIMA

Fachleute sprechen von einem gemäßigt-kontinentalen Klima in Rumänien; da die geographischen Bedingungen allerdings sehr unterschiedlich sind, weichen Temperaturen und Witterung oft sehr stark voneinander ab. Am wärmsten ist es jedenfalls im Süden und an der Schwarzmeerküste. Die Spanne reicht von extrem heißen Sommern bis zu bitterkalten Wintern; in den Bergen sind Wintertemperaturen von –20 °C nichts Ungewöhnliches, und von Mitte Dezember bis Ende März fällt reichlich Schnee. Andererseits beträgt die durchschnittliche Tagestemperatur im Sommer im Flachland rund um Bukarest und am Schwarzen Meer durchaus 24–30 °C, die Spitzenwerte liegen besonders im Juli und August sogar noch deutlich darüber.

Im größten Teil des Landes beginnt der Frühling gegen Mitte März, in den Bergen und im Norden hält er allerdings erst später Einzug. In Transsilvanien und in den Karpaten fällt im Frühjahr relativ viel Niederschlag, im Durchschnitt etwa 600–700 Millimeter. Im Sommer sind Gewitter und heftige Regengüsse in den Bergen keine Seltenheit. Im Herbst – von September bis Ende Oktober – kann man mit schönen, warmen Tagen rechnen.

2002 und 2003 kam es in Rumänien zu verheerenden Überschwemmungen, deren Auswirkungen durch großflächige Abholzungen noch verschlimmert wurden.

LANDWIRTSCHAFT

Obwohl die Kommunisten eine rabiate Industrialisierungspolitik verfolgten, hat eine flächendeckende Industrialisierung wie in Westeuropa hier nie stattgefunden, und das Land wirkt immer noch erstaunlich naturbelassen – wenn man vom zunehmenden Holzeinschlag in den Wäldern einmal absieht.

Rund 41 Prozent des Staatsgebietes entfällt auf Ackerland. Nach dem Zusammenbruch des kommunistischen Systems wurden die Staatsbetriebe wieder aufgelöst, und die kleinbäuerliche Struktur kehrte umgehend zurück. Jeder, dessen Landbesitz einst der Kollektivierung zum Opfer gefallen war, erhielt pauschal zehn Hektar landwirtschaftliche Nutzfläche und einen Hektar Forst, ganz egal, wie groß die ehemaligen Besitzungen gewesen waren. Infolgedessen zerfielen ganze Landstriche in einen Flickenteppich winziger Parzellen; die gesetzlich vorgesehene Erbteilung führte anschließend zu einer weiteren Verkleinerung vieler Flächen. Mancherorts, beispielsweise im Nordosten von Moldova, ist die gesamte Landschaft mit einem bunten Muster aus winzigen privaten Nutzflächen übersät, die nicht eingezäunt und parallel oder im rechten Winkel zueinander angeordnet sind.

In der wirtschaftlich fast aussichtslosen Lage nach der Wende haben diese bescheidenen Kleinbetriebe jedoch viele Menschen vor dem Verhungern bewahrt. Nachdem die strikten Verbote gelockert waren, schafften sich die Leute auf dem Land sofort eine Kuh, ein Schwein und ein paar Hühner an; außerdem besaßen viele Dörfer öffentliches Weideland, wo die Menschen ihre Schafe, Gänse und Pferde grasen lassen konnten. Nach dem plötzlichen Aus für die Staatsbetriebe und Genossenschaften waren praktisch über Nacht auch alle dazugehörigen Maschinen verschwunden. Im Land fehlten nun fast sämtliche Traktoren, und so mussten die Kleinbauern zu einer scheinbar romantischen, aber sehr arbeitsintensiven Art der Landbewirtschaftung zurückkehren. Und da sich die wenigsten ein Auto leisten konnten, wurden die

Güter wie in alten Zeiten mit Pferde-, Ochsen- und Eselskarren befördert. Es schien, als sei das Mittelalter von einem Tag auf den anderen wieder zurückgekehrt.

Im Gebirge war die Kollektivierung an ihre Grenzen gestoßen; dort hatte sich eine ganz eigene industrielle Revolution vollzogen – auf der Grundlage von Holz. Aus Holz fertigte man einfache Werkzeuge zum Schneiden von Heu und Flachs; Wasserräder trieben Getreide- und Ölmühlen oder Weinpressen an; in

Im Frühling machen sich riesige Scharen von Pelikanen auf den Weg von Sibirien ins Donaudelta

großen Becken im Freien wurden Kleidung und Textilien gewaschen.

Besonders beeindruckend sind die Gebäude, die man aus Holz errichtete: Scheunen und Schuppen, Häuser und eigenartig elegante Kirchen. Viele der hölzernen Gerätschaften und Bauten sind immer noch in Gebrauch.

Bedauerlicherweise haben etliche Rumänen ihre Holzhäuser mittlerweile verlassen, weil diese sie an die Zeiten der bitteren Armut erinnern. Für Besucher aber sind es gerade diese aus Holz gebauten Bauernhäuser, die den Charakter des Landes prägen.

DIE TIERWELT

Rumänien weist eine große Artenvielfalt und eine Vielzahl verschiedener Ökosysteme auf. Dieser Reichtum wird allerdings nur Bestand haben, wenn die Bergwälder und das Donaudelta nicht weiter angetastet werden. In den Wäldern findet man die komplette einheimische Fauna Europas; dort leben 60 Prozent aller europäischen Braunbären und 40 Prozent aller in Europa vorkommenden Wölfe, außerdem die einzige noch intakte Population wild lebender Luchse in Europa. Obwohl sie recht zahlreich sind, bekommt man diese Tiere allerdings nur mit viel Glück zu Gesicht (siehe S. 142). In den Bergwäldern sind ansonsten noch Rotwild, Gams und Wildschwein heimisch.

Vögel gibt es auch in den Bergen in großer Zahl, die allermeisten jedoch – darunter viele Zugvögel, etwa Pelikane – im Donaudelta. ■

Die Burg Stefans des Großen aus dem 15. Jahrhundert in Suceava (Suczawa)

Rumänien damals

AUF DER KARTE ERSCHEINT RUMÄNIEN HEUTE ALS EIN KLAR ABGEGRENZTES Gebilde, doch gemessen an europäischen Verhältnissen ist dieser Nationalstaat noch relativ jung: Rumänien entstand in dieser Form erst 1859, Transsilvanien wurde dem Land sogar erst 1918 zugeschlagen. Vor dieser Zeit war das heutige Rumänien nicht nur durch geographische, sondern auch durch religiöse und politische Trennlinien geteilt. Gemeinsam war den Rumänen allerdings schon immer ihre Sprache, eine romanische Sprache, die sich gegen das Ungarische und gegen slawische Sprachen behaupten musste.

FRÜHGESCHICHTE

Nach Ansicht vieler Archäologen war Rumänien mindestens in den letzten 60 000 Jahren durchgehend besiedelt. Dafür spricht auch ein 36 000 Jahre altes Skelett, das 2002 in der Ausgrabungsstätte Peştera cu Oase in Oltenia entdeckt wurde. Es handelt sich um den bisher ältesten Fund menschlicher Überreste in Europa, und er bietet höchst aufschlussreiche Erkenntnisse über die Entwicklung vom Neandertaler zum modernen Menschen.

Rumänien gehört zu jenem Teil Südosteuropas, der nicht weit vom sogenannten Fruchtbaren Halbmond im Nahen Osten lag und sich deshalb zunächst schneller entwickelte als der Westen. Zwischen 6000 und 4000 v. Chr. verfügten Völker wie die Ariuşd, Cucuteni und Gumelniţa bereits über fortschrittliche Techniken; Kultbilder aus Stein und Ton und modern anmutende Keramiken geben davon Zeugnis.

Eine Reihe von Wörtern – darunter *balaur* (Drache), *doină* (Klage) und *măgura* (Berg) – beweisen, dass vor den Römern bereits die Thraker hier ansässig waren. Dieses indoeuropäische Volk tauchte um 2500 v. Chr. in Südosteuropa auf, 1500 Jahre später lebten die Nachfahren der Thraker immer noch dort. Einige thrakische Stämme ließen sich im heutigen Transsilvanien, in Moldau und in der Walachei nieder; bei den Griechen wurden sie Geten genannt, die Römer sprachen von Dakern. Unter ihrem König Burebista (ca. 82–44 v. Chr.) erstreckte sich das Dakerreich vom Balkan (im heutigen Bulgarien) bis zur Dobrogea im Süden und von Bug und Dnjestr im Osten bis zur Donau im heutigen Ungarn und Mähren.

Die Römer interessierten sich vor allem für das Gold der Daker. Während ihrer 165-jährigen Besatzung (106–271) beschafften sie sich dort Gold im heutigen Wert von mehreren Milliarden Euro. Sie errichteten Städte, betrieben einen regen Salzhandel mit den „freien Dakern" in der Crişana (Kreischgebiet) und in Maramureş, die beide außerhalb der römischen Grenzen lagen, sie pflanzten Weinstöcke und mischten sich mit der einheimischen Bevölkerung. 271 zog Kaiser Aurelian seine Truppen schließlich aus Dakien zurück; viele Römer blieben aber weiterhin auf ihren Besitzungen.

RUMÄNIEN IN DER NACHRÖMISCHEN ZEIT

Im Laufe seiner Geschichte war Rumänien nur äußerst selten ein wirklich unabhängiger und souveräner Staat. Freiheit galt immer nur eingeschränkt und blieb recht unsicher. Die vier historischen Regionen, die das heutige Rumänien ausmachen Dobrogea(Dobrudscha), Moldova (Moldau), Transsilvanien und Walachei – wurden überwiegend von Ungarn, von den Habsburgern und vom Osmanischen Reich beherrscht. Und jede der Regionen besitzt ihre ganz eigene Geschichte.

Dobrogea (Dobrudscha)

Die Dobrogea umfasst das Land zwischen Donau und der Schwarzmeerküste ganz im Osten von Rumänien. Kolonisiert wurde die Region im 7. Jahrhundert v. Chr. von den Griechen; später regierten hier zunächst die Römer und dann die Kaiser des Oströmischen Reiches. Vom 7. bis ins 14. Jahrhundert fiel das Land in die Hände diverser Invasoren, darunter Awaren, Bulgaren, Genueser, Römer und Tartaren. Anfang des 15. Jahrhunderts wurde die Dobrogea dann Teil des Osmanische Reiches. Der Landesteil blieb bis 1878 in türkischer Hand – bis Rumänien Russland bei der Befreiung der westlichen Schwarzmeerküste unterstützte. Die Dobrogea gehört heute ohne Frage zu Rumänien, besitzt aber einen ganz eigenen Charakter.

Moldova (Moldau)

Moldova liegt im Nordosten Rumäniens und wird von den Karpaten und dem Fluss Prut (Pruth) begrenzt. Es handelt sich aber lediglich um einen Überrest des mittelalterlichen Fürstentums gleichen Namens, dessen Territorium einst noch die südliche Ukraine und die heutige unabhängige Republik Moldawien einschloss. Das Gebiet war ursprünglich teilweise ungarisch, fiel aber an Rumänien, als ein Adliger aus Maramureş namens Bogdan hier 1359 ein Fürstentum errichtete. Unter rumänischer Herrschaft setzte sich die orthodoxe Kirche in Moldau durch.

In der Moldau gab es schon früh eine jüdische Bevölkerungsgruppe. Im 8. Jahrhundert ließen sich jüdische Chasaren aus dem Kaukasus in Bessarabien im Osten der Moldau nieder. Zwischen dem 15. und dem 17. Jahrhundert strömten zudem zahlreiche der aus Spanien vertriebenen Juden in den Norden Moldaus und nach Bessarabien.

Als Mehmed der Eroberer 1453 Konstantinopel, das Zentrum der orthodoxen Christenheit, einnahm, erschütterte dieser Sieg ganz Osteuropa. Den Fürsten der Moldava gelang es, die Türken noch bis Mitte des 16. Jahrhunderts fernzuhalten. Einige dieser Adligen gelten auch heute noch als Nationalhelden, etwa Ştefan cel Mare (1437–1504), dem 30 Siege gegen die Türken gelangen, oder sein Sohn Petru Rareş (reg. 1504–1517), dem das Ausschmücken zahlreicher Kirchen zugeschrieben wird. Das einzige zeitgenössische Porträt von Ştefan zeigt ihn beim Gebet; in Wirklichkeit war er aber ein ziemlich rücksichtsloser Pragmatiker, der seine Widersacher gnadenlos pfählen ließ. Die Vorliebe für diese Hinrichtungsart teilte er übrigens mit Vlad III., dem historischen Grafen Dracula.

Süleyman der Prächtige gewährte der Moldau 1526 eine Teilautonomie: Die Adligen durften ihr Land regieren, und die Wahl der Religion war freigestellt – solange Moldau sich dem Sultan gegenüber loyal verhielt. Natürlich bemühten sich die Herren von Moldau im Geheimen weiterhin um Allianzen mit anderen einflussreichen Nachbarn. Diese Zeit endete erst, als Sultan Ahmed III. Anfang des 18. Jahrhunderts Phanarioten die Herrschaft über die Moldau und die Walachei übertrug. Diese Mitglieder der griechischen Oberschicht von Istanbul waren bekannt für ihre Korruptheit und einen exaltierten Lebensstil: Einer der Herrscher ernannte sein Pferd zum Minister, ein anderer, Nicolae Mavrogheni (reg. 1786–1798), spannte zwei Hirsche vor seine Kutsche, mit der er durch Bukarest fuhr. Immerhin machte er sich trotz seines Betragens auch als Reformer einen Namen. 1774 annektierten die Habsburger schließ-

lich die Bucovina im Norden von Moldau – Österreich hatte einen Korridor nach Transsilvanien gewonnen.

Transsilvanien

Geschichtlich gesehen umfasst Transsilvanien das Siebenbürgische Hochland, das in den Karpatenbogen eingebettet liegt, außerdem das Banat, die Crişana (Kreischgebiet) und Maramureş im Norden und Westen des Hochlands. Kolonisiert wurde Transsilvanien ab dem 9. Jahrhundert von Magyaren, die vom Don her kamen.

Die Könige von Ungarn öffneten Transsilvanien im 12. und 13. Jahrhundert für Siedler aus Nordeuropa. Die Siedler bebauten das Land und verteidigten Transsilvaniens Grenzen; als Gegenleistung erhielten sie Eigentumsrechte und bestimmte Privilegien. Die Siedler galten allgemein als „Sachsen"; tatsächlich stammten viele von ihnen aus Norddeutschland, viele andere kamen aber auch von der Mosel und vom Niederrhein, aus Hessen und Bayern, aus Flandern, der Wallonie und aus Luxemburg.

Im 14. Jahrhundert hatten die „Sachsen" bereits etliche wohlhabende und unabhängige Städte errichtet, die mittelalterlichen deutschen Städten ähnelten. Die tüchtigen und selbstbewussten Bürger galten als verlässliche Verbünde-

Die Schlacht von Posada (1330) auf einem Gemälde von József Molnár

te. 1225 halfen sie beispielsweise König Endre II. bei der Vertreibung der Deutschordensritter. Allerdings waren die Sachsen keineswegs unbesiegbar: 1241 und 1242 fielen mongolische Reiter aus der Armee des Batu Khan im Land ein und zogen eine Spur der Verwüstung durch Transsilvanien, Ungarn, Moldau und die Walachei. Tausende kamen ums Leben, und das blühende Land lag schon bald in Trümmern.

Die deutschen Siedler lebten auch weiterhin in ständiger Angst vor Tartaren und Osmanen. Sie verstärkten daher ihre Stadtbefestigungen und errichteten zahlreiche „Kirchenburgen", also Wehrkirchen mit einem von Mauern eingefassten Areal, das die Landbevölkerung im Fall einer Gefahr aufnehmen konnte. Die mächtigen Türme und Mauern gehören noch heute zum Landschaftsbild.

Unter ungarischer Oberhoheit mischten sich die Kulturen manchmal auf faszinierende Weise. Zum Beispiel war es einige Jahrzehnte nach der türkischen Eroberung von 1526 durchaus möglich, dass ein ungarischer Fürst das Hochland von Siebenbürgen wie einen nahezu unabhängigen Staat regieren durfte; in Timişoara (Temeschwar), der Hauptstadt des Banat, entstanden türkische Bäder, und weiter östlich führten ungarische Herren die Renaissancearchitektur in Transsilvanien ein.

Unter den katholischen Königen von Ungarn spielten die eigentlichen Rumänen, die überwiegend der orthodoxen Kirche angehörten, keine bedeutende Rolle. Die meisten von ihnen waren als Kleinbauern oder Waldarbeiter ohnehin Leibeigene. Diese Rumänen gehörten zu den ärmsten und nahezu rechtlosen Bewohnern des Landes; praktisch niemand vertrat ihre Interessen, und ihre Religion wurde bestenfalls geduldet. Um ihre Lage zu verbessern, nahmen viele Rumänen deshalb ungarische Namen an. Es gab aber überall Enklaven mit „freien Rumänen", etwa im Apuseni- und im Făgăraş-Gebirge, im Haţeg, in der Mărginimea Sibiului und in Maramureş.

Außerhalb von Transsilvanien kam es vielfach zu Konflikten zwischen Ungarn und dem Osmanischen Reich. 1683 belagerten die Türken zum zweiten Mal die Stadt Wien; Ungarn und Polen eilten den Habsburgern zu Hilfe. Gemeinsam drängten sie die osmanischen Truppen zurück, anschließend aber wandten die Habsburger sich gegen ihre ungarischen Verbündeten: 1687 besetzten sie Transsilvanien.

Die Habsburger betrachteten ihr eigenes Land als aufgeklärtes und fortschrittliches Staatswesen und trieben soziale und wirtschaftliche Reformen voran. Allerdings waren die Österreicher überzeugte Katholiken, und seit dem Morgenländischen Schisma von 1054 hielten sie die Vertreter der Orthodoxie für Widersacher der Kirche. Daher ließ Maria Theresia orthodoxe Kirchen niederbrennen und Priester ermorden; man ermutigte Rumänen mit regelrechten

Bestechungsgeldern, zur griechisch-katholischen Kirche überzutreten, sie war eine Art Bindeglied zwischen der Orthodoxie und dem römischen Katholizismus. Um die Ländereien zu bebauen, die die Osmanen sehr vernachlässigt hatten, warb man Kriegsveteranen aus den tschechischen, deutschen, italienischen, serbischen und spanischen Territorien des Reiches an.

1848 schlossen sich ungarische und rumänische Truppen in Transsilvanien zusammen, um die immer drückender werdende österreichische Herrschaft mit vereinten Kräften abzuschütteln. Doch im Laufe der revolutionären Auseinandersetzungen wechselten die Rumänen die Seite und hofften, Habsburg würde ihnen zum Dank dafür mehr Freiheitsrechte einräumen. Kaiser Franz Joseph fürchtete allerdings um seinen Einfluss; mithilfe der russischen Armee ließ er die Revolte niederschlagen. Gegen Ende des 19. Jahrhunderts brachte die Bevölkerungsmehrheit der eigentlichen Rumänen ihre nationalen Ansprüche immer vernehmlicher zu Gehör, doch die 1867 geschaffene Doppelmonarchie Österreich-Ungarn ließ sich nicht erweichen und hielt bis 1918 an Transsilvanien fest.

Walachei

Die Walachei mit der Hauptstadt Bukarest stellt gewissermaßen das rumänische Kernland dar und liegt im Süden Rumäniens zwischen Karpaten und Donau. Sie umfasst zwei Regionen: Muntenia, die Große Walachei, und Oltenia, die Kleine Walachei. Munţenia (Muntenien), auch Ţara Românescă genannt, umfasst die Landschaft zwischen Olt und Donau. Oltenia (Oltenien) westlich des Olt war das wichtigste Siedlungsgebiet der Daker und eine bedeutende römische Provinz (Dacia Inferior, später Malvensis). Im 13. Jahrhundert existierte hier bereits ein eigenständiger rumänischer Staat, der schließlich mit Muntenia verschmolz und in der Walachei aufging.

Der erste unabhängige rumänische Herrscher der Walachei war Basarab I. (ca. 1310–1352). Nach seinem Sieg über Karl I. Robert von Ungarn in der Schlacht von Posada im Jahr 1330 verwandelte Basarab die Walachei in ein orthodoxes Land, das sich sehr eng an Bulgarien und Serbien anlehnte.

Ganz ähnlich wie Moldau lag auch die Walachei unmittelbar an der Nahtstelle zwischen Christentum und Islam. Die Fürsten der Walachei kämpften verbissen um ihre Unabhängigkeit. 1396 bat König Sigismund von Ungarn die Walachei um Hilfe bei der Rückeroberung der bulgarischen Festung Nicopolis, die an Sultan Bajazet gefallen war. Der Feldzug des Ungarnkönigs war von ritterlichem Idealismus beflügelt, und auch englische und französische Kämpfer schlossen sich ihm an. Fürst Mircea cel Bătrân (Mircea der Alte, 1386–1418) war dem König offenbar an militärischer Erfahrung weit überlegen; dennoch behandelte Sigismund ihn abschätzig als „Schismatiker“: Er ignorierte eine Warnung des Fürsten und geriet in eine Falle der Osmanen. Aus dem Feldzug wurde nichts mehr, doch Mircea sollte später noch die Dobrogea regieren.

Eines der wenigen zeitgenössischen Porträts von Dracula, dem brutalen Grafen Vlad III.

Graf Vlad III. Dracula („der Pfähler“) wuchs von 1431 bis 1436 als Geisel am Hof des Sultans auf; dort lernte er auch das Pfählen kennen, eine beliebte türkische Technik im Umgang mit Feinden. Dreimal regierte Vlad zwischen 1448 und 1476, die Truppen des Sultans fürchteten seine Grausamkeit. Kam ihm jemand in die Quere, rächte er sich brutal und rücksichtslos. 1460 ließ er beispielsweise gleich 1200 Sachsen aus Braşov pfählen, weil sie sich über seine Handelsregularien hinweggesetzt hatten. In jener Zeit kursierten in Deutschland und Russland Holzschnitte, die den grässlichen Grafen dabei zeigten, wie er seelenruhig seine Mahlzeit einnahm, während Bürger gefoltert wurden. Diese Bilder begründeten den üblen Ruf des Grafen Dracula. Doch selbst Vlad der Pfähler vermochte letztlich nichts gegen den Ansturm der Türken auszurichten. Im Jahr 1500 blieb der Walachei nur die Unterwerfung unter das Osmanische Reich. Ein erzwungenes Nebeneinander beider Kulturen war die Folge; einige türkische Sitten übernahm man aber offenbar mit Vergnügen. So berichtet der Reisende Paul von Aleppo im 17. Jahrhundert, Fürst Constantin Şerban (reg. 1654–1658) habe sich in Târgovişte einen Harem eingerichtet.

Nachdem die Belagerung Wiens 1683 für das Osmanische Reich mit einer Niederlage geendet hatte, drängten die Herren von Ungarn, Polen, Russland und das Haus Habsburg die Türken bis nach Osteuropa zurück; dort aber verfuhr jedes Land auf seine eigene Weise. Die Fürsten der Walachei waren dabei nicht selten in einer prekären Lage: Der Sultan war immer noch ihr Oberherr, gleichzeitig baten sie den Westen um Beistand, mussten aber vorsichtig agieren, um keine Vergeltungsmaßnahmen heraufzubeschwören.

Ein Dokument von 1690 belegt, wie man damals mit einem solchen Dilemma umging. Als Constantin Brâncoveanu (1654–1714) erfuhr, dass ein General der Habsburger auf dem Weg nach Bukarest war, um rumänische Hilfe gegen die Türken einzufordern, zog Brâncoveanu sich aus der Stadt zurück, ordnete aber an, dass die Österreicher bestens verpflegt werden sollten. Der General bestand allerdings auf einer Rückkehr des Fürsten, um Verhandlungen aufzunehmen. Brâncoveanu berief nun seinerseits eine Versammlung ein, um sich beraten zu lassen. Seine Minister und der Adel waren geteilter Meinung: Einige plädierten für einen Krieg gegen die Türken, andere fürchteten, eine Militärhilfe könnte die mit den Türken verbündeten Tartaren auf den Plan rufen, und dann würde man wohl vergebens auf österreichische Unterstützung warten. Schließlich brachen die Herren der Walachei zum Angeln auf und schoben das Problem einfach beiseite. Leider nützte diese Taktik dem Fürsten Brâncoveanu nichts: 1714 bestellte ihn Sultan Achmed III. nach Istanbul

Im Freilichtmuseum Parcul Herăstrău in Bukarest

Eine Huldigung Ceauşescus – als Zeitdokument im Rumänischen Bauernmuseum

ein, wo er zusammen mit vieren seiner Söhne hingerichtet wurde.

Ähnlich wie in der Moldau folgte nach dem Ende der 200-jährigen osmanischen Oberhoheit schließlich eine Zeit der – griechischen – Phanariotenherrschaft. Während des 17. und 18. Jahrhunderts kämpften Österreich, Russland und das Osmanische Reich um einen Einfluss auf das Land an der Donau – nicht selten wurde die Walachei dabei zum Schauplatz kriegerischer Auseinandersetzungen. Gerade weil die Macht der Türken schwand, ließen diese die Rumänen ihre Wut spüren. Landbesitzer errichteten damals gut befestigte Türme zu ihrem Schutz, während die Bauern auf den Ebenen sich buchstäblich in den Boden eingruben.

Nachdem man die Phanarioten vertrieben hatte, wurden die rumänischen Fürsten 1821 wieder in ihre Ämter eingesetzt, doch in der Walachei dauerte es letztlich noch bis 1878, bis der türkische Druck nachließ. Der Wandel im 19. Jahrhundert war trotzdem deutlich spürbar, denn die rumänischen Fürsten orientierten sich nun Richtung Westen. Frankreich galt wegen seiner Sprache als natürlicher Bundesgenosse; Russland, das die Walachei und Moldau seit 1829 als Protektorat regierte, tendierte damals ebenfalls nach Westen.

DAS VEREINIGTE RUMÄNIEN

Nach der Vereinigung des Landes 1859 erlebte Rumänien unter dem deutschen König Karl von Hohenzollern-Sigmaringen (Karl I.; reg. 1866–1914) einige Jahrzehnte des Wohlstands. 1918 gewann Rumänien auch Bessarabien hinzu – den östlichen Teil von Moldau zwischen Prut und Dnjestr, den man 1812 ans zaristische Russland hatte abtreten müssen –, außerdem die Bucovina im Norden der Moldau und die südliche Dobrogea. Als 1919 auch Transsilvanien zu Rumänien kam, wurde das begeistert gefeiert, denn obwohl Transsilvanien über 1000 Jahre lang in ungarischer Hand gelegen hatte, hatten die Rumänen unbeirrt an ihren eigenen und noch älteren Ansprüchen festgehalten. Überdies stellten die Rumänen mittlerweile die Bevölkerungsmehrheit in Transsilvanien, so dass sie nach dem Zusammenbruch der k.u.k.-Monarchie am Ende des Ersten Weltkriegs ihre Ansprüche problemlos untermauern konnten.

Nach dem Krieg machten Getreideexporte Rumänien zunächst zu einem der reichsten Länder Europas. Doch die Auswirkungen des Weltkriegs – der Zusammenbruch des Hauses Habsburg, der Aufstieg des Kommunismus und das Entstehen faschistischer Bewegungen – ließen die jungen Staaten nicht zur Ruhe kommen.

Zwischen den beiden Kriegen lebte Rumänien in ständiger Furcht vor einem erneuten Verlust der gewonnenen Landesteile, vor allem vor einem Verlust von Bessarabien. Der Antisemitismus breitete sich rasch aus, denn man vermutete Juden hinter der Bedrohung des Kommunismus; in dieser Zeit entstand die ultranationalistische „Legionärsbewegung" der Eisernen Garde. König Karl II. (reg. 1930–1940) setzte eine Art Königsdiktatur ein und verbündete sich mit Hitler, weil er hoffte, Deutschland würde im Fall einer sowjetischen Invasion Bessarabien verteidigen. Hitler aber gestand Ungarn Teile Transsilvaniens zu, 1940 sah sich Rumänien schließlich gezwungen, Bessarabien an die Sowjetunion abzutreten (der Friedensvertrag von 1947 legalisierte diese Annexion; aus Bessarabien wurde die heutige Republik Moldawien).

1940 dankte König Karl ab und ging zusammen mit seiner jüdischen Geliebten ins Exil; sein 18-jähriger Sohn Michael übernahm die Königswürde, die Macht lag allerdings nun beim nationalistischen Marschall Antonescu. Unter Antonescu kam es in Bukarest und Iaşi zu antisemitischen Pogromen; Tausende von Juden wurden ins damalige Transnistrien deportiert. 1944 marschierte Rumänien auf Bitten Deutschlands in der Sowjetunion ein. König Michael (reg. 1940–1947) nahm zwar 1944 geheime Kontakte mit den Alliierten auf, doch es war zu spät: Auf der Konferenz von Jalta wurde das Schicksal Rumäniens besiegelt.

Bei den Wahlen von 1946 reklamierten die Vertreter der Sowjets 80 Prozent der Stimmen für sich. Manipulationen und gewaltsame Einschüchterungen waren allerdings an der Tagesordnung, und Oppositionsparteien wie die Nationale Bauernpartei wurden einfach beiseitegedrängt. 1947 zwang man König Michael zum Rücktritt, die Kommunisten übernahmen das Ruder. Es folgten 40 Jahre brutaler Unterdrückung, nur in den 1960er Jahren gab es eine kurze Phase der Liberalisierung.

RUMÄNIEN UNTER KOMMUNISTISCHER HERRSCHAFT

Die kommunistische Regierung in Rumänien galt als eine der brutalsten in ganz Osteuropa.

Die Revolution und der Sturz Ceauşescus kosteten über 1000 Menschen das Leben

Jubel auf den Straßen beim Beitritt Rumäniens zur EU am 1. Januar 2007

In Polen zum Beispiel konnten Oppositionelle auf den Schutz der Kirche bauen; in Rumänien wurde keinerlei Opposition geduldet, und die hohen Würdenträger der orthodoxen Kirche kollaborierten mit den Kommunisten. Die berüchtigte Geheimpolizei Securitate war in verschiedene Gruppierungen unterteilt – jede davon ging rigoros gegen Andersdenkende vor und misstraute den anderen Abteilungen. Unter Gheorghe Gheorghiu-Dej (reg. 1948–1965) wurden „Volksfeinde" – Intellektuelle, Priester, Landbesitzer und alle, die den Behörden nicht genehm waren – beim Bau des Schwarzmeer-Kanals eingesetzt, wo sie sich buchstäblich zu Tode arbeiteten, oder man steckte sie in Gefängnisse, die sie nicht mehr lebend verließen. Im Apuseni- und im Făgăraş-Gebirge gab es vereinzelte Widerstandsaktionen; gelegentlich wagten die Menschen dort einmal ein offenes Wort gegen die Machthaber.

Gheorghiu-Dej und sein Nachfolger, Nicolae Ceauşescu (reg. 1965–1989), gingen allmählich auf Distanz zur Sowjetunion. In den ersten fünf Jahren unter Ceauşescu wehte in Rumänien sogar ein frischerer Wind, doch die Macht stieg Ceauşescu schnell zu Kopf, und die Lebensbedingungen der Menschen verschlechterten sich wieder dramatisch. Versuche, die Staatsschulden zu tilgen, führten zu Hungersnöten, und die Menschen lebten in einer Atmosphäre ständiger Angst. Frauen wurden zum Gebären gedrängt, um die Bevölkerung wachsen zu lassen; unerwünschte Kinder gab man in entsetzlichen Waisenhäusern ab, wo viele Kinder mit Aids infiziert wurden.

1987 gingen Fabrikarbeiter in Braşov auf die Straßen, doch die Armee schlug die Demonstrationen nieder. Immerhin zeigte der Eiserne Vorhang erste Risse. Im März 1989 unterzeichneten sechs prominente Mitglieder der Kommunistischen Partei einen Offenen Brief an Ceauşescu, in dem sie seine Wirtschaftspolitik kritisierten und ihm Amtsmissbrauch vorwarfen. Der Brief gelangte auch in den Westen und wurde im Radio Free Europe verlesen. Gerüchte, er wolle Tausende rumänischer Dörfer „modernisieren" (also zerstören), drangen ebenfalls außer Landes und sorgten weltweit für Empörung.

Am 14. Dezember 1989 kam es in Iaşi, der größten Stadt Moldovas, zum ersten Aufstand gegen das kommunistische Regime. Er wurde rasch niedergeschlagen, doch nur wenige Tage später leitete László Tökés, ein Priester ungarischer Herkunft aus Timişoar, den Sturz des Diktators ein. Der bekannte Regimekritiker weigerte sich nämlich, seine Entlassung hinzunehmen – und wurde dabei von der Bevölkerung unterstützt. Während der Kämpfe, die im Dezember begannen, kamen über 1000 Menschen ums Leben – aber eben auch Nicolae Ceauşescu und seine Frau, hingerichtet nach einem eiligen Scheinprozess.

Nach der Revolution

Die wirtschaftliche Lage nach dem Ende des Kommunismus war zunächst katastrophal. Tausende von Rumänen gingen der Arbeit wegen ins Ausland und versorgten ihre Familien von dort aus mit Geld; viele riskierten sogar Kopf und Kragen für ihre Ausreise. Nicht immer wurden sie freundlich aufgenommen, obwohl die allermeisten nichts als blanke Not in die Fremde getrieben hatte. Schätzungen zufolge ist wegen dieser Arbeitsmigration die Bevölkerung Rumäniens seit den 1990er Jahren um mehr als zwei Millionen Einwohner zurückgegangen. Dieser Trend hält zwar noch an, doch die Bedingungen im Lande selbst bessern sich allmählich, manche Emigranten kehren inzwischen wieder in die Heimat zurück.

Im Dezember 2006 verurteilte Präsident Traian Băsescu ganz offiziell die kommunistische Diktatur. Er sprach vor beiden Kammern des Parlaments und in Anwesenheit des ehemaligen tschechischen Präsidenten Vaclav Havel, des ehemaligen bulgarischen Präsidenten Jelio Jelev und des ehemaligen polnischen Präsidenten und Friedensnobelpreisträgers Lech Walesa. In dieser mutigen Rede nannte er das alte Regime „ungesetzlich und kriminell", und griff sogar Einzelne an, die noch immer hohe Ämter bekleideten. Es war das erste Mal, dass sich der Staatschef eines ehemaligen Ostblocklandes so deutlich über die Vergangenheit äußerte.

Angesichts einer blutigen Geschichte haben viele Rumänen ihre ganz eigenen Überlebensstrategien entwickelt: einen festen Glauben, Widerstandsgeist, Ergebenheit (den Kopf beugen, damit er nicht abgeschlagen wird!) und Flucht (in die Berge). Mit Musik und Lachen sei alles erträglicher, so die Rumänen – und diese eher mediterrane Haltung ist auch heute noch verbreitet. Oft genug begegnet einem im Lande die Frage „Ce să facem?" – „Was können wir daran ändern?" – und dazu ein Seufzen und ein ironisches Lächeln. ■

Kunst und Kultur

DIE MEISTEN FREMDEN VERBINDEN MIT RUMÄNIEN ZUNÄCHST EINMAL Dracula – und sonst eigentlich gar nichts. Die Wirklichkeit ist viel interessanter. Der rumänische Staat ging bekanntlich aus Territorien hervor, die zuvor von den Nachbarländern beherrscht wurden. Das Erbe der Thraker und Römer vermischte sich mit asiatischen und deutschen Einflüssen, mit der Kultur Frankreichs und der Slawen, mit griechischen und ungarischen, jüdischen und armenischen Elementen. Kunst und Architektur, Literatur und Musik des Landes weisen deutliche Spuren dieser kulturellen Vielfalt auf.

Die Kultur Rumäniens ist vor allem in den Menschen des Landes lebendig. Die Museen mögen eine erste Ahnung vermitteln, aber die erstaunlichen Eigenheiten Rumäniens findet man vor allem in den Gassen und den Dörfern, bei den Schäfern im Gebirge oder auf den Wiesen zur Zeit des Heuens, auf Dorffesten oder beim herzlichen Willkommen, wenn man zu einer Familie eingeladen wird. Diese vielen Traditionen sind etwas ganz Besonderes – sie faszinieren die Besucher, auch wenn sie ganz allmählich zu verschwinden drohen.

Rumänien befindet sich in einem Übergangsstadium; das Land bemüht sich darum, seine Kultur, seine Wirtschaft und die Politik ganz neu zu definieren. Aus westlich-christlicher Sicht liegt Rumänien am Rande Europas. Wirklich abgetrennt wurde es aber erst durch den Kommunismus: Der Eiserne Vorhang isolierte das Land viel radikaler, als dies das Osmanische Reich jemals vermochte. Nun, da der Vorhang sich gehoben hat, beginnen Kunst und Kultur sich zu wandeln.

Was auf Rumänienreisende von heute den tiefsten Eindruck hinterlässt, ist nicht so sehr die kulturelle Nahtstelle zwischen Ost und West – es ist der Unterschied zwischen Alt und Neu. Das Neue präsentiert sich auf zweierlei Weise: in Form von Ceauşescus rücksichtsloser Urbanisierung und in Form der rasanten kapitalistischen Entwicklung nach 1989.

Gerade jetzt verdienen viele Menschen gutes Geld, weil sie ihren Besitz an ausländische Investoren verkaufen. Fortschritt und Moderne, das sind derzeit verbesserte Straßen und funktionierende Telefonverbindungen, ein modernes Bankwesen und Internetcafés, aber auch Einkaufszentren und unzählige Neubauten und eine völlig unkontrollierte

Probe für den nächtlichen Folkloretanz in einem Restaurant an der Strada Doamnei in Bukarest

Flut von Werbeplakaten – an Wänden, Straßenlaternen und sogar an Bäumen.

In dieser neuen Welt des Konsums und der Unternehmensgründungen wirken ländliche Traditionen ein wenig fremd. Mag sein, dass der erstaunliche kulturelle Reichtum in den rumänischen Dörfern den Veränderungen als erstes zum Opfer fällt. Denn wie bewahrt man einen Zauber, dessen Grundbedingung die einstige Abgeschiedenheit war? Zum Glück sind die meisten Rumänen selbst in dieser Hinsicht weniger pessimistisch als ihre Freunde im Westen.

LEBEN IN DEN DÖRFERN

Ländliche Traditionen sind in Rumänien immer noch lebendig; sie stellen gewissermaßen eine unsichtbare Brücke in die Vergangenheit dar. Zu den Überlieferungen zählen kunsthandwerkliche Fertigkeiten wie das Spinnen, das Weben und das Holzschnitzen, die Metallbearbeitung, die Ikonenmalerei auf Glas oder das Bemalen von Eiern in prächtigen Farben und mit komplizierten Ornamenten. Vieles im Brauchtum bezieht sich auf die Schafzucht, den Hausbau, das Pflügen und die Heuernte; dazu zählen aber auch merkwürdige Rituale wie der Kult des

Grünen Mannes am Georgstag, die Jagd des besten Bauern, der dann im Fluss getauft wird, oder Fruchtbarkeitstänze als Willkommensgruß an den Frühling.

Ironischerweise leistete sogar der Kommunismus seinen Beitrag zur Bewahrung der alten Bräuche. Kein Geringerer als Ceauşescu selbst war voll des Lobes für die rumänischen Kleinbauern *(ţărani)* und schwärmte vom dörflichen Leben. Während eines Besuches in Maramureş 1974 ermutigte er seine Landsleute sogar ausdrücklich zur Aufrechterhaltung ihrer traditionellen Werte. 1988 war davon freilich nicht mehr die Rede; da plante er, all die alten Dörfer des Landes im Zuge einer radikalen Industrialisierungspolitik niederzureißen.

Einiges, was Fremde für althergebracht halten, ist in Wirklichkeit jedoch nur ein Zeichen des Rückschritts. So befanden sich die rumänischen Straßen und Telefonleitungen in den 1970er Jahren schon in einem weit besseren Zustand als 1989. Und erst nach der Revolution von 1989 waren urplötzlich die meisten landwirtschaftlichen Geräte und Maschinen verschwunden: Traktoren und Mähdrescher ließen sich auf dem Schwarzmarkt bestens verkaufen. Die Kleinbauern hatten anschließend das Nachsehen und gar keine andere Wahl, als auf die Techniken ihrer Vorfahren zurückzugreifen. In den 1960er Jahren wurden 600 000 wertvolle Pferde geschlachtet oder zwangsweise verkauft, nicht zuletzt als Zeichen dafür, dass die Zukunft den Maschinen gehöre. Nun wurden die verbliebenen Pferde, aber auch Ochsen, Esel und Büffel, erneut in Dienst gestellt: Sie zogen den Pflug, wurden vor die Heuwagen gespannt oder brachten die Menschen in die Städte.

In den entlegeneren Bergregionen hatten uralte Anbaumethoden ohnehin überlebt. Die Bergwiesen waren niemals enteignet und in Staatsbetriebe eingegliedert worden. In Maramureş blieben die Bauern also einfach ihrer bisherigen Arbeitsweise treu; wer die dortigen Felder mit Brachland an anderen Orten vergleicht, erkennt sofort den Unterschied. Selbst im Gebirge war die Kommunistische Partei allerdings nicht völlig untätig; Märkte und sogar der Besuch der Mühle waren untersagt, denn man duldete nicht, dass größere Gruppen von Menschen zusammenkamen – und vielleicht über ihre miserable Lage diskutierten.

Gemeinsam ist den Rumänen bis heute allerdings ein Idealbild des Landlebens geblieben. Es stammt aus der Zeit der sogenannten nationalen Wiedergeburt im 18. und 19. Jahrhundert. Als die Rumänen die osmanische Herrschaft abgeschüttelt hatten und vor allem in Transsilvanien ein neues Nationalbewusstsein erwachte, diente ihnen das Volk der Daker als Vorbild an Mut, Klugheit und Freiheitsliebe.

Das Bildnis des Nationaldichters Mihai Eminescu ist in Rumänien allgegenwärtig

Das Landleben in Literatur und Musik

Damals begannen Dichter und Komponisten, Überlieferungen in der Volkssprache zu sammeln und auf dem Land gesungene Lieder aufzuzeichnen. Vorangetrieben wurde diese Rückbesinnung auf die eigenen kulturellen Wurzeln von bekannten Schriftstellern und Musikern wie Anton Pann (ca. 1790–1854), Mihai Eminescu (1850–1889), Vasile Alecsandri (1821–1890) und Alecu Russo (1819–1859). Pann war ein Dichter und Komponist aus dem Volk der Roma; von ihm stammt die Musik der rumänischen Nationalhymne „Deşteaptă-te, române!" Eminescu war Schauspieler und Journalist und ein glühender Nationalist. Der Verfasser von „Luceafărul" („Der Morgenstern") gilt als rumänischer Nationaldichter. Dieses Meisterwerk, ein Gedicht mit vermeintlich schlicht gehaltenen 90 Versen, beschwört die Welt der Lebenden und der Toten; inspiriert ist es von einem rumänischen Märchen. Alecsandri und Russo erforschten Legenden und Volksmärchen; als Sammler sorgten sie für die schriftliche Überlieferung von „Mioriţa", einem Gedicht, das den Weg zur Erlösung durch Selbstaufopferung besingt.

Viele der genannten Schriftsteller fanden ihr Thema erst im Rahmen der Bewegung „Junimea" (Jugend), die der einflussreiche Kritiker Titu Maiorescu (1840–1917) ins Leben gerufen hatte. Maiorescu, der in Iaşi (Jaßenmarkt) lebte, war ein bedeutender konservativer Politiker, doch auch seine Verdienste um die rumänische Kultur sind nicht in Vergessenheit geraten. Nach dem Vertrag von Adrianopel 1829 verlor das Osmanische Reich seine Aufsicht über den rumänischen Handel. Die Tore nach Europa standen nun weit offen – neue Waren strömten ebenso ins Land wie neue Ideen. Maiorescu empfand diese neuen Einflüsse allerdings eher als Bedrohung. Er verlangte, Künstler sollten nicht sklavisch westliche Stilrichtungen kopieren, sondern aus ihrer eigenen rumänischen Kultur heraus etwas Neues schaffen.

Zu den Schriftstellern, die von dieser Bewegung beeinflusst wurden, zählen der Erzähler Ion Creangă (1839–1889), dessen Geschichten vom Landleben schon Generationen von Kindern erfreut haben, und der Satiriker und Dramatiker Ion Luca Caragiale (1852–1912). Auch „Ion" (1920), Liviu Rebreanus (1885–1944) melodramatische Liebesgeschichte, spielt im ländlichen Rumänien. Seinen Ruhm verdankt Rebreanu allerdings hauptsächlich seinem Roman „Pădurea Spânzuraţilor" (Der Wald der Gehenkten, 1922). In Anlehnung an das Schicksal seines Bruders erzählt der Autor darin die tragische Geschichte von Apostol Bologa, der im

Eine Dorfbewohnerin in Oltenia beim Spinnen; das Deckchen auf dem Fernseher ist handgewebt

Ersten Weltkrieg aus dem österreichischen Heer desertiert, um sich den Rumänen anzuschließen, und dafür mit dem Leben bezahlt.

Mihail Sadoveanu (1880–1961) berichtet in seiner berühmten Erzählung „Băltagul" (Die Axt) vom anständigen und aufrechten Lebenswandel der Bauern. Marin Preda (1922–1980) dagegen entwirft in seinem zweibändigen „Moromeţii" ein realistisches Bild der Not, unter der viele Dörfer zwischen den Weltkriegen zu leiden hatten.

Freilicht-Museumsdorf in Cluj-Napoca (Klausenburg) in Transsilvanien

RELIGION

Die Rumänen sind ein sehr gläubiges Volk und stolz auf ihre lange christliche Tradition. Der Überlieferung nach wurden ihre Vorfahren, die Daker, vom hl. Andreas bekehrt, als er Scythia Minor (die heutige Dobrogea) besuchte.

Heute bekennen sich mehr als 80 Prozent der Bevölkerung zur rumänisch-orthodoxen Kirche. Diese 1885 offiziell anerkannte Kirche gehört zu den 15 orthodoxen Kirchen in Osteuropa; sie sehen sich als Nachfolger der ostkirchlichen Patriarchate, die sich 1054 im Morgenländischen Schisma von der lateinischen Kirche lossagten. Seither reiste kein römischer Papst mehr nach Rumänien, bis Johannes Paul II. 1999 als Erster diesen Schritt tat.

Die Zahl der Gottesdienstbesucher liegt in Rumänien noch bemerkenswert hoch, vor allem bei älteren Leuten auf dem Lande. Dort besitzt die Kirche immer noch eine wichtige soziale Funktion. An Sonn- und Feiertagen, insbesondere beim orthodoxen Osterfest, ziehen die Menschen in Scharen zur Kirche, viele in traditioneller Tracht. Das Putzen und Schmücken der Kirche ist für die Frauen des Ortes Ehrensache.

Orthodoxe Klöster

Ländliche Gemeinden werden oft auch von Klöstern versorgt. In kommunistischer Zeit hatte der Staat viele kirchliche Einrichtungen geschlossen oder zur Aufgabe gedrängt; in dieser Lage kooperierten die obersten Würdenträger der rumänischen Kirche mit der kommunistischen Partei, um den Fortbestand ihrer Kirche zu sichern. In den 1950er Jahren zwang das Regime die Angehörigen der griechisch-katholischen Kirche in Transsilvanien sogar, zur Orthodoxie überzutreten. Manche Mitglieder des orthodoxen Klerus ließen sich auf Spitzeldienste ein, viele Priester, Mönche und Nonnen lehnten jedoch standhaft jegliche Zusammenarbeit ab und nahmen dafür viele Repressalien in Kauf. Die zwischen Staatstreue und Widerstand hin- und hergerissene Kirche ist heute sehr darum bemüht, verlorenes Vertrauen zurückzugewinnen.

Nach dem Zusammenbruch des Kommunismus führte die Suche nach spiritueller Erneuerung manch einen Rumänen in die Berge, wo viele sich wie die ersten Schüler des hl. Antonius als Einsiedler niederließen. Andere junge Menschen – vor allem Mädchen – traten in beachtlicher Anzahl in Klöster ein. Ein Grund für diesen Zustrom mag freilich auch darin liegen, dass viele Menschen sich nur hinter Klostermauern vor der Armut sicher fühlen. Wie dem auch sei, in manchen Klöstern des Landes leben mittlerweile mehr als 500 oder 600 Ordensleute.

In Rumänien gibt es heute fast 400 orthodoxe Klöster mit über 8000 Mönchen und Nonnen. Viele von ihnen nehmen Gläubige auf, die sich auf der Suche nach Ruhe und Besinnung ein wenig zurückziehen möchten. Klöster haben normalerweise auch nichts gegen Besucher, vor allem wenn man die Kirche bewundern will; Klöster sind aber keine Hotels, auch wenn einige von ihnen Betten für Touristen bereithalten.

Fresken aus dem 16. Jahrhundert an den Klostermauern in Humor, Moldova

Selbstverständlich kann man die Gottesdienste besuchen, aber die orthodoxe Liturgie kann viele Stunden dauern, und die Besucher müssen stehen bleiben. Die meisten Rumänen schauen aber nur für ein paar Minuten herein und verlassen die Kirche dann wieder, und ausländische Gäste können sich problemlos daran orientieren, denn es herrscht ohnehin ein reges Kommen und Gehen. Man kann aber auch eine Kerze entzünden, spezielle Gebete in Auftrag geben oder selbst in stillem Gebet niederknien. Der eigentümliche Gesang, der Weihrauchduft und der dunkle Raum verfehlen ihre Wirkung auf Besucher jedenfalls nicht. Klöster sind also allemal einen Besuch wert (und nur dort, wo es sich um historisch wertvolle Bauten handelt, wird manchmal ein Eintrittsgeld oder eine Gebühr fürs Fotografieren erhoben).

Orthodoxe Kirchen

Einige der schönsten rumänischen Kunstwerke befinden sich in den orthodoxen Kirchen. In praktisch jedem Landesteil stehen phantastische Bauten – von prunkvollen Kathedralen aus Stein bis zu schlichten, aus Holz errichteten Dorfkapellen. Am berühmtesten sind die bemalten Kirchen aus dem 15. und 16. Jahrhundert in der Bucovina im Norden von Moldova. Diese Gotteshäuser wurden förmlich in Fresken eingehüllt. Deren Größe und Qualität ist beeindruckend; dargestellt sind biblische Szenen im byzantinischen Stil. Die politischen Nöte der Zeit scheinen oft kaum verhüllt hinter den biblischen Botschaften auf – etwa der Kampf der Fürsten von Moldau gegen die türkischen Invasoren. Mit ihren ausladenden, spitz zulaufenden Dächern, dem gotischen Mauerwerk und byzantinischen Grundrissen stellen die Kirchen der Bucovina einzigartige Zeugnisse einer Architektur dar, deren Bauform heute als moldauischer Stil Anerkennung gefunden hat.

Die rumänische Sopranistin Angela Gheorghiu eröffnete 2006 die Filmfestspiele in Cannes

In ländlichen Gegenden ist die rumänische Ausprägung des orthodoxen Christentums häufig noch mit heidnischen Elementen durchsetzt. Vorchristlicher Aberglaube ist noch allgegenwärtig, so als sei er erst gestern überwunden worden. Man achte nur einmal auf die Sternzeichen, die man in manchen Wandgemälden oder auch auf den Keramikscheiben findet, mit denen das Äußere von Kirchenbauten geschmückt ist. Zum Gottesdienst wird die Gemeinde nicht selten mit einer sogenannten *toacă* gerufen, einer langen hölzernen Bohle, die mit zwei Hämmern geschlagen wird. Dieses „Instrument" soll schon aus dem Mittelalter stammen und diente damals angeblich dazu, die Männer zu den Waffen zu rufen. Einer anderen Legende zufolge symbolisiert das Holz eine Planke der Arche Noah. Noah spielt in den rumänischen Legenden ohnehin eine wichtige Rolle, denn man geht hier davon aus, dass der Bericht von der Sintflut sich auf ein historisches Ereignis bezieht, und zwar auf eine große Flut am Schwarzen Meer. Die Arche soll ja am Ende auf dem Berg Ararat gestrandet sein, der nicht weit von Armenien liegt. Und armenische Priester verwenden eine ganz ähnliche Holzbohle, um die Gläubigen zum Gebet zu rufen.

Judentum

Früher lebten relativ viele Juden in Rumänien; die meisten kamen zwischen dem 15. und 17. Jahrhundert ins Land, als die Juden aus Spanien vertrieben wurden. Sie leisteten einen wichtigen Beitrag zur Wirtschaft und Kultur des Landes, bis 1878 verweigerte man ihnen allerdings die Staatsbürgerschaft. Eines der verbreiteten Vorurteile lautete, die Juden hätten das Entstehen einer rumänischen Mittelschicht vereitelt. Der Antisemitismus griff nach dem Ersten Weltkrieg rasch um sich; während des Zweiten Weltkriegs wurden dann 270 000 rumänische Juden zusammen mit vielen Roma ermordet oder nach Transnistrien deportiert. Heute leben nur noch rund 8000 Juden in Rumänien, davon mehr als die Hälfte in Bukarest; rund 800 Synagogen werden noch von jüdischen Gemeinden genutzt.

DIE KÜNSTE

Die Musik- und Theaterszene und seit jüngster Zeit auch die Filmindustrie haben sich durchaus gut entwickelt. International geachtet sind beispielsweise der Komponist Georges Enescu

(1881–1955), die Opernsängerin Angela Gheorghiu oder die Schauspielerin Maia Morgenstern; in der Popmusik feiern die Schwestern Gabriela und Monica Irimia beachtliche Erfolge.

Theater, Film und Literatur

Seit der Errichtung von Theaterbauten im 19. Jahrhundert werden die meisten rumänischen Theater vom Staat subventioniert; bis heute gibt es 52 aus Steuermitteln finanzierte Sprechbühnen und Puppentheater im Lande. Dazu zählt auch das Teatrul Evreiesc de Stat in Bukarest, das einzige jiddische Theater Europas, das sogar die kommunistische Zeit unbeschadet überdauert hat.

Gerade unter kommunistischer Herrschaft sehnten sich die Bürger nach Filmen und Theaterstücken, denn diese brachten ein wenig Ablenkung vom tristen Alltag. Dissidenten gelang es immer wieder, ihre Werke an der Zensur vorbeizuschmuggeln, indem sie die Kritik allegorisch verhüllten, und die Zuschauer nahmen stundenlanges Warten in Kauf, um an die begehrten Karten zu kommen. Manche Autoren und Regisseure überschritten allerdings die vom Regime gesetzten Grenzen und wurden verboten; einige von ihnen fanden ihr Glück im Ausland.

Eugen Ionescu, einer der bedeutendsten Dramatiker des 20. Jahrhunderts, wurde 1909 in Rumänien geboren. Im Zweiten Weltkrieg hatte es ihn nach Frankreich verschlagen, und er beschloss, einfach in Paris zu bleiben. Unter dem Namen Eugène Ionesco begründete er dort das Absurde Theater – als Ausdrucksform für die Entfremdungen der Moderne, aber auch als Absage an jeden ideologischen Konformismus. Ionescu verabscheute jegliche Ideologie, schon seit den Zeiten der rechtsextremistischen Eisernen Garde. Berühmt sind Stücke wie „Rhinocéros“ („Die Nashörner“), „La Cantatrice Chauve“ („Die kahle Sängerin“) oder „Les Chaises“ („Die Stühle“).

Der renommierte Filmregisseur Lucian Pintilie (geb. 1933) sorgte mit „Reconstituirea“ („Die Rekonstruktion“) für einen großen Skandal, da der Film verdeckte Kritik am Rumänien der Ceauşescu-Ära enthielt; 1970 legte man ihm nahe, seine Heimat zu verlassen. Der auch im Westen erfolgreiche Filmemacher ist mittlerweile zurückgekehrt. Der Film- und Theaterregisseur Andrei Şerban (geb. 1943) durfte nach einer gewagten Inszenierung von *Julius Caesar* seinen Beruf nicht mehr ausüben; 1969 emigrierte er in die USA und ist dort geblieben. Und ein Ereignis aus jüngster Zeit: Cristi Puius (geb. 1967) schwarze Komödie „Moartea Domnului Lazarescu“ („Der Tod des Herrn Lazarus“, 2005) hat schon diverse Filmpreise gewonnen.

In den Anfangsjahren seiner Diktatur gewährte Ceauşescu Künstlern noch relativ großzügige Reisefreiheiten. Erst nach einem Besuch in Nordkorea 1971 begann Ceauşescu, Präsident Kim Il Sung nachzueifern. Seit dieser Zeit hatte die offizielle rumänische Kultur nur noch eine einzige Bestimmung: den Staatspräsidenten zu verherrlichen. 1971 rief Ceauşescu auch die Cântarea României (Lobpreis Rumäniens) ins Leben, ein Kulturfestival, das ausschließlich diesem Zweck diente. Alle Rumänen sollten auf irgendeine Weise daran mitwirken und erleben, dass sie in der besten aller möglichen Welten lebten – wo es doch in Wahrheit eine der schlechtestmöglichen war.

Eugen Ionescu (1912–1994), einer der berühmtesten rumänischen Schriftsteller, lebte in Frankreich

Offene Regimekritik wagte der Dichter Marin Sorescu (1936–1996), manches davon konnte allerdings erst nach dem Ende der Diktatur veröffentlicht werden. Berühmt gewordene Protestgedichte hat auch Ana Blandiana (geb. 1942) verfasst. Blandiana engagierte sich nach der Revolution von 1989 auch in der Politik und setzte sich beispielsweise für die Freigabe der Geheimakten ein.

Im nachkommunistischen Rumänien überfluten unzählige Zeitungen und Zeitschriften den Markt. Bei manchen vermuten Kritiker, dass korrupte Politiker diese Journale als Sprachrohr missbrauchen, andere Publikationen scheinen tatsächlich unabhängig zu sein. Zu Letzteren darf man wohl die selbstkritische *Dilema* rechnen, außerdem die für Kultur und Politik zuständige *22* (benannt nach dem 22. Dezember 1989, dem Tag, als Ceauşescu in einem Hubschrauber aus Budapest floh) und die erfrischende satirische Zeitschrift *Academia Caţavencu*, die sich am französischen *Canard Enchaîné* ein Beispiel nimmt.

Oben: Die Dichterin Ana Blandiana setzt sich für die rumänische Zivilgesellschaft ein
Rechts: Nicolae Grigorescus bekanntes Bild „Am Meer" von 1881 wird im Kunstmuseum in Bukarest gezeigt

Bildende Künste

Die meisten bildenden Künstler aus Rumänien sind im Ausland kaum bekannt, der Bildhauer Constantin Brâncuşi (1876–1957; siehe S. 91) ist da eine Ausnahme. Brâncuşi hat neuartige und teilweise umstrittene Arbeiten wie „Der Vogel im Raum", „Mademoiselle Pogany" oder die „Unendliche Säule" hinterlassen. Wie viele seiner Landsleute siedelte er schon früh – 1904 – nach Frankreich über. Die Kunstkenner der kommunistischen Partei lehnten seine Arbeiten später ab, doch in den naturnahen Formen seiner Arbeiten spürt man noch etwas von der Landschaft der Walachei, die seine Kindheit geprägt hat.

Der bekannteste rumänische Maler ist der Impressionist Nicolae Grigorescu (1838–1907). Er studierte zunächst in den 1860er Jahren in Paris und arbeitete dann zusammen mit Corot und Millet in der Künstlerkolonie Barbizon. Nach seiner Rückkehr in die Heimat wandte Grigorescu sich ländlichen Motiven zu, doch gibt es von ihm auch sehr bewegende Porträts von Soldaten aus dem (russisch-türkischen) Freiheitskrieg von 1877/78.

Während der kommunistischen Ära führten viele Künstler und Bildhauer eine Art Doppelleben. Wollten sie arbeiten, mussten sie der Künstlervereinigung beitreten. Um sich ein Einkommen zu sichern, ließen sie sich dann zu Produktionen herab, die dem Diktator schmeichelten; im Verborgenen entstanden aber oft die ernsthafteren Werke. Transsilvanische Künstler waren schon immer ein wenig aufgeschlossener, denn hier gab es Verbindungen nach Ungarn hinüber und insgesamt bessere Westkontakte. In den 1980er Jahren veranstaltete die Gruppe Mamu aus Târgu Mureş (Neumarkt am Mieresch) geheime Kunstausstellungen auf dem Lande. Die Fotos von diesen Events kursierten unter der Hand – natürlich als eine Form der antikommunistischen Propaganda.

Für viele der sogenannten Kreativen beendete der Zusammenbruch des Kommunismus allerdings auch die alten Sicherheiten. Denn wie mittelmäßig ihre Erzeugnisse auch immer sein mochten: Künstler und Literaten, die sich dem politischen System unterwarfen, konnten mit einem geregelten Einkommen rechnen. Dieses Netz ist längst gerissen, und der Erfolg hängt nun vom jeweiligen Talent ab. Um Künstlern zu helfen, die der Zusammenbruch des Ostblocks in den Abgrund zu reißen drohte, hat der ungarische Unternehmer George Soros Stiftungen eingerichtet, die begabte Künstler in den Ländern des ehemaligen sowjetischen Einflussbereiches unterstützen. In Rumänien finanziert die Soros Foundation Ausstellungen mit Werken, die gleichzeitig nach vorn blicken und sich den drängenden Fragen der Vergangenheit stellen.

Einer dieser Künstler, der den brisanten Themen nicht ausweicht, ist Dan Perjovschi (geb. 1961). Der politisch engagierte Zeichner drückt

Früher Morgen im Zentrum von Craiova (Kragau)

mit den Mitteln seiner Kunst die Verbitterung vieler Rumänen darüber aus, dass sie einst Verfolgungen zugelassen und Korruption und Lügen in höchsten Ämtern klaglos hingenommen haben. Seine unbequemen und witzigen Polemiken richten sich eigentlich nicht nur an Rumänen, sondern an Menschen in aller Welt. Häufig wird das Verhältnis Osteuropas zum Westen thematisiert, und natürlich taucht die irritierende Frage nach der Rolle des Künstlers in der modernen Welt auf. Perjovschis Zeichnungen nehmen verschiedenste Formen an – Illustrationen, aber auch Graffiti oder Installationen; mitunter bedecken sie komplette Mauern, so als handle es sich um eine aktuelle Version der bemalten Klöster. Perjovschi arbeitet auch als Illustrator und Herausgeber für die Zeitschrift *22* (siehe S. 44).

DIE SPRACHE

Das Rumänische ist dem Vulgärlatein sicherlich näher als jede andere romanische Sprache der Gegenwart. Das heutige Rumänisch entwickelte sich bereits zwischen dem 7. und dem 10. Jahrhundert; der byzantinische Einfluss sorgte für einen hohen Anteil an slawischen Lehnwörtern. Da das Land lange Zeit extrem isoliert war, vor allem während der Besatzungszeiten, blieb die rumänische Sprache ungewöhnlich homogen.

Rumänisch spricht man heute auch in der Republik Moldawien, außerdem in der Ukraine, in Ungarn, Bulgarien und in der autonomen serbischen Provinz Vojvodina. Die aromunische Sprache – dem Rumänischen verwandt, aber mit eigenständiger Entwicklung schon seit der Römerzeit – wird von Menschen in fünf weiteren Ländern Südosteuropas gesprochen.

Die verwandtschaftliche Nähe zu den übrigen romanischen Sprachen erklärt auch, warum die Rumänen traditionell derart enge Bindungen an Frankreich pflegen. Bukarest wurde gar nach dem Vorbild von Paris umgestaltet – komplett mit „Arcul de Triumf", einem nach Charles de Gaulle benannten Kreisverkehr und einer De-Gaulle-Statue. 2006 war Bukarest sogar Schauplatz des ersten frankofonen Festivals, das jemals in Europa außerhalb Frankreichs stattgefunden hat.

Rumänien ist alles dies und noch sehr viel mehr – und dabei wurde Graf Dracula hier noch nicht einmal erwähnt ... ■

Rumäniens facettenreiche Hauptstadt hat stark unter Ceauşescus Regime gelitten. Doch auch wenn die Stadtoberen Bukarest heute alles dransetzten, die Stadt so schnell wie möglich zu modernisieren – etwas von ihrem chaotischen Charme ist dennoch geblieben.

Bukarest

Das *Memorialul Renaşterii* (Denkmal für die Revolution 1989) an der Piaţa Revoluţiei in Bukarest – es wird auch scherzhaft die „Kartoffel“ genannt

Verkehrsrauschen an den Hauptverkehrsadern von Rumäniens Metropole: Bukarest

Bukarest

KNAPP ZWEI MILLIONEN MENSCHEN LEBEN HEUTE IN BUKAREST. VLAD III. („der Pfähler" oder Dracula), Fürst der Walachei, erklärte 1459 die befestigte Siedlung Bukarest zu seiner Hauptstadt. Ihm erschien der Standort günstig, da die Entfernung zu den Karpaten – und damit dem ungarischen Einfluss – größer war als bei den vorherigen beiden Hauptstädten. Auch lag Bukarest strategisch günstig an einer Handelsroute, die das südöstliche Europa mit dem Norden und Westen verband. Die Überreste von Vlads Palast und die Alte Hofkirche sind die ältesten Bauwerke der Stadt.

Unmittelbar südwestlich von Vlads Fürstenhof erhebt sich die größenwahnsinnige Casa Poporului (Haus des Volkes) mit Boulevard, die Ceauşescu nach dem Erdbeben 1977 in Auftrag gab. Damals planierte der Diktator ein Fünftel der historischen Altstadt – eine viel größere Fläche, als das Erdbeben eigentlich zerstört hatte – und vernichtete damit ein ganzes Areal mit gut erhaltenen alten Gebäuden. Dieses Bauprojekt war nur eine von vielen Systematisierungen, die Ceauşescu plante. In den 1960er Jahren ließ er ganze Reihen von hohen Wohnblöcken in schlechter Qualität am Stadtrand errichten und erweiterte damit die *mahalalele* (Vororte). Dorthin mussten Teile der ärmeren Bevölkerung ziehen, als der Diktator gegen Ende seiner Herrschaft damit begann, einige der umliegenden Dörfer zu zerstören.

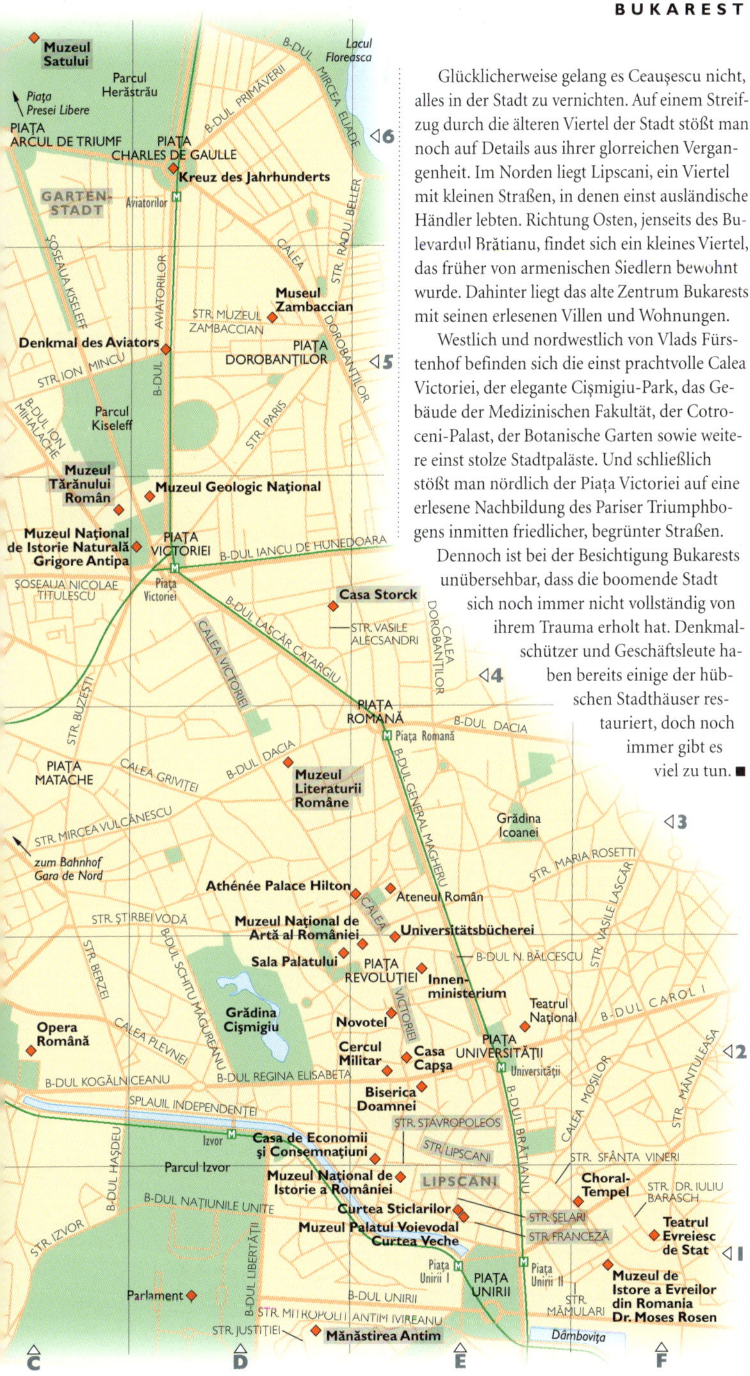

Glücklicherweise gelang es Ceaușescu nicht, alles in der Stadt zu vernichten. Auf einem Streifzug durch die älteren Viertel der Stadt stößt man noch auf Details aus ihrer glorreichen Vergangenheit. Im Norden liegt Lipscani, ein Viertel mit kleinen Straßen, in denen einst ausländische Händler lebten. Richtung Osten, jenseits des Bulevardul Brătianu, findet sich ein kleines Viertel, das früher von armenischen Siedlern bewohnt wurde. Dahinter liegt das alte Zentrum Bukarests mit seinen erlesenen Villen und Wohnungen.

Westlich und nordwestlich von Vlads Fürstenhof befinden sich die einst prachtvolle Calea Victoriei, der elegante Cișmigiu-Park, das Gebäude der Medizinischen Fakultät, der Cotroceni-Palast, der Botanische Garten sowie weitere einst stolze Stadtpaläste. Und schließlich stößt man nördlich der Piața Victoriei auf eine erlesene Nachbildung des Pariser Triumphbogens inmitten friedlicher, begrünter Straßen.

Dennoch ist bei der Besichtigung Bukarests unübersehbar, dass die boomende Stadt sich noch immer nicht vollständig von ihrem Trauma erholt hat. Denkmalschützer und Geschäftsleute haben bereits einige der hübschen Stadthäuser restauriert, doch noch immer gibt es viel zu tun. ■

Lipscani

Bukarest Besucher-information

ANTREC, Str. Maica Alexandra 7, Sector 1
021 223 7024

LIPSCANI, DAS MITTELALTERLICHE HERZ BUKARESTS, ERstreckt sich in einem Straßengewirr zwischen der Calea Victoriei, der Strada Doamnei, dem Bulevardul Brătianu und der Strada Halelor. Noch bevor die Stadt gegründet wurde, war Lipscani bereits ein lebendiges Handelszentrum. Sein Name leitet sich aus dem rumänischen Begriff für die Leipziger Kaufleute her – sie waren die wohlhabendsten Händler des Viertels. Selbst nach langen Spaziergängen finden sich in Lipscani noch unbekannte Winkel, Innenhöfe und Gänge, die die Geschichte des Viertels lebendig werden lassen.

STRADA LIPSCANI

Mittelpunkt des Viertels ist die erst vor Kurzem zur Fußgängerzone umfunktionierte Strada Lipscani (Leipziger Straße), die zu einem ausgedehnten Bummel einlädt. Sie wird von Cafés und Restaurants sowie verschrobenen kleinen Läden gesäumt, in denen es sich wunderbar stöbern lässt. Ein Torbogen am östlichen Ende der Straße führt in einen in sich abgeschlossenen Straßenteil: zum **Hanul cu Tei** (Lindenherberge). Errichtet wurde die Anlage 1833 von zwei Kaufleuten, die jeweils auf beiden Seiten des Durchgangs Läden besaßen. Heute haben sich hier Antiquitätengeschäfte und Kunstgalerien niedergelassen. Ganz in der Nähe ist auch die Ruine des **Hanul Gabroveni** zu besichtigen (Str. Lipscani 86–88): Das ehemalige Gasthaus, das 1739 aus Backstein errichtet worden war, vermittelt einen Eindruck von der einstigen architektonischen Blütezeit der Stadt.

STRADA ŞELARI

Einen großen Teil der Strada Şelari bilden die **Curtea Sticlarilor**, die Werkstätten der Glasbläser – der lange, verglaste Balkon des Gebäudes

Ein kostbarer Moment der Stille im Hanul lui Manuc, einem der beliebtesten Treffpunkte der Hauptstadt. Das Restaurant wird noch bis 2009 renoviert

(1716) mit seinen bogenförmigen Fenstern ist gar nicht zu verfehlen. Ursprünglich gehörte das Gebäude zum königlichen Hof; die Ateliers sind noch in Betrieb und können besichtigt werden.

STRADA FRANCEZĂ

Die Strada Franceză ist nach den französischen Kaufleuten benannt, die sich in diesem Areal niederließen. Hier befindet sich das **Muzeul Palatul Voievodal Curtea Veche** (Palastmuseum des Alten Fürstenhofs). Die Anlage war ursprünglich eine Festung aus dem 14. Jahrhundert, die für Fürst Mircea cel Bătrân (Mircea der Alte) errichtet worden war. Fürst Vlad III. Dracula und eine Reihe späterer Herrscher fügten dem Hof weitere Bauten hinzu bzw. errichteten neue Gebäude. 1775 gab Fürst Alexander Ipsilanti den Palast zugunsten eines neuen Hofes auf. Trotz der andauernden Restaurierungsarbeiten können die Gebäude besichtigt werden.

Neben dem Palastmuseum befindet sich Bukarests älteste Kirche, die **Biserica Curţii Vechi** (Alte Hofkirche). Das wechselnde Muster aus Stein und Ziegeln ist typisch für den byzantinischen Stil. Die Kirche wurde in den 1550er Jahren von Fürst Mircea Ciobanul (Mircea der Schäfer) erbaut, sie war im Mittelalter Schauplatz zahlreicher Krönungen rumänischer Fürsten.

Wenige Schritte von der Kirche entfernt liegt der Eingang des **Hanul lui Manuc** *(Str. Franceză 64)*. Die einstige Karawanserei wurde nach dem armenischen Kaufmann Manuc benannt, der sie 1808 erbauen ließ – sie ist die einzige noch vollständig erhaltene Karawanserei in Rumänien. Ihr großer und hübscher Innenhof sollte den Pferdekarawanen auf ihrer Reise durch Europa Schutz für die Nacht bieten. Auch heute wird das Gebäude noch als Hotel und Restaurant genutzt.

Glasbläser bei der Arbeit in der mittelalterlichen Curtea Sticlarilor im Stadtviertel Lipscani

Handelsplatz

Im 12. Jahrhundert bildeten sich zahlreiche kleine Dörfer in der Nähe einer Straßenkreuzung, die die Seidenstraße mit Nordeuropa verband: Das Areal ist heute unter dem Namen Piaţa Unirii bekannt. Die Dorfbewohner nutzten damals ihre strategisch günstige Lage und begannen Dorfmärkte und jährliche Märkte abzuhalten. Der lebhafte Handel zog auch Landesfürsten an, die hier ihr Hauptquartier aufschlugen. Die Straßennamen zeugen davon, dass im Viertel Lipscani während seiner Blütezeit viele Handwerker und Spezialisten ein Auskommen fanden: Sattler, Messerschleifer, Hutmacher, Bäcker, Kürschner und deren Gilden, aber auch Wucherer. ■

STRADA STAVROPOLEOS

Die winzige **Biserica Stavropoleos** *(Stavropoleos-Kirche; Str. Stavropoleos 4)* steht an der Kreuzung Strada Stavropoleos und Strada Poştei. Die 1724 von griechisch-orthodoxen Mönchen als Kloster geplante Kirche weist zahlreiche reizvolle Details auf, darunter Steinsäulen, die eine Reihe hübscher Bögen im orientalischen Stil tragen, sowie Blendarkaden, die die Seiten des Bauwerks sowie die Rückseite schmücken. ■

Curtea Sticlarilor

- 49 E1 & S. 53
- Str. Şelari 9–11
- 021 314 3228
- Geschl. So & Nov.–April
- Metro: Piaţa Unirii 1

Muzeul Palatul Voievodal Curtea Veche

- 49 E1 & S. 53
- Str. Franceză 25–31
- 021 314 0375
- Geschl. Mo
- $
- Metro: Piaţa Unirii 1

Spaziergang durch das alte Bukarest

Der Rundgang führt in einen anderen historischen Teil der Hauptstadt. Er präsentiert sich als reizvolles Straßengewirr, das von den schlimmsten Verwüstungen Ceauşescus verschont blieb, und heute die verletzliche Seite der aufstrebenden Stadt verkörpert.

Die rückwärtige Terrasse der Casa Oamenilor de Ştiinţa (Haus der Wissenschaft) – ein herrlicher Platz, um im Freien zu essen

Startpunkt des Spazierganges ist die im Jahr 1701 errichtete **Colţea Biserica** ❶ *(B-dul Brătianu 1)*, die erste Kirche Bukarests im Brâncoveanu-Stil. In östlicher Richtung führt der Weg zur **Strada Colţei**, wo sie sich in einem Gewirr anderer Straßen verliert.

Der Weg schlängelt sich weiter über die Strada Ivo Andric und den Bulevardul Hristo Botev, dann geht es über die Strada Sfinţilor zur **Strada Caimatei**. Das Gebäude mit der **Nr. 20** wurde von Marcel Iancu entworfen, einem der Mitbegründer des Dadaismus.

Nun geht es in Richtung Norden die Strada Armenească hinauf, dann auf den Bulevardul Carol I. Eine auffällige **Armenische Kirche** ❷ *(B-dul Carol I 43, Tel. 021 313 9070 für Besichtigungstermin)* befindet sich ein Stück die Straße hinunter. Sie wurde 1915 gebaut und ist eine Kopie der Kathedrale des hl. Gregor des Erleuchters in der alten armenischen Hauptstadt Etschmiadsin (17. Jh.). Ein **Museum** gegenüber der Kirche zeigt Stickarbeiten und alte Bücher, die an die alte armenische Kultur erinnern. Die Kirche sowie die Strada Armenească sind beinahe alles, was von der Mahalaua Armenească, dem armenischen Viertel, erhalten blieb.

Von der Kirche aus führt der Weg die Strada Armenească entlang, dann nach links in die Strada Spătarului. Das **Muzeul Theodor Pallady** ist in der unauffälligen **Casa Melik** ❸ *(Str. Spătarului 22, Tel. 021 211 4979, Mo geschl., €)* untergebracht. Das 1760 von einem armenischen Kaufmann für seine Familie errichtete Wohngebäude ist eines der ältesten der Stadt. Die Gemäldesammlung des Symbolisten Theodor Pallady (1871–1953) ist zwar nichts Besonderes, dafür entschädigt die rustikale Atmosphäre der Casa.

Am nördlichen Ende der Spătarului geht es nach links in die Strada Popa Petre, dann rechts in die **Strada Silvestru**. Orientalisch anmutende Häuser aus der phanariotischen Zeit, als dieser Teil Rumäniens von griechisch sprechenden Herrschern aus Istanbul regiert wurde, säumen die Straße. Einige wenige Häuser spiegeln den französischen Einfluss, der Mitte bis Ende des 19. Jahrhunderts in Mode war, doch genaue Unterscheidungen sind schwierig, da die Stilrichtungen sich herrlich vermischt haben. **Haus Nr. 75** allerdings ist eindeutig ein weiteres wegweisendes Gebäude von Marcel Iancu aus den 1930er Jahren.

Kurz geht es zurück auf der Silvestru, dann biegt rechts die Strada Salcîmilor ab. Von ihr zweigt links die Strada Toamnei ab, von der wiederum rechts die Strada Maria Rosetti abgeht. Dort stößt man auf das **Muzeul Vasile Grigore** ④ *(Str. Maria Rosetti 29, Tel. 021 211 54 09, Mo geschl., €)*. Die herausragende Sammlung zeigt Werke der Bildenden Kunst und Malerei aus Rumänien und dem Ausland.

Die Fassade der **Şcoala Centrală** (Zentrale Mädchenschule) ⑤ zeichnet sich über der Einmündung der Icoanei und der Calderon ab. Das neo-rumänische Meisterstück wurde von Ion Mincu (1852–1912) entworfen. Ganz in der Nähe (an der Ecke Polona und Dumbrava Roşie) befinden sich die **Ioanid-Gärten** ⑥ – ein schöner Ort für eine Pause zwischendurch.

Von den Gärten geht es weiter nach rechts zur Piaţa Lahovari und der **Casa Oamenilor de Ştiinţa** *(Haus der Wissenschaft, Piaţa Lahovari 9)* ⑦. Die rückwärtige Terrasse und der Rosengarten des ehemaligen phanariotischen Palais (heute ein Restaurant) lohnen einen Besuch. ■

s. Karte S. 49
➤ Colţea Biserica
3,2 km
1 Stunde
➤ Casa Oamenilor de Ştiinţa

UNBEDINGT ANSEHEN
- Colţea Biserica
- Armenische Kirche
- Muzeul Theodor Pallady
- Muzeul Vasile Grigore
- Casa Oamenilor de Ştiinţa

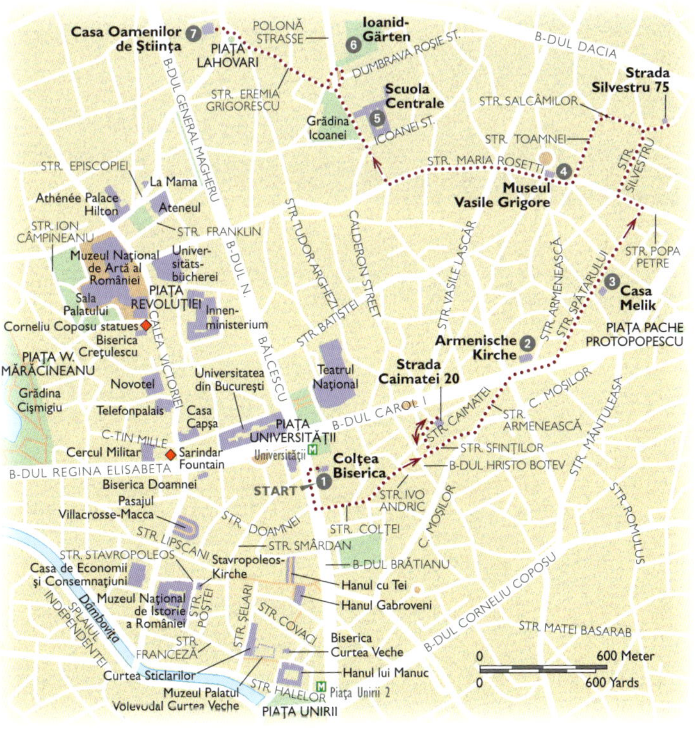

Calea Victoriei

Die Palatul Villacrosse-Macca wurde nach dem Vorbild der westeuropäischen Einkaufsarkaden des 19. Jahrhunderts entworfen

BUKARESTS ELEGANTESTER BOULEVARD, DIE CALEA VICTORIEI (Siegesallee), erstreckt sich zwischen der Splaiul Independenţei und der Piaţa Victoriei (Siegesplatz). Mit Renovierungen und neuen Gebäuden wird versucht, den einstigen Glanz wiederherzustellen.

Muzeul Naţional de Istorie a României

- 49 E1
- Calea Victoriei 12
- 021 315 0782
- Geschl. Mon.
- €
- Metro: Piaţa Unirii 1

Ihren Namen verdankt die Straße dem Rumänischen Unabhängigkeitskrieg von 1877–78, durch den das Land endgültig vom osmanischen Joch befreit wurde. Die meisten Sehenswürdigkeiten liegen im südlichen Teil zwischen der Strada Lipscani und der Piaţa Revoluţiei (Revolutionsplatz).

Der Spaziergang beginnt am Südende der Allee beim königlich wirkenden **Muzeul Naţional de Istorie a României** (Nationalhistorisches Museum), das neben anderen Schätzen die „Mutter Henne und ihre Küken“ zeigt: 22 mit Gold und Edelsteinen überzogene Vasen, Teller und Gefäße, die vermutlich von Ostgoten im 5. Jahrhundert n. Chr. vergraben wurden. Zum Schatz gehören auch vier Fibeln, die an ein Huhn mit drei Küken erinnern.

Nebenan befindet sich ein extravagantes, 1897 errichtetes Gebäude, die **Casa de Economii şi Consemnaţiuni** *(Calea Victoriei 13)* – die größte Sparkasse des Landes. Gegenüber der CEC liegen zwei Eingänge zu der halbkreisförmigen Einkaufspassage **Palatul Villacrosse-Macca** (19. Jh.). Einige Schritte Richtung Norden stößt man auf eine schmalere Öffnung: Sie führt zur 1683 erbauten Kirche **Biserica Doamnei** *(Calea Victoriei 28)*.

Auf der Nordseite des Bulevardul Regina Elisabeta kann der **Cercul Militar** (Militärclub; *Str. Constantin Mille 1, Tel. 021 314 9551)* besichtigt werden. Der Sarindar-Brunnen vor diesem Bauwerk aus dem ausgehenden 20. Jahrhundert erinnert an eine Kirche gleichen Namens, die in früherer Zeit hier stand.

Gegenüber vom Militärclub lässt sich eine der berühmtesten Ansichten der Bukarester Innenstadt bewundern: die 1886 erbaute **Casa Capşa** *(Calea Victoriei 36)*. Bevor die Nobelherberge von den Kommunisten geschlossen wurde, übernachteten hier immer wieder Mitglieder europäischer Königshäuser. Im Jahr 2003 wurde das Haus wieder eröffnet (siehe S. 246).

Der auffällig hohe Turm des **Telefonpalais** *(Calea Victoriei 37)* ist die Hauptgeschäftsstelle der unabhängigen Telefongesellschaft Romtelecom. Die klaren Linien aus den 1930er Jahren mit ihren Art-Déco-Elementen hoch oben am Turm lassen sich von der engen Straße aus nur schwer bewundern. Daneben steht Bukarests neues **Novotel** *(Calea Victoriei 37B)* – seine Fassade ist eine Reminiszenz an das Nationaltheater.

Weiter nördlich an der **Piaţa Revoluţiei** dominiert der ehemalige Winterpalast von König Karl I. (reg. 1866–1914), in dem heute das **Muzeul Naţional de Artă al României** (Kunstmuseum) untergebracht ist. Viele Originalstücke Constantin Brâncuşis und einige Ausstellungsstücke erlesener mittelalterlicher Sakralkunst machen dieses Museum zu einem lohnenden Ziel.

Auf der Piaţa Revoluţiei befindet sich auch das **Athénée Palace Hilton** (früher: Athénée Palace; *Str. Episcopei 1–3; siehe S. 246)* und das **Ateneul Român** (Rumänische Athenäum; *Str. Franklin 1*): Die Konzerthalle hat einen klassischen Portikus und wunderbar gestaltete Innenräume (1888). Ebenfalls am Platz steht die **Biblioteca Universităţii** (Universitätsbibliothek), deren Sammlung im Dezember 1989 bei einem Brand vernichtet wurde. Jenseits der Bibliothek, hinter dem einstigen **Securitate-Archiv**, befindet sich das Gebäude des **Innenministeriums**, das 1938 von König Karl II. in Auftrag gegeben wurde. Ceauşescu hatte vom Balkon aus seine letzte Rede gehalten. Die niedrige Pyramide vor dem Gebäude erinnert an all die vielen Menschen, die im Verlauf der Dezemberrevolution 1989 starben. Rechts davon stehen zwei Bronzestatuen des Christdemokraten und Oppositionellen Corneliu Coposu, dessen Tod 1995 im ganzen Land betrauert wurde. Die **Biserica Creţulescu** aus dem frühen 18. Jahrhundert wurde von einem königlichen Verwalter in der Nähe der ehemaligen Stadttore errichtet.

Der Bau der Bukarester Konzerthalle Athenäum in der Nähe der Calea Victoriei (Siegesallee) wurde durch Spenden finanziert

Nach einem Bummel über die Allee lohnt sich ein kurzer Absteher zwischen dem Kunstmuseum und der Creţulescu-Kirche hindurch zur **Grădina Cişmiugiu** *(Cişmiugiu-Park)*. Dafür überquert man die Strada Ion Câmpineanu und geht geradeaus auf die Piaţa Walter zu – der Garten liegt auf der gegenüberliegenden Seite des Platzes. Seine Rabatten, die von Hecken gesäumten Pfade, der See (mit ein paar Booten) und Springbrunnen machen diesen Park zur reizvollsten Grünanlage im Stadtzentrum. ■

Muzeul Naţional de Artă al României

- 49 E2
- Calea Victoriei 49–53
- 021 314 8119
- Geschl. Mo–Di
- €
- Metro: Piaţa Universităţii

Cotroceni

DAS ATTRAKTIVE WOHNGEBIET WESTLICH DES STADTZENtrums liegt zwischen Parks und Gärten. Hier befinden sich der Präsidentenpalast und eine Fülle malerischer, langsam zerfallender Villen – eine reizvolle Abwechslung zur Betriebsamkeit der Innenstadt.

Eschenallee im Botanischen Garten, Cotroceni-Viertel

Mittelpunkt ist der **Palatul Cotroceni**, die offizielle Residenz des rumänischen Präsidenten. Er befindet sich am westlichen Ende des Bulevardul Eroii Sanitari inmitten eines ausgedehnten, von Mauern eingefassten Areals. Besucher können an einer Führung durch Teile des Palasts teilnehmen (Nationalmuseum Cotroceni) und/oder auf eigene Faust die Küchenbereiche mit einem gemauerten Gewölbe besichtigen, sie werden für Wechselausstellungen genutzt. Den Eingang zu beiden Bereichen bildet ein kleines Tor in der Mauer an der Şoseaua Cotroceni – gegenüber vom Botanischen Garten.

Das Hauptgebäude wurde von Paul Gottereau für Kronprinz Ferdinand entworfen und 1895 fertiggestellt. Errichtet wurde es an einer Stelle, an der sich früher ein Kloster aus dem 17. Jahrhundert befand, eine Auftragsarbeit des Fürsten der Walachei, Şerban Cantacuzino. Die Kirche des Klosters wurde auf Befehl von Ceauşescu 1984 gesprengt; nun wird sie auf ihrem ursprünglichen Fundament in Teilen wieder aufgebaut.

Die nahe gelegene **Grădina Botanică Dimitrie Brândză** (Botanischer Garten) wurde 1860 vom berühmten rumänischen Mediziner Carol Davila gegründet. Ursprünglich lag der mehr als 17 Hektar große Garten neben der Medizinischen Fakultät (siehe S. 57), wurde jedoch 1884 an seinen gegenwärtigen Standpunkt verlegt. Namenspatron war der resolute Botaniker Dimitrie Brândză (1846–1895), der leidenschaftlich um sein Fortbestehen gekämpft hatte.

Der Garten umfasst ein Museum, Treibhäuser *(eingeschränkte Besuchszeiten)*, Gärten, Seen und Teiche, aber auch zahlreiche Gebäude, in denen botanische Forschungsinstitute untergebracht sind. Vor allem bei gutem Wetter ist der Botanische Garten ein schönes Ausflugsziel.

EIN STREIFZUG DURCH DAS WOHNVIERTEL COTROCENI

Die malerischen Wohnstraßen des Cotroceni-Viertels erstrecken sich vom Botanischen Garten bis zu dem relativ freudlosen Areal rund um das Parlamentsgebäude. Villen, Apartmenthäusern und Kirchen prägen das Gesicht von Cotroceni und zeigen vor allem durch den Kontrast zum Parlament, wie farbenfroh und vielfältig Bukarest einst gewesen ist. Jede Villa weist andere, ganz individuelle architektonische Details auf; viele von ihnen werden derzeit renoviert.

Auf dem Weg vom Botanischen Garten zur Metro-Station Eroilor liegt die **Facultatea de Medicină** (Medizinische Fakultät; *B-dul Eroii Sanitari 8*) auf dem Bulevardul Eroii Sanitari. Das majestätische, klassische Bauwerk wurde 1903 errichtet. Im Innenhof steht eine Statue ihres Mitbegründers Carol Davila. Eine Bronzestatue zeigt noch einen anderen Wegbereiter – Karl Storck (1826 bis 1887; siehe S. 64) –, der Rumäniens erste Akademie der Schönen Künste ins Leben rief.

Weiter geht es die Eroii Sanitari entlang, dann nach rechts in die Strada Dr. Clunet. Die nächste Abzweigung führt in die Strada Sfântu Elefterie. Die hübsche kleine, orthodoxe **Kirche Sf. Elefterie Vechi** steht auf einer Verkehrsinsel *(Str. Sf. Elefterie 1)*. Sie wurde 1744 während der phanariotischen Zeit erbaut (siehe S. 33) und durch Ceauşescus Systematisierungspläne isoliert. Die Kirche und die neo-byzantinischen Gemälde im Portal wurden restauriert und lohnen die Besichtigung.

Der Weg führt nun östlich entlang der Strada Sf. Elefterie an der Kirche vorbei bis zu einem Punkt, an dem mehrere Straßen aufeinandertreffen. Nach der Überquerung des Dâmboviţa-Kanals an der Splaiul Independenţei stößt man gegenüber auf die ein ganzes Stück von der Straße zurückversetzte und in einer Grünanlage gelegene **Opera Română** *(B-dul Kogălniceanu 70–72, Tel. 021 314 6980)*. Das Opernhaus ist ein relativ neues Gebäude (Eröffnung 1954) und eine der lebendigsten Musikinstitutionen der Stadt. Ein Besuch Bukarests wäre nicht vollständig ohne den Besuch einer Opernvorführung! ■

Den Medizinern zu Ehren

Die Straßen in Cotroceni wurden nach Ärzten und Wissenschaftlern benannt. Einige tragen bekannte Namen wie Lister und Pasteur, andere wurden nach weniger berühmten Persönlichkeiten benannt. Bulevardul Prof. Dr. Gheorghe Marinescu z. B. ehrt einen sehr beliebten Neurologen (1863–1938), der in Paris unter dem berühmten Charcot studiert hat. Die Strada Fr. Joliot-Curie erinnert an den französischen Chemiker Frédéric Joliot. 1935 gewann er gemeinsam mit seiner Frau Irène Curie den Nobelpreis in Chemie für die Entdeckung der künstlichen Radioaktivität. Joliot-Curie half dabei, die Nazis am Bau der Atombombe zu hindern, und wurde ein berühmter Kommunist. Stalin ernannte ihn zum Präsidenten des unter sowjetischer Initiative entstandenen World Peace Council WPC; 1959 gab Rumänien eine Briefmarke mit seinem Porträt heraus. ■

Palatul Cotroceni

48 A2

B-dul Geniului 1
Şoseaua Cotroceni

021 317 3107

Geschl Mo; vorherige Reservierung notwendig, Besuch am selben Tag u. U. möglich

€€

Metro: Eroilor; Bus: 336; Trolleybus: 61 (nach Grădina Botanica fragen)

Grădina Botanică Dimitrie Brândză

48 A2–B2

Şoseaua Cotroceni 32

021 410 9139

Geschl. Mo

€

Metro: Eroilor; Bus: 336; Trolleybus: 61 (nach Grădina Botanica fragen)

Süße Klänge

Musik ist ein wunderbar farbenfroher Bestandteil des rumänischen Alltags: Mit ihrem Reichtum an religiösen und volkstümlichen Bezügen vereinigt sie ganz unterschiedliche kulturelle Einflüsse. Rumänien bietet ein abwechslungsreiches Musikspektrum, und Musik ist inzwischen zu einem festen Bestandteil eines jeden Restaurantbesuchs geworden.

Inspiriert von Legenden wie jener des Rattenfängers von Hameln, der (laut Robert Browning) die Kinder der unglücklichen Bürger von Hameln nach Transsilvanien zauberte, beschäftigen sich Ethnologen mit der Frage, welche fremden Einflüsse in die rumänische Musik und Tanz noch hineinspielen: Es gibt allein 18 eingetragene ethnische Minderheiten, dazu die ganze Bandbreite an regionalen Variationen hinsichtlich Harmonie, Tempo, Instrumenten und Kostümen, und natürlich die Einflüsse der westeuropäischen Nachbarländer bzw. der Türkei. Kurzum, die rumänische Volksmusik verbindet die Melodien und Tonleitern der Balkanländer mit arabischen, ungarischen, jüdischen und türkischen Musiktraditionen.

In Rumänien gibt es viele Arten von Volkstänzen – einer der typischsten ist der Kreistanz *horă*. Der Begriff kommt aus dem Altgriechischen und bezeichnet einen von Gesang begleiteten Tanz, doch reichen seine Ursprünge vermutlich noch viel weiter zurück. Die Figuren der Männer und Frauen, die sich in Kreisformationen aufstellen, wurden bereits auf prähistorischen Totenurnen im nordöstlichen Rumänien entdeckt.

Die berühmteste Volksmusik der Rumänen ist die Musik der Roma (siehe S. 204f). Ihre ansteckend schwungvolle Musik trug dazu bei, die regionalen Traditionen im ganzen Land zu stärken. Am bekanntesten sind die rein männlichen Gruppen unter den rumänischen Zigeuner-Musikern *(tarafe)*, dazu gehören die Taraf de Haiducs („Die Banditen") und die Fanfare Ciocărlia, eine zwölfköpfige Roma-Blaskapelle.

Die Volksmusik beeinflusste sogar die rumänische Rockmusik: Als Ceauşescu sie wegen ihres „subversiven" Charakters unterdrückte, nahm die Band Phoenix Elemente der Volksmusik in ihr Repertoire auf und versuchte auf diese Weise, einen politisch akzeptablen Kompromiss zu erzielen. Nichtsdestotrotz mussten die Musiker ins Exil, werden aber seit 1989 wieder von ihrem Publikum gefeiert. Heute spielen Gruppen wie *Spitalul de Urgenţa* eine Mischung aus Folk- und Rockmusik.

Innerhalb der klassischen Tradition ist der Geiger George Enescu (1881–1955) der bekannteste rumänische Komponist. In seinen „Rapsodies" ist der Einfluss der rumänischen Volksmusik unüberhörbar. Ein internationales Mu-

sikfestival, das nach Enescu benannt wurde, findet jeden September in allen größeren rumänischen Städten statt. Zu den glanzvollen regelmäßig stattfindenden Höhepunkten zählen die Open-Air-Konzerte, die auf Bukarests Piața Revoluției veranstaltet werden.

Auch die rumänische Oper und das Ballet sind beliebt. Die Oper wurde im späten 18. Jahr hundert eingeführt, als Gruppen von reisenden Spielern im ganzen Land auftraten. Eine eigenständige Opernkompanie gründete sich 1885 in Bukarest. Ihre Sänger wurden schnell im Ausland berühmt – die Rolle der Tosca in Puccinis gleichnamiger Oper wurde eigens für Haricleea Hartulary (bekannt als Darclée) geschaffen – sie sang sie bei der Premiere 1900. Die orthodoxe Musik Rumäniens hat ihre Wurzeln in der byzantinischen Ära und verfügt über eine ungeheure Kraft, die den Zuhörer verzaubert. Eine der magischen Reiseerfahrungen in Rumänien ist sicher eine Live-Aufführung – sei es vom rumänischen Nationalchor Madrigal oder einer Gruppe Nonnen, die die Liturgie in einem kleinen Kloster auf dem Land anstimmt. ■

Traditionelle rumänische Volksmusik wird im ganzen Land gespielt, in Restaurants und auf öffentlichen Plätzen

Aug in Aug mit der Büste von Konrad Adenauer, eine von zahlreichen überdimensionalen Büsten beim Muzeul Satului. Sie zeigen die Gründungsmitglieder der EU

Die Gartenstadt

ANFANG DES 20. JAHRHUNDERTS SOLLTE DAS AREAL ZWIschen Piaţa Victoriei und Piaţa Presei Libere Teil einer Gartenstadt werden, als Vorbild dienten englische Anlagen. Ziel war es, die Hauptstadt für die ständig wachsende Bevölkerung grüner und freundlicher zu gestalten. In der Gartenstadt verstecken sich zahlreiche einladende Museen, auch deshalb lohnt sich der Streifzug durch diesen eleganten Teil der Stadt.

Muzeul Naţional de Istorie Naturală Grigore Antipa

- 49 D4
- Şoseaua Kiseleff 1
- 021 312 8826
- Geschl. Mo–Di
- €
- Metro: Piaţa Victoriei; Bus: 182, 300, 783, 784; Tram: 20, 24, 34, 46

Muzeul Geologic Naţional

- 49 D4

Auf der Nordwestseite der Piaţa Victoriei, dort wo die 1oseaua Kiseleff beginnt, befindet sich das **Muzeul Naţional de Istorie Naturală Grigore Antipa** (Naturhistorisches Museum Grigore Antipa). Antipa war ein sehr geachteter Naturforscher, der das Gebäude 1908 als Museumbau nach seinen Vorgaben errichten ließ und es nach seiner Fertigstellung fast 50 Jahre lang leitete. Über drei Stockwerke verteilt finden sich Höhepunkte wie das Skelett eines prähistorischen, 4,5 Meter großen Pflanzenfressers *(Deinotherium gigantissimum)* und lebende Reptilien, die Kinder unter Aufsicht berühren dürfen.

Zwei Gehminuten in nördlicher Richtung liegt das Muzeul Ţăranului Român (Rumänisches Bauernmuseum; siehe S. 62f) und gegenüber das dritte der Museen an der Şoseaua Kiseleff: das **Muzeul Geologic Naţional** (Geologisches Nationalmuseum). Victor Ştefănescu entwarf das helle und geräumige Gebäude im neo-rumänischen Stil (1907). Allein die Innenräume lohnen schon die Besichtigung. Selbst für Besucher, die kein Rumänisch können, ist die Ausstellung sehr anregend.

Ein zehnminütiger Fußmarsch weiter nach Norden entlang der Şoseaua Kiseleff führt an einem baumbestandenen Abschnitt sowie an einigen der ehrwürdigsten alten Häuser der Hauptstadt vorbei: Sie entführen den Spaziergänger in ein anderes Zeitalter. An der Strada Ion Mincu geht es dann nach rechts, bis die

Straße auf den Bulevardul Aviatorilor trifft. Das **Denkmal des Aviators** (siehe Kasten) im Verkehrskreisel ist ein guter Orientierungspunkt. Von hier geht es weiter in die Strada Muzeul Zambaccian.

Das **Muzeul Zambaccian** am anderen Ende der Straße beherbergt Gemälde und Skulpturen von einigen der berühmtesten Künstler des späten 19. und frühen 20. Jahrhunderts (u.a. Cézanne, Matisse und Picasso), aber auch Arbeiten vom rumänischen Impressionisten Nicolae Grigorescu. Krikor Zambaccian, ein armenischer Geschäftsmann, ließ das Gebäude eigens für seine Kunstsammlung entwerfen. Die Familie Zambaccian gestaltete es 1947 zu einem Museum um, um die Sammlung als Einheit zu erhalten.

MUZEUL SATULUI

In den Außenbereichen der Gartenstadt (Anfahrt mit Bus oder Taxi – zu Fuß ist es sehr weit) liegt das Freilichtmuseum Muzeul Satului (Dorfmuseum), gleichermaßen eine Attraktion für Jung und Alt. Einen halben Tag sollte man auf jeden Fall für den Besuch einplanen. Das Freilichtmuseum ist wie ein typisches Dorf angelegt und bietet ein ganzes Netz an schattigen Pfaden, die zu den 300 ländlichen Originalgebäuden aus allen Landesteilen führen. Wer keine Zeit hat, aufs Land zu reisen, sollte unbedingt hierher kommen: Das ländliche Leben hat in der rumänischen Kultur eine besondere Bedeutung – noch bis vor Kurzem führte ein Großteil der rumänischen Bevölkerung eine bäuerliche Existenz. (Wenn einige der Gebäude geschlossen sind, so liegt es daran, dass das Personal frei hat.)

Vorlage der Anlage ist das Freilichtmuseum Skansen bei Stockholm, das 1936 eröffnet wurde. Eine Seite des Museumsareals wird von einem See begrenzt, er war – wie auch das Freilichtmuseum – integraler Bestandteil des Gartenstadtkonzeptes.

Oft organisieren die Museumsmitarbeiter Veranstaltungen wie Kunsthandwerksmärkte und Volkstanzvorführungen. ■

Kunsthandwerker bei der Arbeit im Muzeul Satului

Şoseaua Kiseleff 2
021 212 8952
Geschl. Mo
€
Metro: Piaţa Victoriei; Bus: 182, 300, 783, 784; Tram: 20, 24, 34, 46

Kunst-Dreieck

Auf dem Kreisel Piaţa Charles de Gaulle befindet sich das bronzene **Kreuz des Jahrhunderts**. Paul Neagus (1938–2004) Absicht war es, ein Dreieck mit den Eckpunkten **Fliegerdenkmal** (im Süden) und dem westlich gelegenen **Arcul de Triumf** zu bilden und den Eindruck kontinuierlicher Bewegung zwischen den drei Elementen herzustellen. Das Fliegerdenkmal *(in der Mitte des B-dul Aviatorilor)* zeigt als Mittelteil die muskulöse Gestalt eines Piloten, der nach dem amerikanischen Boxer Joe Louis gestaltet wurde. Der **Arcul de Triumf** (Triumphbogen) gedenkt der im Ersten Weltkrieg gefallenen Rumänen. Der ursprünglich hölzerne Boden wurde 1922 errichtet, 1935 jedoch durch eine Version aus Beton ersetzt. Eine Treppe führt zur Dachterrasse, sie ist jedoch nicht immer zugänglich. ■

Muzeul Zambaccian

49 D5
Str. Muzeul Zambaccian 21A
021 230 1920
Geschl. Mo–Di
€
Metro: Piaţa Victoriei; Bus: 131, 331

Muzeul Satului

49 C6
Şoseaua Kiseleff 28
021 317 9110
Geschl. Mo
€
Metro: Aviatorilor; Bus: 131, 331 zum Herăstrău-Park

Farbenfrohe Trachten (oben), lebhaft bemalte Eier (unten) und anderes traditionelles Kunsthandwerk: Das Rumänische Bauernmuseum ist eine der beliebtesten Sehenswürdigkeiten der Stadt

Bauernmuseum

DAS MUZEUL ŢĂRANULUI ROMÂN STARTETE 1875 ALS Sammlung traditioneller Textilien und zeigt heute eine der museumsdidaktisch einfallsreichsten Sammlungen traditioneller Volkskunst und Design in Europa. Das Museum sollte alleine schon deshalb ganz oben auf dem Besuchsprogramm stehen.

Das Museum liegt am unteren Ende der Şoseaua Kiseleff in einem neorumänischen Gebäude aus den 1930er Jahren, das eigens für diese Sammlung entworfen wurde. Es enthält eine große Zahl von Exponaten, die sowohl vom Einfallsreichtum als auch von der Vielfalt des bäuerlichen Erbes Rumäniens zeugen, und ist damit eine gute Ergänzung zum Muzeul Satului (siehe S. 61). Die weiten Räume und die geschickte Präsentation machen diese Ausstellung zu etwas ganz Besonderem. Für jeden Raum wurde ein in mehreren Sprachen vorliegender Führer verfasst.

Im Erdgeschoss (rechts vom Eingang) werden Textilien sowie handbemalte Eier, etliche kleine hölzerne Tischkreuze und andere Holzobjekte ausgestellt. In einer verblüffenden Vielfalt an Formen, doch gewöhnlich nicht höher als 13 cm, sind diese Stücke der Inbegriff für die freie, bodenständige Qualität rumänischer Volkskunst. Handbemalte Ostereier, hölzerne Fensterrahmen und tote Äste, die als Halterung für Kochtöpfe dienen, sind nur ein paar Beispiele für die Objekte, die trotz ihrer Schlichtheit durch den ihnen zugestandenen Raum einen außergewöhnlich erfinderischen Eindruck vermitteln.

Am Ende der Abteilung ist eine Gruppe großer, verzierter Kreuze zu sehen, die einst die Dorfgrenzen markierten. Vorchristliche Zeichen wie Sonnen- und Mondmotive wurden oft mit der christlichen Symbolik verflochten und zeugen davon, wie eng orthodoxer Glaube und heidnische Kulte mit dem ländlichen Leben in Rumänien verwoben waren. Oft wurden diese Kreuze an Straßenkreuzungen platziert, um die bösen Geister zu vertreiben, die üblicherweise an solchen Orten lauerten. Die Verbindungsräume dahinter zeigen auf Glas gemalte Ikonen, eine charakteristische Variante der rumänischen Volkskunst (siehe S. 190f).

Links vom Eingang werden Kleidungs- und Kultobjekte der verschiedenen Regionen gezeigt; ein runder Tisch stellt Stücke der vielen ethnischen Minderheiten zusammen (das Thema Rassenhass wird hier mit viel Einfühlungsvermögen behandelt).

Şoseaua Kiseleff

Der Name Boseaua Kiseleff klingt russisch – nicht von ungefähr: Die Straße wurde vom energischen russischen General Pavel Dmitrievich Kiselyov (1788–1872) entworfen und nach ihm benannt. Nach dem Vertrag von Adrianopel kamen Moldau und die Walachei vorübergehen in russische Hände. Kiselyov verwaltete die rumänischen Fürstentümer von 1828 bis 1834 für Zar Nikolaus I. und setzte in dieser Zeit viele nützliche wirtschaftliche und politische Reformen durch. Kiseleff ist die französische Form von Kiselyov. ■

Muzeul Țăranului Român

- 49 C4
- Şoseaua Kiseleff 3
- 021 317 9661
- Geschl. Mo
- €
- Metro: Piața Victoriei; Bus: 182, 300, 783, 784; Tram: 20, 24, 34, 46

Die alte Garde: entstellte Büsten von Marx, Engels und Lenin vor dem Rumänischen Bauernmuseum

Eine vollständige (wenn auch nicht funktionierende) Walkmühle ist zu sehen, mit der frisch gewobene Decken zu Tuch oder tuchartigen Stoffen verarbeitet wurden.

Auch im Obergeschoss wird in miteinander verbundenen Räumen das bäuerliche Erbe des Landes auf schlichte, aber spannende Art und Weise präsentiert. Es finden sich hier handbemalte Teller, Trinkgefäße in der Form von Hähnchen (die eigens für frisch verheiratete Paare entworfen wurden), dekorative Ofenkacheln und mit Pflanzenfarben gefärbte Teppiche und Vorleger. Sogar ein Holzhaus wurde aufgebaut – mit Dach und hölzerner Veranda.

Im Untergeschoss, rechts vom Haupteingang, präsentiert das kleine **Museum Kommunistischer Ikonografie** wohlüberlegt zusammengestellte Plakate und Nippes aus einer schwierigen Epoche der rumänischen Geschichte.

Das Museum bietet außerdem ein bescheidenes Café und einen Souvenirladen. ■

Weitere Sehenswürdigkeiten

CASA STORCK

Das kleine Museum liegt in einer reizvollen Wohngegend, die von Ceauşescus Bauwahn verschont blieb. Es ist das ehemalige Wohnhaus von zwei rumänischen Künstlern, dem Bildhauer Frederic Storck (1872–1942) und seiner Frau, der Bildhauerin, Malerin und Wandmalerin Cecilia Cuţescu (1879–1969).

Storck war Zeitgenosse des weltberühmten rumänischen Bildhauers Constantin Brâncuşi; einige seiner ausdrucksvollen Skulpturen zeugen von der Liebe zu klaren Konturen, die damals unter den innovativen Künstlern der Epoche verbreitet war. Cuţescu war die erste Frau in Europa, die an einer staatlichen Kunstakademie ihren Abschluss machte. Ihre Ausbildung absolvierte sie in München und Paris; 1916 stellte sie in der französischen Hauptstadt neben Constantin Brâncuşi, Fernand Léger, Max Jacob und Oskar Kokoschka aus.

Zu sehen sind auch Arbeiten von Frederics Vater Karl (1827–1887), der 1849 von Deutschland nach Rumänien immigrierte. Seine Skulpturen schmücken die Frontseiten der Universität auf dem Bulevardul Regina Elisabeta und die des Justizpalastes.

49 D4 Str. Vasile Alecsandri 16
021 317 3889 Mo geschl. €
Metro: Piaţa Romană

JÜDISCHE SEHENSWÜRDIGKEITEN IN BUKAREST

Eine ganze Reihe von Sehenswürdigkeiten nahe der nordöstlichen Ecke der Piaţa Unirii zeugt vom Fortbestand jüdischen Erbes. In der einstigen Bukarester Hauptsynagoge ist heute das **Muzeul de Istorie a Evreilor din Romania Dr. Moses Rosen** untergebracht *(Str. Mămulari 3, Tel. 021 311 0870, Di & Fr–So geschl.)*. Hier wird die Geschichte der Juden auf rumänischem Boden seit dem 2. Jahrhundert n. Chr. aufgezeigt. Die Fülle an Exponaten ist groß, gezeigt werden u. a. Bücher, Modelle und herausragende Gemälde von zahlreichen führenden Künstlern des Landes.

Die nahe gelegene Zentrale Synagoge, der **Choral-Tempel** *(Str. Sf. Vineri 9, Tel. 021 312 2196)*, steht als bewegendes Mahnmal für Hunderttausende rumänischer Juden, die während des Holocausts ermordet wurden. Nur wenige Meter entfernt befindet sich Europas einziges jiddisches Theater, das **Teatrul Evreiesc de Stat** *(Str. Iuliu Barasch 15, Tel. 021 323 3970)*. Es wurde von Avram Goldfaden in Iaşi gegründet und 1948 vom Staat übernommen. 2006 feierte es sein 130-jähriges, fortlaufendes Bestehen. Das Theater kann auf ein internationales Repertoire zurückgreifen.

49 F1 Metro: Piaţa Unirii 1

MĂNĂSTIREA ANTIM

In der Nähe des Parlaments, am südwestlichen Ende des Bulevardul Unirii, überlebte unweit der Kreuzung mit der Strada Justiţiei das Antim-Kloster relativ unversehrt die Ceauşescu-Ära. Die zum Kloster gehörende, wunderbar proportionierte Kirche im Brâncoveanu-Stil schafft einen nahezu dramatischen Kontrast zur umgebenden Architektur.

Der große Gelehrte und Theologe Antim Ivireanu (Anthim der Iberer, 1650–1716) gründete das Kloster 1715. Das erste Mal kam er etwa 1690 auf Einladung von Constantin Brâncoveanu nach Rumänien. Antim setzte auch Rumäniens erste Druckerpresse in Betrieb und wurde 1708 Metropolit (Erzbischof) der Walachei. Man erzählt sich, Antim selbst hätte die kunstvollen Verzierungen an den Kirchentüren geschaffen. Der überzeugte Anti-Phanariot wurde auf dem Weg ins Exil ermordet und im Jahre 1992 von Papst Johannes Paul II. heilig gesprochen.

In den 1980er Jahren wurde der Palast der Heiligen Synode im Innenhof um 25 Meter versetzt und um 13 Grad gedreht. Im Antim-Kloster leben noch heute Mönche; ihre Zellen wurden in die Wände eingebaut.

49 D1 Str. Mitropolit Antim Ivireanu 29
Metro: Piaţa Unirii; Izvoral

MUZEUL LITERATURII ROMÂNE

An der südöstlichen Ecke der Calea Victoriei und des Bulevardul Dacia liegt das rumänische Literaturmuseum. Derzeit wird es zu einem interaktiven Studienzentrum mit Laden und Bibliothek umgebaut – ein Paradies für alle Bücherliebhaber.

49 D3 B-dul Dacia 12 021 212 9654
Mo geschl. € Metro: Piaţa Romană; Bus: 131, 133, 186, 266, 286, 300, 331; Trolleybus: 79, 86 ■

Muntenia bezaubert vielerorts mit seiner herrlichen Natur. Es gehört zu den alten Fürstentümern, aus denen später das moderne Rumänien hervorgegangen ist. Die Landeshauptstadt liegt im Herzen dieser Region. Wer der Gegend einen Besuch abstattet, lernt die schönsten Seiten von Stadt und Land kennen.

Muntenia (Große Walachei)

Kuppeln einer Kirche aus dem frühen 20. Jahrhundert in Curtea de Argeş

Muntenia (Große Walachei)

DIE RUMÄNEN HABEN GLEICH MEHRERE BEZEICHNUNGEN FÜR DEN Landstrich im Osten des Flusses Olt (Alt), der mit einer unglaublich schönen Natur begeistert: Muntenia (Muntenien), Tara Românească (wörtlich: das rumänische Land) und Wallachia. Der Begriff leitet sich von dem Wort *vlach* ab, das Personen mit römischer Kultur und Erziehung bezeichnet. Muntenia und Oltenia, die Kleine Walachei, bilden zusammen die historische Landschaft Walachei.

Im Făgăraş-Gebirge, das den Nordwestrand der Walachei bildet, erhebt sich der Moldoveanu, er ist mit 2544 Metern der höchste Berg Rumäniens. Die Berghänge gehen in sanfte Hügel oder schmale, steile Schluchten über. Weiter südlich finden sich kleine Bauernhöfe mit sorgsam bestellten Feldern und Obstgärten, bis das Land dann verfallen und verlassen daliegt. Dahinter erstrecken sich am Rand des Donaubeckens die Wein-

gärten von Dealul Mare. Einige der besten Weine Rumäniens werden hier gekeltert.

Die Pferdekopfpumpen in der Nähe markieren den nördlichen Rand der Ölfelder von Ploieşti. Sie stammen aus den 1850er Jahren und zählen somit zu den ältesten Europas. Im Zweiten Weltkrieg waren sie von so großer Bedeutung, dass die Alliierten Ploieşti bombardierten, damit es nicht der Deutschen Wehrmacht in die Hände fiel.

Heute werden riesige Landstriche der Zentralwalachei für die Agrarwirtschaft genutzt, während sich gleichzeitig immer mehr Geschäfts- und Privathäuser ungezügelt in der Landschaft ausbreiten.

Östlich der Karpaten erreicht Muntenia die berüchtigten Bărăgan-Ebenen. In den 1950er Jahren verbannte der Kommunistenführer Gheorghe Gheorghiu-Dej Tausende von Deutschen und Roma in diese Öde – ihr einziges Verbrechen waren ihr Fleiß und ihre Rassenzugehörigkeit. Es grenzt schon an Ironie, dass ausgerechnet Bărăgan für seine fruchtbare Schwarzerde (Tschernosem) bekannt ist: In den 1939er Jahren wurde hier ein Großteil des Korns angebaut, das Rumänien damals zu einem der reichsten Länder Europas machte.

Ganz im Süden der Walachei wirken die weitläufigen Flussebenen oft so vernachlässigt, dass es schon deprimierend ist. Sie sind nicht so malerisch und touristisch wie die Berge, aber eigentlich gerade deshalb recht interessant. Dank ihrer Nähe zur Donau und einigen Relikten vorkommunistischen Wohlstands verströmen die Städte am Fluss einen ganz eigentümlichen Charme. Eine zusätzliche Attraktion hier ist die altmodische Autofähre, die von Calaraşi über die Donau ins bulgarische Silistra fährt. An dieser Stelle vollzieht der Fluss einen Bogen nach Norden und trennt die Walachei von den östlichsten Teilen der benachbarten Dobrogea.

Wer tiefer in die rumänische Geschichte und Architektur eintauchen möchte, hat sicher seine Freude am Besuch der historischen Städte Câmpulung Muscel (Langenau), Curtea de Argeş (Argisch) und Târgoviste (Tergowisch): Sie alle waren einmal Hauptstadt der Walachei. Zu sehen sind Grenzburgen und Herrschaftshäuser und natürlich auch zahlreiche Kirchen und Klöster. Die Palette reicht von bescheidenen *sketes* (kleinen Klöstern) und Einsiedeleien bis hin zu imposanten Sakralbauten, die von den Fürsten gegründet und in Auftrag gegeben wurden. Einige der Straßen Muntenias folgen mittelalterlichen Handelswegen, die einst die Walachei mit Asien und Nordeuropa verbanden. Andere, wie die Transfăgărăşan-Straße, sind bemerkenswerte Beispiele der Ingenieurskunst. Wer auf der geteerten Hochgebirgsstraße den Pass nach Transsilvanien überquert, trifft unterwegs auf die Cetatea Poienaru, die imposante Burg von Vlad Ţepeş, dem legendären Graf Dracula – Gruseln inbegriffen… ■

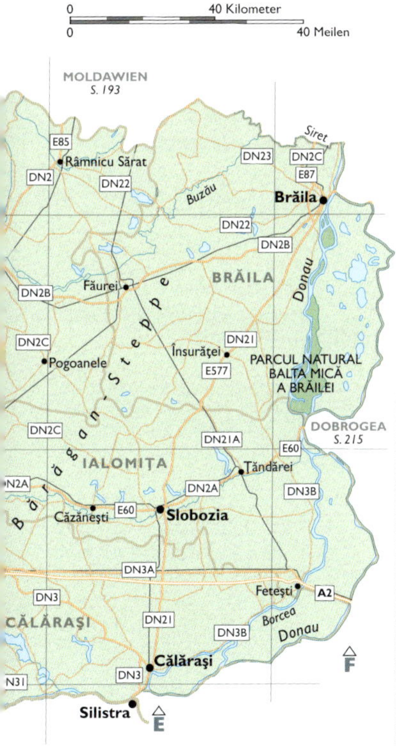

Zur Orientierung

Târgovişte (Tergowisch)

Târgovişte
66 B3
Besucher-information
Centrul de Informare şi Promovare Turistică Târgovişte, Calea Domnească 208
0245 640 644

Curtea Domnească
Calea Domnească 181
0245 613 278
Mo geschl.
€
Minibus: 5, 6, 10 oder 11 ab Bahnhof oder 5 Minuten zu Fuß vom Zentrum

Turnul Chindiei
Str. Justiţiei 7
0245 613 946
Mo geschl.
€
5 Minuten zu Fuß vom Zentrum

Muzeul de Artă
Calea Domnească 21
0245 611 844
Mo geschl.
€

VOM 14. BIS ZUR MITTE DES 17. JAHRHUNDERTS, ALS DIE Türken Fürst Constantin Brâncoveanu zwangen, die Hauptstadt weiter nach Süden zu verlegen, war Tâgovişte die Hauptstadt Muntenias. Die florierende Industriestadt fasziniert noch heute.

Târgovişte liegt 80 Kilometer nordwestlich von Bukarest am äußersten Rand der Karpaten. In der Stadt (90 000 Einwohner) steht eine der größten Eisenfabriken Rumäniens. Wer die unzähligen Betonbauten sieht, kann sich kaum vorstellen, dass sich in Târgovişte einst der Fürstenhof befand und im Mittelalter eine alte Handelsstraße durch den Ort führte, durch die Karawanen von bepackten Maultieren zogen. Und noch schwieriger gestaltet sich die Vorstellung, dass sich hier einmal wilde Schlachten abgespielt haben, die dann die Zukunft Europas bestimmen sollten. Jedenfalls haben sich einige prachtvolle historische Gebäude erhalten, die alle in Laufweite voneinander entfernt liegen.

Die Besichtigung beginnt an der **Curtea Domnească** (Fürstenhof), wo Fürst Mircea cel Bătrân (Mircea der Ältere) 1397 eine Festung erbauen ließ. Nachfolgende Herrscher erweiterten das Schloss. Was erhalten blieb, sind Ruinen aus der Herrschaftszeit von Petru Cercel (reg. 1583–85), die wie ein Labyrinth anmuten. Die zur Anlage gehörenden türkischen Bäder weckten die Neugier von Paul von Aleppo (siehe Kasten), einem Reisenden des 17. Jahrhunderts.

Die **Biserica Domnească** ist eine herrliche Kirche, die Petru Cercel 1584 errichten ließ; sie ragt neben dem Gerichtshof auf. Sie wurde aus schönen rosafarbenen Ziegeln erbaut und hat eine Vorhalle mit Arkaden. Der Stil ist eine Mischung aus italienischer Renaissance und byzantinischen Elementen. Porträts der neun Fürsten – die Fresken gab Fürst Brâncoveanu 1698 in Auftrag – schmücken die Westwand der Eingangshalle. Porträtiert ist unter anderen Mihai Viteazul (reg. 1600); er gewann im Jahr 1597 in Târgovişte die entscheidende Schlacht gegen die Türken. Dass rund hundert Jahre später ein Porträt von ihm geschaffen wurde, kam einer Provokation des Osmanischen Reichs gleich.

In der Mitte des 15. Jahrhunderts errichtete Vlad III. Dracula den frei stehenden **Turnul Chindoei** (Abendturm) neben dem Gerichtsgebäude. Er wurde nach einem verheerenden Tatarenüberfall (1657), bei dem neben dem Turm auch die ganze Stadt verwüstet wurde, rekonstruiert. Die Türken heuerten oft Tataren von der Krim an, die für sie die schmutzige Arbeit erledigen mussten. Heute ist im Turm ein Museum untergebracht, das der „Wahrheit und Legende" im Leben des legendären Grafen nachspürt.

Gleich in der Nähe steht die **Biserica Sf. Vineri** (Freitagskirche)

Paul von Aleppo

Der syrische Chronist Paul von Aleppo hielt sich 1657 in Târgovişte auf. Er war bei Constantin Şerban zu Gast, als er bei einem Tatarenüberfall in Gefangenschaft geriet. Diese Erfahrung beschreibt er in seinem anschaulichen und zutiefst humanistischen Werk *»Die Reise des Paul von Aleppo«*. Kultiviert, wie er war, wusste er seine Umgebung zu schätzen. Vor allem die Steinmetzarbeiten des Klosters Dealu (siehe S. 69) hob er hervor. ■

Die Kirche Biserica Domnească in Târgovişte ist ein klassisches Beispiel für die Kirchenarchitektur der Walachei im 16. Jahrhundert

Galeriile Stelea

Str. Stelea 8
0245 612 877
Mo geschl.
€

aus der Mitte des 15. Jahrhunderts – sie gilt als die früheste Kirche im walachischen Stil in ganz Rumänien. Nicht weit entfernt stößt man auf die **Casa Bălaşa**, ein hübsches Steingebäude, das als Zufluchtsstätte für Christen erbaut wurde. Bălaşa, die Gattin von Fürst Constantin Şerban, legte 1656 den Grundstein.

In einer hübschen walachischen Villa hat das **Muzeul de Artă** (Kunstmuseum) seine Räume. Die Sammlung illustriert die facettenreiche Geschichte der Walachei anhand von rumänischer Kunst aus dem 19. und 20. Jahrhundert.

Gleich in der Nähe erhebt sich in einem befestigten Hof die reizende **Mănăstirea Stelea** (Stelea-Kloster; *Str. Stelea 6*). Das Kloster wurde 1582 von dem Schwertträger Stelea gegründet und ist bis heute in Betrieb. Der moldawische Fürst Vasile Lupu (reg. 1634–54) baute die Kirche 1645 um. Er wollte auf diese Weise den Friedensvertrag besiegeln, den er mit dem walachischen Fürsten Matei Basarab (reg. 1632–54) nach diversen Kriegen um die Vorherrschaft ausgehandelt hatte.

Nur ein paar Schritte sind es bis zur **Galeriile Stelea**. Die Galerie zeigt Wechselausstellungen, außerdem eine Sammlung von Töpferwaren und Textilien aus der Region.

Rund acht Kilometer von Târgovişte entfernt steht im Dorf Viforâta die sehenswerte **Mănăstirea Dealu** (Bergkloster; *Tel. 0245 211 880*). Das eigentliche Kloster wurde vermutlich von Mircea cel Bătrân 1431 gegründet. Bekannt wurde das Bauwerk durch die herrlichen Kalksteinornamente, die 1499 und 1521 dank einer Initiative von drei Fürsten – Rudu cel Mare, Vlădut und Neagoe Basarab – ergänzt wurden. Der Kalkstein ist wegen seiner guten Qualität und hellbeigen Farbe berühmt. Er kommt aus dem Dorf Albeşti in der Nähe von Câmpulung Muscel; aus dem gleichen Steinbruch stammen auch die Steine für die Bischofskirche in Curtea de Argeş (siehe S. 71). Von den Bergen bietet sich eine wunderschöne Aussicht. ■

Curtea de Argeş (Argisch)

Curtea de Argeş
66 A3
Besucher-information
Primăria, Str. Basarabilor 99
0248 721 033

DIE EHEMALIGE HAUPTSTADT MUNTENIAS, DAS FÜRSTENstädtchen Curtea de Argeş, liegt am Fluss Argeş in den Vorkarpaten. Historisch gesehen ist der Ort einer der wichtigsten in Muntenia. Seit den 1990er Jahren boomt die Stadt und lockt mit ihren zwei berühmten Kirchen und dem mittelalterlichen Fürstenhof ganze Scharen von Touristen an.

Wie der Name impliziert, war in Curtea de Argeş der Hof zu Hause. Vom **Stadtmuseum** nördlich des Marktes an der Hauptstraße nach Piteşti sieht man auf die **Curtea Domnească** *(Eingang hinter dem Stadtmuseum beim Parkplatz)*, die erste fürstliche Burg des unabhängigen Muntenia. Der Fürstenhof wurde 1330 bald nach der Schlacht von Posada errichtet, als Basarab I. eine ungarische Invasion abwehrte. Der Sieg gab den walachischen Herrschern den nötigen Auftrieb, das unabhängige Fürstentum zu schaffen. Die Ruinen des Hofes sind von einer Mauer umgeben.

Zum Hof gehört auch die Ruine der **Biserica Sf. Nicoara** aus dem 13. Jahrhundert. Die am besten erhaltene Kirche im byzantinischen Stil ist jedoch **Sf. Niculae** (St. Nikolaus; Mitte bis Ende des 14. Jhs.). Sie ist eines der ältesten orthodoxen Gotteshäuser Muntenias. Ihr Gründer Vlaicu Voda (reg. 1364–77) verlegte die Hauptstadt 1369 von Câmpulung Muscel nach Curta de Argeş. Die nach einem griechischen Entwurf erbaute Kirche hat nur einen zentralen Turm über einem kreuzförmigen Grundriss. Die Fassade ist abwechselnd aus Bruchstein- und Ziegelstein gestaltet, wodurch sich ein interessantes Muster ergibt. Die lebhaften (und zum Teil witzigen) Fresken im Kirchenraum sind fast alle original erhalten und stammen aus der Zeit von Vlad I. (1395–97). Sie geben Zeugnis vom Selbstvertrauen des neuen unabhängigen Staates. Die Künstler ließen sich vom volkstümlichen Stil der Region sowie vom Naturalismus der Frührenaissance inspirieren, außerdem von der formelhaften byzantinischen Kunst.

Über den Bulevardul Basarabilor gelangt man zur **Mănăstirea Curtea de Argeş** und zur Bischofskirche *(B-dul Basarabilor 1, Tel. 0248 721 735)*. Das Kloster wurde 1517 gegründet; die Kirche beeindruckt mit

Die Kirche aus dem 16. Jahrhundert im Kloster von Curtea de Argeş wurde in den 1870er Jahren neu errichtet, da sie baufällig geworden war

ihren Steinornamenten. Rosetten und Vierecke, Maßwerk und kleine Figuren lassen die Kirche wie einen riesigen Reliquienschrein wirken, einige Kunsthistoriker vermuten, dass auch genau das beabsichtigt war.

Fürst Neagoe Basarab (reg. 1512–21) beauftragte den Steinmetz Manole aus Nicosia mit dem Bau der Kirche. Das Ergebnis ist eine Stilmischung aus rumänischen, orientalischen, byzantinischen, kaukasischen und westlichen Elementen mit Einflüssen vom Balkan. Eines der auffälligsten Merkmale sind die gedrehten Trommeln, die die beiden Kuppeln am westlichen Ende der Kirche tragen. Sie vermitteln den Eindruck, als würden sie sich zu einer Seite hin neigen. Basarab beaufsichtigte den Bau der Kirche höchstpersönlich und hoffte, mit dem Bau „ein Stück vom Himmel Gottes" zu schaffen. Die Außenwände sind aus dem gleichen bekannten cremefarbenen Kalkstein wie die Mănăstirea Delau (siehe S. 69) gestaltet.

Die Kirche wurde 1739 Sitz des Erzbischofs und später die Grabstätte der ersten beiden Herrscherpaare des geeinten Rumäniens, König Karl I. (reg. 1866–1914) und Königin Elisabeth sowie König Ferdinand (reg. 1914–27) und Königin Marie. Die meisten der herrlichen Fresken aus dem 16. Jahrhundert, die von einem gewissen Dobromir von Târgovişte geschaffen wurden, gingen verloren; einige Fragmente können im Nationalmuseum der Schönen Künste in Bukarest bewundert werden.

Wer ein Gefühl dafür bekommen möchte, wie Curtea de Argeş ausgesehen hat, bevor die Kommunisten ans Ruder kamen, sollte die Gegend um die **Piaţa Centrală** (Zentraler Platz) erkunden. Die meisten Häuser in diesem Viertel wurden Ende des 18. bis Anfang des 20. Jahrhunderts errichtet. Die **Casa Goangă**, ein Gasthof an der Strada Viorelelor, zählt zu den ältesten Gebäuden.

Manole

Eine Legende erzählt, dass der Baumeister Manole seine Frau zwischen der äußeren und der Innenwand der Bischofskirche eingemauert habe. Er wollte damit sicherstellen, dass es ihm gelänge, das Gotteshaus auch wirklich zu vollenden. Als es fertig war, hielt der Bauherr aber Manole auf dem Dach gefangen, denn niemand sonst sollte eine ähnlich schöne Kirche gebaut bekommen. Der Verzweifelte soll sich hölzerne Flügel gefertigt haben und dann neben der Kirche auf den Boden gestürzt sein. An dieser Stelle sprudelt nun eine Quelle. ■

Stadtmuseum
- Str. Negru Vodă 2
- 0248 721 446
- Mo geschl.
- €

In Curtea de Argeş locken leckere *covrigi* – Brezen

Als Zeitpunkt für einen Besuch bietet sich der Donnerstag an, denn dann ist Markttag. Nach einem Bummel über die Piaţa Centrală mit vielen Ständen mundet ein Glas rumänisches Bier mit *mititei* (kleine Brötchen vom Grill mit verschiedenen Fleischbelägen und Senf) im **Terrassenrestaurant Mitrofan**. Es befindet sich in einem ehemals griechischen Anwesen gegenüber vom Eingang zum Marktgebäude. In den hinteren Räumen ist eine noch originale Innenausstattung (einschließlich Deckengemälden) von 1821 zu sehen. ■

Kleine Holzkirche *(skete)* aus dem 15. Jahrhundert nördlich von Curtea de Argeş

Mit dem Auto durch die Iezer-Berge

Die im Norden von Curtea de Argeş gelegenen Bergen bieten atemberaubende Ausblicke. In ihrem Schutz finden sich verschwiegene Dörfer und einsame Klöster. Die Region lag vom 14. bis Anfang des 20. Jahrhunderts an der Grenze zwischen der Walachei und Transsilvanien.

Bevor es losgeht, sei gesagt, dass es mit Straßenschildern in den ländlichen Gebieten Rumäniens nicht zum Besten steht. Wer unsicher ist, wo es weitergeht, sollte lieber fragen. Die Fahrt beginnt in der Innenstadt von Curtea de Argeş am Fürstenhof. Von hier fährt man rechts auf der DN73C in Richtung Câmpulung Muscel (Langenau). Man durchquert Valea Iaşului, dann sind nach 14 Kilometern Robaia und Muşăteşti erreicht, wo ein Schild den Weg links nach Brădet weist. Man biegt in die schmale, relativ schlechte Landstraße ein und fährt durch die Dörfer Galeşu und Brăduleţ bis **Brădet** ❶ (manchmal auch: Brădetu), das 28 Kilometer von Curtea de Argeş entfernt liegt.

Der Name des Ortes bedeutet „Tannenwald". Die Stadt – mit schönen Ausblicken – ist von dichtem Mischwald umgeben, die Rumänen kommen gerne zum Wandern hierher. Einige schöpfen auch Wasser aus den schwefelhaltigen Quellen in der Nähe des Dorfes. Wer übernachten möchte, findet in Brădet diverse Pensionen wie die Casa Cristina *(Cristina Popescu, Tel. 0744 993)*. Hier fand die erste Zusammenkunft der Gründer der antikommunistischen Widerstandsbewegung statt.

Im Dorfzentrum biegt man nun neben der Mühle und ein paar Tannen links in eine Bergstraße ab. Etwa zwei Kilometer geht es bergauf, dann ist ein reizendes ***skete*** (kleines orthodoxes Kloster) erreicht; das Holzgebäude ist der Mănăstirea Cozia (siehe S. 90) nachempfunden. Gleich in der Nähe ragt ein Glockenturm aus dem 18. Jahrhundert auf. Eine weitere holprige Straße führt durch den Wald hinter dem Dorf am **Fluss Vâlsan** entlang gen Norden; die Straße schlängelt sich durch die Schluchten des Vâlsan. In einigen Teilen des Flusses leben noch prähistorische Fische *(Romanichthys valsanicola)*, die in Rumänien *asprete* genannt werden.

Nun geht es bei Musăteşti zurück auf die DN73C, auf der man links abbiegt. Im nächsten

Dorf, **Domneşti**, geht es über die Brücke, dann biegt man links in die Landstraße ein. Sie weist einige größere Schlaglöcher auf, ist aber insgesamt in einem akzeptablen Fahrzustand. Die Straße führt am Fluss Doamnei entlang und verläuft dann durch Stăneşti und Corbşori (9 km von Domneşti entfernt). Auf der gleichen Straße geht es nun noch drei weitere Kilometer bis **Corbi** ❷.

Der vollständige Name des Dorfes lautet Corbii de Piatra – „Steinraben". Es wurde Mitte des 18. Jahrhunderts von Schäfern aus dem transsilvanischen Dorf Jina (siehe S. 133) gegründet, die vor der Herrschaft der Österreicher flohen. Sie ließen sich hier nieder, ohne sich allerdings jemals mit der regionalen Bevölkerung zu vermischen.

In der Ortsmitte von Corbi biegt man rechts ab, überquert die Brücke und biegt dann ein zweites Mal rechts ab. Nach einem Kilometer ist die **Klosterkirche St. Peter und Paul** *(nach 16 Uhr im Haus gegenüber vom Fels um Einlass bitten)* erreicht. Die Kirche wurde in den massiven Sandstein gehauen. Nonnen gründeten das Kloster im 14. Jahrhundert; in politisch schwierigen Zeiten diente es als Versteck.

In der Kirche erwarten den Besucher einige Fresken im reinsten byzantinischen Stil (ebenfalls 14. Jh.), der jemals in Rumänien gefunden wurde. Die steinerne Ikonostase wurde 1804 gemalt, und zwar vermutlich vom lokalen Künstler Ştefan Zugravu (Stafan der Maler). In der Kirche werden Messen gelesen, allerdings befindet sich der Kirchenraum in einem sehr gefähr-

Siehe Karte S. 66
➤ Curtea de Argeş (Argisch)
91 km. Während der Schneeschmelze wird die Hauptstraße (DN73C) zwischen den beiden Städten oft unterspült; ein geländegängiges Fahrzeug ist von daher empfehlenswert.
4 Stunden
➤ Kloster Nămăeşti

UNBEDINGT ANSEHEN
- Brădet
- Corbii de Piatra
- Nucşoara
- Câmpulung Muscel

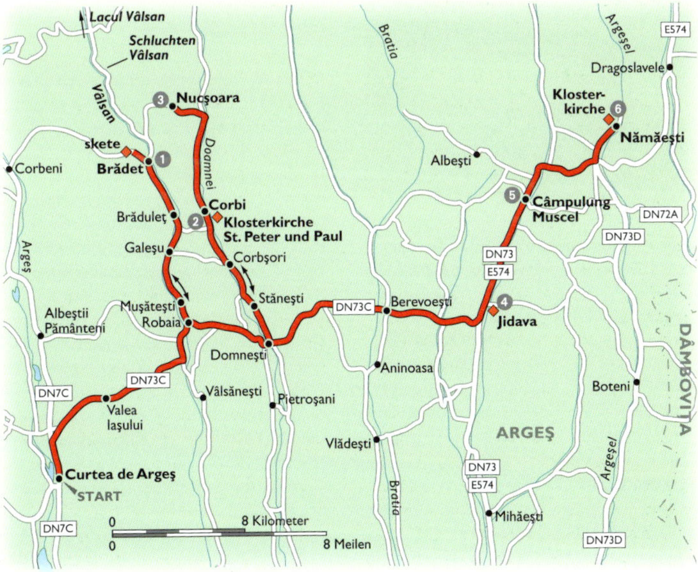

deten Zustand: Baumwurzeln verursachen Risse in den Wänden, so dass Wasser eindringen kann, das wiederum die Fresken beschädigt. Die empfindlichen Wände sollten deshalb keinesfalls berührt werden. Neben der Kirche ist ein zweiter Hohlraum erkennbar, das sogenannte **Tribunal**. Fürst Neagoe Basarab nutzte es in seiner Funktion als Richter.

Das einzigartige Kloster von Nămăeşti wurde im 16. Jahrhundert ins Gestein gehauen

Von Corbi sind es weitere zehn Kilometer Richtung Norden zum Dorf **Nucşoara** ③. In den 1950er Jahren lebte hier Elizabeth Rizea, die als Anhängerin der antikommunistischen Bewegung (siehe S. 78f) ins Gefängnis kam und gefoltert wurde. Um ihr Landhaus kümmert sich heute ihre Tochter.

Wieder auf der Hauptstraße geht es nun weiter in Richtung Osten bis zur Kreuzung mit der DN 73, dort biegt man links ab. Rund einen Kilometer hinter der Kreuzung liegen rechts an einer mit Gras überwucherten Staubstraße die Reste einer römischen Festung: **Jidava** ④. Sie stand einst auf dem *limes transalutanus* und schützte im 2. und 3. Jahrhundert den Bran-Pass weiter im Norden.

Nach sieben Kilometern ist das hübsche Städtchen **Câmpulung Muscel** (Langenau) ⑤ erreicht. Es liegt an einer der mittelalterlichen Straßen, die von der Walachei nach Transsilvanien führen. Câmpulung (der Name bedeutet „langes Feld") wurde vermutlich in der ersten Hälfte des 13. Jahrhunderts von Kaufleuten aus Nordeuropa gegründet.

In der Stadt kann das Auto in der Nähe des **Klosters Negru Vodă** *(Str. Negru Vodă, Tel. 0248 510 750)* abgestellt werden. Das Kloster ist in Betrieb und steht unterhalb der Straße auf der rechten Seite, direkt nach der Abzweigung links in die Strada Elena Doamna. Es wurde aus Kalksteinblöcken der Region errichtet und befindet sich an genau der Stelle, an der einst der Hof von Basarab I. stand.

Beim Besuch der historischen Altstadt sollte man zunächst an der Gabelung links in die Strada Republicii abbiegen. Das **Ethnografische Museum** *(Str. Republicii 5, Tel. 0248 510 465, Mo geschl., €)* mit sehr schönen, handgearbeiteten Exponaten befindet sich in einer hübschen ländlichen Villa (1735), die allerdings dringend restauriert werden müsste.

Zu Fuß geht es weiter gen Norden zur **Primăria** (Rathaus). Hier bummelt man links am Rathaus vorbei bergauf, überquert die Strada Lascar Catargiu und läuft die Strada Soldat Golescu hinauf. Nach einem kurzen, steilen Anstieg ist links die **Casa Golescu** *(Str. Soldat Golescu, Tel. 0248 512 481)* erreicht. Das Haus (1910) erstrahlt dank Spendengeldern von Pro Patrimonio wieder in seiner alten neoromanischen Pracht. Haus und Garten fungieren als Kulturzentrum; Gästeunterkünfte sind vorhanden.

Die Stadt verlässt man nun in Richtung Osten auf der DN 73. Drei Kilometer von Câmpulung entfernt zweigt links eine Straße nach **Nămăeşti** ab. Dort befindet sich hinter einer kurzen, steilen Zufahrt links eine weitere kleine aus dem Felsen gehauene **Klosterkirche** ⑥. Eine Legende will wissen, dass zwei Schäfer die Kirche an der Stelle aus dem Felsen schlugen, an der sie eine rätselhafte Ikone mit einer Darstellung der Jungfrau Maria und dem Jesuskind gefunden hatten. ■

Prahova-Tal

DAS PRAHOVA-TAL LIEGT INMITTEN VON MISCHWÄLDERN und wird von einem spektakulären Felsmassiv überragt. Das Tal ist etwas für Romantiker und Abenteuerlustige. Eine Hauptstraße, die Bukarest und Transsilvanien verbindet, verläuft durch das Tal. Von hier bieten sich diverse Zugänge in die umliegenden Berge.

Die Berge von Valea Dorului in der Nähe von Sinaia zählen zu den besten Skigebieten Rumäniens

SINAIA

Der meiste Trubel im Tal spielt sich im Ferienort Sinaia ab, er ist auch als „Perle der Karpaten" bekannt. Die Stadt ist eine harmonische Mischung aus Villen aus dem 19. Jahrhundert und modernen Hotelhochhäusern. Sinaia liegt weit unten am hoch aufragenden Bucegi-Massiv, rund 120 Kilometer nordwestlich von Bukarest.

Der Kurort Sinaia wurde zu einem Urlaubsort, nachdem sich König Karl I. aus dem Hause Hohenzollern hier seinen Sommerpalast errichten ließ. Die Bauarbeiten am **Castelul Peleş** begannen 1866 nach seiner Thronbesteigung. Den letzten Schliff bekam das Gebäude 1914, zwei Jahre vor Karls Tod. Castelul Peleş präsentiert sich heute als eine sagenhafte Mischung aus deutscher Neo-Renaissance und Neo-Gotik. Innen finden sich schwere deutsche Holzschnitzereien, eine Waffensammlung und diverse Räume im venezianischen, maurischen und türkischen Stil. Allein die Räumlichkeiten im Erdgeschoss sind sagenhaft, und an einigen Tagen im Jahr steht auch noch zusätzlich das Obergeschoss zur Besichtigung offen *(vorher telefonisch anfragen)*. Das Schloss ist ein Besuchermagnet – und die Warteschlangen sind in der Regel entsprechend lang.

Auf dem Schlossareal befinden sich noch zwei weitere Schlösser: Pelişor und Foişor. Das größere Schloss **Pelişor** kann besichtigt werden. Das Fachwerkgebäude im Landhausstil wurde 1902 von einem Tschechen entworfen. Königin Marie von Rumänien (1875–1938) ließ die Gemächer und das Foyer im Art-nouveau-Stil ausstatten. Verglichen mit Peleş sind die Räumlichkeiten von Pelişor angenehm warm und luftig. Das Jagdschloss **Foişor** *(nicht zugänglich)* wurde von Ceauflescu erbaut und liegt ein Stück bergauf: So konnte der Diktator – auch symbolisch – auf die Königsfamilie hinabschauen.

Sinaias Verbindung zum Königshaus reicht jedoch viel weiter zurück. Die Stadt verdankt ihren Namen der **Mănăstirea Sinaia**, die auf halber Höhe an der Auffahrt zum Schloss steht. Das Kloster wurde vom walachischen Fürsten Mihai Cantacuzino gegründet, nachdem er von einer Pilgerreise zum Katharinenkloster auf dem Berg Sinai zurückgekehrt war. (Einer Legende zufolge sollen Rumänen während

Prahova-Tal

- 66 C3–C4
- Centrul de Informare şi Promovare Turistică Sinaia, B-dul Carol I 47
- 0244 315 656
- Auto: Die DN71 von Sinaia nach Târgovişte ist eine nette Alternative zur Hauptstrecke über Ploieşti. Die DN1 (Bukarest – Sinaia – Braşov) kann an Sommerwochenenden extrem stark befahren sein. Zug und Bus: Von Bukarest und Braşov nach Sinaia.

Castelul Peleş
66 C4
Str. Pelişului 2
0244 310 918
April–Sept. Mo geschl.; Okt. & Dez.–März & Nov. Mo–Di geschl.
€€

Mănăstirea Sinaia
66 C4
Str. Mănăstirii 2
0244 314 917
Mo & Di geschl.
€
Auto: DN1/E60; Zug oder Bus ab Bukarest und Braşov

Bucegi-Gebirge
66 B4

Brebu
66 C3
Auto: Die DN1 nach Comarnic, dann eine Landstraße 13 km bis Brebu. Ein Minibus fährt am Busbahnhof von Câmpina ab

der Herrschaft von Kaiser Justinian beim Bau des Sinai-Klosters mitgeholfen haben.)

Die größere der beiden Klosterkirchen datiert aus dem späten 19. und frühen 20. Jahrhundert und greift den brancovenischen Stil auf. Das zweite, bescheidenere Gotteshaus von Cantacuzino ragt im zweiten Hof auf und wurde bereits 1695 errichtet.

Das **Klostermuseum** zeigt eine Kopie der ersten Bibel, die in rumänischer und kyrillischer Schrift gedruckt wurde. Mihai Cantacuzinos Bruder Şerban sponserte die Veröffentlichung.

BUCEGI-GEBIRGE

Über Sinaia ragt steil das Bucegi-Gebirge (Munţii Bucegi) auf, seine Gipfel zählen zu den höchsten der Karpaten (der Omu bringt es auf stolze 2505 m). Einige ungewöhnliche Felsformationen tragen Namen wie Babele (Alte Frau) oder Sfinxiul (Sphinx).

Wer hoch hinauf will nimmt die **Seilbahn** auf den Vârful cu Dor *(Centru de Informare Turisica Sinaia, B-dul Carol I 47, Tel. 0244 315 656, €€)*. Die Talstation befindet sich hinter dem Hotel Montana in der Strada Teodor Aman, die Bergstation heißt Cota 2000 (2000 m). Wer kann, sollte von oben nicht die zweistündige Talwanderung nach Sinaia scheuen, der Weg ist gut markiert.

Wer gerne länger in den Bergen bleiben möchte, findet Unterkünfte im Hostel-Stil, zum Beispiel in der **Cabana Valea cu Brazi** (*Gheorghe Mocanu anrufen, Tel. 0723 249 844;* 1372 m) oder in der **Cabana Miorita** *(Tel. 0244 312 2999; mind. 1 Woche im Voraus buchen)* auf 2000 Metern. Eine Alternative ist das Drei-Sterne-Hotel **Cota 1400** *(Tel. 0244 314 990)*.

Da die Gegend recht urwüchsig ist und sich das Wetter sehr plötzlich ändern kann, sollte man an die entsprechende Ausrüstung denken. Wintersport ist in den Ferienorten **Azuga, Busteni** (mit Seilbahn) und **Predeal** möglich.

BREBU

Das Dorf Brebu liegt 44 Kilometer von Sinaia entfernt und bietet eines der am schönsten erhaltenen Herrschaftshäuser aus dem 17. Jahrhundert in der ganzen Walachei. Fürst Matei Basarab begann 1650 mit dem Bau der beeindruckenden **Casa Domnească de la Brebu** (Schloss Breb; *Tel. 0244 357 731, Mo geschl., €*), Constantin Brâncoveanu vollendete das Gebäude 40 Jahre später. Das Anwesen diente sowohl als Familiensitz als auch als Kaserne. Der ganze Komplex ist von einer massiven Wehrmauer mit Wachtürmen umgeben. Das Eingangstor ist 27 Meter hoch – ein vierstöckiger Bau. Brâncoveanu ergänzte einige Sommerhäuser und ein Kloster. Um Platz für die neuen Gebäude zu schaffen, schleifte er zig Landhäuser und siedelte kurzerhand die Dorfbewohner um, was sie ihm nie verziehen. ■

Ungewöhnliche Felsen

In Corbi finden sich Kalksteinfelsen, deren Formen an Menschen oder Tiere erinnern und Anlass für viele Legenden gaben. Ion Andreescu, ein hiesiger Lehrer, beschäftigt sich schon sein ganzes Leben lang mit dem Studium alter Kulte. Relikte fand er in den Felsen, unter anderem prähistorische Altäre, Buchstaben, die Ähnlichkeiten mit Sanskrit aufweisen, und plastisch geformte Gesichter. Seine Funde fanden öffentliche Beachtung, als eine Zeitschrift einen Artikel über Andreescu veröffentlichte. ■

Gegenüber: Schloss Peleş in Sinaia – das extravagante Gebäude von König Karl I. beherbergt heute ein Museum

Memorialui Victimelor Comunismului şi Rezistenţei in Sighetu Marmaţiei: Die Skulptur „Cortegiul Sacrificatilor" (Prozession der Geopferten) von Aurel Vlad (1997) erinnert eindrucksvoll an die Vergangenheit Rumäniens

Widerstandskämpfer

Rumänien stand lange unter der Herrschaft eines der rigorosesten kommunistischen Regimes Europas. Massenmord, Folter und Tod durch Verhungern wurden eingesetzt, um Gegner zu eleminieren und die Bevölkerung einzuschüchtern. Im Gegensatz zu Polen gestatteten die rumänischen Herrscher keinerlei Opposition, der Widerstand hielt sich somit in Grenzen. So machte sich mit der Zeit eine Art moralische Apathie breit, die das Land im Würgegriff hielt und lähmte.

Einige Ausnahmen gab es aber natürlich doch. In den 40 Jahren der Kommunistenherrschaft (1947–1989) kämpften einige Einzelpersonen und auch Gruppen für das Ende der Unterdrückung. In der Vergangenheit hatten sich rumänische Flüchtlinge und Banditen während der türkischen Angriffe, Tatarenüberfälle und anderer Invasionen in die Berge geflüchtet – und so war es auch unter den Kommunisten. In den 1950er Jahren schlossen sich die Widerstandskämpfer in den Apuseni-Bergen, in der Bucovina, an beiden Seiten des Făgăraş-Gebirges, in den Vrancea-Bergen und anderen Orten der Karpaten in Gruppen zusammen. Eine weitere Gruppierung war in den Babadag-Wäldern in der Dobrogea stationiert. Diesen Widerstandsgruppen gehörten Frauen und Männer jeden Alters und allen Schichten an.

Die berühmtesten Partisanen im Făgăraş-Gebirge waren die Haiducii Muscelului aus der Gegend von Câmpulung Muscel. Zu ihren Anführern gehörten Gheorghe Arnesencu und die

Brüder Toma und Petru Arnăuţiou. Sie und ihre Anhänger kamen aus dem Dorf Corbi (siehe S. 72f.), aus Nucşoara, aus dem Flusstal des Doamnei und aus den Iezer-Bergen. Von 1949 bis 1958 organisierten sie mit ihren Anhängern den längsten Widerstand gegen ein kommunistisches Regime, den es je in Europa gegeben hatte.

1949 wurden die Mitglieder der Haiducii von der Securitate überrascht, sie erschossen dabei zwei Geheimpolizisten aus Notwehr. Die Gruppe zog sich danach höher in die Berge zurück. Bald schlossen sich ihnen weitere Dorfbewohner an. Die Partisanen lebten das ganze Jahr über in der Wildnis, wo sie in unterirdischen Höhlen hausten. Von ihren Frauen und Töchtern wurden sie mit Nahrungsmitteln versorgt, während sie auf den Tag warteten, da ganz Rumänien sich gegen die kommunistische Diktatur erheben würde. Gewaltlosigkeit war ihre Strategie, und so gab es nur wenige Opfer. Arsenescu gelang es, dem Geheimdienst bis 1960 zu entkommen, dann wurde er gefangen genommen und ermordet. Anschließend führte Toma Arnăuţiou die Partisanen zehn Jahre lang an, wurde aber ebenfalls in den Bergen getötet.

Als Vergeltungsmaßnahme verfolgte der Geheimdienst auch die Familien der Partisanen sowie potenzielle Anhänger. Zu diesem Personenkreis gehörte Elizabeta Rizea (1912–2003), eine Bauersfrau aus Nucşoara (siehe S. 73). Sie und ihr Mann waren der Guerillabewegung beigetreten, weil Elizabeta jeglicher Kollektivismus widerstrebte. Als sie 1949 gefangen genommen wurde, weigerte sie sich, Informationen über den Aufenthaltsort anderer Widerstandskämpfer preiszugeben und wurde als „Volksverräterin" zum Tode verurteilt. Das Urteil wurde sieben Jahre nicht vollstreckt, Elizabeta stattdessen im berüchtigten Gefängnis von Jilava gefoltert.

Sie wurde dann zu weiteren 25 Jahren Haft verurteilt und schließlich im Rahmen einer Generalamnestie freigelassen. Nach dem Niedergang des kommunistischen Regimes erzählte sie als eine der Überlebenden ihre Geschichte.

Zum Mahnmal in Sighetu Marmaţiei gehört die Dokumentation „Frauen im Gefängnis" mit vielen düsteren Details über das kommunistische Regime

Die Satirezeitschrift *Academia Caţavencu* hofft, die entsprechenden Gelder aufzutreiben, um Elizabeta Rizea ein Denkmal setzen zu können. Es soll vor der Casa Scânteii in Bukarest aufgestellt werden – bis 1990 befand sich hier eine Statue von Stalin. Weitere Monumente, die der mutigen Taten der Widerstandskämpfer gedenken, finden sich in ganz Rumänien, so zum Beispiel das Denkmal der Opfer des Kommunismus und des Widerstands in Sighetu Marmatei (siehe S. 186). Sie alle sind ein sichtbares Mahnmal einer schrecklichen Zeit. ■

Weitere Sehenswürdigkeiten

MĂNĂSTIREA COTMEANA

Das kleine Kloster gleicht eher einer Festung denn einem Gotteshaus. Es steht inmitten von weitläufigen Feldern und wird von einer Mauer geschützt. Die Zufahrt erfolgt über die DN7/E81, die Piteşti (43 km) und Râmnicu Vâlcea (25 km) verbindet. Am Schild nach Cotmeana biegt man links ab, nach einer Haarnadelkurve ist das Dorf erreicht. Dann zweigt man nochmals links ab – in Richtung offene Landschaft. Wenn ein verziertes Friedhofstor links ins Blickfeld kommt, ist man angekommen.

Cotmeana ist das älteste Kloster in Muntenia. Es wurde ursprünglich für Radu I. (reg. 1377–83), einen Enkel des Begründers des Herrschaftsgeschlechts, erbaut. Seine Söhne, Dan I. (reg. 1383–86) und Mircea cel Bătrăn (Mircea der Weise, reg. 1386–1418) übernahmen die Kirche nach dem Tod ihres Vaters. Radu ließ insgesamt zwölf Kirchen erbauen, darunter die Klöster Tismana und Cozia und die Fürstenkirche in Curtea de Argeş. Einige waren katholisch und nicht orthodox, was zeigt, dass die religiösen Einflüsse einem steten Wandel unterlagen – selbst in dieser Bastion des östlichen Christentums.

Wie so oft im Mittelalter hatte auch dieses Gebäude eine Doppelfunktion: Es war Gotteshaus und diente der Verteidigung. Aufgrund ständiger baulicher Veränderungen erweckt Cotmeana heute den Anschein, als wäre das Kloster aus zwei separaten Gebäuden zusammengesetzt: einem byzantinischen Gebäude in Ziegelbauweise mit Keramik und ornamentalen Linien sowie einer sächsischen Hallenkirche, wie sie im nahen Transsilvanien üblich sind. Innen finden sich Reste von Fresken aus dem 14. Jahrhundert. Der frei stehende Glockenturm fungierte auch als Wachturm, denn schließlich sollte das Kloster das Gebiet vor den Tataren und Türken schützen. Constantin Brâncoveanu nahm das Kloster unter seine Fittiche. Unter seiner Herrschaft wurden die Fensterrahmen und die Tür ersetzt, die innere Vorhalle wurde vergrößert und ein neues Portal an der Nordseite hinzugefügt. Das Kloster wird von ein paar Mönchen betrieben, die sich hier nach der Wiedereröffnung der Kirche 1991 niederließen. Abt Parintele Ioasaf steht im Ruf, böse Geister austreiben zu können, freitags ist die Kirche immer zum Bersten voll mit Gläubigen, die ihn um Hilfe bitten.

66 A3 **Besucherinformation**
Episcopia Argeşului şi Muscelului, B-dul Basarabilor 23, Curtea de Argeş
0248 722 410

MUZEUL GUMELNIŢA (MUZEUL DE ARHEOLOGIE)

Am Südrand Muntenias bietet das an der Donau gelegene Muezul Gumelniţa (Archäologisches Museum) von Olteniţa eine der besten Sammlungen prähistorischer Töpfereiwaren in ganz Rumänien. Zu den Objekten gehören winzige Figuren von Menschen und Tieren, Keramikaltäre, Modelle von Häusern und Möbel, herrliche Gefäße, Schamanenmasken, Göttinnen mit dicken Schenkeln und Becher und Krüge mit Tiersymbolen. All diese Exponate vermitteln faszinierende Einblicke in die nur wenig bekannten Kulturen der Dudeşti, Boian und Gumelniţa, die an beiden Ufern der Donau vom 5. Jahrtausend v. Chr. bis zur thrakischen Periode im 1. Jahrhundert v. Chr. existierten. Von Bukarest liegt das sehenswerte Museum eine Autostunde entfernt.

66 D1 Str. Argeşului 101, Olteniţa (62 km südöstlich von Bukarest an der DN4, hinter Budeşti) 0242 511 174
Mo geschl. Minibus ab der Piaţa Sudului in Bukarest

MUZEUL VITICULTURII ŞI POMICULTURII, GOLEŞTI

Seit seiner Eröffnung 1939 präsentiert sich das reizende Herrschaftshaus aus dem 17. Jahrhundert in der Nähe der Industriestadt Piteşti als Weingut und Obstfarm. Dazu kommt ein interessantes Museum, das aus einem kompletten Dorf mit Holzgebäuden samt traditioneller Ausstattung besteht. Im Anwesen selbst blieb die Einrichtung des Familiensitzes der Golescu erhalten.

66 B3 Str. Banu Radu Golescu, Goleşti (15 km östlich von Piteşti an der DN7
0248 266 364 Mo geschl €
Minibus von Piteşti nach Goleşti ■

Mit ihren wilden Felsen, den dicht bewaldeten Tälern und den abgeschiedenen, auf hohen Bergen thronenden Klöstern strahlt diese Region etwas Gespenstisches aus – und die Oltenier vertiefen diesen Eindruck noch: Sie haben den Ruf, standhaft an ihren *obiceiuri vechi* (alten Bräuchen) festzuhalten.

Oltenia (Kleine Walachei)

Orthodoxe Kirche in Oltenia

Oltenia (Kleine Walachei)

VON DER DONAUEBENE BIS ZU DEN SÜDLICHEN KARPATEN: MIT SEINER VIELfalt an unterschiedlichen Landschaften ist Oltenia eine ländliche Idylle, die durch ihre gastfreundlichen Bewohner noch einladender wirkt.

Das Freilichtmuseum Muzeul Satului Vâlcean in Burjoreni fügt sich einfach wunderbar in die ländliche Umgebung ein

Am Westrand Oltenias, dort, wo Berge und Fluss aufeinander treffen, ist die Vegetation deutlich mediterraner als in anderen Landesteilen. Das Gebiet ist bekannt für seinen Artenreichtum, vor allem im Parcul National Domogled Valea Cernei in der Nähe von Băile Herculane (Herkulesbad). Tiefe Tannenwälder und Laubbäume bedecken die Berge, in höheren Lagen stehen isolierte Bestände der *pinus nigra*, der rumänischen Schwarzkiefer. Im Herbst sorgen Buchenwälder mit gelben und rotgoldenen Blättern für herrliche Farbspiele. Wo die Karpaten mit der Ebene verschmelzen, grasen zufriedene Kühe, Apfel-, Kirsch- und Birnenplantagen sind allerorten zu sehen, uralte Bäume präsentieren stattliche Stämme.

Unter den Kommunisten war das Leben in den Ebenen meist härter als in den Bergen: Aus logistischen und ökonomischen Gründen entkamen die Bergbewohner häufig den schlimmsten Formen der landwirtschaftlichen Kollektivierung. Oltenia bildete hier keine Ausnahme, und so entstand ein auffallender Gegensatz zwischen seiner Nord- und seiner Südhälfte. Im Süden schlugen Ceauşescus verbissene Industrialisierungsbemühungen in Form von brachliegenden Fabriken und verwüsteten Steinbrüchen hässliche Wunden in die Landschaft. Die Arbeitslosigkeit ist hoch und zum großen Teil darauf zurückzuführen, dass die Regierung in den späten 1990er Jahren die Stein- und Braunkohlebergwerke schloss, die sich im Jiu-Tal konzentrierten und bis dahin Zehntausenden von Menschen Arbeit gegeben hatten. Hochwasser – verursacht durch unüberlegte Abholzung – und die mutwillige Vernichtung von Hangplantagen führten zur Zerstörung von Häusern und zum Blockieren von Wasserläufen. Vielerorts hat man den Eindruck, dass nur wenig getan wurde, um die Schäden zu beheben oder zu verhindern, dass dergleichen erneut geschieht.

So überzieht die Region ein Hauch von Trauer und Resignation. Es geht aber nicht allen Einwohnern schlecht, und Zeichen für Hoffnung und Erneuerung mehren sich – nicht zuletzt auch wegen einer aufkeimenden Tourismusindustrie. Die malerische alpine Landschaft und die Gastfreundschaft der Bewohner sorgen dafür, dass trotz alle Widrigkeiten immer mehr Besucher kommen. Die Oltenier haben, wie alle Rumänen, einen subversiven Sinn für Humor und sind äußerst unternehmungslustig.

Oltenia ist genau das richtige Ziel für Reisende, die gerne mal die ausgetretenen Pfade verlassen. Die Region zwischen dem Jiu- und dem Cerna-Tal bietet eine spektakuläre Bergkulisse und gibt Besuchern die Chance, das authentische rumänische Landleben kennenzulernen. Einige der schönsten Klöster Rumäniens liegen in der Nordhälfte der Region, oftmals in atemberaubender Lage. In den Städten Târgu Jiu und Caracal finden sich noch architektonische Spuren aus der vorkommunistischen Ära. Die südlichen Karpaten und das Einzugsgebiet der Donau ernährten prähistorische Gemeinschaften, deren Kreativität noch heute Künstler und Denker inspiriert; Relikte der späteren römischen Besatzung finden sich in Drobeta-Turnu Severin und Corabia. ■

Das Kloster Hurezi wurde von Constantin Brâncoveanu, dem Goldenen Fürsten Muntenias, erbaut. Es ist eines der erlesensten religiösen Anlagen Rumäniens. Es wurde wunderbar restauriert und zieht Pilgerer ebenso wie Reisende an

Oltenias Klöster

OLTENIA IST BERÜHMT FÜR SEINE ORTHODOXEN KLÖSTER, die sich architektonisch von den anderen Klöstern des Landes unterscheiden. Etliche wurden unter der kreativen Schirmherrschaft des „Goldenen Fürsten" der Walachei, Constantin Brâncoveanu (reg. 1688–1714) gebaut, doch auch andere, frühere Gründungen spielten eine wichtige Rolle bei der Ausbildung einer kulturellen Identität.

Brâncoveanu war eine der herausragenden Gestalten in der Geschichte der Walachei: Ihm gelang der unsichere Balanceakt, zwischen dem benachbarten Ungarn, den türkischen Oberherren und dem Habsburger Kaiserreich (das nach Macht und Einflussnahme im Osten Europas strebte) zu agieren. Zugleich führte seine Unterstützung der Schönen Künste und Studien im Allgemeinen dazu, in Rumänien ein Gefühl der Identität und des nationalen Stolzes wiederaufleben zu lassen – damals wie auch heute.

Das Wort *mănăstire* bezeichnet sowohl Mönchs- als auch Nonnenklöster. Heute existieren in Rumänien etwa 400 klösterliche Stiftungen, in denen 3500 Mönche und 5000 Nonnen ihren Dienst tun. Wie in den meisten religiösen Stiftungen in Rumänien sind auch hier Besucher willkommen, solange die herrschende Ordnung respektiert wird. Fünf der herausragendsten historischen Klöster Oltenias und noch einige weitere liegen an oder nahe der DN 67 zwischen Râmnicu Vâlcea (Wultsch oder Königsberg, siehe S. 100) und Târgu Jiu (siehe S. 92f).

Mănăstirea Govora

- 83 D3
- Băile Govora
- 0250 770 342
- Auto: 39 km westlich von Râmnicu Vâlcea auf der DN 67, dann der Beschilderung folgen

MĂNĂSTIREA GOVORA

Das stark befestigte Kloster Govora (15. Jh.) steht auf einem Hügel außerhalb der Stadt Băile Govora. Innerhalb der Festungsmauern drängen sich ein paar hübsche Nebengebäude unweit der orthodoxen Kirche. Einige wenige Nonnen bewirtschaften das Kloster, die Atmosphäre ist andächtig, aber entspannt. Govoras Gründer Fürst Radu cel Frumos (Radu der Schöne, reg. 1495–1508) lockte viele Gelehrte nach Govora – noch heute spürt man die Anziehungskraft des Ortes: Die Stärke der Befestigungsanlage vermittelt ein Gefühl der Geborgenheit, die Aussicht vom Hügel ist spektakulär. Jahrzehnte später sanierte Brâncoveanu die Kirche und holte zahlreiche Künstler aus dem Kloster Hurezi hierher, sie malten die herrlichen Fresken.

Auch der Kurort **Băile Govora**, der am Fuß des tiefen Tals am Hang klebt, vermittelt einen Eindruck von Geborgenheit. Die altmodischen Villen und Hotels mit ihren großen, hölzernen Balkons geben dem Ort einen bodenständigen, zeitlosen Anstrich. Inzwischen wurde in neue Hotels investiert, ganz offensichtlich erlebt die Stadt einen wirtschaftlichen Aufschwung.

MĂNĂSTIREA HUREZI

Die glanzvollste unter den religiösen Gründungen in Oltenia liegen rund 39 Kilometer westlich von Râmnicu Vâlcea (Wultsch oder Königsberg) auf einem von bewaldeten Tälern umgebenen Hügel. Das noch heute bewirtschaftete Kloster Hurezi ist befestigt. Von Weitem wirkt es daher wie eine Burg, doch sobald man die Anlage betritt, verflüchtigt sich der abweisende Eindruck. Das Gebäude war eine der Glanzleistungen Brâncoveanus und wurde inzwischen in die Liste des UNESCO-Weltkulturerbes aufgenommen.

Die 1690 errichtete **Kirche** ist ein Paradebeispiel für den Brâncoveanu-Stil. Byzantinische, islamische und palladianische Elemente wurden so kombiniert, dass der gesamte Komplex perfekt proportioniert erscheint, nichts stört die umfassende Klarheit und Ausgeglichenheit des Ganzen. Der Stil konnte sich hier voll entfalten, sei es in den Rundbögen, die eine weite Arkade entlang des gesamten Westeingangs der Kirche bilden, den hohen, behelmten Türmen oder den Kalkstein-Balustraden mit Pflanzen- und heraldischen Tiermotiven.

Ein Vordach mit offenen Seiten schützt die Haupttreppe, die in die Vorhalle führt – ein architektonisches Detail, das sich auch in traditionellen Bauernhäusern wiederfindet. Der Fries ist mit religiösen Motiven und skurrilen Landschaften, mit Vögeln und anderen Tieren verziert. Die Perspektive der Landschaften ist westlich geprägt. In der Vorhalle ist das größte „Jüngste Gericht“ der Walachei zu sehen. Hier werden die himmlischen Freuden gegen die Verdammung der Hölle abgewogen – ein Thema, das bei Rumäniens mittelalterlichen orthodoxen Führern sehr beliebt war. Die schönste Version findet sich in Voroneț (siehe S. 203 und 206). Die Steinmetze, die an der Kirche für

Cule

Typisch für die Walachei sind die turmähnlichen *cule*: Diese Herrenhäuser (18./19. Jh.) wurden vom niederen Adel und von Landbesitzern errichtet, die sich weigerten, während der osmanischen Raubzüge ihren Besitz zu verlassen. Solide wie Felsen gebaut, wirken sie überraschend elegant. Eine typische *culă* hat zwei Stockwerke, dicke, spitz zulaufende Wände und ein steiles Giebeldach. Das Erdgeschoss diente als Keller, Vorratsraum und Stall und konnte isoliert werden, so dass kein Vordringen in die oberen Stockwerke möglich war. Das Obergeschoss hatte gewöhnlich einen überdachten, zu zwei Seiten offenen Balkon, von dem aus mögliche Feinde rechtzeitig entdeckt werden konnten. ■

Mănăstirea Hurezi

- 83 D3
- Str. Mănăstirii, Hurezu
- 0250 860 071
- Auto: 39 km westlich von Râmnicu Vâlcea auf der DN67, dann der Beschilderung folgen
- Einfache Übernachtungen sind vorhanden, Vorrang haben Geistliche

KLOSTER HUREZI

Cule de Măldăreşti

- 83 D3
- Măldăreşti
- 0250 861 510
- Mo geschl.
- €
- Eine Herberge auf dem Gelände bietet einfache, schlafsaalähnliche Übernachtungsplätze

Mănăstirea Polovragi

- 83 D3
- Polovragi
- 0253 476 196
- Auto: 7 km von Baia de Fier entfernt

Hurezi arbeiteten, sind in hervorgehobener Nähe zum Paradies abgebildet. Im Inneren der Kirche befinden sich religiöse Artefakte und auch einige Porträts von Vertretern der drei herrschenden Dynastien der Walachei – Basarab, Basarab-Brâncoveanu und Cantacuzino –, die miteinander verwandt waren.

In den Außenmauern des Klosters sind eine Ratskammer, ein Speiseraum, eine Kapelle, ein barocker Wachturm, eine Reihe königlicher Apartments sowie die Mönchszellen (heute Nonnenzellen) untergebracht.

In der Stadt **Horezu** empfiehlt sich ein Besuch einer der Töpfereien, für die die Region berühmt ist. Viele davon befinden sich im Vorort **Satul Olari** *(Führungen im Rathaus erfragen, Tel. 0250 860 190)*, rund fünf Kilometer von der Stadt entfernt. Jedes der Häuser, die im Vorgarten farbenfrohe Keramiken ausstellen, kann besichtigt werden: Die meisten gehören Töpfern, die den Besucher gerne durch ihre Werkstätten führen. Die Töpfer von Olari stellen sowohl traditionelle als auch moderne Waren her. Einiges ist dem prähistorischen Stil nachempfunden,

für den Südrumänien zu Recht berühmt ist. Das nahe gelegene Dorf **Măldăreşti** liegt rund drei Kilometer südlich der Stadt Horezu und besitzt zwei interessante turmähnliche ***cule*** (siehe Kasten S. 85). Sie sind mit hübschen Stuckreliefs verziert und enthalten eine sehr schöne Ikonensammlung.

MĂNĂSTIREA POLOVRAGI

Das Kloster Polovragi (17. Jh.) steht geschützt am Eingang der Karstfelsen der Olteţ-Klamm (Cheile Olteţului), rund 14 Kilometer nordwestlich von Măldăreşti. Es wurde nach *polovraga* benannt, einer Heilpflanze, die die Daker schon vor mehr als 2000 Jahren medizinisch nutzten. Die abge-

Mănăstirea Lainici

- 83 C4
- Lainici
- 0253 463 333
- Auto: 32 km von Târgu Jiu entfernt
- Übernachtungsmöglichkeiten vorhanden

Ländliche Architektur

Viele der 41 Verwaltungsbezirke Rumäniens zeigen ländliche Architektur in staatlich finanzierten Museen. Ein Beispiel ist das **Muzeul Arhitecturii Populare din Curţisoara** (Volksarchitektur-Museum Curţisoara; *Bumbeşti-Jiu, Bumbeşti-Jiu, Tel. 0253 223 890, Mo geschl., €*) im Bezirk Gorj. Es wurde 1975 eröffnet, nachdem Nicolae Ceauşescu die Bevölkerung gedrängt hatte, ihr ländliches Erbe zu bewahren. Holzhäuschen, Scheunen, verzierte Tore und eine befestigte *culă* stehen verstreut über den Park. Das Museum veranstaltet Workshops, in denen die Besucher selbst traditionellen Handwerke ausprobieren können. ■

schiedene Lage des Klosters vor dem Hintergrund der bewaldeten Olteţ-Klamm ist überwältigend – der Besuch lohnt sich schon alleine wegen der spektakulären Landschaft.

Im Inneren zieht die Westwand die Blicke auf sich, denn sie wird zur Gänze von einem neo-byzantinischen Gemälde aus dem 18. Jahrhundert eingenommen. Das Fresko zeigt eine wunderbar schematische Ansicht des Heiligen Berg Athos. Rumäniens mittelalterliche Fürsten finanzierten oft athonitische Gründungen mit Geld und Ländereien. Sie trugen dazu bei, nach dem Niedergang des Byzantinischen Reiches die Verbindung mit der orthodoxen Kirche aufrecht zu erhalten.

Die Umgebung bietet eine Reihe interessanter Sehenswürdigkeiten. In der Klamm gibt es eine Stelle, an der der **Fluss Olteţ** durch einen dünnen Kanal zwischen den Gebirgszügen Parâng und Căpăţânii hindurchschießt. Dieser nur zwei Meter breite Durchlass ist eine der engsten „Lücken" zwischen zwei Bergen weltweit. Die nahe gelegene, 900 Meter lange **Peştera Pahomie/Polovragi** (Pahomies- oder Polovragi-Höhle; *Mo geschl., €*) wurde nach einem Mönch aus Polovragi benannt, der die Wände mit Malereien ausschmückte. Auch Knochen prähistorischer Höhlenbären und Tonwaren aus der Jungsteinzeit wurden hier gefunden. Innen herrschen relativ angenehme Temperaturen, zum Teil ist die Höhle beleuchtet. Vier Kilometer südlich der Klamm stößt man auf einen hübschen alten Edelkastanienwald und einer im Frühjahr herrlich blühenden Narzissenwiese.

MĂNĂSTIREA LAINICI

Etwa 32 Kilometer von Târgu Jiu entfernt steht das Kloster Lainici, das nach einer Fahrt durch enge Schluchten und kurvigen, von Buchen gesäumten Straßen erreicht wird. Das Kloster ist relativ jung. Die ältere der beiden Kirchen wurde 1812–17 erbaut und zeigt auf der gesamten Außenfassade Heiligengemälde. Die neuere Kirche wurde 1990 gegründet, und es scheint, als wäre auch dort nicht an Geld gespart worden, um die Kirche im neo-brâncovenesken Stil erstrahlen zu lassen.

Seinen Bekanntheitsgrad verdankt Lainici vor allem dem Mönch Nicodim, der hier lebte. Nicodim verbrachte seine prägenden Jahre auf dem Berg Athos in Griechenland. Er war Hesychast – das heißt, er praktizierte eine extrem asketische Form der Hingabe. 1369 kam er auf Einladung seines entfernten Cousins Fürst Vlaicu Vodă in die Walachei und veranlasste den Bau der ersten orthodoxen Klöster in der Walachei.

Mit der Unterstützung einiger Anhänger errichtete Nicodim ein ***skete*** (kleines Kloster) aus Holz an jener Stelle, an der sich heute das Kloster Lainici befindet. Über Jahrhunderte war es ein religiöser Grenz-

Detail eines Gemäldes im Kloster Mănăstirea Dintr-un Lemn. Man erzählt sich, dass die Kirche an der Stelle eines viel älteren Gebäudes errichtet wurde, das wiederum aus dem Holz eines einzigen Eichenstammes gebaut worden ist

posten des orthodoxen Glaubens. Seinem bescheidenen Lebensstil entsprechend hauste Nicodim in einer Höhle (in der Nähe des heutigen Bahnhofs Lainici).

Das Kloster erlebte so manche dramatische Situation. Mitte des 18. Jahrhunderts befahl Kaiserin Maria Theresa ihren Soldaten, Nicodims Kirche in Brand zu stecken. Im 19. Jahrhundert versteckte sich der rumänische Revolutionär Tudor Vladimirescu im Kloster vor den Türken. Im Ersten Weltkrieg brachten deutsche Soldaten ihre Pferde in der Kirche unter und verbrannten die kostbaren Archive. 1961 schließlich wurde das Kloster von den Kommunisten geschlossen.

Seit 1989 hat es sich jedoch wieder wie Phönix aus der Asche erhoben: Mit seiner Lage zwischen bewaldeten Hügeln und den Wasserfällen nahebei lädt das Kloster mit seinen beiden Kirchen zum Verweilen und zur Meditation ein.

Auch die Umgebung hat einiges zu bieten. Eine 4,5 Kilometer lange Wanderung führt einen steilen Waldweg hinauf zum bescheidenen, aber hübschen Kloster **Locurele**. Es wurde 1850 von zwei Priestern aus Târgu Jiu gegründet, im Ersten Weltkrieg aufgegeben und erst 1957 wiedereröffnet. Die Malereien wurden 1897 aufgebracht. Heute wird Locurele von lediglich zwei Mönchen bewirtschaftet und gehört offiziell zu Lainici. Der Ausblick über die Berge lohnt den Aufstieg.

MĂNĂSTIREA DINTR-UN LEMN

Das Kloster Dintr-un Lemn (wörtlich: aus einem Holz) liegt südwestlich von Râmnicu Vâlcea etwas abseits der üblichen Route. Umgeben von Weideland, steht das Kloster auf einem abschüssigen Hang neben dem Fluss Otăsău, auf der Südseite des kleinen Dorfes Dezrobiți (wenn man von Franceşti aus kommt, liegt es vor der Brücke). Die landschaftliche Schönheit ist ein mindestens ebenso guter Grund, hierher zu kommen, wie das Kloster selbst.

Die Legende besagt, dass die ursprüngliche Kirche von einem Schäfer aus einem einzelnen, riesigen Eichenstamm errichtet wurde, doch sind davon inzwischen alle Spuren verschwunden. Im zweiten Hof be-

Mănăstirea Dintr-un Lemn

83 D3

Dezrobiți

0250 762 756

Auto: 24 km westlich von Râmnicu Vâlcea über die DN 64

Mănăstirea Cozia
83 D4
Călimăneşti
0250 750 852

Mănăstirea Turnu
83 D4
außerhalb der DN7/E81
0250 750 851

Mănăstirea Frasinei
83 D4
Muereasca

findet sich die Hauptkirche. Sie wurde in den 1630er Jahren errichtet, seither wurde viel verändert, hinzugefügt, restauriert – insgesamt neunmal. Die Kirche verblasst allerdings etwas neben ihrem reizvollen, abgeschiedenen Garten. Auf der Rückseite befindet sich in einem eigenen Hof eine kleine Holzkirche zwischen einer Gruppe majestätischer Eichen – allerdings nicht mehr denjenigen, nach denen das Kloster benannt wurde. Das Kloster betreibt auch einen Bauernhof und hält Räume für Übernachtungen bereit.

MĂNĂSTIREA COZIA

Das faszinierende Kloster Cozia (14. Jh.) befindet sich rund drei Kilometer nördlich von Călimăneşti (und leider ziemlich nahe an einer großen Straße). Die Kirche wurde 1390 von Fürst Mircea cel Bătrân gebaut – zu diesem Zweck kamen eigens Steinmetze aus dem serbischen Morava-Tal nach Oltenia. Die Architektur Cozias ist eine wundervolle Mischung unterschiedlicher Stilrichtungen: Der byzantinische Einfluss zeigt sich am deutlichsten in der abgeflachten Kuppel, den linsenförmigen Fenstern hoch oben und der Dreipassapsis. Die Arkaden-Vorhalle im Brâncoveanu-Stil und die Ikonen-Malereien wurden im 17. Jahrhundert hinzugefügt. Die frühesten Gemälde wurden um 1300 geschaffen; sie säumen das *pronaos*, die westlichste Kammer.

Auf der gegenüberliegenden Straßenseite liegt ein weiterer Bereich des Klosters sowie eine reizvolle Backsteinkirche (1542), die *bolniţa* (Friedhofskirche): Hier beteten die Mönche, wenn sie krank waren. Cozia wurde nach dem Berg benannt, der das Kloster im Nordosten überragt.

Im 15. Jahrhundert zogen sich einige der Mönche aus Cozia zurück und gründeten die **Mănăstirea Turnu**. Das Kloster liegt etwas abseits der üblichen Touristenroute, weiter nördlich auf der Ostseite des Flusses Olt. Benannt ist es nach einem römischen Beobachtungsturm, der ganz in der Nähe stand.

Oben: Die orthodoxe Kirche unweit der zwei Türme (cule) von Măldăreşti

Gegenüber: Constantin Brâncuşi bei der Arbeit an einem Vorläufer des „Tisch des Schweigens" in seinem Pariser Studio (1932)

MĂNĂSTIREA FRASINEI

Kloster Frasinei liegt rund 32 Kilometer nordwestlich von Râmnicu Vâlcea und ist das einzige in der Region, das die streng athonitische Klosterordnung aufrecht erhält. Das Kloster hat zwei Kirchen. Die obere Kirche (1863) liegt umgeben von herrlichen Eschenlichtungen (daher auch der Name des Klosters) am oberen Ende eines abenteuerlichen Bergpfads. Besucher des Klosters brauchen daher einen Wagen mit Allradantrieb oder eine gute Kondition.

Das Kloster ist dem Entschlafen der Jungfrau geweiht und ausschließlich Männern vorbehalten: Frauen ist der Zutritt zur Kirche verboten. Das Verbot wurde 1867 erlassen, als ein Abt die Mönche bei einer Orgie überraschte. Die Legende besagt, dass eine Schäferin diese Regel brach und in der Folge einen epileptischen Anfall erlitt – das Ereignis ging als „Fluch von Frasinei" in die Annalen ein. Die zweite Kirche des Klosters liegt etwa 1,5 Kilometer entfernt hügelabwärts – hier dürfen Frauen nicht nur eintreten, sondern auch übernachten. ■

Constantin Brâncuşi

Der weltberühmte oltenische Bildhauer Constantin Brâncuşi war maßgeblich daran beteiligt, die Bildende Kunst vom bildhaften Stil des 19. Jahrhunderts zu befreien. Er war bekannt für seine Technik des „direkten Schnitts" (Bearbeitung eines Steins ohne Skizzen) und holte sich seine Inspirationen aus einer Vielzahl von Quellen – aus der Antike ebenso wie aus der modernen Technologie.

Brâncuşi (1876–1957) verbrachte den Großteil seines Lebens in Frankreich, doch geboren wurde er im Dorf Hobiţa westlich von Târgu Jiu (siehe S. 92f). Sein Vater war Landbesitzer, seine Mutter Kunst-Weberin. Schon in frühen Jahren zeigte sich Brâncuşis Talent als Schnitzer. Er absolvierte eine Ausbildung als Kunsttischler, bevor er nach Bukarest zog, um sich an der Akademie der Schönen Künste auf seine neue Leidenschaft, die Bildhauerei, zu konzentrieren.

1904 zog es Brâncuşi, der seinen künstlerischen Horizont erweitern wollte, nach Paris. Die Reise dauerte beinahe ein Jahr, oft war er zu Fuß unterwegs. Er machte Bekanntschaft mit innovativen Künstlern wie Picasso, Braque, Derain und Modigliani. Wie viele seiner Zeitgenossen erkannte auch er die Reize der nicht-europäischen Kunstrichtungen, der Philosophie und der prähistorischen Kunst. Er schloss die Bukarester Akademie als brillanter Naturalist ab und erkannte schon bald das Potenzial an Ausdruckskraft, das in den simpleren und in mancherlei Hinsicht gröberen Formen der Holzschnitzereien steckte, mit denen er in Oltenien aufgewachsen war.

1907 beschritt Brâncuşi neue Wege mit einer Arbeit, die er „Das Gebet" nannte. Es war zum Gedenken an einen rumänischen Geschäftsmann entstanden und stand auf einem Friedhof in Buzău in Ostrumänien. Oft arbeitete er auch an Serien. Schlüsselwerke wie „Der Kuss" (von denen er viele Versionen fertigte), der magische Vogel namens „Maiastră", die erstaunlichen Marmor- und Bronzefiguren von „Der Vogel im Raum" und die dreidimensionale Zickzack-Form der „Unendlichen Säule" sind nur einige wenige Beispiele für seine Suche nach der Essenz menschlicher und tierischer Formen.

Obwohl Brâncuşi behauptete, er sei kein abstrakter Künstler, war er auch für künstlerische Kontroversen bekannt. 1913 zählte er zu den ersten progressiven europäischen Künstlern, die in den USA ausstellten. Nach seinem Debüt in New York erwarb der amerikanische Anwalt und Sammler John Quinn etliche seiner Werke. 1922 wurde eine seiner Bronzefiguren, „Mademoiselle Pogany", aus einer Pariser Ausstellung entfernt, da einer der Entscheidungsträger sie für pornografisch hielt. 1926 beanstandeten zwei Kuratoren des Metropolitan Museum in New York einen Bronzeabguss von „Vogel im Raum" und überredeten einen Zollbeamten, das Werk nicht als Kunstwerk einzuführen; der Beamte klassifizierte es schließlich unter dem Stichwort „Küchenutensilien und Krankenhausversorgung". In der darauffolgenden Gerichtsverhandlung wurde jedoch entschieden, dass es sich bei dem Bronzevogel tatsächlich um ein Kunstwerk handelte. Dieser Fall wurde zum Wendepunkt für die Anerkennung der progressiven Kunst in den Vereinigten Staaten.

Brâncuşi stellte auch in den Folgejahren regelmäßig in den USA aus. Dank der Wärme und des Humors in seinen Arbeiten finden auch Menschen Zugang zu seinem Werk, die sonst wenig mit dieser Form der Kunst zu tun haben. ■

Târgu Jiu

TÂRGU JIU HAT EINE WUNDERSCHÖNE LAGE AM FLUSS JIU und liegt in Sichtweite der Südkarpaten. Obwohl die Systematisierungen der 1960er Jahre in der historischen Altstadt verheerenden Schaden anrichteten, gab die Verbindung zum weltberühmten Bildhauer Constantin Brâncuşi (siehe S. 91) der Stadt neuen Auftrieb.

Die hübsche Biserica Sf. Voievozi (Kirche des hl. Fürsten) liegt in der Fußgängerzone der Calea Victoriei in der Innenstadt von Târgu Jiu

Târgu Jiu
83 C3
Besucherinformation
Centrul de Informare Turistică, Str. Victoriei 7A
0253 222 555

Târgu Jiu war Schauplatz einer verheerenden Niederlage im Ersten Weltkrieg. In den Tagen zwischen dem 11. und 17. November 1916 rückte die deutsche Neunte Armee von den Gebirgspässen aus gegen Bukarest vor. Die darauffolgenden Kämpfe, zu denen auch eine heroische Verteidigung der städtischen Flussbrücke gehörte, kostete 8500 rumänische Soldaten das Leben.

Brâncuşi erinnert mit einer Gruppe aus drei monumentalen Skulpturen, die rund 1,5 Kilometer von der Brücke entfernt auf einer mitten durch die Stadt verlaufenden West-Ost-Achse (Straße der Helden) stehen, an diese Tragödie. Die fünf Meter hohe, aus Stein gemeißelte **„Poarta Sărutului“** (Tor des Kusses) und der niedrigere **„Masa Tăcerii“** (Tisch des Schweigens) stehen in Sichtweite zueinander im Parcul Central (Stadtpark) zwischen dem Fluss Jiu und dem Bulevardul Constantin Brâncuşi. Die beiden Werke sind durch die **Aleea Scaunelor** (Allee der Sitze) verbunden: Brâncuşi entwarf 30 Steine, die beide Seiten des Weges säumen.

Am Ende der Achse befindet sich die 33 Meter hohe **„Coloana fără Sfârşit“** (Unendliche Säule), bestehend aus 15 goldfarbenen Eisen-Rhomben. Die Skulptur steht auf einem dreieckigen Platz im Ostteil der Stadt zwischen der Calea Bucureşti, der Strada Gheorghe Tătărascu und der Strada Tudor Vladimirescu. Brâncuşi wollte das Wesen des Seins erfassen. Oft holte er sich Inspiration bei der Volkskunst seines Geburtslandes oder aus antiken Quellen wie den ägyptischen, iberischen und präkolumbischen Holzschnitzarbeiten: In der Säule wird die Nähe zwischen den „eisernen Perlen“ und den geschnitzten hölzernen Pfählen, die die Veranden der alten Dorfhäuser schmücken, besonders augenfällig. (Der Künstler wurde in einem solchen Dorfhaus geboren, siehe S. 94.)

Zwischen den drei Skulpturen erhebt sich die orthodoxe Kirche **Sf. Apostoli Petru Ki Pavel** *(Calea Eroilor & Str. 16 Februarie)*, die ein integraler Bestandteil des Ensembles ist. Eine Wiederbelebung des Stadtzentrums wird Brâncuşis künstlerische Anordnung der Skulpturen noch mehr verdeutlichen: Die Stadtplaner haben begonnen, die vom Künstler gedachten Sichtlinie entlang der Achse wieder erkennbar zu machen, und verwandeln zu diesem Zweck das Stadtzentrum in eine begrünte Fußgängerzone.

In der Nähe des Zentrums befindet sich die alte Präfektur, die heute das **Muzeul de Istorie** *(Str. Geneva 8, Tel. 0253 212 044, €)* beherbergt. Das Geschichtsmuseum zeigt eine keltische Grabstätte und farbenprächtige Beispiele der oltenischen Volkskunst. Etwas nördlich der Calea Eroilor, in der Nähe der **Biserica Sf. Voievozi** (Kirche des hl. Fürsten), befindet sich das sarkophagähnliche **Denkmal für Ecaterina Teodoroiu**, eine bekannte rumänische Heldin des Ersten Weltkriegs. Sie verkleidete sich als Mann, um neben ihren rumänischen Kameraden kämpfen zu können, und wurde 1917 an der Ostfront nahe Mărăşeşti getötet. Die Reliefs wurden vom moldawischen Künstler Miliţa Petraşcu (1892–1976) angefertigt, der bei Brâncuşi in Paris studierte. Teodoroius Geschichte wird in der **Casa Memorială Ecaterina Teodoroiu** *(B-dul Ecaterina Teodoroiu 270, Mo und Di geschl., €)* nacherzählt.

Im Bereich rund um das Teodoroiu-Denkmal befinden sich ein paar architektonisch interessante Gebäude. Das solide wirkende **Haus** im *culă*-Stil (siehe Kasten S. 85) **und die Kirche von Cornea Brăiloiu**, einem oltenischen Ban (Gouverneur) aus dem 17. Jahrhundert, stehen ganz in der Nähe. Ein weiteres bedeutendes Bauwerk ist die **Casa Gănescu** *(Piaţa Revolutiei 2;* 18. Jh.) in der Nähe der Kirche Sf. Voievozi. Brâncuşi wohnte hier, um das Aufstellen seiner Skulpturen zu überwachen.

Eine vergnügliche halbe Stunde verspricht **Topi New Glass Design** *(Str. Unirii 92C, Tel. 0253 219 179 wegen Termin)*. Hier hat der Glaskünstler Mihai Ţopescu (geb. 1956) seine Werkstatt und seinen Ausstellungsraum. Ţopescu entwirft exzentrische Objekte aus buntem Glas, die er und seine Assistenten direkt vor Ort blasen. Einige seiner Produkte sind konventionelle Haushaltswaren (Schüsseln oder Vasen), andere entspringen ausschließlich der Lust am künstlerischen Schaffen. Von Brâncuşis „Unendlicher Säule“ aus ist das Atelier zu Fuß erreichbar (sonst Taxi vom Zentrum aus nehmen).

Auf Târgu Jius Obst- und Gemüsemarkt *(im Stadtzentrum nach dem Weg fragen)* herrscht eine herrliche Atmosphäre: Man trifft die Einheimischen aus dem Umland und kann mit etwas Glück preiswertes, traditionelles Kunsthandwerk erstehen. ■

Brâncuşis „Coloana fără Sfârşit“ („Unendliche Säule“) ist eine Würdigung aller Rumänen, die während des Ersten Weltkriegs im Kampf gegen Deutschland starben

Auf dem Weg durchs Tal: Die Quellen des Cerna-Flusses sprudeln aus dem Boden

Autofahrt ins Cerna-Tal

Die abenteuerliche Autofahrt von Târgu Jiu ins Cerna-Tal führt über kurvige Bergstraßen und durch eine Landschaft, die auswärtige Besucher nur selten zu sehen bekommen. Sie gibt einen guten Einblick in den Alltag der Menschen in dieser abgeschieden Region.

Die Fahrt beginnt in Târgu Jiu, das man in westlicher Richtung auf der DN 67 D verlässt. 22 Kilometer weiter liegt das Dorf Pestişani; hier links abbiegen, um **Hobiţa** 1, den Geburtsort von Constantin Brâncuşi (siehe S. 91), zu erreichen. Er lebte in einem Holzhaus mit groben Schnitzereien an der Veranda und im Eingangsbereich *(Dorfzentrum, Mo geschl., €; Gruppen sollten vorher im Kunstmuseum in Târgu Jiu anfragen, Tel. 0253 218 550)*, bevor er die Kunsthochschule in Craiova besuchte (siehe S. 98).

Zurück auf der Hauptstraße nach Pestişani, geht es weiter in westlicher Richtung. Nach acht Kilometern rechts auf die beschilderte Landstraße Richtung Tismana abbiegen. Nach der Durchquerung der Stadt stößt man auf die **Mănăstirea Tismana** 2 *(Tel. 0253 374 317, €)*. Das Kloster wurde im 14. Jahrhundert errichtet und hat eine atemberaubende Lage. Der Klostergründer, Nicodim (siehe S. 88), liegt hier begraben. Im 16. Jahrhundert wurde das Kloster restauriert; die Malereien wurden 1564 von Dobromir von Târgovişte gefertigt, einige seiner Originalarbeiten können in der Vorhalle der Kirche besichtigt werden. Das Klostermuseum enthält Nicodims handgeschriebene Prinzipien. Der Kunsthandwerksladen verkauft Teppiche und Ikonen, das Kloster bietet außerdem hostelähnliche Unterkünfte auf seinem Gelände.

Zurück auf der DN 67 D, geht es weiter in westlicher Richtung durch die hübsche, bewaldete Hochebene **Plaiul Cloşani**, nach 14 Kilometern ist die Stadt **Baia de Aramă** 3 erreicht. Ihr Name bedeutet übersetzt „Kupfermine". Die Einwohner bauen hier seit mehr als 2000 Jahren Kupfererz ab. Heute ist beinahe die Hälfte der 6000 Einwohner arbeitslos, dennoch hat sich die Stadt ihren Charme als eine der ländlichsten Städte in Rumänien erhalten. Mehr als die Hälfte der Bevölkerung lebt in einem der acht umliegenden Dörfer.

Am Ortsausgang von Baia de Aramă links auf eine Landstraße abbiegen, die kurz darauf einen scharfen Rechtsknick macht und zu der kleinen Ortschaft Ponoarele führt. Etwa drei Kilometer weiter auf derselben Straße erreicht man das Wald-Naturschutzgebiet **Ponoare Lilac**. Am ersten Sonntag im Mai legen die Bewohner von Ponoarele traditionelle, bestickte Trachten an und feiern den Frühling mit Volksmusik, Buden, die Kunsthandwerk verkaufen, und traditionellen Speisen wie *mici* (Fleischbällchen). Fünf Kilometer weiter führt die Straße zu einer massiven **Steinbrücke** 4. Sie ist als „Gottes Brücke“ bekannt, da hier bereits mehrere Autos von der Straße abkamen, ohne dass jemand starb. Ganz in der Nähe, zwischen der Brücke und dem See Zaton (genau südlich), sind interessante Karstformationen zu sehen.

Zurück auf der DN67D geht es weiter Richtung Westen. Die Straße passiert die Dörfer Brebina, Titerleşti und Mărăşeşti und steigt dann steil zum 1050 Meter hohen Pass an, der Oltenia mit der Region Banat verbindet (siehe S. 156f.). Die Straße führt in steilen Serpentinen durch eine ländliche Region mit vereinzelt stehenden Häusern, Gärten, Wiesen und einigen weiteren Dörfern, darunter Obârsia-Cloşani. Im Nordwesten ragt einer der höchsten Gebirgskämme der Umgebung auf, der 1733 Meter hohe **Vlaşcul Mic** in den Munţii Cernei (Cernei-Gebirge). Oben auf dem Pass lohnt es sich, das Auto stehen zu lassen und den markierten Pfad westlich durch die Buchenwälder und Auen zu nehmen; er führt zum **Mehedinţi-Karst-Plateau** ❺. Die Hochebene wird von spektakulären Karstfelsen, auf denen vereinzelt Exemplare der zähen *pina nigra* (Schwarzkiefer) wachsen, eingerahmt.

Das Land wurde seit der Antike vor allem als Schafweide genutzt, noch heute sind vereinzelt Schafpferche zu sehen. So bukolisch sie auch wirken mögen: Vorsicht mit den *ciobănesti carpatici*! Diese großen Karpaten-Schäferhunde nehmen ihre Pflichten als Wachhunde sehr ernst. Wenn sich einer nähert, sollte man still stehen und warten, bis der Schäfer seine Hunde zurückpfeift. Gleichermaßen mit Vorsicht zu genießen ist die Europäische Hornotter. Obwohl die Schlange nicht aggressiv ist, ist ihr Biss gefährlich. Der Name leitet sich von einem Dorn vorne am Kopf ab. Eine abwechslungsreichere Fauna findet sich in der nördlichen Hälfte des **Valea Cernei** (Cerna-Tal) ❻ hinter dem Pass: Hier liegt eines der letzten Refugien Europas, in denen Braunbären und Luchse relativ ungestört leben können.

Richtung Süden geht es durch das Cerna-Tal (den Fluss zur Rechten) zum Kurort **Băile Herculane** (Herkulesbad). Hierher kamen schon die alten Römer, um ihre Beschwerden in den belebenden Wässern zu kurieren. ■

Siehe Übersichtskarte S. 83
➤ Târgu Jiu
110 km. Die DN67D ist u. U. nach heftigem Schneefall geschlossen. Im Frühjahr und Sommer wird sie nicht immer repariert, entsprechend schlecht ist der Straßenbelag.
2 Stunden – ohne Pausen
➤ Băile Herculane

NICHT VERPASSEN

- Hobiţa
- Mănăstirea Tismana
- Cerna Valley

Von Drobeta-Turnu Severin reicht der Blick über die Donau nach Serbien

Drobeta-Turnu Severin

DROBETA-TURNU SEVERIN IST EIN LEBENDIGER ORT – UND das trotz der Tatsache, dass sich seine Werft in einem Zustand fortgeschrittener Starre befindet. Im 19. Jahrhundert wurde das Stadtzentrum mit mathematischer Präzision geplant und ist heute eine wilde Mischung aus hübschen alten und kitschigen neuen Gebäuden. Das Rezept funktioniert überraschend gut.

Drobeta-Turnu Severin

83 B3

Besucher-information

Primăria Municipiului Drobeta-Turnu Severin, Str. Maresal Averescu 2

0252 314 379

Muzeul de Artă

Str. Rahovei 3

0252 317 377

Mo geschl.

€

Nachdem dank eines internationalen Abkommens die Donau auf ihrer gesamten Länge frei befahrbar wurde, erfolgte 1833 die Gründung von Turnu Severin (Severins Turm). Vor besagtem Abkommen war die Region nur spärlich besiedelt gewesen, doch schon in der Antike von strategisch wichtiger Bedeutung: Hier kämpften bereits die Daker mit den Römern, ebenso die Byzantiner mit den Ungarn und – zu unterschiedlichen Zeiten und Kombinationen – die Habsburger, Ungarn, Rumänen, Serben und Türken gegeneinander. Turnu Severin wurde an der Stelle gegründet, an der einst das römische Fort **Drobeta** stand, dessen Name sich vermutlich aus dem Dakischen ableitet. Die kommunistischen Autoritäten fügten dem Stadtnamen den Namen des römischen Forts hinzu, doch die meisten Leute lassen es der Einfachheit halber weg. Der Name Severin soll vermutlich Kaiser Septimus Severus ehren, der die Stadt zur *colonia* erhob (womit ihre Bewohner dieselben Rechte bekamen wie die römischen Bürger).

Geplant wurden die gitternetzartig angelegten Straßen der Stadt von Pavel Kiselyov (siehe Kasten S. 63) und dem walachischen Fürsten Alexandru Ghica. In der Hauptstraße, dem Bulevardul Carol I, befinden sich einige imposante Bauwerke, darunter die **Stadtbibliothek** und das **Kulturzentrum** (No. 4). Wegen des Baubooms ist es nicht gerade leicht, sich in der Stadt zurechtzufinden – wer unsicher ist, sollte einen Einheimischen fragen.

Das **Muzeul de Artă** (Kunstmuseum) auf der Strada Rahovei hat sich auf die Post-Impressionisten Rumäniens im 20. Jahrhundert spezialisiert (z. B. Theodor Pallady und Nicolae Tonitza), zeigt aber auch eine lebendige Sammlung moderner rumänischer Kunst. Das Haus selbst wurde 1890 errichtet und ist ein Schmuckstück: Es hat eine prächtige neobarocke Fassade und eine elegante Wendeltreppe.

Am Flussufer befindet sich das **Muzeul Regiunii Porţilor de Fier** (Regionalmuseum „Eisernes Tor"). Es ist in drei Bereiche unterteilt: Geschichte und Archäologie, Naturwissenschaft sowie Ethnografie und Volkskunst.

Auf dem Museumsgelände befinden sich auch die unspektakulären Ruinen einer Festung, außerdem sind die Überreste der 103–105 n. Chr. erbauten **römischen Brücke** zu sehen: Trajan ließ sie über die Donau schlagen, um Dakien zu erobern. Nur ein gebrochener Brückenpfeiler dieser massiven, einst von 20 Säulen getragenen, 19 Meter hohen und 14,5 Meter breiten ingenieurstechnischen Glanzleistung ist stehen geblieben. Apollodorus von Damaskus hat sie geplant, er war auch der Schöpfer der Trajanssäule, die Roms Eroberung von Dakien zelebriert. Der hölzerne Aufbau der Brücke wurde im 3. Jahrhundert zerstört, als Hadrian seine Truppen aus der Provinz abzog.

In diesem Abschnitt der Donau ist der Fluss lediglich einen Kilometer breit. Um die gewaltigen Wasserkräfte zu nutzen, baute die kommunistische Regierung in den 1960er Jahren 13 Kilometer westlich der Stadt ein Wasserkraftwerk. Es wurde nach einem Durchbruchstal 55 Kilometer weiter westlich **Porţile de Fier** – Eisernes Tor – genannt. Nun können auch große Schiffe den Oberlauf der Donau passieren, doch der einst spektakuläre Ausblick hat darunter gelitten. Ein kleines **Besucherzentrum** *(Mo geschl., €)* auf dem Damm zeigt archäologische Fundstücke.

Ein Stückchen von Nordserbien ist über den Fluss hinweg zu sehen. Unmittelbar im Osten, mehr oder weniger in der Strommitte, liegt die Insel **Şimian**. Auf ihr kann eine teilweise rekonstruierte türkische Enklave besichtigt werden, die ursprünglich auf der Nachbarinsel Ada Kaleh stand. Die gesamte Insel fiel nach dem Dammbau der steigenden Flut zum Opfer. Zur überwiegend von Türken bewohnten Siedlung gehörten unter anderem eine Festung und eine Moschee.

Die Insel war aus irgendeinem Grund vergessen worden, als sich das Osmanische Reich aus Rumänien zurückzog – so überlebte sie als regionales Kuriosum bis zum Ersten Weltkrieg. ■

Kreuzfahrten auf der Donau

Drei- bis vierstündige Bootsfahrten auf der Donau können von Băile Herculane, Orşova *(S. C. Hercules kontaktieren, Tel. 0255 560 454)* und Turnu Severin *(S. C. Axxa International, Tel. 0252 327 253)* aus gebucht werden. Andere Reedereien betreiben Schiffe, die von Budapest bis zum Donau-Delta fahren. Relativ günstig sind Mitfahrten auf privaten (rumänischen) Schiffen: Diese Privatboote müssen sich einer technischen Inspektion unterziehen, Grenzkontrollen finden bei Orşova und Drobeta-Turnu Severin statt. Weitere Informationen über Donaufahrten sind bei den Donau-Schifffahrtsbehörden in Orşova *(Tel. 0252 361 295)* und Drobeta-Turnu Severin *(Tel. 0252 316 493)* erhältlich. ■

Muzeul Regiunii Porţilor de Fier

Str. Independenţei 2
0252 312 177
Mo geschl.
€

Craiova

DIE HAUPTSTADT OLTENIAS IST IM BEGRIFF, SICH VON DEN Systematisierungen der 1960er Jahre zu erholen. Damals wurden ganze Straßenzüge im Namen des Fortschritts zerstört; heute aber liegt Aufbruchsstimmung in der Luft – Besucher werden einige unerwartete Kostbarkeiten unter der nur noch in Bruchstücken vorhandenen alten Architektur der Stadt entdecken.

Craiovas Kunstmuseum ist eines der wenigen großartigen Bauwerke, die Ceauşescus „Restrukturierungsmaßnahmen" in der Stadt überlebten

Craiova
83 C2
Besucherinformation
Primăria Municipiului Craiova, Str. A. I. Cuza 7
0251 416 235

Muzeul de Artă
Calea Unirii 15
0251 412 342
Mo geschl.
€

Muzeul Olteniei
Str. Madona Dudu 44
0251 418 631
Mo geschl.
€

Kronjuwelen der Stadt sind die sieben **Originalskulpturen von Constantin Brâncuşi**. Zu ihnen zählt die erste, überraschend zarte Version seines bahnbrechenden Werkes „Der Kuss" (1908). Zu sehen sind zwei aus einem Steinblock gehauene Menschenköpfe, die lediglich durch einige schlichte, aber gut gewählte Schnitte angedeutet werden. Brâncuşis „Atelier" wurde im **Muzeul de Artă** nachgebaut, das auch eine Reihe anderer interessanter Kunstgegenstände zeigt. Das Kunstmuseum hat seine Räumlichkeiten im Palatul Jean Mihail, einem neobarocken Palast, der vom französischen Architekten Paul Gottereau entworfen wurde. Er plante auch das CEC-Gebäude in Bukarest (siehe S. 54). Die Villa blickt auf eine lebhafte politische Vergangenheit zurück, bevor sie zum Museum avancierte: Sie beherbergte 1939 sogar die polnische Regierung im Exil.

Ein Besuch des **Muzeul Olteniei** (Museum von Oltenia) enthüllt die faszinierende Geschichte der Region. Im Verlauf der letzten 7000 Jahre wurde Südrumänien von vielen ganz unterschiedlichen ethnischen Strömungen beeinflusst; stellvertretend für diesen weitreichenden kulturellen Austausch steht ein ägyptisches Amulett, das in einem keltischen Grab gefunden wurde. Auch die prähistorische Keramiksammlung zeigt einige interessante Objekte.

Die heitere und farbenfrohe **Secţia de Etnografie** (Ethnografische Abteilung; *Str. Matei Basarab 14, Tel. 0251 417 756*) des Museums ist noch wegen Renovierungsarbeiten geschlossen, doch schon das Gebäude vermittelt einen Eindruck davon, wie Craiova einst ausgesehen haben muss: Es ist das ehemalige Haus eines Bans (Herrschers) und wurde im 15. Jahrhundert errichtet. ■

Der Südosten

DIE EBENEN IM SÜDOSTEN VERMITTELN EINEN EINDRUCK vom Alltag im Grenzgebiet. Trotz der wirtschaftlichen Depression zeigen die Städte Spuren einstigen Wohlstands, der während des 18. und 19. Jahrhunderts gewachsen ist: Damals arbeitete Habsburg daran, Rumänien in sein Reich zu integrieren, während die phanariotischen Machthaber versuchten, Werte der Aufklärung zu etablieren.

Brâncoveni
83 D2

Caracal
83 D2

Corabia
83 D1

Zu den Hauptsehenswürdigkeiten in der Flusslandschaft zählen das Kloster Brâncoveni und die Städte Caracal und Corabia.

BRÂNCOVENI

Das Dorf Brâncoveni liegt östlich von Craiova (siehe S. 98) und ist vor allem wegen seines hübschen Klosters aus dem späten 17. Jahrhundert erwähnenswert *(Wegweiser beachten, Tel. 0249 413 243)*. Im Sommer verleiht die weiße Farbe dem Gebäude ein beinahe mediterranes Flair. Das Kloster ist noch heute eine wichtige religiöse Einrichtung.

CARACAL

In der verarmten Stadt Caracal (30 000 Einw.) 24 Kilometer südlich von Brâncoveni stößt man auf Dutzende großartiger, aber heruntergekommener Villen aus dem 19. und frühen 20. Jahrhundert. Sie zeigen, wie östliche und westliche Geschmäcker in der Architektur dieser Region miteinander verschmolzen sind. Der Streifzug auf der **Strada Iancu Jianu** vermittelt eine Ahnung vom einst so stolzen Erscheinungsbild der Stadt.

Der Südosten Oltenias hat eine reiche, doch nur spärlich illustrierte Vergangenheit, die bis ins Neolithikum zurückreicht. Das **Muzeul Romanaţiului** *(Str. Iancu Jianu 26, Tel. 0249 511 344, €)* zeigt Keramiken der neolithischen Vădastra-Kultur, die einst hier in der Nähe ihre Blütezeit erlebte. (Die Website des Museums – *www.museum.com* – bietet auch lokale touristische Informationen.) Aus rein touristischer Sicht ist Caracal ein trauriger Ort, und es bleibt nur zu hoffen, dass die Stadt bald Mittel für den Wiederaufbau bekommt. Momentan arbeitet eine Handvoll engagierter Mitarbeiter im Museum. Sie schalten den Besuchern das schummerige Licht an und aus, während diese von Raum zu Raum wandern. Die Sammlung ist nicht annähernd so hochwertig wie die in Craiova, doch sollte man durch seinen Besuch die Arbeit der enthusiastischen Mitarbeiter unterstützen!

CORABIA

Der einst florierende Flusshafen Corabia liegt südlich von Caracal an der bulgarischen Grenze. Corabia bedeutet „Schiff", und eine Legende besagt, dass die alte Stadt aus den Resten eines genuesischen Wracks erbaut wurde.

328 n. Chr. schlugen die Römer eine Brücke über die Donau nach Oescus (das heutige Gigen in Bulgarien). Die Überreste dieser außergewöhnlichen, drei Kilometer langen Konstruktion sind noch am Ufer eines Nebenflusses im westlichen Vorort von **Celei** zu besichtigen *(der Beschilderung „podul" folgen)*. In einem Kilometer Entfernung befindet sich ein kleiner Erdwall, der die Ruinen und den geheimen Brunnen von **Sucidava**, dem heutigen Celei *(Tel. 0249 561 364, Mo geschl., €)*, schützt. Er wurde von den Dakern gebaut und von den Römern übernommen, die dieses Gebiet bis zu Beginn des 7. Jahrhunderts hielten. Seit damals hat sich der Flussverlauf ein Stück nach Süden verschoben. ■

Weitere Sehenswürdigkeiten

BALŞ

Die Stadt Balş beherbergt die **Colecţia de Ceramica Tradiţională de pe Valea Olteţului** *(Str. Popă Şapcă 10)*. Diese Sammlung traditioneller Keramiken aus drei unterschiedlichen Gemeinden des Oltet-Tals ist für alle Freunde der Töpferkunst ein Muss.

83 D2 ✉ 25 km östlich von Craiova über die E574/E65

AUTOFAHRT ENTLANG DER DONAU

Eine ungewöhnliche Alternative zu den touristischen Hauptrouten ist eine Fahrt durch Südrumänien entlang der Donau, und zwar von Drobeta-Turnu Severin nach Corabia. Die Fahrbahn ist teilweise in schlechtem Zustand, auch gibt es nur wenige Raststätten unterwegs. Aus diesem Grund sollte die Fahrt im Spätfrühjahr oder frühen Herbst unternommen werden – nur dann macht sie Spaß.

In **Calafat** setzen Donaufähren nach Vidin in Bulgarien über, eine gute Möglichkeit, einmal die andere Uferseite zu erkunden. Auf der rumänischen Seite führt von Calafat zunächst die größere DN 55A Richtung Corabia, danach folgt eine gut ausgebaute Landstraßen auf die nächste – sie verlaufen immer mehr oder weniger parallel zum Fluss. Die Reise führt weiter in Richtung Osten nach **Giurgiu** (hier lebt Rumäniens größte Gemeinschaft von Roma-Musikern; siehe Karte S. 66). Auch hier ist ein kurzer Abstecher über eine Brücke nach Bulgarien möglich, diesmal nach Ruse. Von Giurgiu geht es dann weiter nach Olteniţa (siehe S. 80) und nach Calaraşi. Dort wendet sich der Fluss nach Norden und ist nicht länger Grenzfluss. Wer nach Silistra auf der bulgarischen Seite will, kann mit der Autofähre *(€)* übersetzen. Von Calaraşi ist es nur ein Katzensprung bis zur schönen und weitgehend unbekannten archäologischen Grabungsstätte Adamclisi (siehe S. 222).

83 B3–D1

VALEA LOTRULUI

Das noch immer relativ unberührte Valea Lotrului (Tal der Räuber) ist ein idealer Ort für unerschrockene Wanderer, die gerne die Südhänge der Karpaten erkunden wollen. Eine Straße durch das Tal verbindet **Brezoi** (32 km nördlich von Râmnicu Vâlcea) mit der Bergbaustadt **Petroşani**. Hier kann man den Spuren der Schäfer bei ihrer Transhumanz folgen und ins authentische, ländliche Leben eintauchen. Es gibt zahlreiche bescheidene Gästehäuser in Dörfern im ganzen Tal.

83 D4

RÂMNICU VÂLCEA

Râmnicu Vâlcea liegt an den Ufern des Flusses Olt, am Südende des breitesten Passes über die Karpaten. Der Stadtname kann entweder als „Tal des toten Wassers" oder prosaischer als „Fischteich-Tal" interpretiert werden. Heute ist Râmnicu Vâlcea eine lebendige Stadt mit etwa 100 000 Einwohnern. Mit seinen zahlreichen Hotels, den Pensionen und Restaurants eignet sich die Stadt als Standort für Streifzüge durch den Norden Olteniens und Fahrten zu einer Reihe anderer, nahe gelegener Sehenswürdigkeiten.

In Râmnicu Vâlcea selbst ist das **Muzeul de Artă Casa Simian** *(Str. Carol I 25, Tel. 0250 738 121, Mo–Di geschl., €)* zu besichtigen, das sich in einer italienisch anmutenden Villa befindet – dem einstigen Wohnhaus von Industriellen aus Mărginimea Sibiului (siehe S. 132ff.). Hier findet sich eine kleine, aber sehenswerte Sammlung rumänischer Gemälde und Skulpturen aus dem 19. und 20. Jahrhundert, darunter auch einige Arbeiten von Nicolae Grigorescu, der das walachische Landleben mit seltener Brillanz eingefangen hat.

Fünf Kilometer außerhalb der Stadt liegt am Hang das faszinierende Freilichtmuseum **Muzeul Satului Vâlcean** *(Calea lui Traian 302, Bujoreni, Tel. 0250 746 869, Mo geschl., €)* mit Blick über Râmnicu Vâlcea. Allein die Aussicht von hier lohnt schon den Ausflug. Das Freilichtmuseum bietet architektonische Kostbarkeiten aus der ländlichen Vergangenheit des Vâlcea-Bezirks. Die Abzweigung zum Museum ist leicht zu übersehen: Von Râmnicu Vâlcea Richtung Norden fahren und dabei Ausschau nach einer schmalen, nicht markierten Seitenstraße auf der linken Seite der DN 7/E 81 halten. Das große Holztor zum Museum kommt wenige Meter danach auf der rechten Seite.

83 D3 **Besucherinformation** ✉ Centrul de Informaţii Turistice Vâlcea, Str. General Gheorghe Magheru 18 ☎ 0250 734 307 ■

Transsilvanien liegt in den Karpaten und beeindruckt durch seine atemberaubende Schönheit. Die Region zählt mit ihrer vielschichtigen Kultur und den weiten Landschaften zu den Kleinoden des Landes, die Geist und Seele gleichermaßen bezaubern.

Transsilvanien (Siebenbürgen)

Kitsch in Reinkultur: Andenken in Schloss Bran

Transsilvanien (Siebenbürgen)

DAS WILDE UND GEHEIMNISVOLLE TRANSSILVANIEN IST EINE REGION MIT weitgehend unberührter Landschaft einer komplexen Geschichte, in der sich trotz schrecklicher Konflikte und unendlichen Leids westliche und östliche Kultur auf außergewöhnliche Weise verbunden und gegenseitig beeinflusst haben.

Transsilvanien wird auf drei Seiten von den Karpaten begrenzt; im Westen erheben sich die etwas weniger hohen Gipfel des Apuseni-Gebirges (Munţii Apuseni). Die Rumänen betrachten seit jeher vor allem den südwestlichen Teil dieser Region als ihre eigentliche Heimat, denn hier hatten in der Eisenzeit die Daker – ihre Vorfahren – ihre berühmteste Bastion. In den letzten tausend Jahren gehörte die Region dann zum Königreich Ungarn und später zur Österreich-Ungarischen Monarchie. Geschichte und Bevölkerung reflektieren den starken ungarischen Einfluss. Fast ebenso stark ist allerdings der deutsche Einfluss.

Im 12. und 13. Jahrhundert luden die ungarischen Könige Siedler aus deutschsprachigen Ländern ein, sich hier niederzulassen. Bekannt sind vor allem die Siebenbürger Sachsen. Sie haben herrliche Gebäude

Blick vom Glockenturm der evangelischen Kirche, Piața Huet, in Sibiu

hinterlassen, am herausragendsten sind die mittelalterlichen Kirchenburgen, die sich vor allem im Süden konzentrieren.

Überall in den faszinierenden Städten dieser Region finden sich ungarische Burgen, Herrschaftshäuser, Schlösser und Kirchen. Zu den interessantesten zählen Braflov (Kronstadt), Cluj-Napoca (Klausenburg), Alba Iulia (Weißenburg), Sighifloara (Schäßburg) sowie die alte Stadt Sibiu (Hermannstadt) – eine Gründung der Siebenbürger Sachsen. Sibiu wurde 2007 zu einer der beiden Kulturhauptstädte Europas gewählt.

Der Westen Transsilvaniens wird vom Apuseni-Gebirge dominiert. Die Bevölkerung hier nennt sich Moți. Ihre Geschichte reicht nicht nur ein paar Hundert Jahre zurück, sondern mehrere Tausend, und so sind die Bauern und Bergleute stolz auf ihre Herkunft und kämpfen um den Erhalt ihrer herrlichen Bergwelt.

Weiter gen Süden hat sich der deutsche Einfluss in Form von wunderschönen Gebäuden wie aus dem Märchenbuch erhalten. Die Siebenbürger Sachsen selbst sind allerdings fast völlig aus der Region verschwunden. Seit die kommunistische Regierung Rumäniens in den 1970er Jahren ein Abkommen mit der BRD ratifizierte, haben die deutschen Rumänen das Land in Scharen verlassen. Im Osten der Provinz leben die meisten Ungarn Transsilvaniens. Sie unterscheiden sich durch Sprache und Wesen, wobei allerdings viele zweisprachig sind; dem aufmerksamen Beobachter fallen Unterschiede im Baustil und in der Tracht auf.

Transsilvanien profitiert vom kontinentalen Gebirgsklima. Die herrliche Landschaft ist zu jeder Jahreszeit faszinierend, besonders schön jedoch im Frühling, wenn viele Wildblumen und Bäume blühen. ■

Das Denkmal des rumänischen Revolutionshelden Avram Iancu (18. Jh.) schmückt den Platz vor der orthodoxen Kathedrale von Cluj-Napoca

Cluj-Napoca (Klausenburg)

CLUJ-NAPOCA LIEGT ZWISCHEN SIEBEN BERGEN UND GILT als die kulturelle und wirtschaftliche Drehscheibe Transsilvaniens. Das lebhafte historische Zentrum ist gerade so groß, dass es sich in rund einer Stunde bestens zu Fuß erkunden lässt.

Die frühen Siedler aus Sachsen gaben Cluj seinen ursprünglich lateinischen Namen: Castrum Clus (geschlossener Ort) – eine Anspielung auf die geschützte und unzugängliche Lage der Stadt. Der Name wurde später in abgewandelter Form beibehalten. Die Ungarn nannten den Ort Kolozsvár, die Siebenbürger Sachsen dann Klausenburg. Heute lautet der offizielle rumänische Name Cluj-Napoca, was sich von der römischen Kolonie Napoca ableitet, die hier im 2. Jahrhundert existierte. Die meisten Leute sagen aber nur kurz und bündig Cluj.

In Cluj schreitet die Modernisierung flott voran. Die Stadt entging der kommunistischen Einheitsarchitektur und verströmt dank ihrer zahlreichen historischen Gebäude das stille, erhabene Flair längst vergangener Zeiten. In der Innenstadt stehen mittelalterliche Häuser mit dicken Mauern und weitläufigen Höfen neben Gebäuden der Ungarn und Habsburger. Die meisten Sehenswürdigkeiten finden sich in einem Areal, das von der Piaţa Avram Iancu und der Piaţa Ştefan cel Mare im Osten, der Strada Petru Maior im Westen, dem Fluss Someş im Norden und der Strada Avram Iancu im Süden begrenzt wird.

Die habsburgischen Gebäude von Cluj drängen sich um die **Piaţa Unirii** (Einheitsplatz), den Hauptplatz der Stadt. Er bietet sich als Orientierungspunkt an, um die weiteren Sehenswürdigkeiten zu erkunden. Zu den stimmungsvollsten Bauwerken der Stadt zählt sicher das

Cluj-Napoca
102 B4

Besucher-information
✉ Primăria Cluj, Piaţa Unirii 1
☎ 0264 592 301 oder 0264 596 030

neobarocke **Hotel Continental** (*Str. Napoca 1;* siehe Kasten S. 106); es liegt zwischen zwei Straßen, die an der Südwestecke des Platzes aufeinanderstoßen. Das Hotel war zwischen dem Ersten und Zweiten Weltkrieg ein beliebter Treff des ungarischen Adels.

Am Platz selbst ragt die beeindruckende gotische **Sankt-Michaels-Kirche** auf, außerdem befindet sich hier das **Reitermonument von Matthias Corvinus** (rumänisch: Matei Corvin, reg. 1458–90). Corvinus war einer der bedeutendsten ungarischen Könige in der Zeit der Renaissance; er wurde 1443 in Cluj geboren. Sein Geburtshaus (die Casa Bocskay) in der Strada Matei Corvin 4 (im Nordwesten des Platzes) ist entsprechend prächtig; heute ist dort eine **Kunstschule** untergebracht. Das Gebäude wurde inzwischen zum historischen Monument erklärt; man kann ins Foyer hineingehen und von dort aus den schönen Innenhof besichtigen.

Cluj war der Lieblingsort der Familie Bánffy, einer der führenden Familien Transsilvaniens. Einer ihrer herrlichen Paläste steht an der Piaţa Unirii. Heute ist dort das **Muzeul Naţional de Artă al Transilvaniei** (*Piaţa Unirii 30, Tel. 0254 596 953, Mo–Di geschl., €*) beheimatet. Zu sehen ist die größte Sammlung bildender und dekorativer Kunst aus Rumänien aus der Zeit vom 15. bis 20. Jahrhundert. Das Kunstmuseum präsentiert auch hochkarätige Wechselausstellungen. Im Hof befindet sich eine Café-Bar.

Über die Strada Iuliu Maniu – sie zweigt an der Ostseite des Platzes ab – führt der Rundgang nun in Richtung Osten. Die Gebäude, die diese Straße säumen, sind spiegelbildlich gestaltet. Die Iuliu Maniu mündet in die Piaţa Avram Iancu mit einer modernen orthodoxen Kathedrale. Rechts, an einem weiteren Platz, steht das **Teatrul Naţional Lucian Blaga** (Lucian-Blaga-Nationaltheater; *Piaţa fitefan cel Mare 24, Tel. 0624 595 363*). Hier befand sich vorher das ungarische Staatstheater, das inzwischen in ein Gebäude in der Nähe des Zentralparks umgezogen ist. Das Theater hat einen guten Ruf und ein hervorragendes internationales Programm.

Zwei interessante Museen liegen etwa fünf Minuten zu Fuß von der Nordwestecke des Platzes entfernt: Das Geschichtsmuseum, das **Muzeul Naţional de Istorie a Transilvaniei** (*Str. Constantin Daicoviciu 2, Tel. 0264 595 677, Mo geschl., €*), präsentiert faszinierende alte Stadtpläne sowie eine umfangreiche Sammlung von bronzezeitlichen Werkzeugen.

Das **Muzeul de Etnografie al Transilvaniei** (Ethnografisches Museum) befindet sich in einem ehemaligen Palast aus dem 16. Jahrhundert. Durch den breiten Kutscheneingang geht es ins Museum,

Kontinental fürwahr

Das Hotel Continental wurde durch Patrick Leigh Fermors Buch »Zwischen Wäldern und Wasser« (1986) berühmt. Der engagierte Autor beschreibt eine Reise, die er Mitte der 1920er Jahre zu Fuß von Hook van Holland nach Konstantinopel unternahm. Er verbrachte dabei mehrere Tage in Transsilvanien, einige davon in Gesellschaft einer schönen Ungarin, die ihrem Mann durchgebrannt war. Gemeinsam besuchten sie das Hotel New York – das heutige Continental. Fermor erinnert sich an die prachtvolle »neo-romanische Regency-Einrichtung«, die er und seine Begleitung mit »Entzücken wie ungezogene Kinder« genossen, während sie an ihren Cocktails nippten. ■

Muzeul de Etnografie al Transilvaniei

- ✉ Str. Memorandumului 21
- ☎ 0264 592 344
- 🕒 Mo geschl.
- $ €

Parcul Etnografic Romulus Vuia

- ✉ Str. Tăietura Turcului
- ☎ 0264 586 776
- 🕒 Mo geschl.
- $ €
- 🚌 Bus: 27 (ab Bahnhof) 28 (ab der Piaţa Mihai Viteazul) oder 30 (gegenüber vom Ethnografischen Museum), bei der Piaţa 14 Iulie aussteigen und zu Fuß weitergehen; Auto: vom Zentrum aus den Fluss überqueren und Richtung Westen auf der Str. Drăgălina und der Str. Eremia Grigorescu fahren, dann rechts in die Str. Tăietura Turcului abbiegen.

das erst kürzlich restauriert wurde. Den Aufwand hatten die ungewöhnlichen Werkzeuge, Kultobjekte und Einrichtungsgegenstände allerdings auch bitter nötig! Zu den Hauptattraktionen zählen ausgegrabene Boote sowie ein überaus dekoratives Steckenpferd, das bei den geheimnisumwitterten, heidnischen Fruchtbarkeitstänzen (Căluş) verwendet wurde.

Alltag: Busschlange in Cluj-Napoca

Das Gegenstück zum Ethnografischen Museum ist das **Freilichtmuseum Parcul Etnografic Romulus Vuia** (Romulus-Vuia-Ethnologiepark), das 1932 gegründet wurde und somit das älteste seiner Art in Rumänien ist. Zu den Schätzen des Museumsdorfes oben auf einem grünen Hügel mit Blick über die Stadt zählt ein Holzapparat, mit dem Fenster hergestellt wurden. Wer diesem Museum einen Besuch abstattet, versteht, dass sich in Rumänien eine ganz eigene industrielle Revolution vollzogen hat, deren treibende Kraft eher die Holztechnik als Eisen oder Stahl waren.

Das Gebiet gleich südlich der Piaţa Unirii beherbergt Rumäniens größte Universität: **Babeş-Bolyai**. Sie ist, um ihre Zweisprachigkeit zu betonen, nach zwei Wissenschaftlern benannt: einem Rumänen und einem Ungarn. Die Universität zählt zu den ältesten des Landes und führt ihre Wurzeln auf eine Schule zurück, die hier 1581 gegründet wurde.

Während des Universitätssemesters geht es in der Stadt hoch her: Zu den knapp 300 000 Einwohnern gesellen sich dann noch weitere 100 000 Studenten.

Unweit des östlichen Endes der Strada Kogălniceau ragt die attraktive, aber düstere Presbyterianerkirche **Biserica Reformată** (1436) auf. Das Chorgestühl ist mit herrlichen sakralen Schnitzereien verziert. Draußen ist eine Reproduktion einer Bronzestatue vom **hl. Georg und dem Drachen** zu sehen. Das Original (1272) stammt von Márton und György Kolozsvári, zwei Brüdern, die in Cluj geboren wurden – es steht im Hof der Prager Burg in Tschechien.

Gleich in der Nähe erhebt sich in der Strada Baba Novac die restaurierte **Schneiderbastei** (Bastionul Croitorilor, 15. Jh.), sie ist ein Teil der mittelalterlichen Zitadellenmauer. Die Bastei soll in Zukunft für Besucher geöffnet werden, derzeit müssen sich diese allerdings noch mit der Außenansicht begnügen.

Clujs herrlicher **Grădina Botanică** (Botanischer Garten; *Str. Gheorghe Bilaşcu 42, Tel. 0264 592 152, €*) südlich des Universitätsareals bietet einen japanischen Garten im traditionellen Gyo-no-niwa-Stil. In einem weiteren Teil der 14 Hektar großen Anlage sind diverse Pflanzen nach ihrer Familie, Ordnung und Klasse gepflanzt.

Nördlich hinter dem Botanischen Garten ragt der **Cetăţuia-Hügel** über dem Nordufer des Flusses Someşul Mic auf, der die Stadt grob in zwei Hälften teilt. Mehrere Fußwege führen nach oben, wo sich ein paar kärgliche Reste einer Burg aus dem 18. Jahrhundert ausmachen lassen. Der Aufstieg lohnt sich dennoch, denn von oben bietet sich ein herrlicher Blick über Cluj. ■

Bistriţa (Bistritz)

BISTRIŢA IST DIE NÖRDLICHSTE DER SIEBEN BEFESTIGTEN Städte der Siebenbürger Sachsen. Sie eignet sich gut als Ausgangspunkt für eine Erkundung der Ostkarpaten. Die Stadt ist von Dörfern umgeben, in denen alte Bräuche und Volkskunst noch heute gepflegt werden. Das Stadtzentrum selbst gibt sich bescheiden.

Bistriţa

102 D4

Besucherinformation

Primăria Bistriţa, Piaţa Centrală 6

0263 223 923

Die ersten Siedler in Bistriţa waren Sachsen. Land, Minen und Privilegien wurden ihnen als Dank für den Schutz der transsilvanischen Grenzen zugesprochen. Die meisten der historischen Gebäude finden sich rund um die **Piaţa Centrală**. Wer den verschlafenen Platz sieht, kann kaum glauben, dass Bistriţa früher ein blühender Marktort war, der sich wiederholt vor feindlichen Überfällen schützen musste. Ein hoher gotischer Turm dominiert das Stadtbild, er gehört zur **Biserica Reformată** (Evangelische Kirche; *am So deutscher Gottesdienst, im Sommer um 10 Uhr*). Die Kirche wurde ursprünglich für Franziskaner-Minoriten-Mönche erbaut und präsentiert sich in einem Stilmix: romanische Elemente aus dem 13. Jahrhundert, gotische aus dem 14. und 15. Jahrhundert sowie Renaissance-Elemente aus dem 16. Jahrhundert.

Der **Sirul Sugălete** (Kornmarkt) – eine Reihe von dreizehn Häusern mit Laubengängen – zieht sich an der Nordseite der Piaţa Centrală entlang. Diese festungsartigen Wohngebäude mit Geschäften stammen aus dem späten 14. Jahrhundert und wurden von Angehörigen der Zünfte bewohnt. Die Häuser waren die ersten in Bistriţa, die über ein Obergeschoss verfügten. Die Gebäude werden bis heute genutzt, wenngleich die Originalausstattung sowie die Höfe verschwunden sind. Am rechten Ende der Häuserreihe ist die Kutscheneinfahrt zur **Casa Parohiala**, dem Gemeindehaus, zu sehen.

Im Osten beherbergt ein Patrizierhaus aus dem 16. Jahrhundert – die **Casa Argintarului** (Silberschmiedhaus; *Str. Dornei 5*) – heute eine Kunstschule. Die Steinmetzarbeiten stammen vermutlich vom Maurer Petrus da Lugano, einem Italiener, der auch am Bau der Evangelischen Kirche beteiligt war.

Zum imposanten **Muzeul Judeţean Bistriţa-Năsăud** (Bistriţa-Năsăud-Provinzmuseum; *Str. General Grigore Bălan 19, Tel. 0263 211 063, Mo. geschl., €*) ist es vom Stadtzentrum nur ein kurzer Spaziergang. Die Ausstellung beschäftigt sich mit der Geschichte der Region, volkskundlichen Aspekten und der Naturgeschichte; auch einige Kunstwerke sind ausgestellt. Vor seiner Zeit als Museum wurde das Gebäude als österreichische Militärkaserne genutzt: Unter Kaiserin Maria Theresia (reg. 1740–80) richteten die Habsburger in ganz Transsilvanien Grenzgarnisonen ein, um das Land vor Übergriffen der Tataren, Russen und Polen zu schützen: Bistriţa war dabei eine der Schlüsselstellungen.

RUND UM BISTRIŢA

Der Nordteil der transsilvanischen Hochebene gibt sich erheblich beschaulicher als der Süden. Die Zeit scheint hier in einem gemächlicheren Tempo zu vergehen. Die Hauptstraße (DN17/E576) verläuft von Dej (Desch) zum Tihuţa-Pass (Borgo-Pass), ihr östlicher Teil ist besonders malerisch.

Das Dorf **Cristur-Şieu** (Oberkreuz) liegt rund 22 Kilometer westlich von Bistriţa. Die Anwohner begehen Pfingsten (14. Juni) mit einem vorchristlichen Brauch: **Înstruţatul Boului** (den Ochsen mit einer Girlande schmücken). Der schönste Ochse im Dorf wird dann mit Blumen, Spitzendeckchen und Zöpfen aus Brot geschmückt und über die Hauptstraße geführt, anschließend wird gefeiert. Andere Dörfer in dieser Gegend sowie im nahe gelegenen Maramureş pflegen ähnliche Bräuche, die auf alte Fruchtbarkeitsrituale zurückgehen.

Rund sechs Kilometer östlich von Bistriţa findet man im Dorf **Livezile** ein originales Bauernhaus der Siebenbürger Sachsen, die **Casa Saseascǎ** *(Str. Dorolei, Tel. 0263 270 109, Mo–Di geschl., €)*. Die gesamte Region ist berühmt für ihre bunt bemalten Möbel.

Noch einmal sechs Kilometer weiter östlich folgen diverse Dörfer, die alle »Bârgǎului« im Ortsnamen tragen – sie liegen alle in der Nähe des gleichnamigen Flusses. In **Mijlocenii Bârgǎului** leben zwei traditionell arbeitende Töpfer *(olari)*, Ştefan Gǎnǎu und Ştefan Gâţa, die noch Töpferscheiben mit Fußantrieb verwenden *(jemanden im Dorf fragen oder in der Ethnografie-Abteilung im Muzeul Judetean Bistriţa-Nǎsǎud;* siehe S. 107).

Hinter diesem Dorf gelangt man über den Tihuţa-Pass in die Bukowina; eine kleinere Seitenstraße führt an Bistriţa Bârgǎului vorbei direkt nach **Lacul Colibiţa**.

Heuhaufen überziehen das weitläufige Feld südlich von Bistriţa.

SOMEŞ-TAL

Das Tal erstreckt sich von Năsăud (Nussdorf) nach Şanţ und ist landschaftlich schön. Dank der geschützten Lage werden im Tal oft die niedrigsten Wintertemperaturen Rumäniens gemessen, der Frühling beginnt später.

Östlich von Năsăud zweigt von der D17 bei Poderei eine kleine Landstraße ab und schlängelt sich 17 Kilometer bis **Parva**. Hier ist es noch üblich, Fremde zu sich nach Hause auf ein großzügig bemessenes Glas Schnaps *(ţuica)* einzuladen.

Östlich von Poderei hat sich **Sângeorz-Băi** dank seiner Thermalquellen zu einem Urlaubsort entwickelt. Das **Muzeul de Artă Comparată** *(Str. Republicii 68, Tel. 0263 370 219, für Gruppen nach telef. Vereinbarung, €)* zeigt moderne Kunst und traditionelle, handgefertigte Werkzeuge im Ambiente eines traditionellen Landhauses.

In der Stadt **Maieru** (Maier) – ein Stück weiter östlich an der D17 in Richtung Şanţ – lohnt sich der Besuch des **Cuibul Visurilor** (»Hort-der-Träume«-Museum; *No. 200, Tel. 0263 372 031, nach telef. Vereinbarung, €*). Das 1959 gegründete Museum präsentiert über 3000 Objekte, die meist einen Bezug zum ländlichen Leben haben. Eine Abteilung ist Liviu Rebreanu gewidmet, dem Autor einiger herausragender historischer Romane.

Eine angenehme und einfache Möglichkeit, die Landschaft dieses herrlichen Tals zu genießen, ist eine Zugfahrt ab Năsăud durch das ganze Tal und durch die Berge nach Gura Humorului in der Bukowina. Die Strecke zählt zu den malerischsten des ganzen Landes. ■

Bram Stokers *Dracula*

Bram Stoker siedelte seinen 1897 verfassten Roman *Dracula* in Bistriţa und den Tälern der Umgebung an. Der Autor verwendete in seinem fiktiven Titel Elemente aus der Volkskunde und Geschichte, wobei seine exakte Darstellung Transsilvaniens dem Buch etwas Authentisches verlieh. So verbringt der »Held« Jonathan Harker zum Beispiel eine Nacht in Bistriţa auf dem Weg zu Draculas Schloss auf dem Borgo-Pass (Stoker verwendete damals den ungarischen Namen für den Tihuţa-Pass). Harker mietet sich in der Goldenen Krone ein – dem heutigen Hotel Corona de Aur *(Piaţa Petru Rareş 4)*. Wer es wie Harker im Roman halten will, bestellt dort ein »Räubersteak«. ■

Rumänische Sagen

Das ländliche Erbe Rumäniens ist unverwüstlich, und so ist das Land bis heute mit einem reichen Schatz an Mythen und Sagen gesegnet. Selbst zur Zeit der Kommunisten glaubten die Rumänen an unzählige übersinnliche Wesen – Feen, Hexen, Kobolde und Vampire. Dieser Glauben lässt sich bis in die Antike zurückverfolgen. Oft war er verbunden mit dem Wunsch nach gutem Wetter für die Ernte, aber auch mit der Angst vor Unbekanntem und – pragmatischer – mit dem Bedürfnis, die Gemeinschaft zusammenzuhalten. Viele dieser Überzeugungen wurden in den christlich-orthodoxen Glauben integriert. So finden sich zum Beispiel in vielen Kirchen heidnische Sonnen- und Mondsymbole sowie Sternkreiszeichen. Davon unabhängig überdauerte auch die vorchristliche Mythologie die Jahrtausende. Der Schamanismus, der in Rumänien bis zum 5. Jahrtausend v. Chr. praktiziert wurde, starb erst Mitte des 20. Jahrhunderts aus.

In Maramureş und in den Bergen von Nordtranssilvanien kursiert die Sage von Fata Pădurii, dem »Waldmädchen«, die mit ihrer unwiderstehlichen Schönheit einsame Schäfer in ihre Arme lockt. Sind sie erst einmal ihrem Charme erliegen, werden sie zu einem brutalen Überfall verpflichtet. Im Extremfall kann der Schäfer dabei seine Glieder verlieren, wenn nicht gar sterben. Das Ganze ist eine nur wenig kaschierte Warnung an die Männer, nur ja nie ihre Pflichten zu vergessen – die Schafherden gehören nämlich dem ganzen Dorf. Eine andere Überlieferung erzählt von der Gefahr, die aufkommt, wenn das Feuer eines Schafhirten ausgeht: Es muss nämlich ununterbrochen von April bis Oktober brennen. In einigen Gegenden fungiert der Omul Nopţii (Mann der Nacht) als Pendant zur Fata Pădurii.

Mioriţa ist sicher eine der bekanntesten Sagen Rumäniens. Auch hier spielen Schäfer eine Rolle. Es existieren zahllose Varianten, die eigentliche Handlung gestaltet sich aber so: Zwei eifersüchtige Schäfer schmieden ein Komplott. Sie wollen ihren Freund ermorden, um ihm seine Schafe zu stehlen. Eines der Lämmer *(minoriţa)* hört zufällig den Plan. Minoriţa warnt der Sage nach ihren Herrn vor der Gefahr.

Doch anstatt Widerstand zu leisten oder zu fliehen, sagt der Schäfer, dass er den Tod vorziehe. Diese Volkssage wurde bis in die 1860er Jahre von einer Generation an die nächste mündlich überliefert, dann erschien sie als Buch. Sie wird als Allegorie für die frühe Übernahme des christlichen Glaubens in Rumänien interpretiert. Aus westlicher Perspektive am bekanntesten ist aber Dracula, der Graf aus Transsilvanien. Der Vampir wurde nach einem in Osteuropa weit verbreiteten Glauben gestaltet, dass gequälte Seelen aus dem Grab auferstehen und dann von dem Blut leben, das sie den Lebenden aussaugen. Vampirgeschichten sind aus Rumänien, Bulgarien und Serbien bekannt. Doch seit Bram Stokers 1897 erschienener Roman *Dracula* verfilmt wurde, ist Rumänien zum Synonym dieser literarischen Figur geworden. In Wirklichkeit beruht Strokers Dracula – ein ungarischer Adeliger – weder auf der rumänischen Sage noch auf geschichtlichen Tatsachen. Der historische Dracula war ein Fürst der Wallachei: Vlad III. Dracula, auch unter dem Namen Ţepeş (»der Pfähler«) bekannt. Er soll in Sighişoara (Schäßburg) geboren worden sein. Sein Beinahme lässt sich mit »Sohn von Dracul« oder »der Drachen« übersetzen und leitet sich von einem Titel – Mitglied des Drachenordens – ab. Den Titel hatte König Sigismund II. von Luxemburg Draculas Vater, Vlad II., verliehen. ■

Links: Die Rumänen wissen ihren bekanntesten Exportschlager zu nutzen. **Oben:** Detailansicht von den dakischen Kriegen auf der Trajanssäule in Rom. Einige dakische, vorchristliche Überzeugungen gingen in die rumänische Kultur ein. **Unten:** Die Meeresgöttin reitet auf einem Paar Delphine; das Wandgemälde befindet sich im Kloster Voroneţ in der Bukowina.

Turda (Thorenburg)

Turda
102 C3
Besucher-information
Centrul de Informare Turistică, Piața I Decembrie 1918 I
0264 314 611

DIE OFT ÜBERSEHENE STADT AM FUSS DES APUSENI-GEbirges liegt an der Hauptstraße von Cluj nach Alba Iulia. Turda hat eine reiche Geschichte und wirbt mit diversen Sehenswürdigkeiten in der mittelalterlichen Altstadt sowie in seiner Umgebung.

Im 16. Jahrhundert war Turda der Sitz der Dieta, einem Parlament von Adeligen, das 1568 das Edikt von Turda erließ: Es war von da an verboten, andere wegen ihres Glaubens einzuschüchtern, ins Gefängnis zu stecken oder zu vertreiben. Dieser ungewöhnlich liberale Ansatz sollte allerdings ein Jahrhundert später von den Habsburgern mit ihrer Intoleranz hinsichtlich Glaubensfragen wieder zunichtegemacht werden.

Das mittelalterliche Zentrum umfasst mehrere attraktive Gebäude aus der Zeit des Barock und der Ungarn, die alle gut zu Fuß erreichbar sind. Dazu zählen die **Primăria** (Rathaus; *Piața 1 Decembrie 1918 28*) und das **Muzeul de Istorie** *(Str. B. P. Hașdeu 2, Tel. 0264 311 826, wegen Restaurierung geschl.)*. Das Geschichtsmuseum ist in einem heruntergekommenen, klotzigen einstöckigen Palast (16. Jh.) untergebracht, der ursprünglich für die einflussreiche Familie Báthory erbaut wurde. Das Museum präsentiert unter anderem Artefakte, die im römischen *castrum* aus dem 3. Jahrhundert gefunden wurden: Die römische Garnisonsstadt lag ein gutes Stück südwestlich vom heutigen Ort Turda.

Eine Sehenswürdigkeit ganz anderer Art sind die riesigen **Salzminen** *(Str. Salinelor 54B, Tel. 0264 311 690, €)*, die östlich der Hauptstraße von Cluj nach Turda am nördlichen Stadtrand liegen. Die Römer bauten schon Salz ab, lange bevor die Sachsen im 12. Jahrhundert die Vorkommen erschlossen. Die Minen wurden im Lauf der Jahrhunderte eine der wichtigsten Transsilvaniens und verhalfen Turda zu großem Wohlstand. Der Betrieb wurde in den 1930er Jahren eingestellt, heute sind die Minen eine Touristenattraktion. Da die Temperatur in den Minen bei 10–12 °C liegt, sollte man sich entsprechend warm anziehen und eine Taschenlampe für die weniger gut ausgeleuchteten Areale mitnehmen. ■

Eine aussterbende Art? Ein rumänischer Schäfer mit seiner Herde

Die historische Innenstadt von Aiud

Aiud (Straßburg am Mieresch)

DIE HÜBSCHE STADT LIEGT IN DEN AUSLÄUFERN DES Apuseni-Gebirges, ihre Hauptsehenswürdigkeiten sind die Burg aus dem 14. Jahrhundert und das Râmet-Kloster gleich in der Nähe.

Die massive **Cetatea Aiudului** (Burg) nimmt einen Großteil des Hauptplatzes (Piaţa Cuza Vodă) in der Innenstadt ein. Ihre dicken, festungsartigen Mauern sind angesichts der geringen Ausdehnung der Wehranlage eher ungewöhnlich. Die Cetatea gehörte Anfang des 17. Jahrhunderts dem Prinzen Gábor Bethlen (1580–1629), einem der kultiviertesten und begnadetsten Herrscher Transsilvaniens. Die Wehrtürme der Burg können bestiegen werden (im Museum nachfragen). In der Anlage befindet sich das **Muzeul de Istorie** *(Piaţa Consiliul Europei 24, Tel. 0258 865 45 9, Mo geschl., €)*. Neben römischen Antiquitäten präsentiert das Geschichtsmuseum Objekte aus Papua-Neuguinea, die der Forschungsreisende Samuel Fenichel im 19. Jahrhundert zusammengetragen hat.

Das **Muzeul de Stiintele Naturii** (Naturwissenschaftliche Museum, *Str. Gábor Bethlen 1, Tel. 0258 862 569, Mo geschl., €*) ist gleich in der Nähe im Colegiului Bethlen (Gábor-Bethlen-Schule, 1796) untergebracht. Die Säle haben wunderschöne, aber dringend renovierungsbedürftige Barockdecken.

Das Kloster **Mănăstirea Râmet** liegt 27 Kilometer entfernt, die Landstraße dorthin führt über die Ortschaft Teiuş. Das 1377 gegründete Kloster wurde nach den *eremiţi* (Eremiten) benannt, die hier lange in völliger Abgeschiedenheit lebten. Schon die Lage an einem bewaldeten Hügel vor der Kulisse der nackten Felsen der Râmeţ-Schlucht (die wie eine gewaltige Wand hinter dem Kloster aufragen), ist beeindruckend. Fast schon oben auf dem Hügel thront eine Kirche aus den 1980er Jahren im moldawischen Stil, etwas weiter unten erhebt sich eine schlichte Basilika (Ende 14. Jh.). Im Inneren finden sich Fragmente einiger der frühesten Fresken Rumäniens, sie wurden um 1300 geschaffen. Das **Klostermuseum** *(Öffnung auf Anfrage)* zeigt Werkzeuge und Textilien. ■

Aiud

102 C3

Mănăstirea Râmet

102 B3

Râmet

0258 880 111

€

Arieş-Tal

Arieş-Tal
102 B3

DAS TAL IST BERÜHMT FÜR SEINE LANDSCHAFTLICHE Schönheit und führt mitten in das Apuseni-Gebirge. Die asphaltierte Straße DN75 von Turda nach Câmpeni verläuft fast durchgehend am Fluss entlang. Grüne Weiden mit Heuhaufen, dichte Wälder und Felsgipfel säumen die Straße, nach jeder Kurve bietet sich ein neues überraschendes Panorama.

Von Turda (Thorenburg) in Richtung Westen geht es rund sieben Kilometer durch die Vorstadt Mihai Viteazul bis zur Abzweigung in die **Cheile Turzii** (Turda-Schlucht). Die Landstraße führt über den Fluss Arieş und durch das Dorf Cheia. Die Schlucht selbst zieht sich Richtung Nordwesten. Um 500 lebten die Daker in der 2,5 km langen Schlucht, heute ist sie ein Naturschutzgebiet. Verschiedene Wanderungen führen an Wasserfällen vorbei, die über eine schwindelerregende Felswand stürzen, und zu einigen Höhlen des ausgedehnten Höhlensystems.

Von der Schlucht führt ein kleiner, acht Kilometer langer Umweg zum malerischen Dorf **Rimetea** (Eisenburg). Es wurde ursprünglich von Ungarn gegründet, erlebte aber erst unter den Siebenbürger Sachsen im 14. Jahrhundert eine Blütezeit, als diese die Gegend kolonialisierten, um Eisenerz abzubauen. Dank des engagierten Bürgermeisters und der Unterstützung der Stadt Budapest konnte inzwischen fast die Hälfte der 315 Höfe restauriert werden. Für seine Anstrengungen wurde Rimetea 1999 mit dem Europa-Nostra-Preis belohnt. Im Sommer strömen nun Tausende von Touristen in die Ortschaft. Das kleine Dorfmuseum **Muzeul Satului** *(Rimetea No. 34, Tel. 0258 768 001, Mo geschl., €)* vermittelt ein anschauliches Bild der Geschichte und Kultur der Region.

Gegen den imposanten **Piatra Secuiului** (Szeklerfelsen) wirkt Rimetea wie ein Zwerg. Wer den 1129 Meter hohen Gipfel besteigen will, sollte sich auf eine stramme zweistündige Tour einstellen, doch die herrliche Aussicht lohnt auf alle Fälle die Mühe.

Westlich von Buru liegen entlang der DN75 zahlreiche Dörfer, darunter auch **Vidolm** (mit einem berühmten Lärchenwald), **Ocoliş** und **Lunca Arieşului** – eine Gelegenheit für weitere Streifzüge durch die schöne Gegend. Abseits der Hauptstraßen hat sich wenig in den letzten Jahrhunderten geändert. Und so hart das Dasein für die Dorfbewohner auch sein mag: Für den stillen Beobachter hat dieses Landleben etwas sehr malerisches.

Südlich von **Sălciua** liegt die zwei Kilometer lange Höhle **Huda lui Păpară** *(im Dorf nach dem Weg fragen; die Stichstraße führt über die Gleise und den Fluss)*. Auffallend sind die vielen kleinen Kirchen an den Berghängen. Die **Holzkirche von Sartaşu**, einem Dorf am östlichen Ausgang von Baia de Arieş, wurde 1780 oben auf dem Hügel nördlich der Hauptstraße erbaut. Im Kirchenraum lockt ein herrlicher Freskenzyklus mit naiven Darstellungen christlicher Legenden *(im Dorf nachfragen, wer den Schlüssel hat)*. Da die Kirche als historisches Monument gilt, finden nur ein- oder zweimal im Jahr Gottesdienste statt. Hier wird auch noch der heidnische Brauch, ein Kindergrab mit einem jungen Föhrenbaum zu schmücken, gepflegt.

In **Lupşa** vermittelt das **Muzeul Etnografic Pamfil Albu** *(im*

Rathaus anrufen, Tel. 0258 769 225, oder im Dorf nachfragen, wer den Schlüssel hat; €) einen hervorragenden Einblick in das ländliche Leben. Das zweistöckige ethnografische Museum befindet sich in einem Fachwerkhaus aus dem 19. Jahrhundert (in der Mitte des Dorfes an der Nordseite der Hauptstraße). Die Sammlung wurde 1938 von einem Lehrer ins Leben gerufen, der über 8000 Objekte zusammentrug – Alltagsgegenstände, aber auch historisch Interessantes. Neben Musikinstrumenten werden aber auch Kuriositäten wie ein Kamm aus Igelstacheln gezeigt. Am westlichen Ende von Lupfla ist das orthodoxe **Kloster** (14. Jh.) noch in Betrieb. Mit Ausnahme der Holzkirche – angeblich die älteste in ganz Transsilvanien – sind alle Gebäude neueren Datums. Die Kirche wurde von der rumänischen Adelsfamilie Câneda gestiftet, besonders schön sind die frisch restaurierten Wandgemälde. ■

Entgleist

Parallel zur DN75, ja fast schon auf der Straße, verlaufen Schmalspurgeleise. Sie wurden in der Habsburger Zeit für eine Dampflok gelegt, die sogenannte Mocănița (kleine Schäferin). Früher hielt der Zug an jeder Station im Tal zwischen Abrud und Turda. 1913 wurde die Bahnlinie dann eingestellt; bislang sind alle Bemühungen, den Betrieb wieder aufzunehmen, gescheitert. ■

Vor der Kulisse des Piatra Secuiului (Szeklerfelsen) feiern junge Leute Înmormântarea Farsangului. Einen Tag lang sind alle Regeln außer Kraft gesetzt, denn das Dorf feiert den Frühling

Apuseni-Gebirge

Apuseni-Gebirge
102 A4-B2

DIE GESCHICHTE DES APUSENI-GEBIRGES ERZÄHLT VON enormem Wohlstand und schrecklicher Entbehrung. Die Bergwelt ist die Heimat der Moţi, deren Geschichte sich über 4000 Jahre zurückverfolgen lässt. Sie haben eine lange Tradition und sind eng mit einer der zauberhaftesten Landschaften Rumäniens verbunden.

DER NORDEN

Der Nordteil des Apuseni-Gebirges erhebt sich im Westen der transsilvanischen Hochebene rund 1400 Meter und ist ein Paradies für alle, die die Einsamkeit lieben. Der Norden des Gebirges ist deutlich dünner als der Süden besiedelt – in der wilden, ursprünglichen Natur leben die letzten Luchse und Wölfe Rumäniens noch in relativer Ruhe. Die meisten Siedlungen befinden sich zwischen Turda (Thjorenburg) und Ştei an den Talstraßen sowie an der Schnellstraße von Ştei nach Oradea. In höheren Lagen klammern sich kleine Weiler mit vereinzelten Höfen an die Berghänge. Diese Miniorte gehören zu den ältesten Dörfern in Rumänien und sollen Tausende von Jahren alt sein.

Das Gebiet zwischen **Huedin** und dem Dorf **Albac** macht deutlich, wie herrlich still es hier ist.

Unweit von Gârda de Sus in einem der vielen schönen Täler des Apuseni-Gebirges

Aber Achtung: Die Straßen, die die einzelnen Siedlungen verbinden, sind oft in sehr schlechtem Zustand, und zwar vor allem südlich von Beliş und in der Nähe des Lacul Fântenele. Am See selbst schlägt die Straße einen Haken in Richtung Osten, aber eine kleine, nur zum Teil befestigte Straße führt über Poaiana Horea, den Ursoi-Pass und durch Horea Richtung Südwesten; hinter Albac ist der Straßenbelag dann wieder besser.

Die berühmteste Sehenswürdigkeit im nördlichen Apuseni-Gebirge sind die Eis-Karsthöhlen. Am bekanntesten ist die **Gheţarul Scărişoara** (Gletscherhöhle) mit einem 22 Meter dicken Eispanzer. Die Höhle liegt rund sechs Kilometer nördlich von Gârda de Sus an der DN75 westlich von Câmpeni *(ab Gârda der Beschilderung folgen)*. Die Scărişoara-Höhle besteht aus zwei Kammern am Fuß eines 48 Meter tiefen Schachts. Beide sind mit Eis gefüllt, wobei die größere Höhle die imposantere ist. Sie erstreckt sich über 100 000 Quadratmeter und begeistert mit ihren unzähligen Eis-Stalagmiten und Eis-Stalaktiten. In der Höhle beträgt die Temperatur ganzjährig -1 °C – das Eis schmilzt also selbst dann nicht, wenn die sommerlichen Temperaturen draußen auf 40 °C steigen (unbedingt warm anziehen und Schuhe mit Profil tragen).

Eine weitere interessante Höhle liegt unweit des Dorfes **Chişcău**, rund einen Kilometer südlich von Pietoasa. Sehenswert ist das private Volkskundemuseum **La Fluturi** *(No. 86, Tel. 0259 329 085, Öffnung nach Vereinbarung)*. Die Sammlung ist nach ihrem Gründer Aurel Flutur benannt und zeigt Spitzenkleidung, darunter auch die traditionelle *sumane* für Männer, ein Mantel aus Wollfilz.

Die Eigentümer von La Fluturi haben auch den Schlüssel zur **Pestera Urşilor** (Bärenhöhle; *in der Café-Bar nebenan nachfragen, Tel. 0740 487 040, Mo geschl., €*). Die Höhle ist nicht sonderlich groß, hat aber die interessantesten Felsformationen. Der Name geht auf die riesigen Höhlenbären zurück, die in dieser Höhle nach Felseinbrüchen vor 15 000 Jahren festsaßen. An die 140 Skelette wurden gefunden, als Arbeiter aus den Marmorsteinbrüchen von Chiscău nach einer – irrtümlichen – Sprengungen 1983 die Höhle entdeckten. Einige der Skelette sind noch vorhanden.

AVRAM IANCU & UMGEBUNG

Das Dorf Avram Iancu im zentralen Apuseni-Gebirge ist nach dem berühmten Moţi-Revolutionshelden

Goldbergbau in Rumänien

Die rumänischen Berge sind reich an Bodenschätzen: Erze, Gestein und Mineralien, die schon seit Tausenden von Jahren Menschen angezogen haben. Hier bauten die Menschen der Bronzezeit vor rund 5000 Jahren Gold ab. Gold aus dem Apuseni-Gebirge fand sich in den Gruften der ägyptischen Pharaonen und in mykenischen Gräbern. Später bauten die Daker dann Eisen, Silber, Gold und Salz ab. Die Römer errichteten eine Brücke über die Donau, um besser an das Apuseni-Gold heranzukommen. Der Brückenbau war so bedeutend, dass er sogar auf der Trajanssäule verewigt wurde.

Die Westkarpaten waren das Eldorado der Römer. In alten Chroniken steht zu lesen, dass sich eine ununterbrochene Kolonne von mit Gold beladenen Wägen von Alburnus Maior (Roşia Montană, Rotseifen) und Ampellum (Zlatna) bis nach Rom zog. Gold war in Rumänien in solchen Mengen vorhanden, dass die Behörden auf die Erhebung von Steuern verzichten konnten. In Roşia Montană finden sich vielerlei Zeugnisse des antiken Bergbaus. Im 18. Jahrhundert entdeckten Archäologen Wachstafeln – handschriftliche Verträge zwischen den Minenbesitzern und den Arbeitern, die bis aus dem fernen Dalmatien kamen. Karbonatbestimmungen ergaben, dass die Daker schon vor den Römern in den Bergwerken von Roşia Montană gearbeitet haben. Ein Netz aus acht Kilometer langen Stollen sowie einige bemerkenswerte Gräber und andere außerge-

wöhnliche Relikte zeugen von den römischen Aktivitäten. Nachdem die Römer 271 Dakien verlassen hatten, bauten die einheimische Bevölkerung und später die Ungarn und Habsburger die Rohstoffe ab.

In Zeiten ständig wechselnder Herrscher beuteten die ansässigen Moţi zusätzlich ihre privaten Goldminen aus, die zu Quellen vieler Legenden und Lieder wurden. Einige Moţi wuschen in den Bergbächen Gold, andere bedienten sich der »Feuer-und-Wasser-Technik«, eine schon aus der Bibel bekannten Methode: Dabei wird vor dem goldhaltigen Fels ein Feuer entzündet, so dass sich das Gestein stark erhitzt und schließlich explodiert. Dann wird Wasser auf die zerborstenen (heißen) Steine geschüttet, damit sie sich schneller entfernen lassen. Im 19. und frühen 20. Jahrhundert tauschten die Bergleute ihre Ausbeute dann gegen Geld auf dem zweimal jährlich in Brad abgehaltenen

Links: Bergleute in Petroflani fahren mit der Bergwerksbahn in die Mine ein
Oben: Beim Schichtwechsel in der Lupeni-Mine in Petroşani

Goldmarkt. In Bucium Poieni wurden einige Familien so reich, dass sie sogar in ihre Kleidung Goldfäden einweben ließen.

Heute bemüht sich eine multinationale Bergbaugesellschaft – Gabriel Resources – um den Abbau des Golds von Roşia Montană. Um den Weg für den riesigen Steinbruch frei zu machen, schlägt das Unternehmen vor, fünf Berge zu sprengen. Die Firma plant ein 600 Hektar großes Rückhaltebecken für zyanidhaltige Rückstände und möchte etwa 2000 Menschen umsiedeln. Als Entschädigung hat Gabriel archäologische Grabungen finanziert und angeboten, anderswo ein neues Dorf zu bauen. Außerdem verspricht sie, die Region vor der Verarmung zu retten und die Landschaft zu renaturieren, sobald die Minen ausgebeutet sind. Die Anwohner setzen sich allerdings gegen all diese Vorhaben zur Wehr. ■

Eine Treppe führt zur imposanten Scărişoar-Eishöhle

und Anwalt benannt, der die Rumänen in der Revolution von 1848 gegen die Habsburger anführte. In seinem Geburtshaus ist heute das **Muzeul Memorial Avram Iancu** *(Str. Inceşti, Tel. 0258 786 065, Mo geschl., €)* beheimatet. Es beschäftigt sich mit der damaligen Revolution und ethnografischen Themen; zu seinen Attraktionen zählen Bergkarren und *buciumi*: Die Alphörner mit ihrem tiefen Klang benutzten die Schäfer früher, um mit anderen Schäfern weiter oben in den Bergen zu kommunizieren.

Außerhalb von Avram Inacu weisen Schilder den Weg zum 1486 Meter hohen Gipfel des **Muntele Găina** (Hennenberg). 1816 wurde hier erstmal der alljährliche Mädchenmarkt (Tărgul de Fete) abgehalten. Dort konnten sich junge Frauen und Männer aus den verschiedenen Tälern jenseits ihrer engen Dorfgemeinschaften kennenlernen (und gegebenenfalls später auch heiraten). Der Markt findet bis zum heutigen Tag an genau der gleichen Stelle statt, allerdings nicht mehr in seiner ursprünglichen Form: Heute wird dort Kunsthandwerk verkauft und Volkstänze und eine traditionelle Hochzeitszeremonie samt Feuerwerk aufgeführt. Das Târgul de Fete findet an dem Wochenende statt, das dem 20. Juli am nächsten liegt; es ist das größte Freiluftfest des Landes und lockt junge Rumänen in Scharen an.

GOLDENES VIERECK

Die Täler rund um Avram Inacu sind mit kleinen Weilern gesprenkelt, der Heimat der Moţi. Das Volk lebte lange vom Bergbau in den Minen des Apuseni-Gebirges. Im Westen und Osten von Avram Iancu liegen die historischen Goldminen, ihnen verdankt das Gebiet den Namen »Goldenes Viereck«. Es erstreckt sich von Certeju de Sus, ein paar Kilometer nordöstlich von Deva, bis zum Arieş-Tal (siehe S. 114f.).

Bereits Daker und Römer beuteten die Goldvorkommen in diesem Teil des Apuseni-Gebirges aus. Die berühmtesten Minen befanden sich jedoch in **Roşia Montană** (Rotseifen). Das **Muzeul Mineritului** *(Str. Principală 172, Tel. 0258 783 229, €)* liegt mitten im Dorf. Das Bergbaumuseum zeigt einen 500 m langen Stollen aus der Römerzeit sowie einige Gerätschaften, darunter eine der letzten erhaltenen Holzmühlen, die mit Wasserkraft betrieben wurde. Sie wurde verwendet, um Gestein mit Goldvorkommen in kleinere, besser handhabbare Stücke zu zerschlagen. Roşia Montană wurde auf einer – erheblich größeren – römischen Stadt errichtet: Alburnus Maior, eine Gründung aus dem 2. Jahrhundert.

Acht Kilometer südlich von Roşia Montană liegt **Abrud** (Großschlatten). Die Gebäude einschließlich der Kirche aus dem 13. Jahrhundert (mit integrierten Einkaufsarkaden aus dem Mittelalter) lassen trotz ihres verblassten Glanzes den früheren Reichtum der Stadt gut erkennen.

Das **Bucium-Tal**, das sich ein paar Kilometer östlich von Roşia Montană erstreckt, präsentiert sich dafür umso ursprünglicher. Die Gemeinde besteht aus sechs rustikalen Bauerndörfern, die verstreut im bewaldeten Tal liegen. Am größten ist **Bucium Poieni**, eine langgestreckte Siedlung, die sich an die steilen Berghänge klammert. Von der DN74 biegt man vier Kilometer südlich von Abrud links ab und fährt 6,5 Kilometer weit. Die Straße wird zunehmend holpriger und die Landschaft immer beeindruckender, je höher man hinaufkommt. Das Dorf verfügt auch über mehrere Gästehäuser.

Das Hotel **Hanuel Ursita** (»Schicksals-Gasthof«; *Valea Negrilesei 860, Bucium Poieni, Tel. 0723 230 790*) befindet sich am oberen Dorfrand. Der ehemalige Bauernhof wurde restauriert, die Anbauten mit traditionellem Kalkstein errichtet. Das stimmungsvolle Hotel ist mit einfachen Holzbänken aus lokalen Bauernhöfen möbliert und mit Ikonen (naive Malerei auf Glas) geschmückt. Abends ist nur noch das melodische Plätschern des Abrud-Bachs zu hören.

Bei Bucium Poieni sind die Bergkämme durch ein Netz an Pfaden untereinander verbunden, hier sind kilometerweite Wanderungen möglich, ohne je auf eine asphaltierte Straße zu stoßen. Besonders stimmungsvoll sind die Wege im Sommer früh am Morgen, wenn alles noch in Dunst gehüllt ist.

Landschaftlich besonders schön sind der Berg **Detunata**, der für seine vertikalen Basaltstreifen bekannt ist (wenn der Basalt in die Tiefe stürzt, hört sich das wie eine Detonation an, daher der Name des Berges), **Poiana Narciselor**, wo im Frühjahr duftende Narzissen blühen, die mit Wacholder und Buchen bestandenen Hänge des **Valea Albă** und das kleine Nest **Mogoş**: Dort klammern sich sogenannte *şuri* – Schober mit steilem, reetgedeckten Dach – an die steil abfallenden Weiden.

DER WESTEN

Im Süden und Westen von Avram Iancu bieten sich in den Bergen nur wenige interessante Ziele. Das hübsche Dorf **Brusturi** am nördlichen Ende einer 16 Kilometer langen Landstraße ist vor allem wegen seiner »Schule« für naive Malerei bekannt. Dargestellt werden in bunten Farben schlichte Szenen aus dem Landleben. Erste Anlaufstelle sind Petru Mihuţ oder seine Tochter Rodica Nicodim. Ihre Häuser stehen an der Hauptstraße.

In **Brad** befindet sich ein Museum, das dem Bergbau im Apuseni-Gebirge gewidmet ist. Fast die Hälfte der 3000 Exponate der reizend altmodischen Sammlung im **Muzeul Aurului** (Goldmuseum; *Str. Independenţ 3, Tel. 0254 612 800, Mo geschl., €*) sind aus Gold – sei es naturbelassen oder bearbeitet. Einige stammen aus dem Apuseni-Gebirge. Das Museum wird von der rumänischen Bergbaufirma Minvest betrieben. ■

Der Südwesten

Neugotisch aufgepeppt: Burg Corvin in Hunedoara

DER SÜDWESTEN LIEGT ZWISCHEN DEM APUSENI-GEBIRGE und den Südkarpaten und verströmt eine ganz eigene Atmosphäre. Das Volkstum dort ist noch stark von den letzten Erhebungen der Daker gegen die Römer beeinflusst.

Deva
102 B2
Besucherinformation
Primăria, Piaţa Unirii 4
0254 218 579

Hunedoara
102 B2
Besucherinformation
Centrul de Informare Turistică, B-dul Avram Iancu 12
0254 542 771

DEVA (Diemrich) & HUNEDOARA (Eisenmarkt)

Die Stadt Deva bietet einige historische Gebäude, darunter das Geschichtsmuseum, das allein schon wegen seiner Fassade sehenswert ist. Das **Muzeul Civilizaţiei Dacice si Romane** *(B-dul 1 Decembrie 39, Tel. 0254 212 200, Mo geschl., €)* befindet sich in einem Palast, der 1613–29 von Fürst Gábor (Gabriel) Bethlen errichtet wurde, einem der gebildetsten Herrscher Transsilvaniens. Bethlen machte die Architektur der Renaissance in Transsilvanien heimisch. Von einigen Veränderungen im 18. Jahrhundert einmal abgesehen, zeigt sich das Gebäude noch mit seinen ursprünglichen eleganten Proportionen. Zu den Hauptattraktionen des Museums gehören das Modell einer Dakerfestung in den nahe gelegenen Orăştie-Bergen sowie Schildleisten aus Gold, die in einem Römerlager gefunden wurden. Dort waren einst britische Legionäre stationiert.

Fast unmittelbar hinter dem Museum erhebt sich ein bewaldeter Hügel, der **Dealul Cetăţii** (Burghügel) – mehr ist von dem erloschenen Vulkan nicht verblieben. Auf dem Gipfel thront eine ungarische Festung, die beeindruckend und aufwendig restauriert wurde.

Eine weitere Festung steht oben auf dem Berg in **Hunedoara**. Die imposante Burg Corvin *(Str. Corvoneflilor 1–3, Tel. 0254 711 423, €)* mit ihren Türmchen und dicken roten Mauern gilt als Prototyp einer mittelalterlichen Festung. Die Burg wurde in der Mitte des 15. Jahrhunderts von Prinz Iancu de Hunedoara errichtet und von seinem Sohn, König Matei Corvin (1443–90), erweitert. Vater und Sohn erlangten Berühmtheit, weil sie Transsilvanien vor den Osmanen verteidigten. Die Familie war ungarisch-rumänischer Abstammung, so dass Corvin in beiden Ländern als Volksheld gilt. 1854 wütete ein verheerendes Feuer in der Burg, die jedoch wieder herrlich restauriert wurde: Die Säle mit Gewölbedecke, die schmalen Wendeltreppen, die Kapelle, die Wehrtürme und die gruseligen Verliese sind der Inbegriff einer mittelalterlichen Burg. In der Anlage ist auch das Stadtmuseum untergebracht.

Relikte einer berühmten Eisenerzfabrik befinden sich neben der

Reste der römischen Hauptstadt Dacia liegen verstreut in der Landschaft um Ulpia Traiana

Burg. Die alten Maschinen erinnern an mittelalterliche Folterinstrumente. Das in den 1850er Jahren gegründete *combinat* war eines der größten Rumäniens. Heute gehört es der Firma Ecosid, die das Gelände in eine attraktive Touristeneinrichtung umgestalten will.

ȚARA HAȚEGULUI (Hatzeg)

Hațeg ist eine ganz hübsche Markt- und Industriestadt, die sich hervorragend als Ausgangspunkt für die Erkundung von Țara Hațegului – Land des Hațeg-Volkes – eignet. Das Dorf **Sarmisegetusa** (Burgort) liegt 17 Kilometer von Hațeg entfernt an der DN68. In den Feldern und Obstgärten an der linken Straßenseite befinden sich die Ruinen von **Ulpia Traiana Sarmisegetusa** *(€)*, einem *castrum*, das zur Hauptstadt des römischen Dakien avancierte. Sehenswert sind die Reste des Amphitheaters, in dem früher Gladiatorenkämpfe stattfanden, und des Forums. Ein **Museum** *(Tel. 0254 776 418, €)* auf der anderen Straßenseite zeigt Artefakte der Daker und Römer. Das Ziegelgebäude mit Arkade war früher ein Gasthof.

Reste des Römerlagers finden sich auch in der Nähe des Dorfes **Densus** (Desdorf). Es liegt südwestlich von Hațeg; mit dem Auto ist man in 20 Minuten dort. Die außergewöhnliche **Biserica Sf. Nicolae** *(No. 23, Tel. 0254 215 484)*, eine Kirche vorchristlichen Ursprungs, beeindruckt mit ihren schiefen, pyramidenartigen Wänden und dem asymmetrischen Turm. Der Bauherr der Kirche – vermutlich ein Einheimischer – stahl das Baumaterial in Ulpia Traiana Sarmisegetusa. Das Mauerwerk ist deshalb gespickt mit römischen Grabsteinen, Säulen und Statuen. Im Kirchenraum sind Fragmente von Fresken (14. Jh.) zu sehen. Hier finden auch noch Gottesdienste statt.

Die Ruinen der **Cetatea Colți**, einer Festung aus dem 14. Jahrhundert, ragen hoch über dem Dorf **Râu de Mori** auf. Die Burg war die gewaltigste Festung in Tara Hațegului. Sie gehörte – wie auch die Kapelle am Fuß des Berges – der einfluss-

Insel Hațeg

Im Jura lag die Insel Hațeg (Hatzeg) im seichten Tethysmeer, das damals Teile Europas einnahm. Im 19. Jahrhundert entdeckte man hier an die zehn nicht einmal 50 Zentimeter große Dinosaurierarten. Die Entdeckung führte zu der Theorie, dass Inseln nur Zwergtiere hervorbringen. ■

Hațeg
102 B1

Sarmisegetusa
102 A1

Râu de Mori
102 A1

Abenteuerlustige Wanderer kommen in den Karpaten voll auf ihre Kosten

reichen rumänischen Adelsfamilie Câneda, deren herrschaftliches Haus noch im Dorf steht. Die urtümliche Burg (rund 30 Gehminuten von Râu de Mori entfernt) inspirierte den französischen Schriftsteller Jules Verne – Colţi kommt in seinem Roman *Das Karpatenschloss* (1893) vor. Das Gebäude wurde in Teilen restauriert.

Retezat-Gebirge
102 A1–B1

Orăştie-Gebirge
102 B2

RETEZAT-GEBIRGE

Der herrliche Gebirgszug in den Südwestkarpaten liegt unmittelbar südlich von Ţara Haţegului. Der Vergletscherung verdanken die Gipfel nicht nur ihre imposanten Formen, sondern auch ihren Namen, der übersetzt »abgeschnitten« oder »kurzgeschnitten« bedeutet. Über 80 kristallklare Gletscherseen lassen sich hier erwandern. Am tiefsten ist der **Lacul Zănoaga** (29 m), flächenmäßig der größte ist der **Lacul Bucura** (8,6 ha). Der **Parcul Naţional Retezat**, der erste Nationalpark Rumäniens, wurde 1935 ins Leben gerufen und umfasst den größten Teil des mit Mischwald bedeckten Gebirges.

Wanderfreunde lieben die Berge wegen ihrer offenen Weite. Von Râu de Mori und der Cetatea Colţi führt eine Straße in die Berge hinein, vom Jiu-Tal (siehe S. 82 f.) gelangt man auf die andere Seite des Gebirgszugs.

ORĂŞTIE-GEBIRGE

Rund 32 Kilometer südöstlich von Deva gelegen, birgt der Gebirgszug diverse Dakerfestungen, die alle in die Eisenzeit zurückreichen und somit über 2000 Jahre alt sind. Die höchste und berühmteste Zitadelle ist die **Sarmisegetusa Regia** (Königliche Sarmisegetusa). Sie war einst ein Palast und Zufluchtsort des letzten Dakerkönigs Decebal, der hier 106 Selbstmord beging, um nicht den Römern als Sklave in die Hände zu fallen.

Sarmisegetusa (oder: Grădiştea de Munte) steht auf der Liste des Unesco-Weltkulturerbes. Zu den stimmungsvollen, aber sträflich vernachlässigten Ruinen auf dem dicht bewaldeten Berggipfel gehören zwei Tempel, die der Gottheit Zalmoxis (auch: Zamolxis) geweiht sind, ein teilweise rekonstruierter Sonnenkalender sowie ein Stück der schönen Wallmauer. Archäologen haben Spuren einer komplexen, weit entwickelten und autarken Gemeinschaft entdeckt, sie fanden Reste von Werkstätten, Privathäusern, weiteren Tempeln, Zisternen sowie des Bewässerungssystems. Der Pfad zur Ausgrabungsstätte beginnt in Costeşti; für die 18 Kilometer lange Strecke empfiehlt sich ein Geländewagen. Die Aussicht ist herrlich. ■

Alba Iulia (Weißenburg/Karlsburg)

IN ALBA IULIA BEFINDET SICH DIE IMPOSANTESTE HABSburger-Burg ganz Europas, die Stadt ist auch als der Ort berühmt, in dem Rumänien und Transsilvanien offiziell vereint wurden. Heute erlebt die ehemals ungarische Hauptstadt eine neue Popularität.

Blick von der Orthodoxen Kathedrale zur Katholischen Kathedrale: die unterschiedlichen Gesichter des Christentums in Alba Iulia

Alba bedeutet „weiß“ und stammt aus einer Zeit, als diese Siedlung noch Bălgrad (Weiße Stadt) hieß. Iulia leitet sich von Gyula (Julius) oder Jula ab, der im 10. Jahrhundert über diese Region herrschte. Die **Cetatea** (Burg) ist der Dreh- und Angelpunkt der Stadt; viele bedeutende Sehenswürdigkeiten liegen an der Strada Mihai Viteazul innerhalb der Festungsmauer. Die Burg wurde im frühen 18. Jahrhundert vom italienischen Architekten Giovanni Morando Visconti erbaut; sie weist einen sternförmigen Grundriss mit sieben Außenposten auf – ein Bauplan, der auf Maréchal Vauban zurückgeht, dem Baumeister König Ludwig XIV. von Frankreich.

Die drei Meter dicken Mauern samt pfeilförmigen Bastionen (jeweils am Ende der Sternzacke) wirken von Süden aus gesehen am imposantesten. Zudem sind zwei der sechs reich geschmückten Eingangstore zu sehen *(wegen Renovierung derzeit geschl.)*, durch die man früher in die Innenhöfe gelangte.

Am besten betritt man die Festung von Westen durch die öffentlichen Gärten des Parcul Tineretului. Geradeaus, direkt in der Mitte, ragt der hohe Turm der orthodoxen **Kathedrale der Wiedervereinigung** *(Str. Mihai Viteazul 21)* auf. Sie wurde anlässlich der Wiedervereinigung Transsilvaniens mit Rumänien nach dem Ersten Weltkrieg errichtet. Um diese politische Verbindung noch zu bestärken, wurde 1922 Ferdinand hier zum König von Großrumänien gekürt. Transsilvanien war im frühen 17. Jahrhundert mit dem Fürsten-

Alba Iulia
102 B2
Besucherinformation
Centrul de Informare Turistică, B-dul Ferdinand I 14
0258 813 736

Detailansicht des Barockeingangs zur Habsburger Burg, Alba Iulia

tum Moldau und der Walachei mindestens dreimal vereinigt, so dass der Begriff „Wiedervereinigung" durchaus zutreffend ist.

Die hellgraue **Katholische Kathedrale** *(Str. Mihai Viteazul 21, Tel. 0744 162 361, Sa/So geschl.)* befindet sich gleich nebenan innerhalb der Festungsmauern. Das wunderschöne Gebäude besitzt zweifelsohne einen der herrlichsten Frührenaissance-Kirchenräume ganz Transsilvaniens; durch das Licht entsteht eine fast schon ätherische Atmosphäre. Das dreigliederige Kirchenschiff hat eine Gewölbedecke; durch die Ostfenster ergießt sich das Sonnenlicht in die Seitenchöre. Am östlichen Ende der Kathedrale befinden sich drei Apsiden. Die Lászlo-Kapelle an der Nordseite der Kathedrale ist mit fantasievollen Figuren und spätgotischem Maßwerk geschmückt.

Rechts von der Katholischen Kathedrale erhebt sich der hübsche, aber nüchterne **Bischofspalast** *(nicht zugänglich)* aus dem 17. Jahrhundert. Dahinter steht der **Königspalast**, in dem im 16. Jahrhundert die Könige residierten, als Alba Iulia noch Hauptstadt von Ungarn war. Das Gebäude zieren Fresken und Wandteppiche der ungarischen Herrscher. Für die Rumänen ist es allerdings eher als die Residenz von Mihai Viteazul (Michael der Tapfere) von Bedeutung, dem walachischen Prinzen, der das Fürstentum Moldau, Transsilvanien und die Walachei vom Mai 1600 bis zum August 1601 einte. Der Palast wird derzeit restauriert und ist vermutlich im Jahr 2009 wieder öffentlich zugänglich.

Zurück in der Strada Mihai Viteazul, erzählt das **Muzeul Unirii** Iulia (Museum der Wiedervereinigung; *Str. Mihai Viteazul 12–14, Tel. 0258 813 300, Mo geschl.*, €) die wechselvolle Geschichte Transsilvaniens. Zu den Sehenswürdigkeiten gehören ein winziges Bronzepferd aus der Dakerfestung Teleacu sowie Funde vom ehemaligen römischen Castrum, auf dessen Fundament die Zitadelle steht.

Die Etnografie-Abteilung befindet sich in den Räumen im Tiefgeschoss des Gebäudes direkt gegenüber: die **Sala Unirii** (Vereinigungssaal). Die bunten Utensilien und Töpferwaren sind so einfallsreich präsentiert, als würden sie auf einem Markt verkauft. Ein Laden im Erdgeschoss vertreibt Kunsthandwerk und hübsche Andenken.

Östlich der Zitadelle verläuft die Strada Mihai Viteazul durch das imposanteste der sechs Habsburger Tore. Es entstand im frühen 18. Jahrhundert, kurz nachdem die Österreicher Transsilvanien den Osmanen abgenommen hatten. Die Wappen und Siegeszeichen künden mit barockem Schmuck von den neuen Herrschern. Über dem Tor befindet sich eine Gefängniszelle; berühmtester Insasse war der walachische Rebell Horia, der brutal exekutiert wurde, nachdem er im Jahr 1785 einen Bauernaufstand angezettelt hatte.

Ein alter Keller in der nahe gelegenen **Bastionul Bethlen** wurde in ein Restaurant umfunktioniert, das Clubul Restauratorilor *(Str. Militari 2, Tel. 0258 811 950)*. ■

Sibiu (Hermannstadt)

Die sehenswerte mittelalterliche Stadt Sibiu wurde im 12. Jahrhundert gegründet

DIE STADT WAR EINST DIE HOCHBURG DER SIEBENBÜRGER Sachsen. Das damalige Hermannstadt begeistert heute mit einer der weitläufigsten mittelalterlichen Altstädte ganz Rumäniens. Früher wurde Sibiu von drei konzentrisch angeordneten Befestigungsringen geschützt. Einige von ihnen haben samt einem faszinierenden Netz an Plätzen, Treppen und Festungen überdauert.

Die herrliche **Piaţa Mare** (Großer Platz) ist ein guter Ausgangspunkt für eine Stadtbesichtigung. Sie wurde erstmals 1411 als Kornmarkt erwähnt: Hier fanden der Karneval, öffentliche Versammlungen und im Mittelalter Hinrichtungen statt. Der unregelmäßig geformte Platz wird von wuchtigen, bunten Stadthäusern gesäumt, von denen einige bereits 500 Jahre alt sind. Alle präsentieren sich in einem individuellen Stil. Gemeinsam sind Allen die berühmten „Augen" in den Dächern: kleine, ovale Fenster mit erhöhtem Rahmen, die wie Augenlider wirken.

Die anmutige Barockfassade des **Muzeul Naţional Brukenthal** nimmt eine Seite der Piaţa Mare ein. Das Gebäude wurde im 18. Jahrhundert für den Habsburger Gouverneur Samuel von Brukenthal entworfen, einem begeisterten Kunstsammler. Die Räumlichkeiten im Barock- und Rokokostil zeugen noch heute vom einstigen unbeschwerten Luxus. Zu den Glanzstücken gehören ein Porträt von Jan van Eyck (um 1420).

In der Nähe ist das **Muzeul de Istorie** (Geschichtsmuseum; *Str. Mitropoliei 2, Tel. 0269 218 143, Mo/Di geschl., €€*) in einem auffälligen mittelalterlichen Gebäude untergebracht. Als Privathaus konzipiert, diente das Gebäude von 1549 bis 1923 als Rathaus.

Nur ein paar Minuten zu Fuß sind es zur **Piaţa Huet** mit der **Evangelischen Kathedrale**. Die Kirche war früher ein ungarisches, katholisches Gotteshaus (Bauzeit 1322–1520): Innen finden sich mittelalterliche Malereien und die größte Orgel Rumäniens. Das Stadttor aus dem 13. Jahrhundert – **Turnul Scărilor** *(Piaţa Huet 3)* – steht gegenüber am Platz. Das älteste

Sibiu
102 C2
Besucherinformation
Centrul de Informatii Turisti, Str. Samuel Brukenthal 2
0269 208 913

Muzeul Naţional Brukenthal
Piaţa Mare 4–5
0269 217 691
Mo–Di geschl.
€

noch erhaltene Gebäude von Sibiu befindet sich am oberen Ende der Treppe **Pasajul Scărilor**. Von hier führen die Stufen an einem der alten Befestigungsringe vorbei in das Viertel, in dem einst die Siedlung ihren Anfang nahm. Noch engere Treppen führen gleich in der Nähe zum reizenden Traditionsrestaurant **Butoiul de Aur** *(Tel. 0269 214 575)* aus dem 15. Jahrhundert hinunter.

Die katholische Hauptkirche von Sibiu ragt zwischen der Piaţa Mare und der Piaţa Mica auf

Durch einen Durchgang an der Piaţa Huet gelangt man zur **Piaţa Mică** (Kleiner Platz). Diverse hübsche Gebäude mit Arkaden, in denen sich Galerien und Museen befinden, stehen Rücken an Rücken zur Piaţa Mare. Am berühmtesten ist die Doppelfassade des **Muzeul ASTRA**. Das Museum bietet ein Veranstaltungsprogramm, das das Bewusstsein für die Kultur Sibius fördern will. Das dazugehörige Freilichtmuseum befindet sich in Dumbrava (siehe S. 129). Rechts gegenüber vom ASTRA-Museum ragt die barocke **Jesuitenkirche** (1733) auf, links davon der **Turnul Sfatului** (Alter Rathausturm).

Muzeul ASTRA
Piaţa Mică 11–12
0269 218 195
Mo geschl.
€

Noch weiter links finden sich die Gewölbearkaden mit dem **Muzeul de Istorie a Farmaciei** *(Piaţa Mică 26, Tel. 0269 218 191, Mo/Di geschl., €)*. In der ehemaligen Apotheke aus dem 17. Jahrhundert sind medizinische Geräte ausgestellt. Teilweise datieren sie aus dem Jahr 1500. Außerdem sind Präparate zu sehen, die noch von Samuel Hahnemann (1755–1843), dem Begründer der Homöopathie, stammen.

Wer nun noch weiter nach links spaziert, stößt auf ein schönes Gebäude mit einer siebenbogigen Arkade, die **Casa Artelor**, in der sich früher eine Metzgerei befand. Links davon folgt die schmiedeeiserne **Podul Miniunilor** (Lügenbrücke; 1859).

Nun geht es zur Nordostecke der Piaţa Mică, an der man nach einer schmalen Treppe Ausschau halten sollte. An ihrem Ende befindet sich unten die winzige **Piaţa Aurarilor**. Sie ist nach den Goldschmieden benannt, die sich hier im 16. Jahrhundert versammelten. Geradeaus verläuft die **Strada 9 Mai**. In dieser Straße und in der parallel verlaufenden **Strada Nouă** stehen die ältesten noch erhaltenen Häuser aus dem 13. und 14. Jahrhundert.

Von der Piaţa Mare gen Süden laufend, erreicht man die **Strada Bălnescu** mit dem **Hotel Împăratul Romanilor** *(Str. Nicolae Bălescu 4, Tel. 0269 216 500)*.

Zwei Blocks östlich der Bălescu ziehen sich an der **Strada Cetatea** die Mauern der Festung entlang. Wer an ihnen entlangspaziert, stößt auf den achteckigen **Turnul Archebuzierilor** (Armbrusterturm), den **Turnul Dulgherilor** (Zimmermannsturm) und den viereckigen **Turnul Olarilor** (Töpferturm). Im **Turnul Gros** (Dicker Turm, 16. Jh.) befand sich früher das erste Theater der Stadt, heute hat hier das Philharmonieorchester seinen Sitz. ■

Muzeul Civilizaţiei Populare Tradiţionale ASTRA

Im ASTRA-Dorfmuseum bei Sibiu wurden eine Holzkirche aus Bezded und ein Bauernhaus aus der Region Maramureş wiederaufgebaut

ETWA 6,5 KILOMETER VON SIBIU ENTFERNT ZIEHT SICH IM Wald von Dumbrava das größte ethnografische Freilichtmuseum Rumäniens über sanfte Hügel, die durch alte Laubbäume, Waldstücke, Seen mit Booten und Teichen aufgelockert werden. Selbst Leute, die einfach nur Ruhe suchen, werden begeistert sein.

Rein von der Fläche her ist das ASTRA-Museum für Traditionelle Volkszivilisation, wie es offiziell heißt, eines der größten Europas. Angesichts der 96 Hektar Gesamtfläche wirkt das Dorfmuseum (siehe S. 61) in Bukarest daneben wie ein Zwerg. Das Freilichtmuseum will seinen Besucher das reiche ländliche Erbe Rumäniens näherbringen – mit Erfolg.

Zu der Sammlung gehören mehrere Hundert Gebäude und technische Installationen aus allen Regionen des Landes, die nach sechs Themenbereichen geordnet wurden: Gebäude und Installationen, die mit der Lebensmittelverarbeitung in Verbindung stehen; Transport und Kommunikation; Gebäude, in denen Werkzeug für Haus und Hof gefertigt wurden; Werkstätten und Installationen, die mit der Herstellung von Leder- und Wollwaren zu tun haben; Kirchen und Gasthöfe sowie eine Ausstellung moderner Skulpturen, die von Natur und dem ländlichen Leben inspiriert sind.

Insgesamt vermitteln die Exponate einen guten Eindruck vom Einfallsreichtum der rumänischen Landbevölkerung. Vor allem wird die vielfältige Verwendung von Wolle deutlich. Es gibt unter ande-

Muzeul Civilizaţiei Popolare Tradiţionale ASTRA

- 102 C2
- Calea Răşinarilor
- 0269 242 599
- €
- Bus: 1 vom Zentrum in Sibiu nach Dumbrava; Straßenbahn: von Calea Răşinari nach Dumbrava

Windmühlen im ASTRA-Dorfmuseum bei Sibiu

rem Wassermühlen, schwimmende Mühlen, Werkstätten zur Herstellung von Seide und Hanf, Schnapsbrennereien, Schmieden, Weinpressen, Stellmacherwerkstätten, eine Schaufelrad-Fähre. Die meisten ausgestellten Gerätschaften sind noch heute voll funktionstüchtig. Es gibt sogar ein Hexenhaus.

Alle Exponate werden in ihrem authentischen Umfeld gezeigt. Die Erklärungen wurden besucherfreundlich und sinnvoll verfasst. So gibt es verschiedene markierte Rundgänge in unterschiedlichen Längen, außerdem besteht die Möglichkeit, sich einer Führung anzuschließen oder sich im Pferdekarren über das Museumsareal kutschieren zu lassen.

Ein Museumsführer mit gutem Kartenmaterial ist auf Englisch erhältlich. Wie im Museum in Sibiu (siehe S. 128), so finden auch hier verschiedenste Veranstaltungen, Kongresse und Symposien statt. Am beliebtesten ist sicher die im August stattfindende viertägige Handwerkskunst-„Olympiade“.

Ein neues Projekt ist eine Partnerschaft, die sich für den Erhalt der Installationen und des traditionellen Kunsthandwerks vor Ort einsetzt. Das im Mai 2007 gegründete Ökomuseum ist eigentlich eine Touristenroute, die sich durch die Dörfer der Mărginimea Sibilui (Hermannstädter Randgebiet, siehe S. 132 ff.) und des Valea Hârtibaciului schlängelt. Die Route verbindet eine Fülle ethnografisch interessanter Sehenswürdigkeiten miteinander. Weitere Informationen hält das Museum bereit. ■

ASTRA wer?

Das ASTRA-Museum ist nach einer Literaturgesellschaft aus dem späten 18. Jahrhundert benannt, die in Sibiu zu Hause war. Sie war sehr patriotisch eingestellt und setzte sich für die Wiedervereinigung Transsilvaniens mit Rumänien ein. ■

Cisnădie (Heltau) und Cisnădioara (Michelsberg)

DIE STADT CISNĂDIE UND DAS DORF CISNĂDIOARA LIEGEN gerade einmal fünf Kilometer auseinander. Ihre Architektur präsentiert das herrliche Erbe der Siebenbürger Sachsen in Reinkultur.

Die Geschichte von Cisnădie reicht bis 1204 zurück. Heute leben hier rund 16 000 Einwohner, wobei viele der Siebenbürger Sachsen die Stadt verlassen haben. Erhalten geblieben ist das mittelalterliche Flair, das durch die mit Tonziegeln gedeckten Hausdächer, die bemalten Fassaden und die vielen Torbögen entsteht.

Hauptattraktion der Stadt ist die **Evangelische Kirche** *(Str. Cetăţii 1–3, Tel. 0269 733 378)*, eine der am besten erhaltenen Kirchenburgen ganz Transsilvaniens. Die Sachsen bauten diese Wehrkirchen, um sich vor Angriffen der Tataren und Türken zu schützen. Nach verheerenden Angriffen der Türken 1493 wurde die Kirche von Cisnădie zu einer Wehranlage mit drei Mauerringen ausgebaut. Die Festungen wurden stets so konzipiert, dass sich die Menschen, die dort oft wochenlang festsaßen, selbst versorgen konnten. Von den sechs Wehrtürmen dieser Anlage diente einer als Klassenzimmer (1554), ein anderer zum Abhängen von Schinken. Früher befand sich auch das Rathaus innerhalb der Befestigungsringe.

In der Burg hat heute die **Expoziţia Muzeală Istoricul Industriei Textile** *(Str. Apărării 2, Tel. 0728 856 027, Sa/So geschl., €)* ihre Räume. Das in einem Geschäftshaus untergebrachte Textilmuseum lohnt den Besuch wegen der Holzwebstühle und den Webarbeiten.

Cisnădiadora liegt fünf Kilometer südlich von Cisnădie in den Ausläufern der Cindrel-Berge. Der höchste Punkt und im wahrsten Sinn des Wortes Höhepunkt dieses kleinen Bauerndorfs ist eine **Wehrkirche** *(Tel. 0269 564 332, €)* auf dem Hügel mit einer grandiosen Aussicht. Die Kirche wurde bereits 1223 errichtet und ist dem hl. Michael geweiht.

Das schlichte Gebäude mit einem geschnitzten Türrahmen ist noch älter als das Dorf selbst und eine der ältesten romanischen Kirchen in Transsilvanien. Sie wurde der Zisterzienserabtei von Cârta (siehe S. 135 f.) geschenkt. Cisnădioara hat ein kleines **ethnografisches Museum** *(Tel. 0269 564 332, Mo geschl., €)*. ■

Ruhepäuschen vor der herrlichen Kirchenburg von Cisnădie

Cisnădie
Ⓝ 102 C2
Besucher-information
✉ Centrul de Informare Turistică, Str. Cetăţii 1
☎ 0269 561 236

Kurvenreiche Autofahrt durch die Mărginimea Sibiului

Eine beschauliche, schöne Autofahrt führt im Süden von Sibiu durch die pastorale Landschaft der Cindrel-Berge. Unterwegs kommt man durch die Mărginimea Sibiului (Hermannstädter Randgebiet), zu dem 18 Dörfer gehören. Diese Gemeinden waren immer unabhängig und von ihrer Volkszugehörigkeit her rumänisch.

Die Fahrt beginnt in **Răsinari** (Städterdorf) mit seinem netten kleinen **Dorfmuseum** *(Str. Muzeului 184)*. Weiter geht es in Richtung Sibiu, doch dann biegt man links auf die Landstraße nach Poplaca (Gunzendorf) ab. Man fährt durch das Dorf und dann noch fünf Kilometer weiter, bis die breite Straße erreicht ist, die Orlat mit Gura Râului verbindet. Hier biegt man rechts nach Orlat (2 km) ab.

In **Orlat** geht es nach dem Besuch der Festung **Cetatea Scurtă** (14. Jh.) links weiter nach Săcel. Nach drei Kilometern biegt man erneut links und dann nochmals links nach **Fântânele** ❶ ab. Das versteckt in den Bergen liegenden hufeisenförmige Dorf zeigt schöne bunte Häuser. Sehenswert ist auch das **Muzeul Sătesc** *(Str. Şaguna 34, Tel. 0269 552 302, €)* mit seiner Sammlung von Ikonen und ländlichem Kunsthandwerk. Sie werden in zwei Räumen des ehemaligen Gasthofs (spätes 18. Jh.) ausgestellt.

Von Fântânele aus führt die Fahrt weiter ins zwei Kilometer westlich liegende **Sibiel** (Budenbach) ❷. In der Dorfmitte gabelt sich die Straße (rechts führt eine Brücke über einen Bach, der Kiosk verkauft im Sommer Kunsthandwerk). Am Platz ragt die **Biserica Sf. Treime** auf. Die Kirche wurde 1765 errichtet, als in Transsilvanien der orthodoxe Glaube verboten wurde. Von außen mutet das

Răşinari: Pferdekarren und Kopfsteinpflastergassen sind noch oft im ländlichen Rumänien zu sehen

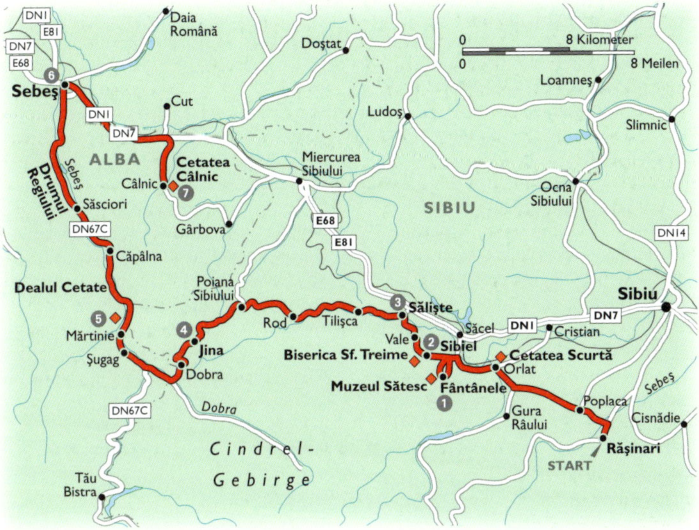

Gotteshaus wie eine katholische Kirche an, innen wirkt es sehr byzantinisch. Auf dem Kirchengelände befindet sich auch das hübsche **Muzeul de Icoane pe Sticlă Preotul Zosim Oancea** *(Str. Bisericii 329, Tel. 0269 552 536, €)*. Der Geistliche Zosim Oancea (geb. 1911) gründete das Ikonenmuseum, nachdem er 15 Jahre im Gefängnis wegen seiner Kritik am Kommunismus verbracht hatte. Das Museum zeigt über 500 volkstümliche Ikonen, die auf Glas gemalt sind.

Durch Sibiel führt die Fahrt nach Vale und weiter nach **Săliște** (Großdorf) 3, dem Zentrum der Mărginimea Sibiului. Um Weihnachten und Neujahr lockt die Stadt Besucher aus der ganzen Region an, denn dann werden in den Straßen die traditionellen transsilvanischen Tänze wie Căluşul, Brăul oder auch Sârba lui Ghiboi gezeigt. Dabei tanzen ausschließlich Männer in schwarz-weißer Tracht.

Von Săliste wird nach etwa zwei Kilometern Richtung Westen das Dorf **Tilişca** (Telischen) erreicht, hier sind fast alle Häuser aus Holz gebaut. Die mittelalterliche Zitadelle wurde am Standort einer Festung errichtet, die dem Dakerkönig Burebista (70–44 v. Chr.) gehörte. Er war ein Widersacher von Julius Cäsar. Eine Bergstraße führt nun 23 Kilometer

Siehe Karte S. 102
➤ Răşinari
105 km; Auto mit Allrad empfehlenswert
3 Stunden (plus Pausen)
➤ Cetatea Câlnic

UNBEDINGT ANSEHEN

- Sibiel
- Jina
- Dealul Cetate
- Cetatea Câlnic

durch die Dörfer Rod (Rodt) und Poiana Sibiului (Flußau) nach **Jina** (Schinna) 4. Das 731 Meter hoch gelegene Dorf ist eines der abgelegensten, autarksten und trotzdem reichsten der Region. Ende Juli (oder Anfang August) findet hier seit 1971 ein Festival der Volksmusik (Suspe Munte) statt *(Infos zum Festival unter Tel. 0269 532 101)*.

Auf der Straße, die sich durch das drei Kilometer entfernte Dobra schlängelt, geht es weiter in die Berge. An der nächsten Kreuzung biegt man rechts ab; der Fluss Dobra plätschert hier neben der Straße entlang. Nach weiteren drei Kilometern ist die DN67C erreicht, dort rechts abbiegen. Die Straße heißt **Drumul Regelui** und wurde für König Karl II. gebaut, der sie für seine Fahrten in die Berge nutzte. Nun geht es weiter in Richtung Norden durch Şugag und **Mărtinie** nach **Căpălna**. Sechs Kilometer südwestlich dieses Dorfes stößt man auf eine der schönsten dakischen Zitadellen ganz Südtranssilvaniens.

Die **Dealul Cetate** 5 datiert aus der zweiten Hälfte des 1. vorchristlichen Jahrhunderts. Die ovale Festung wurde während der dakisch-römischen Kriege angegriffen, überdauerte jedoch als mittelalterlicher Zufluchtsort.

Nach 18 Kilometern ist Săsciori erreicht. Als Orientierungshilfe dient der Fluss Sebeş – er fließt direkt nach **Sebeş** (Mühlbach) 6. Hauptattraktion ist hier die romanisch-gotische **Kirche** *(Str. Piaţa Primăriei 6, Tel. 0258 731 693, €)* mitten in der Stadt. Der Chor ist ungewöhnlich hoch, und die Steinmetzarbeiten prächtig ausgestaltet. Der Autoausflug nähert sich nun langsam dem Ende.

Von Sebeş führt die Hauptstraße Richtung Sibiu (DN1) neun Kilometer gen Osten und biegt dann auf eine kleinere Straße ab, die mit **Cetatea Câlnic** 7 ausgeschildert ist *(Tel. 0258 747 220, Termin telefonisch vereinbaren oder in der Casa Parohială Sasească, 200 m von der Burg entfernt, vorher anfragen)*. Die Burg in Câlnic (Kelling) wurde ursprünglich Mitte des 12. Jahrhunderts für den Grafen Chyl von Kelling erbaut. Im Mittelalter fungierte sie als Zufluchtsort der Dorfbewohner; es wurden diverse Vorratskammern im inneren Mauergürtel angelegt. Die beiden Befestigungsringe, ein mächtiger Turm und die Kapelle hat man in jüngster Zeit restauriert. Die Burganlage zählt zum UNESCO-Weltkulturerbe und ist heute ein beliebtes Kulturzentrum. ■

Bei einer Fahrt durch die Cindrel-Berge bieten sich immer wieder romantische Ausblicke

Ţara Oltului

Die Burg Făgăraş ist das Wahrzeichen der Stadt, heute finden dort Kulturveranstaltungen statt. Auch ein Kellerrestaurant ist vorhanden

DER LANGE STREIFEN LAND ZWISCHEN DEM FLUSS OLT und den Südkarpaten trägt den Namen Tara Oltului: Olt-Land. Die Region ist nach dem Fluss benannt und wurde von den Sachsen, die im 13. Jahrhundert hier eintrafen, kultiviert. Aus diesem Grund meinen viele, dass das Gebiet ursprünglich Altland hieß. Tara Oltului ist das Land der Bauern: Im Sommer überziehen frisch gemähte Wiesen, die von Bäumen gesäumt werden, das Hügelland.

Das Gebiet von Tara Olului ist nicht groß, lockt aber mit einigen interessanten Sehenswürdigkeiten. In der Stadt **Avrig** (Freck) steht der **Palatul de Vară Brukenthal** (Str. Lazăr 38, Tel. 0744 840 335), das barocke Sommerschloss des reichen Gouverneurs Samuel von Brukenthal, das er 1771 für seine Familie errichten ließ. Der botanische Garten hinter dem Anwesen kann besichtigt werden.

Einen Besuch lohnt auch der **Clubul Copiilor**, wo Rodica Ispas ein **Projekt mit Textilweberei** *(Str. Horia 8, Rodica unter Tel. 0269 523 456 anrufen)* für die Kinder der Stadt ins Leben gerufen hat.

Etwa 17 Kilometer sind es von Avig bis zum nördlichen Endpunkt der spektakulären **Transfăgărăşan-Schnellstraße** (siehe S. 67). Die Straße ist nur im Sommer gut befahrbar und führt über die Berge in die Walachei.

Zwei Kilometer hinter dem Ende der Schnellstraße erheben sich im Dorf Cârţa die Ruinen der Zisterzienserabtei **Abaţia Cârta** *(Tel. 0269 521 125, Termin vereinbaren, während der Messe am So geschl., €)*. Sehenswert sind der Chor, ein imposanter Wachturm und Arkaden, die sich die Wand entlangziehen. Die Abtei wurde von Mönchen der französischen Abtei

Ţara Oltului
102 C2–D2

Avrig
102 C2

Abaţia Cârţa
102 D2

Mănăstirea de la Sâmbăta de Sus
102 D2

Tara Făgăraşului
102 D2

Făgăraş
102 D2

von Pontigny Anfang des 13. Jahrhunderts im romanischen Stil erbaut. Durch eine Tatareninvasion 1241 wurde das Gebäude so stark zerstört, dass die Abtei dann im frühgotischen Stil neu aufgebaut werden musste. Dass die hart arbeitenden, spartanischen Zisterzienser nach Transsilvanien kamen, liegt vor allem an Eheschließungen zwischen den ungarischen und französischen Dynastien.

In **Sâmbăta de Jos** können Pferdeliebhaber einigen der etwa 300 Lipizzaner einen Besuch abstatten, die von **Herghelia Sâmbă ta de Jos** *(Str. Principală, Tel. 0268 215 831, Sa/So geschl.)* auf dem Gelände der berühmten Burg (1770) von Gouverneur Brukenthal gezüchtet werden. Erfahrene Reiter haben die Möglichkeit, die anmutigen, gut geschulten Pferde sogar selbst zu reiten. Eine Landstraße, die südlich an der Pferdezucht vorbeiläuft, führt zu einem 13 Kilometer entfernt liegenden Kloster.

Die **Mănăstirea de la Sâmbăta de Sus** *(Tel. 0368 506 001)* wurde auf Anordnung des walachischen Prinzen Constantin Brâncoveanu im späten 17. Jahrhundert errichtet. Das Kloster sollte den alten christlichen Glauben zu einer Zeit stützen, als die orthodoxen Kirchen in Transsilvanien von Protestanten wie auch Katholiken angegriffen wurden. In der herrlichen Gebirgslandschaft unweit der Grenze zur Walachei entwickelte sich Sâmbăta de Sus zu einem Refugium für Rumänen, die ihre Identität bedroht sahen. Das Gebäude wurde 1785 von einem Habsburger General zerstört, jedoch restauriert und beherbergt nun eine der renommiertesten Schulen für Glasikonenmalerei des Landes.

ŢARA FĂGĂRAŞULUI

Ein weiteres vom Mittelalter geprägtes Gebiet befindet sich östlich von Ţara Oltului. Die Region Ţara Făgăraşului gehörte einst den orthodoxen Fürsten der Walachei, die 1464 das Land dem König von Ungarn überließen. Ţara Făgăraşului erstreckt sich rund um die kleine Stadt **Făgăraş** (Fogarasch) und zieht sich bis zu den Făgăraş-Bergen, deren schneebedeckte Bergkämme eine beeindruckende Grenze gen Süden bilden.

Die Hauptattraktion hier ist unübersehbar: die herrliche **Cetatea Făgăraşului**, die das Stadtbild beherrscht. Die Burganlage wurde vom 14.–18. Jahrhundert errichtet und begann als schlichte Festung. Die transsilvanischen Fürsten Gábor (Gabriel) Bethlen und Gheorghe Rákosi I. statteten sie dann im 17. Jahrhundert nach Renaissancevorbildern aus. Von 1948 bis 1960 diente die Burg als Gefängnis; die Insassen wurden extrem brutal behandelt. Die Zellen, in denen politische Gefangene in absoluter Dunkelheit inhaftiert waren, können besichtigt werden. In den kurzen Momenten, in denen sich die Zellentür einmal öffnete, ritzten sie Inschriften in die Wände.

In einem der Burgtürme befindet sich eine Eiserne Jungfrau, ein besonders übles mittelalterliches Folterinstrument. Der Behälter ist innen mit langen Eisenspitzen versehen. Wurde das Opfer in den Behälter gezwängt und die Türen geschlossen, bohrten sich ihm die Eisenspitzen durch die Brust.

Heute herrscht hier jedoch eine weitaus angenehmere Stimmung. Die Burg von Făgăraş ist auch Sitz des regionalgeschichtlichen Museums **Muzeul Ţării Făgăraşului** *(Piaţa Mihai Viteazul 1, Tel. 0268 211 862, Mo geschl., €)* sowie der Stadtbibliothek. In der Nähe vom Eingang befinden sich diverse Räume, die von den mittelalterlichen Zünften genutzt wurden. ■

Biertan (Birthälm) & Richiş (Reichesdorf)

Die Kirchenburg von Biertan prägt das Ortsbild

KEINE KIRCHENBURG GLEICHT DER ANDEREN. EINE DER sicherlich schönsten steht in Biertan, und zwar unweit der Hauptstraße, die von Mediaş nach Sighişoara führt.

Die Kirche **Sf. Maria** in Biertan zählt zum Weltkulturerbe, sie wurde 1516 vollendet und krönt einen niedrigen Hügel mit Blick auf das Dorf. Durch die weit in den Himmel strebenden Pfeiler und das edle Maßwerk wirkt die Kirche wie eine gotische Kathedrale im Kleinformat. Das Altargemälde setzt sich aus 28 Tafeln zusammen. In der Mitte sind Szenen aus dem Leben der heiligen Jungfrau Maria und Jesu zu sehen, flankiert von Heiligengemälden. Die gotischen Gewölbe, die Steinmetzarbeiten und Holzschnitzereien von Meistern des 16. Jahrhunderts machen die Kirche zu einem prächtigen Bauwerk.

Ein großzügiger Platz bildet den natürlichen Mittelpunkt, mehrere gute Restaurants und Gästehäuser sorgen für das leibliche Wohl.

Südlich von Biertan führt eine Landstraße tiefer in die zeitlose Landschaft zwischen Sighişoara und dem Fluss Olt. Die Straße schlängelt sich ins reizende Bauerndorf Richiş (Reichesdorf). Die **Kirche** (14. Jh.) in der Ortsmitte ist ein Schmuckstück gotischer Steinmetzkunst; im Gegensatz zu anderen Gotteshäusern auf dem Land weist sie zwölf achteckige Säulen auf. Die inzwischen evangelische Kirche wurde ab 1500 befestigt.

An der Straße zwischen Mediaş-Sighişoara und Ţara Oltului liegen noch Dutzende weiterer sehenswerter Kirchenburgen, die aus der gleichen Epoche stammen. Es lohnt sich also, die Gegend mit viel Muße zu erkunden – zu Fuß oder mit dem Pferd (etwa von Richiş aus; siehe S. 238 und 263 f.). ■

Biertan

102 D2

Besucher-information

Centrul de Informare Turistică Mediaş – Agenţia de Turism Passpartout, Str. I. G. Duca 24

0269 839 681 oder 0745 237 603

So geschl.

Sighişoaras mittelalterliche Altstadt liegt auf einem Berg hoch über dem Talboden

Sighişoara (Schäßburg)

DIE ROMANTISCHE STADT THRONT AUF EINEM FELSSPORN und ist von einer intakten Mauer umgeben. Sighişoara gilt als eine der schönsten Städte Transsilvaniens – die Beschreibung „wie im Märchen" könnte passender nicht sein. In der Burg fühlt sich der Besucher wie in eine andere Zeit versetzt.

Sighişoara
102 D3
Besucherinformation
Centrul de Informare Turistică
Str. Octavian Goga 8
0265 770 415

Die imposante Burganlage von Sighişoara (13. Jh.) erhebt sich inmitten der Unterstadt und scheint gleichsam über ihr zu schweben. Sie wurde nach der schrecklichen Tatareninvasion 1241/42 errichtet und beherbergt heute diverse Hotels und Gasthöfe, Restaurants, Cafés, eine Schule, mehrere Kirchen sowie ein Museum. Im Grunde ist die Burg auch heute noch ein voll funktionstüchtiger Teil der Stadt. In ihrer Blütezeit schützten 14 Türme und Bastionen die Burg – neun davon blieben erhalten. Außerdem war die Burg von drei Befestigungsringen umgeben. Zwei Tore führen hinein – eines im Osten und eines im Westen. Für Autos ist das historische Areal heute gesperrt.

Die Sachsen siedelten sich bereits im 12. Jahrhundert in Schäßburg an. Die ältesten Häuser in der Burg stammen aus dem späten 17. Jahrhundert; sie wurden errichtet, nachdem ein Brand die Stadt zerstört hatte.

Der herrliche 64 Meter hohe **Turnul cu Ceas** *(Stundturm; Piaţa Muzeului 1, Tel. 0625 771 108,*

Mo geschl., €) ragt über dem Osttor der Burg auf. Er wurde ab 1300 errichtet, jedoch mehrmals grundlegend verändert. Heute beherbergt der Turm ein kleines Museum für Geschichte und Wissenschaft. Wer den Turm besteigt, genießt einen herrlichen Blick über die schöne Landschaft ringsum. Zur vollen Stunde setzt sich das Glockenspiel in Bewegung: Figuren aus Eichenholz drehen sich dann um das Zifferblatt. Sie stellen Götter aus der Mythologie dar, von denen die Wochentage ihren Namen haben: Merkur, Jupiter und so weiter. Jede Figur trägt ein alchemistisches Symbol am Kopf. Das Glockenspiel wurde vermutlich mit dem Uhrwerk in der Mitte des 17. Jahrhunderts installiert.

Einige bemerkenswerte Gebäude finden sich an der Piața Muzeului unweit des Stundturms. In der **Strada Cositorarilor Nr. 5** hat derzeit das Restaurant Casa Vlad Dracul seine Räume. Angeblich ist es das Geburtshaus des walachischen Fürsten Vlad II. Dracula (1431–76). Eine ehemalige **Dominikanerklosterkirche** (*Tel. 0265 771 195;* gegründet im 13. Jahrhundert ragt an der Nordseite des Platzes auf, sie ist jetzt evangelisch. Der barocke Altaraufsatz (1680) ist aber noch vorhanden, ebenso eine Sammlung von 35 islamischen Teppichen aus dem 13. Jahrhundert. Die Läufer waren Spenden der weit gereisten Kaufleute der Stadt.

Von der Piața Cetătii verläuft die Strada ficolilor gen Süden und endet an einer Querstraße. Hier lohnt sich der Blick auf die **Scara Școlarilor** (Schülertreppe), eine überdachte Holztreppe aus der Mitte des 17. Jahrhunderts. Sie wurde für die Schüler errichtet, die weiter oben am Burgberg die deutsche Schule besuchten. Weiter bergauf folgt die schönste Kirche der Stadt, die **Biserica din Deal** *(Bergkirche; Tel. 0265 771 195, €)*. Sie heißt auch Sf. Niculae (St. Nikolaus) und wurde vermutlich Anfang des 15. Jahrhunderts auf den Fundamenten einer noch älteren Kapelle erbaut. Das schlichte Äußere straft den Kirchenraum Lügen. 1704 fielen die Gemälde einem Feuer zum Opfer; sie wurden jedoch von einem Restauratorenteam von der Kunst-

Dracula als Werbegag: Restaurant in Sighișoara in der Nähe vom Stundturm

hochschule Bukarest restauriert. Ein Highlight ist das Fresko „Das jüngste Gericht" am östlichen Ende der Wand im nördlichen Kirchenschiff. Experten vertreten die Ansicht, dass einige der Gemälde von einem Künstler aus Tirol stammen. Holzschnitzereien aus dem späten 14. Jahrhundert und ein Altarbild von Johannes Stoss machen die Kirche zu einem Kleinod, das man sich nicht entgehen lassen sollte. ■

Die Präfektur von Târgu Mureş (Mitte) und der Kulturpalast (rechts) sind die beiden Wahrzeichen der lebendigen Altstadt

Târgu Mureş (Neumarkt am Mieresch)

ALS BLÜHENDER UNIVERSITÄTSORT WAR DIE STADT ZUR Zeit der Kommunisten das Zentrum von Künstlern, die mit dem System nicht konform gingen; heute ist die Kulturszene höchst lebendig.

Der ungarische Name der Stadt lautet Marosvásárhely. Der Ort wurde erstmals 1300 erwähnt und entwickelte sich von einem kleinen Marktflecken zur Garnisonstadt der Szekler, die für den ungarischen König die Grenzen Transsilvaniens bewachten. Im 18. Jahrhundert avancierte die Stadt zu einem Zentrum der Gelehrsamkeit.

Die meisten Besucher beginnen mit der Stadtbesichtigung an der **Piaţa Trandafirilor** (Rosenplatz), einem rechteckigen Platz mit viel Verkehr. Neben zahlreichen Geschäften, Restaurants und Internet-Cafés finden sich hier auch diverse kulturelle Einrichtungen. Am östlichen Ende ragt die **Orthodoxe Kathedrale** *(Piaţa Trandafirilor 1)* auf. Sie ist die größte Transsilvaniens und wurde in den 1920er Jahren erbaut, kurz nachdem Transsilvanien an Rumänien fiel.

Gegenüber steht der **Palatul Culturii** *(Str. Enescu 2)*. Der prächtige Kulturpalast ist ein Meisterwerk des Sezessionsstils aus dem späten 19. Jahrhundert, der geometrische und frei fließende Linien verbindet. Das Gebäude und ein Großteil der Ausstattung wurden von Marcel Komor (1868–1944) und Deszö Jakab (1864–1932) ent-

Târgu Mureş

102 D3

Besucherinformation

Centrul de Informare Turistică, Str. Enescu 2

0365 404 934

worfen. Von der bekannten ungarischen Keramikfirma Zsolnay stammen die blauen, gelben und roten Dachfliesen. Die **Sala Oglinzilor** (Spiegelsaal) verdankt ihren Namen den riesigen Spiegeln, die in Rahmen mit floralem Muster eingefasst sind. Das Tageslicht fällt durch zwölf Buntglasfenster mit Szenen aus der ungarischen Mythologie.

Im Palast ist das **Muzeul Județean de Arheologie și Istorie** *(Geschichts- und Archäologiemuseum, Str. Horea 24, Tel. 0265 263 960; Secția de Artă, Str. Enescu, Tel. 265 267 179; beide Mo geschl., €)* beheimatet. Zu den Hauptattraktionen zählen eine prachtvolle Fibel aus dem 12. Jahrhundert sowie Gemälde des renommierten rumänischen Impressionisten Nicolae Grigorescu. In dem Gebäude befinden sich außerdem ein Konzertsaal und eine Bibliothek.

Gleich in der Nähe ist das **Muzeul de Etnografie** *(Piața Trandafirilor 11, Tel. 0265 250 169, Mo geschl., €)* in einem Barockbau (18. Jh.) untergebracht. Die Sammlung wurde von Aurel Filimon (1891–1946) gegründet, einem Archäologen, der in Târgu Mureș die Grundlagen für die ethnografische und archäologische Forschung bereitete. Nur ein paar Minuten zu Fuß sind es zum hübschen Gebäude der **Secția de Stiințele Naturii** *(Str. Horea 24, Tel. 0251 236 987, Mo geschl., €)*. Das Museum für Naturgeschichte zeigt exotische Schmetterlinge und den zweitgrößten ausgestopften Hirsch des Landes.

Târgu Mureș bietet gleich drei hervorragende Theater. Eine Vorstellung der Experimentierbühne des **Teatrul pentru Copii și Tineret Ariel** (Ariel-Theater für Kinder und Jugendliche; *Str. Poștei 2, Tel. 0365 407 950*) sollte man sich nicht entgehen lassen. Bei den Aufführungen wird zwar rumänisch oder ungarisch gesprochen, aber zum Repertoire gehören auch Puppentheater und Pantomime.

Im Norden der Piața Trandafirilor erhebt sich an der Piața György die mittelalterliche **Burg**. Fürst Ștefan Barthory begann mit ihrem Bau 1492. Die Festung wurde im Stil

Rumänische und ungarische Embleme in friedlichem Nebeneinander. In Târgu Mureș sind politische Animositäten vergessen. Bessere Bedingungen für alle sind das gemeinsame Ziel

der Renaissance erweitert und umgestaltet und weist einen fünfeckigen Grundriss mit sieben Bastionen auf. Hohe Ziegelmauern schützen die protestantische Kirche (15. Jh.) und die mittelalterliche Bäckerei. Die Festung wurde vor Kurzem restauriert; heute finden hier viele Kulturveranstaltungen statt.

Die historische **Biblioteca Teleki-Bolyai** *(Nr. 17, Tel. 0265 261 857, So geschl.)* findet man in der Strada Bolyai, einer langen Straße, die von der Piața Trandafirilor Richtung Süden verläuft. Die von Graf Sámuel Teleki gegründete Bibliothek wurde 1802 eröffnet und zählt zu den ersten öffentlichen Bibliotheken im damaligen Ungarn. In den Beständen finden sich so seltene Bücher wie Geleotto Marzios „Liber de Homine“, das um 1475 in Bologna gedruckt wurde, sowie Publikationen aus dem 18. Jahrhundert, die das Leben adeliger Damen in Transsilvanien beschreiben. ■

Ein eurasischer Luchs *(Felis lynx)* auf einem umgestürzten Baumstamm

Bären, Wölfe und Luchse

Rumänien ist eines der letzten Länder Europas, in denen Bären, Wölfe und Luchse in freier Natur leben. Sie bewohnen die bewaldeten Karpaten, die größtenteils auf rumänischem Staatsgebiet liegen. Fachleute schätzen, dass 60 Prozent der in Europa verbliebenen Braunbären, 40 Prozent der Wölfe und fast alle Luchse hier zu Hause sind. Neue Statistiken belegen, dass in Rumänien 5000 Bären, 3000 Wölfe und 2000 Luchse umherziehen.

Die drei Arten sind die einzigen Großraubtiere, die in Europa vorkommen. Die Jagd, der Schutz des Viehbestands und die Angst der Menschen haben dazu geführt, dass die Tiere extrem gefährdet sind. In einigen Gegenden laufen Kampagnen, um das Verständnis für die Wildtiere und ihre Bedürfnisse zu fördern. Dabei geht es nicht ausschließlich um den Artenschutz, sondern auch um langfristige Ziele wie den Ökotourismus.

Die Wahrscheinlichkeit, einen Wolf in freier Wildbahn zu sehen, ist nicht groß. Bären und Luchse sind weniger scheu, dennoch ist es nicht ratsam, sich ihnen zu nähern. Die Tiere verlassen nur im Winter die höheren Lagen der Bergen, wenn dort das Futter knapp wird.

1977 riefen mehrere Ökologen das sechsjährige Projekt Carpathian Large Carnivore Project (CLCP) ins Leben. Ihr Ziel war die bessere Erforschung der drei gefährdeten Wildtiere. Viele einheimische und internationale Organisationen nahmen an dem in Zărnesti beheimateten Projekt teil. Im Lauf der Jahre wurden 17 Wölfe und zwölf Bären mit einem Halsband samt Sender versehen und beobachtet. Zusätzlich wurde der Nationalpark Parcul Național Piatra Craiului gegründet. Die Wissenschaftler konnten viele Informationen zusammentragen, doch leider war 2002 nur noch eines der mit einem Halsband versehenen Tiere am Leben: ein Wolf. Seit 2003 hat der Nationalpark die Forschungsarbeit von CLCP übernommen; Zărnesti ist zum Mekka des Ökotourismus avanciert. Eines der Gründungsmitglieder, der Veranstalter und Naturführer Colin Shaw, hat zusammen mit anderen die Asociația de Ecoturism din România ins Leben gerufen, die in diesem Bereich neue Maßstäbe setzt.

Rumänien hat zwar den Vertrag zum Artenschutz unterzeichnet, gestattet jedoch weiterhin die Bärenjagd. Die jährliche Quote wird von einer Institution festgelegt, die damit guten Profit macht. Die Bärenbeobachtung ist zum Problem geworden. In Rădădău, einer Vorstadt von Braflov (Kronstadt), haben überquellende Mülltonnen Bären in die Stadt gelockt. Viele Führer haben deshalb diese „Sehenswürdigkeit“ in ihr Programm aufgenommen. Trotz der Empfehlung, die Tonnen unter Verschluss zu halten, wurde bereits jemand von einem Bären getötet. Die Öffentlichkeit reagierte mit großer Besorgnis, so dass die Naturschützer nun wiederum Sorge haben, dass die Bären der Angst zum Opfer fallen. ■

Oben: Der Karpaten-Braunbär *(Ursus arctos)* gehört zu den gefährdeten Arten.
Unten: Ein Wolf in den Südkarpaten

Die Schwarze Kirche aus dem 14. Jahrhundert ist ein Wahrzeichen in der Altstadt von Braşov. 1987 wurden hier antikommunistische Proteste brutal niedergeschlagen

Braşov (Kronstadt)

BRAŞOV IST EINE DER SCHÖNSTEN STÄDTE DER SIEBENbürger Sachsen., wurde unter den Kommunisten stark industrialisiert. Der mittelalterliche Kern überlebte die Zeit jedoch gut.

Die geschäftige **Piaţa Sfatului** (Rathausplatz) bietet sich als Orientierungspunkt an und ist in gewisser Weise eine Art Freilichtbühne. Das zweistöckige Gebäude mit Wachturm mitten am Platz beherbergt das **Muzeul Judeţean de Istorie** *(Piaţa Sfatului 30, Tel. 0268 472 363, Mo geschl., €)*. Zu den wunderschön präsentierten Exponaten gehören Funde aus der Burg von Râşnov und das erste Dokument in rumänischer Sprache von 1521.

In dem Viertel um die Piaţa Sfatului finden sich viele Terrassencafés und Restaurants. So nimmt zum Beispiel das **Cerbul Carpatin** (Karpatenhirsch; *Piaţa Afatului 14, Tel. 0268 417 612*) einen Teil der imposanten Markthalle aus dem 16. Jahrhundert ein.

In der Nähe des Rathauses ragt die **Biserica Neagră** (Schwarze Kirche; *Curtea Hinterus 2, Tel. 0268 511 824, So geschl., €*) auf. Der Name stammt aus der Zeit, als die Habsburger 1689 Braflov belagerten. Durch ein verheerendes Feuer kamen rund 3000 Menschen ums leben, die verrußten Kirchenmauern erinnern bis heute daran. Im 15. Jahrhundert avancierte die seit 1383 bestehende Kirche zum Flaggschiff des Protestantismus in Transsilvanien. Ihr berühmtester Geistlicher war Johannes Honterus (1498–1549), der hier die Lehre Luthers verkündete. Eine Statue von ihm steht vor der Kirche.

Im Kircheninnern beeindrucken die schön verzierten Kirchenbänke. An den Bildern lässt sich erkennen,

Braşov

Karte: 103 E2

Besucher-information

✉ Centrul de Informare Turistică, Piaţa Sfatului 30

☎ 0268 419 078

welcher Zunft jeweils das Gestühl gehörte. Zu sehen ist auch eine Sammlung von 119 Teppichen aus Anatolien, ein Geschenk der Kaufleute, die sie entweder auf Reisen gekauft oder türkischen Soldaten beim Kampf gegen die Habsburger abgenommen hatten.

Auf keinen Fall sollte man sich die folgende Kuriosität entgehen lassen, die nur fünf Gehminuten von der Schwarzen Kirche liegt: die **Strada Sforii** (Seilstraße). Sie ist gerade einmal zwischen 1,11 und 1,35 Meter breit und soll die schmalste Gasse Europas sein.

Zwischen der Piaţa Sfatului und dem Bulevardul Eroilor befindet sich die Fußgängerzone **Strada Republicii**. Sie wird von Bäckereien und Lebensmittelgeschäften gesäumt, die ihre Räume in attraktiven Häusern aus dem 18. und 19. Jahrhundert haben. Am nördlichen Ende geht es links zum sehenswerten **Muzeul de Etnografie** *(B-dul Eroilor 21A, Tel. 0268 476 243, Mo geschl., €)*. Das Ethnografiemuseum ist im Stil eines mittelalterlichen Marktes gestaltet.

Von 1395 an war die sächsische Stadt Braşov von einer Mauer umgeben. Ein kleiner Teil blieb erhalten, dazu sieben Bastionen. Die beeindruckendste ist die hohe, runde **Bastionul Tesătorilor** (Weberbastei; *Str. Gheorghe Coşbuc 9, Tel. 0268 472 368, Mo geschl., €*). Sie wurde von der Weberzunft bereits im 16. Jahrhundert erbaut. Innen ziehen sich an den Wänden mehrere Reihen überdachter Holzplattformen entlang: Dort suchten die Menschen bei Überfällen Schutz. Im kleinen Museum wird ein Modell der mittelalterlichen Stadt samt Wehranlagen gezeigt.

Die sächsischen Stadtmauern umschließen auch die **Cetatea** aus dem 16. Jahrhundert. Die Burg thront oben auf dem Gipfel des Dealul Cetăţii. Über die Strada Nicolae Iorga und die Strada Eminescu gelangt man mit dem Auto oder zu Fuß auf den Burgberg mit herrlichem Blick über die Altstadt. In dem Gebäude befindet sich das **Restaurant Cetatea** *(Tel. 0268 417 617)*, in dem regionale Gerichte auf den Tisch kommen.

Im Südwesten steht die **Poarta Şchei**. Das 1827 errichtete Stadttor ist eines von zweien, durch die man vom rumänischen Dorf Şchei in die deutschsprachige Stadt gelangte. Das andere Tor, die **Poarta Ecaterinei** (1559), befindet sich gleich in der Nähe. Rumänen, die früher nach Braşov wollten, konnten das nur an bestimmten Wochentagen tun und mussten hier sogar noch einen Wegzoll zahlen.

Als Orientierungspunkt dient die orthodoxe **Biserica Sf. Nicolae**. Sie wurde für den walachischen Fürsten Neagoe Basarab errichtet und steht an der Piaţa Unirii. Der schlanke Turm mit spitzen Fialen ragt in den Himmel wie eine Märchenburg. Gleich nebenan wurde die erste Schule Rumäniens (1495) in ein **Museum** *(Piaţa Unirii 2-3, Tel. 0268 511 411, €)* umfunktioniert, das sich der Geschichte Şcheis widmet. Die niedrigen Räume mit Gewölbe beherbergen eine Druckerpresse, die dem Gründer der Schule gehörte. Im Dorf findet sich eine Fülle von Zeugnissen, die an die dakische Vergangenheit erinnern: So sind zum Beispiel die Türklopfer mit Drachen- oder Wolfskopf und Schlangenkörper dem dakischen Wappentier nachempfunden.

Gegenüber der Burg sorgt der **Muntele Tâmpa** für eine eindrucksvolle Altstadtkulisse. Mit der Seilbahn *(Telecabina Tâmpa, Str. Brediceanu, Mo geschl., €)* geht es auf den 360 Meter hohen Hausberg hinauf – von oben bietet sich ein herrlicher Blick über die mittelalterliche Dachlandschaft. ■

Schloss Bran hoch oben auf einem Felsen ist als Dracula-Schloss bekannt. Es steht für rund 50 Millionen Euro zum Verkauf

Rund um Braşov (Kronstadt)

VON BRAŞOV AUS LASSEN SICH UNZÄHLIGE WEITERE ORTE besichtigen – es sind fast schon zu viele. Richtung Norden finden sich weitere Kirchenburgen, im Südwesten bieten sich herrliche Wanderungen in unberührter Natur an. Im Süden liegt das Prahova-Tal, und im Osten führen die Berge in eine wenig besuchte Region von Moldavia: Vrancea (siehe S. 210 f.)

Hărman & Prejmer
103 E2

HĂRMAN & PREJMER

Die beiden Nachbardörfer Hărman (Honigberg) und Prejmer (Tartlau) liegen nur ein paar Kilometer nördlich von Braşov. In beiden Orten fallen die massiven Bauernhäuser mit Ziegeldach auf, sie stehen jeweils mit ihrer Giebelseite zur Straße. Diese Bauweise stammt aus der Zeit Kaiserin Maria Theresias und ist in vielen Dörfern des 18. Jahrhunderts in Osteuropa anzutreffen. In den letzten 20 Jahren haben viele der deutschsprachigen Anwohner das Dorf verlassen und ihre Häuser den Roma (siehe S. 204 f.) überlassen.

In Hărman umschließen die ovalen Wehrmauern der **Kirchenburg** *(Tel. 0268 367 438, Mo geschl., €)* eine mittlerweile überwiegend gotische Kirche aus dem 12. Jahrhundert. Die zwölf Meter hohen Mauern wurden von der Gemeinde im 15. Jahrhundert errichtet, um den Übergriffen der Österreicher, Walachen, Moldawier, Szekler, Tataren und Türken zu trotzen. Es herrschten harte Zeiten, und die Menschen lebten in ständiger Angst. Die vier kleinen Türmchen rund um die Turmspitze bedeuten, dass die Bevölkerung von Hărman befugt war, Todesurteile zu vollstrecken. Eine Begräbniskapelle (13. Jh.) in der Kirche zeigt Fragmente gotischer Fresken.

Die Mauern der **Kirchenburg** *(Tel. 0268 362 052, So/Mo geschl.,* siehe S. 148 f.) von Prejmer sind noch imposanter: Sie wurden vom

15. bis 18. Jahrhundert in drei Bauphasen errichtet. Der innerste Mauerring war mit Schlafzellen, Esssälen und Emporen ausgestattet, in denen während eines Angriffs das ganze Dorf Platz fand. Die schlichte gotische Kirche, die Gotteshäusern im Rheinland nachempfunden ist, war eine Oase der Ruhe inmitten des Schreckens.

UNTERWEGS AUF DER ALTEN WALACHISCHEN HANDELSSTRASSE

Südwestlich von Braşov schlängelt sich eine Straße durch die Berge in den Norden Muntenias, sie folgt einer der ältesten Handelsstraßen Rumäniens.

Râşnov (Rosenau) liegt rund 16 Kilometer von Braşov entfernt. Eine außergewöhnliche **Burg** *(Tel. 9268 230 078, €)* erhebt sich 150 Meter über den malerischen mittelalterlichen Häusern, sie wurde vom Deutschritterorden 1215 errichtet. Erobert wurde Râşnov nur 1612 von Gabriel Báthory. Heute vermittelt die restaurierte Bauernburg (in Privatbesitz) eher den Eindruck eines Bergdorfs als den einer mittelalterlichen Burganlage. Die Burg samt Museum ist inzwischen eine Touristenattraktion. Von einem Aussichtspunkt (€) bieten sich atemberaubende Blicke auf die umliegenden Berge. Szenen des Films *Unterwegs nach Cold Mountain* wurden hier gedreht.

Im Nordwesten erstreckt sich der **Parcul Naţional Piatra Craiului**. Der Nationalpark mit seiner herrlichen Landschaft ist ein reizvolles Wandergebiet mit vielen endemischen Pflanzen. Herzstück des Parks ist der Berg **Piatra Craiului** (2238 m).

Nach weiteren 16 Kilometern erreicht die Straße das Bergdorf Bran (Törzburg). **Schloss Bran** *(Str. Traian Moşoiu 489, Tel. 0268 238 333, Mo geschl., €€)* erlangte als Dracula-Schloss Berühmtheit und macht seinem Ruf wahrhaftig alle Ehre. Es ist von einer Mauer mit Wehrtürmen umgeben, nur aus einigen wenigen Fenstern sieht man aus ein paar Hundert Metern Höhe aufs Dorf hinunter. Die Burg wurde 1377 erstmals in einem Dokument erwähnt und beherbergte eine Grenzgarnison und Wachposten an der Grenze zur Walachei. Die Verbindung zu Fürst Vlad III. von Walachien (Dracula) gestaltet sich eher dürftig: Er nahm Bran eine kurze Zeit ein, während er 1459 mit den Kaufleuten von Braşov stritt, doch es gibt nur wenige Beweise, dass er sich hier wirklich länger aufgehalten hat.

Jedenfalls mussten sich alle gegnerischen Mächte, die um die Vorherrschaft stritten, irgendwann mit Bran auseinandersetzen. Der letzte – erfolglose – türkische Angriff erfolgte 1787. Das Schloss gehörte vom ausgehenden 15. Jahrhundert bis 1920 fast ununterbrochen den Sachsen von Braşov; dann übergab die Stadt sie der rumänischen Königsfamilie. Das Schloss wurde dann jahrelang als Sommerpalast, Krankenhaus und unter den Kommunisten als Museum genutzt und

Deutschritter

Der ungarische König Endre II. lud 1211 Ritter des Deutschen Ordens in den Südosten Transsilvaniens ein. Sie sollten die Grenzen der Region vor marodierenden Kumanen, einem türkischen Volk, schützen. Überall im Bârsa-Land, also rund um Brâsov, errichtete der Deutsche Orden seine Burgen. Mit der Hilfe der Sachsen verwies Endre die Ritter 1225 dann des Landes, nachdem er erfahren hatte, dass sie das Gebiet für den Papst einnehmen wollten. ■

Râşnov
103 E1

Parcul Naţional Piatra Craiului
103 E1

Bran
103 E1

Besucherinformation
Centrul de Informare Turistică, Str. Principală 509
0268 236 355

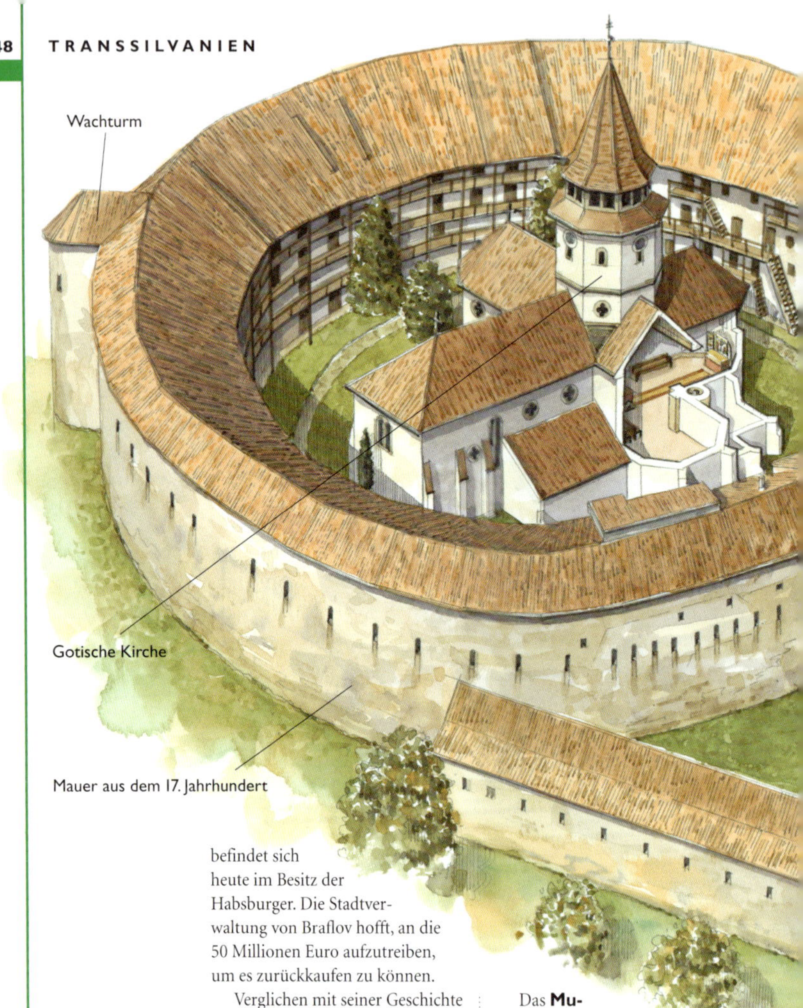

befindet sich heute im Besitz der Habsburger. Die Stadtverwaltung von Braflov hofft, an die 50 Millionen Euro aufzutreiben, um es zurückkaufen zu können.

Verglichen mit seiner Geschichte hat das Schloss innen nicht viel zu bieten. Es wurde in den 1920er Jahren von Königin Maria umgestaltet, erinnert aber mehr an eine spanische Hacienda als an ein von Schlachten gebeuteltes Schloss. Die Wehranlagen sind allerdings zweifellos beeindruckend. 1989 stellten Fachleute fest, dass das Mauerwerk unter dem Gewicht des Gebäudes leidet. Bei Ausgrabungen kamen mittelalterliche Wandmalereien zum Vorschein. Teile dieser Fresken wurden konserviert.

Das **Muzeul Satului** *(Details siehe Schloss Bran, S. 147)* befindet sich an der Südseite des Schlossbergs im ehemaligen Zollgebäude an der tanssilvanisch-walachischen Grenze. Das reizende Dorfmuseum informiert über die Geschichte und Kultur der Region.

Hinter Bran wird die Straße dann gebirgiger; es bieten sich immer neue, herrliche Ausblicke und hübsche Bergdörfer. **Moieciu de Jos** (Mösch) und **Moieciu de Sus** (Obermösch) können mit

PREJMER

zahlreichen Gästehäusern aufwarten. Weiter in Richtung Câmpulung Muscel (siehe S. 74) sollte man sich auf jeden Fall etwas Zeit für die Felsformationen und Wasserfälle der **Cheile Dâmbovicioarei** (Dâmbovicioarei-Schlucht) und die Dörfer unweit der Hauptstraße nehmen. Im Dorf **Podul Dâmboviţei** finden sich weitere Beispiele der wunderschönen Architektur der Siebenbürger Sachsen. ■

Szekler-Land

Sfântu Gheorghe
103 E2
Besucher-information
Centrul de Informare Turistică, Str. 1 Decembrie 1918 2
0267 316 474

Covasna
103 F2
Besucher-information
Primăria, Str. Piliske 1
0267 340 001

Târgu Secuiesc
103 F2

IN RICHTUNG OSTEN REICHT DIE TRANSSILVANISCHE Hochebene in die Karpaten hinein und erreicht eine ungarische Enklave, das Szekler-Land (Székelyföld). Die Region ist landschaftlich schön, zumal sie weitgehend von der Umweltverschmutzung verschont geblieben ist. Das Leben der Kleinbauern hier ist hart; die Landwirtschaft wird im Einklang mit der Natur betrieben und erinnert mit ihren Techniken eher an das 18. als an das 21. Jahrhundert.

SFÂNTU GHEORGHE (Sankt Georgen)

Die Stadt in den Ausläufern der Ostkarpaten hat 62 000 Einwohner, mehr als zwei Drittel sind ethnisch Ungarn. Der ungarische Name lautet Sepiszentgyörgy. Ungarisch ist auch auf Schritt und Tritt zu hören; viele Straßenschilder sind beispielsweise zweisprachig in Ungarisch und Rumänisch gehalten.

Der renommierte transsilvanische Schriftsteller, Politiker und Architekt Károly Kós (1883–1977) entwarf hier rund ein Dutzend Gebäude. Am bekanntesten ist das **Muzeul Naţional Secuiesc/ Székely Nemzeti Múzeum** *(Str. Károly Kós, Tel. 0267 312 442, Mo geschl., €)*. Das Nationalmuseum wurde 1911/1912 erbaut; bemerkenswert ist die Stilmischung aus traditionellen und modernen Elementen. Zu den Attraktionen der Abteilung im Freien gehören Holztore mit eingebautem Taubenschlag und eine Beerdigungstafel mit Todessymbolen.

Oben: Ein Kreuzritter-Kreuz (auch: Jerusalemer Kreuz) außen an der Kirche von Tusnad

TÂRGU SECUIESC (Szekler Neumarkt)

Rund 43 Kilometer östlich von Sf. Gheorghe liegt inmitten von Hügeln und Feldern die hübsche Kleinstadt Târgu Secuiesc (20 000 Einw.). Im Zentrum gehen von einem ovalen Platz 72 Gassen wie die Speichen eines Rades ab. Viele der Häuser und Geschäfte schmücken hübsche schmiedeeiserne Balkone aus dem 19. Jahrhundert. Im alten Rathaus befindet sich das **Muzeul de Istoria Breslelor** *(Str. Curtea 10, Tel. 0267 361 748, Mo geschl., €)*. Das Museum widmet sich den Zünften, die hier im Mittelalter florierten. Zu den Exponaten gehören 200 bunte Puppen in ungarischen Trachten aus ganz Transsilvanien.

COVASNA

Die Stadt am Fuß des Breţcu-Gebirges ist als Ort der tausend Quellen bekannt. Im Zentrum gibt es eine Kuriosität zu bestaunen, die **Balta Dracului** (Teufelsloch). Aus dem in den 1770er Jahren entdeckten Loch treten gelegentlich Schwefelgas und Schlamm aus. Für die Bevölkerung bedeutet das, sich dann rasch zurückzuziehen. Die letzte Eruption ereignete sich 1984. Covasna ist wegen seiner Mineralwasser auch ein anerkannter Kurort.

Eine Schmalspurbahn fährt von Covasna ins hübsche Bergdorf **Comandău**, 20 Kilometer weiter südlich. Der Ort verdankt seinen Namen der österreichisch-ungarischen Grenzgarnison, die im

19. Jahrhundert hier stationiert war. Die Eisenbahnlinie wurde in den 1890er Jahren für die Holzindustrie eröffnet. Sie ist die einzige in Rumänien mit Standseilbahn und überwindet zwischen Covasna und Comandău 400 Meter bei einer durchschnittlichen Steigung von 275 Prozent. Die schiefe Ebene heißt bei den Einheimischen Şiclăul und ist Teil des landschaftlich herrlichen **Valea Zânelor** (Feental). Die romantische Waldbahn wurde vorübergehend eingestellt, doch die Dampflok und die Waggons sind noch voll funktionstüchtig, und so bemühen sich die Anwohner von Covasna, den Betrieb für Touristen wieder aufzunehmen. Momentan ist Comandău allerdings nur über eine unbefestigte Straße von Covasna aus erreichbar.

MIERCUREA CIUC (Skeklerburg)

Miercurea Ciuc (wörtlich: Mittwochsmarkt) ist heute eine Industriestadt mit hübschem Zentrum. Nicht weit davon erhebt sich das massive **Castelul Mikó** (Burg Mikó), dessen Bau bitternötig war: Im 17. und 18. Jahrhundert wurde die Stadt von den Türken, Tataren und Habsburgern wiederholt verwüstet. Ferenc Mikó von Hidveg (1585–1635) errichtete die Burg dann im Stil der italienischen Renaissancearchitektur. Heute befindet sich dort das **Muzeul Secuiesc al Ciucului** (Szekler-Museum Ciuc; *Str. Cetăţii 1, Tel. 0266 111 727, Mo geschl.*, €). Im Hof sind sechs Bauernhöfe zu sehen, die aus den Dörfern der Umgebung hierher gebracht wurden.

HARGHITA-BERGE

Die Straße zwischen Miercurea Ciuc, Odorheiu Secuisec und Sovata führt durch zauberhafte Landschaften. Bei der Überquerung des Harghita sollte man Zeit für die Besichtigung der Stadt **Vlăhiţa** (Karlshütte) einplanen. Sie liegt unterhalb des 985 Meter hohen gleichnamigen Berges und besitzt die einzige mit Wasserkraft betriebene **Eisengießerei** (Uzină de fier; *Str. Gábor Aron 20, Tel. 0266 246 422*) in Rumänien, die auch zu besichtigen ist.

ODORHEIU SECUIESC (Oderhellen)

Diese hübsche Kleinstadt am östlichen Rand der transsilvanischen Hochebene ist schon seit prähistorischen Zeiten besiedelt. Heute leben in Odorheiu Secuiesc rund 37 000 Menschen. Die Stadt zählt damit zu den Gemeinden mit der höchsten Konzentration an Ungarn in ganz Transsilvanien.

Viele der langen Straßen in der Innenstadt haben kleine Durchgänge, die zu Höfen führen, in denen im Mittelalter viele Handwerker ihrem Beruf nachgingen.

Das älteste erhaltene Gebäude aus dem Mittelalter ist die **Jézus Szíve Kápolna** (Herz-Jesu-Kapelle). Sie liegt innerhalb der Befestigungsmauern in der Nähe des

Der Ursprung der Szekler

Die Székelyek (Szekler) sind ein Volk, das Ungarisch spricht. Einige Historiker vertreten die Auffassung, dass es sich um Germanen handelt, andere glauben, dass die Szekler im 9. Jahrhundert mit den Ungarn vom Fluss Don nach Westen zogen. Soweit bekannt, bekamen sie Land, weil sie die ungarischen Grenzen verteidigten. Die Szekler wanderten dann mit der Grenze nach Osten, wobei die meisten in Transsilvanien blieben. Die Székelyek verwenden ein eigenes Alphabet mit Runen. ■

Miercurea Ciuc
103 E3
Besucher-information
Centrul de Informare Turistică, Str. Florilor 12
0266 317 007

Odorheiu Secuiesc
103 E3
Besucher-information
Centrul de Informare Turistică, Piaţa Primăriei 1
0266 217 427

Corund
103 E3

Praid
103 D3

Südeingangs zur Stadt. Die Kapelle weist die Form eines vierblättrigen Kleeblatts auf. Innen ist die Kopie einer schönen Kassettendecke aus dem 17. Jahrhundert zu sehen.

Die Ruine einer Burg-Festung aus dem 15. Jahrhundert, **Sekely Tármadt** (Von den Szeklern angegriffene Festung), verleiht der Stadt ein besonderes Flair. Sie erhebt sich an der Nordwestecke der Piața Libertății und wurde im 16. Jahrhundert von Fürst János Szigmund zur Kontrolle der Szekler genutzt, die sich gegen ihn aufgelehnt hatten. Die Überreste von vier Bastionen sind noch erkennbar.

CORUND (KORUND)

Rund 29 Kilometer nördlich von Odorheiu Secuiesc liegt das Dorf Corund in wunderschöner Umgebung. Die Region ist für ihre Salzminen und Töpfereien bekannt. Die Szekeler sind eine von zwei Gemeinschaften, die mit dem Verkauf ihrer Keramik erfolgreich Geschäfte machen (die anderen sind die Dățneștii; siehe S. 180 f.). Die Dorfbewohner haben sich seit 1700 auf die Töpferei spezialisiert, ihr Markenzeichen sind blau-weiße Keramikwaren. Das tiefe Kobaltblau führten die Sachsen im 18. Jahrhundert ein. An der Hauptstraße ziehen sich Stände mit Keramik entlang, und oft kann man sogar den Kunsthandwerkern bei der Arbeit zuschauen.

PRAID

In Transsilvanien wird Salz seit mindestens 2000 Jahren gewonnen, im Dorf Praid befinden sich die größten unterirdischen Salzlager der Region. Mit ihren 1465 Metern

Holztore des Castelul Mikó in Miercurea Ciuc: Die Burg ist heute ein ethnografisches Museum, das sich dem Szekler-Land widmet

Mächtigkeit sind sie eine geologische Seltenheit; das Gestein enthält an die drei Milliarden Tonnen Salz. Der Eingang zur **Mine** *(Str. Gării 44, Tel. 0266 200, So geschl., €)* befindet sich in der Nähe der Hauptstraße. Die Besucher werden mit einem Bus durch einen fast 1,5 Kilometer langen Tunnel gefahren, der 75 Meter unter Tage liegt.

SOVATA

Sovata avancierte im 19. Jahrhundert zum Kurort, der sich um mehrere Salzseen gruppiert. In der Ferienzeit machen hier viele Rumänen Urlaub, der Ort konnte sich aber dennoch viel von seinem alten Charme bewahren. Der **Lacul Ursu** (Bärensee) weist eine derart hohe Salzkonzentration auf, dass das tiefe Wasser die Sonnenwärme speichert. Somit ist der See unten wärmer als an der Wasseroberfläche: In 1,5 Meter Tiefe kann die Temperatur 20 Grad erreichen.

REGHIN (Sächsisch Regen)

Die lebhafte Agrarstadt findet in Dokumenten erstmals 1228 Erwähnung. Reghin zieht sich am Fluss Murefl entlang und liegt am Nordwestrand des Szekler-Lands. Die Bevölkerung ist hier gemischter, die Mehrheit sind ethnisch Rumänen. Der zentrale Platz, die **Piaţa Petru Maior**, wird von schönen, einstöckigen Gebäuden aus dem 19. und 20. Jahrhundert gesäumt. Die schmiedeeisernen Balkone und leuchtenden Farben der Häuser vermitteln, wie wohlhabend Reghin zu Habsburger Zeiten war. Das reizend rustikale **Muzeul Etnografic** *(Str. Vânătorilor 51, Tel. 0265 512 571, Mo geschl., €)* widmet sich der Folklore.

DIE STRASSE NACH BICAZ

Von Miercurea Ciuc oder Sovata führen mehrere gute Straßen über die Karpaten in die Nachbarprovinz Moldova. Die schönste Strecke beginnt in Miercurea Ciuc, verläuft gen Norden nach Gheorgheni und dann in Richtung Osten (DN12C) über den **Bicaz-Pass**.

Am Pass liegt der **Lacu Roşu** (Roter See), der seinen Namen einem Erdrutsch im 19. Jahrhundert verdankt: Seither hat das Wasser eine rötliche Färbung. Heute treiben auf dem Wasser die Stämme von Tannen. Gegen eine kleine Gebühr werden auch Ruderboote auf dem idyllischen See vermietet. Ein paar Kilometer östlich vom Lacu Roşu führt die Straße in schwindel erregenden Kurven nach unten und vorbei an der **Cheile Bicazului** (Bicaz-Schlucht). Hier lohnt ein Halt, um die Klippen, Wasserfälle und Felsformationen zu bewundern. ■

Sovata
102 D3

Reghin
102 D4

Bicaz-Pass
103 E4

Die alte Burgkirche in Viscri dient bereits seit dem 12. Jahrhundert als Gemeindekirche

Weitere Sehenswürdigkeiten

CASTELUL BÁNFFY

Das herrliche Schloss Bánffy wird auch das „Versailles von Transsilvanien" genannt. Es befindet sich im Dorf Bonţida, 32 Kilometer nördlich von Cluj. Das Originalgebäude erfuhr diverse Veränderungen, unter anderem fügte der österreichische Architekt Fischer von Erlach 1750 die Barockfassade an.

Das Schloss wurde im Zweiten Weltkrieg stark beschädigt, 1948 sah sich Graf Miklós Bánffy gezwungen, seinen Familiensitz aufzugeben. Sein Schloss wurde dank seiner Romantrilogie *The Writing on the Wall: The Transylvanian Trilogy* unsterblich. (Die Trilogie spielt vor dem Ersten Weltkrieg in Transsilvanien.)

Zur Zeit der Kommunisten verfiel das Schloss, Möbel und Gemälde wurden geplündert, und das Areal als Kolchose genutzt. In den 1980er Jahren wurde der Wohnbereich in ein psychiatrisches Krankenhaus umfunktioniert. Jetzt sollen umfassende Restaurierungsmaßnahmen das Schloss in alter Pracht erstrahlen lassen; geplant ist, das Gebäude dann als Ausbildungszentrum für Kunsthandwerker und Restauratoren zu nutzen. Besucher können an einer Führung teilnehmen und sich im hübschen Café ausruhen.

102 C4 Bonţida 0264 439 858
€ Bahn und Bus ab Cluj

MĂNĂSTIREA NICULA

Rund zehn Kilometer südöstlich von Gherla liegt das Kloster Nicula malerisch auf einem Hügel. Es wurde vom Eremiten Nicolae um 1326 gegründet und beherbergt die wundertätige Ikone der heiligen Jungfrau. Diese Ikone führte zur Gründung einer der bekanntesten Glasikonenschulen Rumäniens (siehe S. 190 f.). Einige der schönsten Beispiele dieser Malschule sind hier ausgestellt.

Die Kommunisten schlossen das Kloster 1948 und konfiszierten 1965 die wundertätige Ikone. Das Gemälde wurde nach seiner relativ ungeschickten Restaurierung schließlich zurückgegeben und hängt nun in der Kirche aus dem 19. Jahrhundert. Die Holzkirche selbst wurde 1770 errichtet und wurde von Bistriţa hierher transportiert. Die Mönche pflegen bis heute die Ikonenmalerei auf Glas.

102 C4 Gherla 0264 241 835

VISCRI (Deutschweißkirch)

Das sächsische Dorf Viscri liegt 45 Kilometer von Sighifloara entfernt in hügeligem Weideland und ist zum Inbegriff der Selbsthilfe geworden. Die dynamische Bürgermeisterin Caroline Fernolend verwendet ausschließlich authentisches Holz und Kalkputz der Region, um die traditionellen Bauernhäuser restaurieren zu lassen. Fernolend zählt zu den wenigen Luxemburgern, deren Vorfahren im 12. Jahrhundert diese Region kolonialisierten. Über Viscri ragt eine imposante Kirchenburg auf. Sie wurde ab 1100 erbaut und ist somit eine der ältesten Transsilvaniens. Schön ist hier auch der Spazierweg nach Mălâncrav.

103 D2 **Besucherinformation**
Primăria, Buneşti 0268 248 711 € ■

Die Regionen Banat und Crişana liegen an der Westgrenze Rumäniens – dort, wo die Große Ungarische Tiefebene auf die Ausläufer der Karpaten trifft. In ihren großen Städten ist der österreichisch-ungarische Einfluss noch immer allerorten zu spüren.

Banat und Crişana

Die Piaţa Libertăţii (Platz der Freiheit) in Timişoara

Banat und Crişana

DIE BENACHBARTEN REGIONEN BANAT (RICHTUNG SÜDEN) UND CRIŞANA (im Norden) erstrecken sich von der Ukraine bis zur Donau und haben eine gemeinsame Geschichte. Vom späten 11. Jahrhundert bis Mitte des 19. Jahrhunderts wurden sie von den Ungarn, den Türken und den Habsburgern regiert – und dennoch tragen beide Regionen ganz individuelle Züge.

Kapelle beim Revolutionsmuseum in Timişoara

Vor 1918 war das Banat – der Name leitet sich ab von *ban*, einem mittelalterlichen Wort für „Herrscher" – Teil eines größeren Gebietes der Donauebene, die zu Österreich-Ungarn gehörte. Nach dem Ersten Weltkrieg wurde es in drei Teile aufgeteilt: Ein Teil gehört zu Rumänien, die anderen beiden zu Ungarn bzw. Serbien. Crişana – das frühere Kreischgebiet – wird von drei Flüssen begrenzt, die das Gebiet von Osten nach Westen durchfließen. Im 5. Jahrtausend v. Chr. lebte hier eine Kultur mit ausgeprägten künstlerischen Neigungen, bekannt unter dem Namen Criş: Ihr hervorragender Sinn für Formen und Farben hat sich bis heute in der Volkskunst der Region manifestiert.

Timişoara (Temeswar), die wichtigste Stadt des Banat, hat das lebendigste Stadtzentrum in ganz Westrumänien. In der Zeit des Kommunismus hielten sich viele der hiesigen Schriftsteller nicht mit Kritik zurück, zu ihnen zählt auch Herta Müller, deren Vorfahren sich während der Habsburger Zeit im Banat niederließen. Ihr preisgekrönter Roman *Herztier* (1994) beschreibt mit einer außergewöhnlichen, beinahe surrealen Poesie, zu welcher brutaler Behandlung der Menschen Rumäniens totalitäres Regime einst fähig war.

Zwischen Timişoara und der Donau liegen die dünn besiedelten Südkarpaten, ihre höchste Erhebung ist der Semenicul (1446 m). Obwohl es Skigebiete gibt (östlich der Industriestadt Reşiţa), hat das Banat dem konventionellen Tourismus noch wenig zu bieten. Nur wenige sehen die Region als lohnendes Ziel, doch die Landschaft, die einst von Römern besiedelt worden war und von europäischen Nomaden durchkreuzt wurde, strahlt Erhabenheit aus. Im Hochsommer streift das Auge über goldfarbene Heuwiesen und Wälder unter einem unglaublich strahlend-blauen Himmel.

Nördlich des Banat beginnt jenseits des Mureş die Region Crişana. Die elegante Stadt Oradea liegt inmitten einer hügeligen Landschaft im Zentrum der Crişana, von dort ist es nicht weit zur ungarischen Grenze. Die rumänischen, ungarischen, türkischen und österreichischen Einflüsse sind alle in der Innenstadt noch spürbar und bilden einen erstaunlichen Gegensatz zu den bäuerlichen Dörfern der Region.

Auf der Weiterfahrt über offenes Weideland stehen sowohl in der Crişana als auch im Banat Dörfer mit Häusern aus Stampflehmwänden. Die umliegenden Kartoffel- und Getreidefelder erinnern daran, dass die Region bis in die 1950er Jahre überwiegend Agrarland war. Der Anblick von Ochsenkarren oder Männern, die mit langen, rhythmischen Bewegungen ihre Wiesen mähen, könnte einen fast glauben machen, die Zeit wäre seit dem Mittelalter stillgestanden. Vor der Übernahme durch die Kommunisten wurden viele der Landgüter von ungarischen Landbesitzern bewirtschaftet. Hin und wieder stößt man noch auf ein einsames Herrenhaus oder eine katholische Kirche mit Zwiebelturm oder eine reformierte Kirche mit weiß gestrichenem Gemäuer.

Crişana und dem Banat gelang es, einiges aus der „alten Zeit“ zu erhalten, was nicht nur romantische Herzen höher schlagen lässt: In dieser Region verströmen selbst die Heuschober und Heugarben eine ganz besonders idyllische Stimmung. ■

Die berühmte katholische Kirche auf Timişoaras Piaţa Unirii erinnert an die österreichisch-ungarische Vergangenheit der Stadt

Timişoara (Temeswar)

ES GIBT MENSCHEN, DIE BEHAUPTEN, TIMIŞOARA SEI EIN Bewusstseinszustand. Über die Jahrhunderte absorbierte die Stadt Rumänen, Deutsche, Ungarn, Juden, Serben, Bulgaren, Tschechen und weitere Nationalitäten und diente von 1552 bis 1716 als Sitz eines türkischen Paschas. Mit einer Tradition im Zeitungswesen und seinen sechs Universitäten überrascht es weder, dass die 330 000 Einwohner zählende Stadt ein starkes Gefühl der Unabhängigkeit entwickelt hat, noch dass die Revolution 1989 hier ihren Anfang nahm.

Timişoara

157 B2

Besucherinformation

Centrul de Informare Turistică, Str. Alba Iulia 2

0256 437 973

So geschl.

CETATE

Das Viertel Cetate liegt im Zentrum von Timişoara; allerdings gibt es nur noch einige wenige Spuren von den Burgen aus dem 13. und 17. Jahrhundert, die dem Stadtviertel einst seinen Namen gaben.

Piaţa Victoriei

Der Besuch beginnt im Südwesten des Viertels, wo Blumenbeete und Springbrunnen der Piaţa Victoriei **(Siegesplatz)** aus dem 19. Jahrhundert einen weicheren Anstrich geben. Eine weite Promenade erstreckt sich über mehrere Häuserblocks. Die Westseite der Victoriei flankieren einige großartige Gebäude aus dem frühen 20. Jahrhundert – eindrucksvolle Beispiele für den Stil der Wiener Sezession, der sich damals in ganz Europa verbreitete. Diese *palate* (Stadtpaläste) stammen aus einer Zeit, als sich in der Stadt eine unglaublich schnelle Modernisierung vollzog. Der Auffälligste ist der **Palatul Dauerbach** *(Öffnungszeiten bei der nahe gelegenen Touristeninformation erfragen)*. Er wurde 1913 vom Architekten László Székely (1877–1934) entworfen, einer von mehreren namhaften deutschen und ungarischen Architekten in Timişoara. Die **orthodoxe Kathedrale**

(1946) mit ihren spitzen Türmen im moldawischen Stil und der byzantinischen Fassade beherrscht die Südseite der Piaşa Victoriei. Im Dezember 1989 versammelten sich hier die Studenten um die Kathedrale und begannen in der Hoffnung auf einen baldigen Sturz des kommunistischen Regimes Weihnachtslieder zu singen.

Ein Abstecher nach Osten entlang des Bulevardul Eminescu führt zu eindrucksvollen klassizistischen Gebäuden aus dem 18. und 19. Jahrhundert, sie faszinieren mit ihren abwechslungsreichen und wunderschönen Fassaden. Danach führt der Stadtrundgang weiter die Victoriei in nördlicher Richtung hinauf.

Am Nordende der Piaşa Victoriei steht das wohlproportionierte **Teatrul Naţional şi Opera Romană** *(Str. Mărăşeşti 2)*. Das Theater- und Opernhaus wurde in den 1920er Jahren vom innovativen rumänischen Architekten Duiliu Marcu (1886–1966) entworfen, unter seinem Dach arbeiteten deutsche und ungarische Ensembles. In kommunistischen Zeiten versammelten sich Timişoaras Bürger pflichtbewusst vor dem Theater, um Nicolae Ceauşescus Reden bei seinen regelmäßigen Auftritten in der Öffentlichkeit zu lauschen. Während der Revolution 1989 fanden vor dem Gebäude erbitterte Kämpfe statt – heute werden auf dem Theatervorplatz des Öfteren Disconächte veranstaltet und Straßentheaterstücke aufgeführt.

Östlich der Victoriei steht unter Bäumen das **Castelul Huniazilor** (Huniaden-Palast). Das Backsteingebäude wurde vom transsilvanischen Fürsten Iancu de Hunedoara (Vater von Matthias Corvinus) zwischen 1443 und 1447 erbaut und ist das älteste noch intakte Bauwerk in Timişoara. Im Laufe der Jahre wurde es stark verändert – vom Originalbau existiert heute nur mehr das Steingewölbe. Heute beherbergt das Gebäude die Archäologie- und Geschichtsabteilungen des **Muzeul Banatului**. Die herausragende Sammlung zeigt die Spuren menschlicher Siedlungen in dieser Region vom Paläolithikum bis ins 18. Jahrhundert. Eines seiner anschaulichsten Ausstellungsstücke ist eine doppelköpfige Statue, die eine Muttergottheit und einen Stiergott darstellt – zwei kraftvolle Fruchtbarkeitssymbole in einem.

Muzeul Banatului
- ✉ Piaţa Huniade 1
- ☎ 0256 491 339
- 🕒 Mo geschl.
- $ €

Piaţa Libertăţii

Die Fußgängerzone Strada Alba Iulia am nördlichen Ende der Victoriei verbindet den Siegesplatz mit der Piaţa Libertăţii (Freiheitsplatz). Die Verwaltung der Habsburger hatte ihren Hauptsitz im Cazinoul Militar (Militärkasino; *Piaţa Libertăţii 7*) aus dem 18. Jahrhundert. Damals wurde der Platz Piaţa Paradei (Paradeplatz) genannt, noch früher gab es hier einen türkischen Basar. Die zentralen Statuen zeigen die Jungfrau Maria und den hl. Nepomuk, den Schutzpatron der Banater Katholiken, und wurden 1756 aufgestellt. Es lohnt sich, nach den beiden Schaufenstern im Südosten des Platzes zu suchen: Sie zeigen Schwarzweiß-Fotos von den Dezemberdemonstrationen 1989. Die Nordseite des Platzes (gegenüber vom Park) wird von einem attraktiven, zweigeschossigen Gebäude beherrscht, der **Primăria Veche** *(Piaţa Libertăţii 1)*. Das Alte Rathaus wurde 1731–34 an der Stelle gebaut, an der sich die türkischen Bäder aus dem 17. Jahrhundert befanden. Hier wird einmal mehr deutlich, wie vollständig Österreich alle Spuren der einstigen türkischen Herrschaft aus der Stadt tilgte. Wer aber genauer hinsieht, findet noch eine arabische Inschrift über dem Sockel.

Ein kurzer Spaziergang Richtung Norden entlang der Strada Ungureanu führt zum **Memorialul Revoluţiei 16–22 Decembrie 1989** *(Str. Emanuil Ungureanu 8, Tel. 0256 294 936, Sa–So geschl., Spende)*. Im Innenhof dieses ehemaligen Stadthauses aus dem 18. Jahrhundert steht eine Kapelle, die in ein Archiv und ein Forschungszentrum für die 1989er-Revolution umgewandelt wurde. Die Asociaţia Memorialul Revolutiei, eine Gesellschaft, die sich für die Würdigung der Revolutionsopfer einsetzt (1104 Tote und 3352 Verwundete gab es damals landesweit zu beklagen), hat beide eingerichtet. Sie zeichnen auch für das **Cimitirul Eroilor** auf der Calea Lipovei und zwölf weitere Denkmäler in der Stadt verantwortlich.

Zwei Frauen unterhalten sich angeregt am Rumänischen Nationalfeiertag (1. Dezember) auf der Piaţa Victoriei in Timişoara

Muzeul de Artă
- Piaţa Unirii 1
- 0256 491 592
- Mo geschl.
- €

Piaţa Unirii

Wer sich die triumphale Präsenz Österreich-Ungarns in Timişoara so richtig vergegenwärtigen will, sollte weiter zur Piaţa Unirii (Einheitsplatz) spazieren. Der wunderschöne Platz ist so groß wie ein ganzes Fußballfeld. Die barocken Zwillingstürme des römisch-katholischen Doms (18. Jh.) dominieren das eine Ende des Platzes, während sich am gegenüberliegenden Ende die Metropolitenkirche von Székely (1907) mit ihren auffallenden pistazien- und weißfarbenen Streifen erhebt. Direkt daneben befindet sich die serbisch-orthodoxe Bischofskirche aus den 1740er Jahren.

Eine Reihe anderer, prächtiger Bauwerke stehen sich an den Längsseiten der Piaţa Unirii gegenüber. Das bei Weitem großartigste ist der **Palatul Baroc** (Barockpalast; 1733), in dem zunächst Habsburgs Bergbaubehörde ihren Hauptsitz hatte. 2006 bezog das **Muzeul de Artă** die Räume. Zu den schönsten Exponaten der umfangreichen Sammlungen des Kunstmuseums zählen Hunderte von Ikonen aus dem 18. und 19. Jahrhundert; sie stammen aus regionalen rumänischen Schulen. Rechts vom Museum zieht die grünrosa Fassade des **Casa Brück** (*Str. Mercy 9;* 1910) die Blicke auf sich. Dieses Schmuckstück des Wiener Sezessionsstils ist ein weiterer Entwurf von László Székely, ebenso wie die angrenzende **Casa Emmer** (1908). Interessant ist auch die **Banca de Scont** (1906), die vom ungarischen Architektenteam Dezsö Jakab und Marcell Komor entworfen wurde. Das Bankgebäude befindet sich an der südwestlichen Ecke der Piaţa Unirii, Ecke Alecsandri und Lazăr.

In den Sommermonaten nutzen die Inhaber der Terrassencafés die weiten Flächen und beleben die Piaţa Unirii mit ihren leuchtend bunten Sonnenschirmen. In der Nordwestecke befindet sich das barocke **Monumentul Sf. Treime**. Das Denkmal erinnert an die Tausende Menschen, die im 18. Jahrhundert im Banat der Pest zum Opfer fielen.

FABRIKVIERTEL

Die Industrialisierung Timişoaras begann 1720, als der Habsburger Statthalter von Transsilvanien, General Mercy, das Fabrikviertel (Cartierul Fabrică) errichten ließ. Hier stehen immer noch einige von Europas frühesten und am schönsten ausgeschmückten Fabrikgebäuden.

Aus westlicher Richtung von Cetate kommend, geht es Richtung Fabrikviertel entlang des Bulevardul Revoluţiei 1989. Hier fallen sofort die dekorativen Halter der Straßenlaternen an den Gebäuden auf: Im Jahr 1884 bekam Timişoara als die erste europäische Stadt eine elektrische Straßenbeleuchtung.

Der Weg führt weiter zu der frisch renovierten, von László Székely entworfenen **Podul Decebal** (Decebal-Brücke). Ab hier trägt der Boulevard einen neuen Namen: 3. August 1919. Der schattige **Parcul Poporului** (Volkspark) liegt gegenüber, und am östlichen Ende des Parks steht eine Kirche sowie die prachtvolle **Sinagoga din Fabric** (Fabriksynagoge; *Str. Caragiale*), die 1889 errichtet wurde. Der Park markiert die Grenze des alten Industrieviertels.

Östlich des Parcul Poporului befindet sich der gepflasterte Platz **Piaţa Traian**, der von historischen Gebäuden gesäumt wird. Das ausdrucksstarke **Armenhaus**, ebenfalls von Székely 1909 im Wiener Sezessionsstil entworfen, liegt an der Kreuzung Romanilor und Traian. Ganz in der Nähe, an der Ecke Strada Dacilor und Bulevardul 3 August 1919, liegt ein hübsches Mehrparteienhaus aus der Sezessionszeit, der **Palatul Mercur** (Merkurpalast). Eine **serbisch-orthodoxe Kirche** (um 1740 errichtet) erhebt sich am Nordende des Platzes.

Andere architektonische Schmuckstücke des Viertels sind die **Fabrica de Bere** (Brauerei; *B-dul Pestalozzi & Str. Dacilor;* 1718); die **Batteriefabrik Dura** *(Str. Pestalozzi 22)* aus dem frühen 20. Jahrhundert, die bereits postmodern wirkt, und die Facultatea de **Chimie, Biologie si Geografie** *(B-dul Pestalozzi 16)*. Das Universitätsgebäude beherbergt die Institute für Chemie, Biologie und Geographie. Auf weitere interessante Architekturbeispiele stößt man auf dem Weg zurück ins Stadtzentrum: Am westlichen Ende der **Piaţa Plevnei** steht die **Casa cu Păuni** (Pfauenhaus), die 1905 im Jugendstil errichtet wurde. ■

Als der Funken übersprang

Am 15. Dezember 1989 versammelte sich eine Menschenmenge vor dem Pfarrhaus in der Strada Cipariu, um gegen den Hausarrest von Pater László Tökes zu protestieren: Der junge Priester der ungarischen reformierten Kirche hatte seine Ansichten (allzu) freimütig geäußert und war daraufhin von Mitgliedern der Securitatea zusammengeschlagen worden. Eine Delegation forderte Tökes' Freilassung, doch die Behörden verweigerten sie und riefen die Miliz. In derselben Nacht brachte die Securitatea Tökes heimlich für weitere Verhöre in ein abgelegenes Dorf; in den folgenden fünf Tagen fanden in der Stadt Straßenkämpfe statt. Die Armee wechselte schließlich die Seiten – Ende Dezember hatte sich die ganze Welt verändert. Heute ist László Tökes Bischof von Oradea. ■

Autofahrt in die Valea Almăjului

Die Fahrt in die Valea Almăjului (Almascher Tal) ist etwas für neugierige Reisende: Der selten bereiste Winkel im Südwesten Rumäniens bietet nur wenig touristische Infrastruktur, ist aber eine der schönsten Regionen des ländlichen Banat. Die beste Reisezeit ist der Spätfrühling oder der Sommer. Dann sind die Wälder saftig grün und die weite Hügel- und Berglandschaft lädt zu ausgedehnten Wanderungen ein.

Oraviţas Theater aus dem 19. Jahrhundert ist mit Details aus vierkarätigem Blattgold ausgestattet, hat eine Renovierung jedoch dringend nötig

Ausgangspunkt der Fahrt ist die alte Bergbaustadt **Oraviţa** ①, um dort das neoklassische **Teatrul Vechi Mihai Eminescu** *(Str. Mihai Eminescu 8, Tel. 0255 572 215)* zu sehen. Es wurde 1817 von Ion Niuni entworfen und war das erste rumänische Theater des Landes. Sein kompaktes Rokoko-Auditorium ist eine wunderbare Reminiszenz an ein Wiener Original. Einige Hundert Meter weiter auf der rechten Seite liegt – eingezwängt zwischen eine Reihe einstöckiger Häuser aus dem 18. Jahrhundert – das **Vulturul Negru** (Schwarzer Adler; *Str. 1 Decembrie 1918 7, Mo geschl.*): Die erste Apotheke in den rumänischen Bergen wurde 1796 eröffnet. Heute ist sie ein Museum, in dem noch immer die Originalausstattung aus Holz und die medizinischen Instrumente gezeigt werden. In nordöstlicher Richtung geht es weiter aus der Stadt heraus und entlang der DN 57 B nach **Marila**, vorbei an einem deprimierenden Sanatorium und verfallenden Industrieanlagen. Dann führt die Straße bergab zu einem Vorort von Anina: **Steierdorf** ②. Das Kohlebergbaudorf wurde im 18. Jahrhundert von Schwaben und Slowaken gegründet, als die Habsburger ausländische Kolonisten hier ansiedelten, um die Industrialisierung voranzutreiben.

Nach rund zwölf Kilometern steigt die Straße wieder an, führt durch grüne Wälder und zu einem schmalen Engpass zwischen hohen Bergen, der Schlucht **Cheile Minişului** ③. Etwa fünf Kilometer weiter führt – versteckt am

Berghang auf der rechten Seite – eine Holzbrücke zu einem von Kletterpflanzen überwucherten Kiosk. Dahinter fällt das Wasser der **Cascada Bigăr** (Bigăr-Wasserfall) ④ durch dichte Vegetation in einen Fluss. Beim Wasserfall hilft eine Wanderkarte bei der Orientierung.

Weiter östlich führt die Straße hinunter zum Dorf **Bozovici**. Hier öffnet sich die Landschaft erneut und enthüllt ein Panorama mit grasbedeckten Hügeln, die sich bis zum Horizont erstrecken. 6,5 Kilometer hinter Bozovici heißt es direkt nach dem Fluss Rudăria nach rechts abbiegen. Die Straße folgt dem Flusslauf und führt durch die **Valea Almăjului** zum Dörfchen **Eftimie Murgu** ⑤. Der Hauptstraße folgend geht es durch das Dorf, dann nochmals über den Fluss, anschließend sollte man das Auto parken. Nach einem Spaziergang – an der Weggabelung den Pfad links nehmen – ist die herrliche **Cheile Rudăriei** (Rudăria-Schlucht) erreicht. Ganz in der Nähe liegt auch der Eingang zum **Parcul Mulinologic Rudăria**: Das Freilichtmuseum zeigt einige alte Wassermühlen aus Holz mit horizontal liegenden Peltonrädern (spezielle Turbinenräder mit Doppelschaufeln).

Zurück auf der Hauptstraße DN 57 B, geht es Richtung **Iablaniţa**. Dahinter nochmals rechts abbiegen auf eine kleine Straße, die über einen weiteren Hügel führt – mit einem herrlichen Rundblick auf die umgebende Bergwelt. Der Straßenbelag ist nicht mehr der beste, doch der fünf Kilometer lange Abstecher ist spektakulär. Schließlich führt die Straße auf die DN 6 (E 70); hier rechts abbiegen und acht Kilometer bis zur Hauptstraße in Richtung **Mehadia** ⑥ fahren. Dort nochmals rechts abbiegen, die Stadt mit ihren 4500 Einwohnern ist schließlich nach rund fünf Kilometern erreicht. ■

Siehe Übersichtskarte S. 157
➤ Oraviţa
107 km; ein Auto mit Allrad ist bei kleineren Umwegen empfehlenswert
1 Stunde (ohne Pause)
➤ Mehadia

UNBEDINGT ANSEHEN

- Teatrul Vechi Mihai Eminescu
- Cascada Bigăr
- Parcul Mulinologic Rudăria
- Detour at Iablaniţa

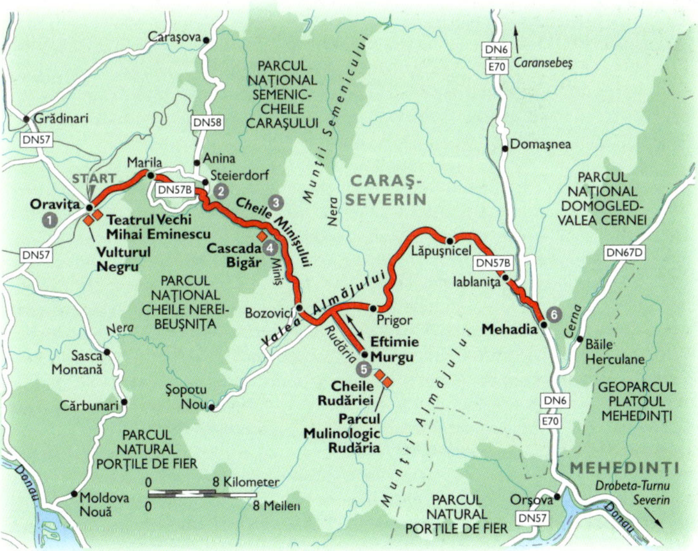

Arad und Umgebung

Arad
157 B3

Besucherinformation
Centrul de Informare Turistică, B-dul Revoluţiei 84–86
0257 270 277

Complexul Muzeul Arad
Str. George Enescu 1 (Eingang auf der B-dul Dragalina); Naturwissenschaftliche Abteilung Eingang beim Parcul Copiilor
0257 281 847
Mo geschl.
€

Muzeul de Artă
Str. Gheorghe Popa de Teiuş 2–4, 2. Stock
0257 256 503
Mo geschl.
€

DIE STADT ARAD LIEGT IN DER NÄHE DER UNGARISCHEN Grenze und wurde erstmals 1078 erwähnt. Das Handelszentrum mit seinen 185 000 Einwohnern bietet einige der elegantesten Bauwerke des Banat. Nicht weit von der Stadt entfernt liegen weitere Attraktionen: das historische Lipova, das Kloster Gai und die Burg Şoimoş.

Arad: Blumenverkäufer auf dem Straßenmarkt an der Piaţa Mihai Viteazul, einen Block westlich des Bulevardul Revoluţiei

Die Orientierung in Arads Stadtzentrum fällt leicht: Die meisten der kulturellen Höhepunkte liegen am **Bulevardul Revoluţiei** oder in seiner unmittelbaren Nähe. Der Bulevardul durchschneidet das Zentrum in einer mehr oder weniger geraden Linie, die Straßenbahnen verleihen dem Boulevard einen nostalgischen, osteuropäischen Flair. Ein zwei Kilometer langer Spaziergang vom glanzvollen Bahnhof **Gara Centrală** mit seiner feudalen Eingangshalle am Nordende bis zur Piaţa Avram Iancu im Süden gleicht einer Zeitreise vom 21. ins 18. Jahrhundert.

Das eindrucksvollste Gebäude im Stadtzentrum ist die **Primăria** *(B-dul Revoluţiei 75)*. Mit dem Bau des Rathauses begonnen hatte der große ungarische Architekt Ödön Lechner – ein Meister des Sezessionsstils; die Arbeiten am Rathaus wurden 1876 abgeschlossen. Eine Tafel gedenkt heute der Menschen, die während der Dezemberunruhen 1989 starben. Hinter der Primăria steht an der Piaţa Enescu der **Palatul Culturii** (Kulturpalast), er wurde 1913 errichtet. Die Inneneinrichtung übernahm der lokale Architekt Lajos Szántay, sie ist stark vom Jugendstil geprägt: Dazu zählen die hübschen Buntglas-Vertäfelungen ebenso wie die Theater- und Konzerthalle mit ihren großartigen Proportionen. Heute beherbergt das Gebäude die Abteilungen für Archäologie, Geschichte und Naturwissenschaften des **Complexul Muzeul Arad**. Die Museumssammlungen reichen von den frühesten Spuren der Besiedelung – vor rund 100 000 Jahren – bis zur unrühmlichen Ära des kommunistischen Regimes.

Das attraktive **Muzeul de Artă** befindet sich auf der anderen Seite des Bulevardul Revoluţiei, etwas nördlich der Primăria. Das Kunstmuseum zeigt europäische Werke des 17. Jahrhunderts, Porzellan und Biedermeiermöbel aus dem 18. Jahrhundert, einige großartige Gemälde des rumänischen Malers Nicolae Grigorescu sowie Bilder der Baia-Mare-Schule (frühes 20. Jh.).

Die **Piața Avram Iancu** ist ein wunderbar proportionierter Platz, der von Jugendstilgebäuden aus dem 19. und frühen 20. Jahrhundert eingerahmt wird. Viele der Gebäude aus dem 18. Jahrhundert liegen zwischen der Avram Iancu und der **Piața Veche** sowie in der **Strada Tribunal Axente**, die meisten von ihnen sind einstöckig.

An der Südgrenze dieses Areals, zu dem auch die von der **Piața Sârbească** abgehenden Straßen zählen, schließt das so genannte Serbische Viertel an, seine Wurzeln liegen im 17. Jahrhundert.

MĂNĂSTIREA GAI

Die eindrucksvollen Barockbauten des orthodoxen Klosters Gai liegen gleich hinter dem nordwestlichen Stadtrand von Arad. Das Kloster wurde 1760 gegründet; das Ensemble wirkt wie ein herrschaftliches Anwesen und wurde auch ursprünglich als Sommerresidenz für den römisch-katholischen Bischof von Arad errichtet. Es zeigt eine kleine, aber sehenswerte Sammlung seltener Ikonen auf Glas und Holz.

LIPOVA

Die hübsche alte Stadt Lipova liegt 32 Kilometer östlich von Arad. Der historische Kern wird heute **Piața Unirii** (Einheitsplatz) genannt und bietet drei Hauptsehenswürdigkeiten. Die Fassade der **Biserica Ortodoxă** wirkt barock, doch die Vorhalle sowie ein Teil des Hauptschiffs zeigen noch die ursprünglichen byzantinischen Elemente aus dem 14. Jahrhundert. Innen sind viele Wände mit Gemälden geschmückt, zu den ältesten zählen die Fresken im Muntenia-Stil (15. Jh.); sie sind auf den Wänden des Hauptschiffs neben dem Eingang zu finden.

Das Nachbargebäude war früher das Wohnhaus von Sever Bocu (1874–1951), einem bekannten Mitglied der antikommunistischen Nationalen Bauernpartei, der im Sighetu-Marmației-Gefängnis in Maramureș starb. Heute hat hier das **Muzeul Orașului Lipova** seine Räume, es zeigt moderne rumänische Gemälde von Künstlern wie etwa Ion Andreescu und Nicolae Tonitza sowie Beispiele dekorativer Kunst aus Nordeuropa. Der nahe gelegene Basar aus dem 17. Jahrhundert ist leicht an seinen großzügigen Arkaden und den acht Säulen zu erkennen; er wurde während der osmanischen Besatzung gebaut und war so geräumig, dass er Kaufleute aus Moldawien, Muntenia, Transsilvanien und Zentraleuropa aufnehmen konnte.

CETATEA ȘOIMOȘ

Östlich von Lipova halten die eindrucksvollen Steinruinen der Cetatea Șoimoș noch immer Wache über die Straße von Crișana nach Transsilvanien. Die Burg wurde vermutlich nach der mongolischen Invasion 1241–42 erbaut und 1788 aufgegeben. Șoimoș wurde von Fürsten aus Muntenia und Transsilvanien besetzt und fiel mehrfach auch an die Osmanen. Im 16. Jahrhundert wurde die Festung mit Bastionen verstärkt und mit Renaissance-Mauerwerk ausgestaltet (Spuren davon finden sich noch im Innenhof). ■

Eine orthodoxe Kirche in den Außenbezirken von Vinga, in der Nähe von Arad

Mănăstirea Gai
Str. Dunării 170, Gai
0257 271 722

Lipova
157 B3

Muzeul Orașului Lipova
Str. N. Bălcescu 21, Lipova
0257 563 303
Mo geschl.
€

Cetatea Șoimoș
157 B3

In Oradea stehen einige der schönsten Beispiele österreichisch-ungarischer Architektur in ganz Westrumänien

Oradea (Großwardein)

DIE ELEGANTE STADT ORADEA LIEGT UNWEIT DER UNGARIschen Grenze. Hier ist die Zeit, als das österreichisch-ungarische Kaiserreich das Sagen hatte, wirklich unübersehbar. In der Innenstadt begeistern großartige Paläste und Kathedralen, außerdem eine eindrucksvolle fünfeckige Burg. Durch die Altstadt schlängelt sich der malerische Crişul Repede (Schnelle Kreisch).

Oradea
157 B4
Besucherinformation
Centrul de Informare şi Promovare Turistică, Piaţa Independenţei 39
0259 435 140

Oradea war seit dem Mittelalter eine wichtige Verwaltungsstadt. Ursprünglich bekannt unter ihrem lateinischen Namen Varadinum, hatten früher oder später alle – Rumänen, Ungarn, Türken und Österreicher – bei der Entwicklung der Stadt ihre Finger im Spiel. So prägen mittelalterliche und barocke, aber auch Gebäude im Wiener Sezessions- und Jugendstil das Stadtbild. Das glanzvollste Gebäude ist der **Palatul Episcopal**, der in einem Landschaftspark nördlich der Innenstadt liegt (fünf Minuten vom Bahnhof). Der Bischofspalast wurde vom italienischen Architekten Giovanni Battista Ricca entworfen und 1770 vom österreichischen Architekten Franz Anton Hillebrandt vollendet. Er verwandelte das extravagante Gebäude mit Gewölbedecken und Portikus in eine Nachbildung des Wiener Schlosses Belvedere.

Heute hat in dem dreigeschossigen, U-förmigen Herrschaftshaus das **Muzeul Tării Crişurilor** *(B-dul Dacia 1–3, Tel. 0259 412 725, Mo geschl., €)* seinen Sitz. Die Innenräume glänzen mit kunstvollen Kapitellen, bemalten Decken und eleganten Keramiköfen. Von der Eingangshalle aus führt eine ausladende Treppe die Besucher in den ersten Stock in die prachtvolle Sala Festivalelor (Festhalle) – sie erstreckt sich über zwei Stockwerke! Das Crişana-Museum umfasst Abteilungen für Schöne Künste, Archäologie und Geschichte, Naturwissenschaften und Völkerkunde. Zu den Höhepunkten der völkerkundlichen Abteilung zählen Töpferwaren aus 19 Dörfern der Crişana – eine beachtliche Zahl angesichts eines verhältnismäßig kleinen Gebietes – sowie eine Sammlung mit *lăzi de zestre* (hölzerne Aussteuertruhen).

Der bischöfliche Palast ist Teil eines größeren architektonischen Ensembles, das von Hillebrandt entworfen wurde. Dazu zählte auch die **Catedrala Romano-Catolică** (Römisch-Katholische Kathedrale, *Şirul Canonicilor 19, Tel. 0259 418 235, So–Mo geschl., €*).

Die **Pasajul Vulturul Negru** (Schwarzer-Adler-Passage; *Piaţa Unirii 2–4*) ist eine Jugendstil-Einkaufsarkade, die sich auf drei Seiten zur Straße hin öffnet. Entworfen wurde sie 1909 von den ungarischen Architekten Marcell Komor und Dezsö Jakab. Ihr extrovertiertes, gebogenes Profil, die hoch aufragenden Decken und die Buntglas-Vertäfelungen werden von einem exotisch anmutenden Uhrenturm gekrönt. Der Komplex beherbergt heute ein Vier-Sterne-Hotel: das neue **Hotel Vulturul Negru** *(Str. Independenţei 1, Tel. 0259 450 000)*. Von den Zimmern haben die Gäste einen schönen Blick auf den Fluss, in der Nachbarschaft steht die Primăria. Stimmungsvoll ist auch das 1902 erbaute **Hotel Astoria** *(Str. Teatrului 2, Tel. 0259 130 745)*: Hier pflegte der radikale ungarische Dichter Endre Ady (1877–1919) seine Freunde zu treffen.

Eine weitere üppige Jugendstil-Phantasie ist der **Palatul Moskovits**, der sich an der Kreuzung Strada Independenţei und Strada V. Alecsandri befindet. Seine kurvenreichen Fassaden sind mit allegorischen Figuren ausgestaltet. Kálmán Rimanoczy jr. zeichnete für den Entwurf verantwortlich, 1905 war der Stadtpalast vollendet.

Oradeas beeindruckendste Sehenswürdigkeit ist die spektakuläre **Cetatea Oradea** *(Piaţa Independenţei, Tel. 0259 435 140, Eintritt bei Führungen)*. Der mittelalterliche Chronist Rogerius von Apulien (um 1201–66) machte die Burganlage unsterblich. Er war 1241 in Oradea von den Mongolen gefangen genommen worden und berichtet in seinem Buch „Carmen Miserabile“ (oder „Wehklage über die Zerstörung des Königreichs Ungarn durch die Tataren“) vom Mongoleneinfall und seiner Gefangenschaft. Die Festung selbst ist schon ein Jahrhundert älter als die Aufzeichnungen von Rogerius. Sie wurde mehrmals zerstört und immer wieder aufgebaut und diente zwischen 1529 und 1538 sogar als Hauptquartier für Sultan Suleiman den Prächtigen. Mit dem Bau der heutigen sternenförmigen Festungsanlage wurde 1569 begonnen, sie ist ein Entwurf des italienischen Militärarchitekten Domenico da Bologna, der den Auftrag vom transsilvanischen Fürsten Ioan Sigismund erhielt. Das Bauwerk wirkte so beeindruckend, dass der türkische Reisende Evlia Celebi, der 1660 in Oradea weilte, während eines Angriffs von etwa 45 000 türkischen Soldaten auf die Festung schrieb, der Burggraben sei 40 Meter breit und „so tief wie ein See“. Als die Türken die Verteidigung der Festung durchbrachen, meldete der Befehlshaber Ali Pasha dem Sultan triumphierend, dass mit dieser Niederlage Transsilvanien sein Herz verloren habe.

Selbst in seinem heute verfallenen Zustand wirkt die Cetatea Oradea noch immer imposant. Zu seinen Besonderheiten zählt das Netz an unterirdischen Kanälen, die mit warmem Wasser gespeist wurden, sodass sie auch im Winter nicht zufrieren konnten. Heute zählt die Zitadelle zum Unesco-Weltkulturerbe und wird restauriert. Im Inneren werden Kunstausstellungen gezeigt. ■

Transsilvanische Hochebene

Zalău
157 C4
Besucher-information
Primăria Municipiului Zalău, Piaţa Iuliu Maniu 3
0260 610 550

Muzeul Judeţean de Istorie şi Artă Zalău
Str. Unirii 9, Zalău
0260 612 223
€

Galeria de Artă Ion Sima
Str. Gheorghe Doja 6, Zalău
0260 611 065
Mo geschl.
€

Muzeul Maghiar Etnografic Sípos Lázló
No. 85, Bogdand
0740 558 319 (fragen Sie nach Frau Eva Dede)
Mo geschl.
€

Bogdand
157 C4

Hodod
157 C4

DIE TRANSSILVANISCHE HOCHEBENE (HOCHLAND VON SIEbenbürgen) liegt zwischen Culmea Codrului, dem Mezeş- und dem Şes-Gebirge sowie dem nördlichen Rand des Apuseni-Gebirges. Dicht bewaldete Hügel prägen die Landschaft. Die Hochebene tauchte bisher nur selten in Wanderführern auf und bewahrte sich dadurch seine friedliche Atmosphäre. Für romantische Stimmung sorgen die heruntergekommenen Villen, die verwitterten Terrakottadächer, die mit Moos bedeckten Holzschnitzereien und die ganz normalen Bauerndörfer.

Eine erste Orientierung bietet die Kreisstadt **Zalău** (Zillenmarkt), das nette Städtchen bietet einige exzellente Museen. Das **Muzeul Judeţean de Istorie şi Artă Zalău** ist in einem Gebäude aus dem 19. Jahrhundert mit einer außergewöhnlich schönen Fassade untergebracht. Die Geschichtsabteilung legt den Schwerpunkt auf archäologische Funde, zu denen Felsmalereien gehören, die 100 000 Jahre alt sind. Ein fünfminütiger Spaziergang von hier führt zur **Galeria de Artă Ion Sima**, die sich in der Hauptsache mit den schwungvollen Gemälden des rumänischen Impressionisten Ion Sima (1898–1985) befasst.

Es geht weiter in westlicher Richtung nach **Şimleu Silvaniei**. Das hübsche, heute verfallene **Castelul Bathori** (Burg Báthory) aus dem 16. Jahrhundert steht im Stadtzentrum, oberhalb des Marktplatzes. Zwischen dem 13. und dem 17. Jahrhundert sorgte der transsilvanische Báthory-Clan für viele politische Führer im Fürstentum, neben zahlreichen Fürsten, Kardinälen, Bischöfen und Richtern gab es sogar einen König in ihren Reihen: Stephan (István) IV. Báthory, König von Polen (reg. 1576–86). Die Báthorys entstammten einer alten ungarischen Sippe; Inzucht führte zu einigen Geisteskrankheiten, schließlich starb das Geschlecht aus. Heute steht nur noch ein Skelett der Burg, lediglich ihr schönes Wagentor aus dem 18. Jahrhundert blieb stehen.

Auf der Fahrt durch das Tal (dem Fluss und den Schienen folgen) sollte man im Dorf **Cehei** eine Pause einlegen: Hier steht eine Holzkirche aus dem 18. Jahrhundert, an der ein Seilmotiv – *brâu* – auffällt, das sich um die Kirche zieht und die ewige Liebe Gottes symbolisiert. Einige Ethnografen glauben, dass diese Motive sich aus realen Seilen entwickelt haben, die einst die Holzkirchen zusammenhielten.

Im nahe gelegenen **Uileacu Şimleului** steht die **Biserica Reformată**, eine ungarische reformierte Kirche mit einem mehreckigen Turm. Ursprünglich war sie Teil eines Benediktinerklosters, das von Nachfahren des ungarischen Königs Árpád I. gegründet worden war.

Kleine, reizvolle Bauerndörfer liegen verstreut über die Hochebene. In **Bogdand** lohnt ein Besuch des **Muzeul Maghiar Etnografic Sípos László**: Das kleine Museum befindet sich in einem Bauernhaus aus dem 19. Jahrhundert. Die beiden kleinen Räume im Inneren sind traditionell ungarisch gestaltet: Hübsche Keramiken, handgewebte Stoffe und bemalte Möbel sorgen für eine gemütliche Atmosphäre.

Einige Kilometer weiter östlich steht im Dorf **Hodod** ein halb verfallenes Herrenhaus. Es war einst der Sitz der Familie Wesselényi und wurde zwischen 1736 und 1776 erbaut. Auf einem Hügel im Ostteil des Dorfes steht eine weitere **ungarische reformierte Kirche** aus dem

15. Jahrhundert. Das Emblem der Familie Wesselényi – eine Meerjungfrau und ein Schwan – schmückt die Kassettendecke, außerdem ist eine Steinkanzel des transsilvanischen Meisters Dávid Şipos aus dem 17. Jahrhundert zu sehen.

Noch weiter im Osten beherrschte einst eine Burg aus dem 14. Jahrhundert das Dorf **Cehu Silvaniei**. Nach dem Aufstand gegen die Habsburger (1703–11) – angeführt vom ungarischen Fürsten Francis Rákóczi – wurde die Burg aufgegeben und verfiel. Nur ein Brunnen aus dem 16. Jahrhundert blieb im Stadtzentrum erhalten *(nahe Str. Crişan 17)*. 1944 verwandelten die Nationalsozialisten das Dorf in ein jüdisches Ghetto; die meisten der 551 Juden wurden nach Auschwitz abtransportiert. Der jüdische Friedhof datiert aus dem 19. Jahrhundert und enthält rund 20 Grabsteine. Man findet ihn auf einem Feld, an einem unmarkierten Weg neben der Strada Cloşca 8.

Im Zentrum des nahe gelegenen **Jibou** steht der **Palatul Wesselényi** (Wesselényi-Palast), ein weiteres barockes Meisterwerk, das seit Jahrzehnten verfällt. Errichtet wurde er zwischen 1779 und 1810. Sein Park wurde zu einem der bekanntesten botanischen Gärten des Landes umgestaltet, der **Grădina Botanică a Institutului de Cercetări Biologice**. Mit dem Garten begonnen hat 1968 ein enthusiastischer Lehrer präsentiert eine exotische Vielfalt an Büschen und Bäumen.

In etwa 15 Kilometern Entfernung liegt das römische Feldlager **Porolissum**, das die Nordwestgrenzen Dakiens im 2. und 3. Jahrhundert n. Chr. bewachte. Ein schmaler Weg vom nahe gelegenen Dorf **Moigrad** schlängelt sich zu den Überresten hinauf; kurz vor dem Gipfel des Hügels ist allerdings nur noch ein Graspfad zu erkennen. Die Überreste liegen verstreut über dem einsamen Hügel, dazwischen grasen Schafe. Zu sehen sind ein Torturm, ein Stück der gepflasterten Römerstraße, Tempelwände und Spuren eines prächtigen Amphitheaters. Grandios ist die Aussicht über die Transsilvanische Hochebene. ■

Grădina Botanică a Institutului de Cercetări Biologice
- 157 C4
- Str. Parcului 14, Jibou
- 0260 641 617
- €

Cehu Silvaniei
- 157 C4

Holzhaus im Dörfchen Marişel, am Rande des Apuseni-Gebirges

Heilwasser

In Rumänien liegt ein Drittel aller europäischen Mineral- und Thermalquellen: Etwa 3000 verteilen sich über das ganze Land – man findet sie in den Bergen, in den Ebenen und an der Schwarzmeerküste. Viele von ihnen wurden wegen ihrer Heilkraft bereits seit der römischen Besatzung Dakiens im 2. Jahrhundert n. Chr. genutzt. Heute strömen Kranke in Rumäniens 70 natürliche Bäder und suchen Linderung bei Rheuma, Herzkrankheiten, Verdauungsproblemen, Hautkrankheiten und vielen weiteren Beschwerden.

„Eine Kur machen" – das beschwört Bilder von Adligen herauf, die ihre freie Zeit aus dem 18. Jahrhundert in Baden-Baden oder anderen Kurorten vertrödelten. Es gab Zeiten, da brauchte Băile Herculane (Herkulesbad, benannt nach dem römischen Gott, der hier ebenfalls einen Badestopp eingelegt haben soll) den Vergleich mit den namhaften europäischen Bädern nicht scheuen. Băile Herculane liegt im Cerna-Tal im Südwesten Rumäniens, wo die wilden, zerklüfteten Mauern der Domogled-Schlucht hoch aufragen. Das Bad wurde von römischen Legionären angelegt, die herausfanden, dass die heißen, salz- und schwefelhaltigen Quellen ihren schmerzenden Gliedern gut taten. Auch der römische Adel schätzte die Quellen des Herkules; er errichtete ausgeklügelte Votiv-Altäre, die noch heute besichtigt werden können. Andere rumänische Badeorte aus römischer Zeit sind beispielsweise Geoagiu Băi bei Deva und Băile Felix in der Nähe von Oradea.

Unter den Habsburgern erlebte Băile Herculane im frühen 18. Jahrhundert eine Renaissance, als das Österreichische Kaiserreich seine Grenzen entlang der Donau errichtete. Ab 1736 bauten sie und ihre österreichisch-ungarischen Nachfolger Heilanstalten mit Natursteinmauern, kunstvolle, kaiserliche Hotels und ein Kasino mit Bogengängen und schmiedeeisernen Säulen. Băile Herculane war bei der europäischen Elite sehr beliebt, hier kurten Kaiser Franz Joseph und seine Gemahlin Elisabeth (Sissi), die die Bäder liebevoll in ihren Tagebüchern beschrieb.

Die Habsburger Bäder galten als Vorbilder für andere rumänische Badeorte, etwa Buziaş bei Timişoara (1819). Dort lustwandelte man in einem kunstvoll angelegten Park und unter Kolonnaden im byzantinisch-türkischen Stil. In den 1960er Jahren erweiterte die kommunistische Regierung die Anlagen durch große Hotels. Obwohl heute noch viele der eleganten

Heruntergekommene, doch noch immer elegante Buziaş (oben) locken Einheimische an, die sich Heilung durch die schwefelhaltigen Quellen (ganz links) erhoffen. Wasseranwendungen in Băile Olaneşti (rechts)

Bauwerke aus dem 18. und 19. Jahrhundert in Betrieb sind, wirken sie baufällig und warten auf ihre dringend fällige Restaurierung.

Ein Bad ganz anderer Art ist Eforie Nord an der Schwarzmeerküste. Geplant wurde es als Gesundheitszentrum – mit einem Sanatorium (das 1894 eröffnet wurde) und einer Krankenstation. Seine Anziehungskraft lag nicht nur in der Seeluft und der Sonne, sondern auch im *nămol*, dem schwarzen, sapropelischen Schlamm aus dem See Techirghiol. Eforie gehörte zu den zahlreichen rumänischen Urlaubsorten, die dank des Einsatzes von Karl I. (1839–1914) wie Pilze aus dem Boden sprossen. Heute ist Eforie die zweitgrößte Ferienanlage in Rumänien (die größte ist Mamaia, nördlich von Eforie).

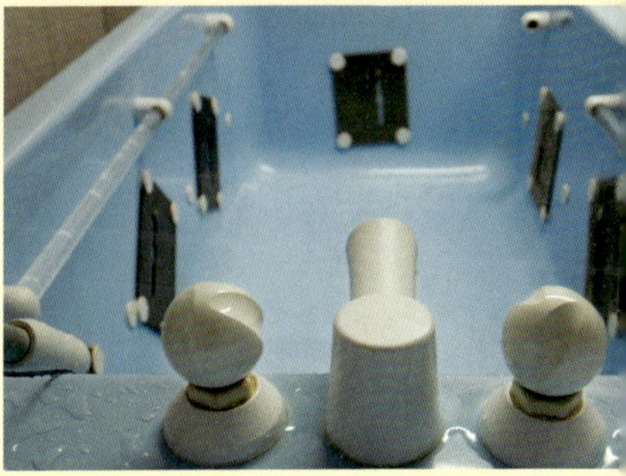

Doch Heilwasser ist nicht nur zum Baden da: Einige der bekanntesten Mineralwasser Rumäniens stammen aus den Karpaten-Quellen bei Covasna und Borsec im östlichen Transsilvanien. Kaiser Napoleon III. zog dem französischen das Wasser aus Călimăneşti (in der Walachei) vor. Noch heute holen sich viele Rumänen ihr Wasser direkt von Quellen, deren Plätze nur sie selbst kennen. ■

Satu Mare (Sathmar) und Umgebung

Das üppige, von der Wiener Sezession inspirierte Hotel Dacia in Satu Mare

NUR 20 MINUTEN FAHRTZEIT PER AUTO VON RUMÄNIENS Nordwest-Grenze zu Ungarn entfernt liegt Satu Mare, eine liebenswürdige Marktstadt, durch die noch heute ein Hauch österreichisch-ungarischen Flairs weht. Erstmals findet der Ort 1181 Erwähnung – als Ort der legendären Festung Castrum Zotmar in Chroniken aus dem 10. Jahrhundert.

Satu Mare

157 C5

Besucherinformation

Centrul de Informare şi Promovare Turistică, Piaţa Independenţei 39, Oradea

0259 435 140

Satu Mares altes Zentrum liegt unweit der Piaţa Libertăţii, einem großen, unregelmäßigen Platz mit einem Park, der nach einem langen Sightseeing-Tag für eine willkommene Atempause sorgt. Die Stadt galt schon immer als Zwischenaufenthalt für Reisende auf dem Weg von oder nach Ungarn. Am Südende des Platzes fällt der Blick auf die bunte Fassade des Jugendstil-**Hotels Dacia** *(Piaţa Libertăţii 8, Tel. 0261 715 773)*, das 1902 von Ödön Lechner gebaut wurde – ein preisgekrönter Entwurf. Heute ist der Vorplatz des Hotels ein bekannter Treffpunkt für Minibusse, die zweimal täglich zwischen Bistriţa (siehe S. 107ff) in Transsilvanien und der ungarischen Hauptstadt Budapest pendeln.

Gegenüber vom Hotel befindet sich die **Secţia de Artă** *(Piaţa Libertăţii 21, Tel. 0261 710 114, Mo geschl., €)*, sie zeigt rumänische Kunstwerke aus Sammlungen des Bezirksmuseums und ist in einem

Gebäude mit einer eindrucksvollen dunkelrosa-weißen, neo-gotischen Fassade von 1842 untergebracht. Einer der Flügel stammt aus dem 18. Jahrhundert.

Die Geschichts- und Volkskundeabteilungen des **Muzeul Judeţean Satu Mare** *(Str. Lucaciu 21, Tel. 0261 737 526, Mo geschl., €)* befinden sich in der einstigen Primăria (Rathaus), etwa drei Blöcke östlich des Piaţa Libertăţii auf dem Bulevardul Brătianu. Das Rathausgebäude (1936) wirkt sehr streng. Bei genauerem Hinschauen ist zu erkennen, dass der rumänische Architekt G. P. Liteanu die Fassade in zahlreiche verspielte Ebenen unterteilt hat.

ŢARA OALULUI

Nordöstlich von Satu Mare, zwischen dem Igniş-Gebirge und der ukrainischen Grenze, liegt die Region Ţara Oaşului. Kultureller und wirtschaftlicher Mittelpunkt der Region ist die Stadt **Negreşti-Oaş** mit einem herausragenden Regionalmuseum. Das **Muzeul Ţara Oaşilor** hat zwei Räumlichkeiten, einmal das *sediu* (Hauptniederlassung) auf der Strada Victoriei *(No. 140, Tel. 0261 854 839, €)* mit den Bereichen Völkerkunde und Bildende Kunst, zum anderen das *Muzeul in aer liber* (Freilichtmuseum) im Zentrum von Negreşti *(Str. Livezilor 3–5, Tel. 0261 854 860)*. Neben der reizvollen volkstümlichen Baukunst sind die Handwerker, unter anderen die vor Ort arbeitenden Töpfer und Schmiede, eine der Hauptattraktionen. Zu sehen sind außerdem Holzmühlen.

Acht Kilometer von Negreşti-Oaş entfernt öffnet sich der Blick auf die atemberaubende Landschaft von **Luna Şes**. Das 250 Hektar große Aral liegt am nördlichen Ausläufer des 1201 Meter hohen Pietroasa und des Muntele Mic (1013 Meter). Es existieren Pläne, die Region in ein Feriengebiet zu verwandeln, mit Möglichkeiten zum Ski- und Motocrossfahren, zum Angeln und Reiten, auch Hotels, Restaurants und Campingplätze sollen angelegt werden.

Ţara Oaşului, so bezaubernd es auch sein mag, ist kein Arkadien. Nach dem Niedergang des Kommunismus waren viele junge Menschen so verzweifelt, dass sie einer scheinbar hoffnungslosen Zukunft entkommen wollten und als illegale Arbeiter nach Westeuropa gingen. Manche verdienten so viel, dass sie wohlhabend zurückkehrten – und so entstand ein neues Phänomen in den Dörfern dieses einst bescheidenen ländlichen Rückzugsortes: Kostspielige drei- bis viergeschossige Villen wurden aus dem Boden gestampft. Sie wetteifern miteinander in ihrer Pracht, und manche sind so groß, dass sie mit Fahrstühlen und artesischen Brunnen ausgestattet sind. Um einen besseren Eindruck von den Veränderungen in der Region zu bekommen, lohnt sich ein Abstecher zu den Dörfern **Certeze, Huta-Certeze, Racşa, Tur, Bixad, Trip, Târşolţ** und **Cămărzana**. ■

Sâmbra Oilor

Jedes Frühjahr versammeln sich die Dorfbewohner auf einem Hang oberhalb von Huta-Certeze, um die Sâmbra Oilor, die Versammlung der Schafbesitzer, abzuhalten. Dieser jahrhundertealte Brauch ist jedes Jahr das Signal, dass die Herden ihre Winterweiden verlassen und in die Berge ziehen. Traditionell heuern die Besitzer der Tiere Schäfer für die Saison an, zählen ihre Schafe und bitten den Priester, sie zu segnen. Seit den 1970er Jahren hat sich das Ereignis zu einem großen Volksfest ausgewachsen, mit Gesang und Tänzen und bis zu 20 000 Besuchern. ■

Negreşti-Oaş
157 D5

Weitere Sehenswürdigkeiten

BUCOVA

In der Nähe des Eisernen-Tor-Passes – hier kämpften die Daker 101 n. Chr. mit den Römern – liegt das hübsche Dorf Bucova, das sich als Ausgangspunkt für Ausflüge in die wilden und schönen Munţii Tarcului (Tarcu-Berge) eignet. Die Pension **Casa de Vacanţa Irina** *(Tel. 0721 347 864)* versorgt Mountainbiker mit Essbarem und organisiert auch geführte Touren. Etwa 20 Kilometer nordwestlich liegen die berühmten Marmorsteinbrüche von **Ruschiţa** *(Titan Mar – Marmosim SA kontaktieren, Str. Cuza Voda 24, Simeria, Tel. 0254 260 851)*. Sie sind Rumäniens Antwort auf das Gestein aus Carrara; der Stein wird hier seit 1883 gebrochen.

157 C2

CHEILE BARCĂULUI

Die abgelegene und überraschend schöne Barcău-Schlucht befindet sich westlich von Fildu de Jos – zwischen den Dörfern Tusa und Şag. Sie ist Teil eines Naturschutzgebietes, in dem Wildschweine und Berghirsche einen Lebensraum finden. In Tusa lohnt sich die Besichtigung der orthodoxen Holzkirche von 1700, des Weingutes (Weinprobe ist möglich) und der Forellenzucht.

157 C4

CRAMELE RECAŞ

In der Nähe von Timişoara liegt Recaş mit seinem seit dem 15. Jahrhundert bestehenden Weinberg. Besucher können eine Weinprobe mit einer Mahlzeit buchen und die Weinkellerei besichtigen. In der Saison kann auch bei der Weinlese geholfen werden. Im Dorf Recaş Ausschau halten nach einem Schild Richtung Cramele Recaş.

157 B2 S. C. Cramele Recaş S.A. 0256 330 296 Mit dem Auto: 24 Kilometer von Timişoara auf der DN 6/E 70

FILDU DE JOS

Die *comuna* Fildu de Jos – die vier Dörfer in der Südhälfte des Kreises Sălaj liegen unweit des Apuseni-Gebirges an der Grenze zu Transsilvanien – ist eine der attraktivsten Gegenden in Crişana. Weiter im Süden wird die Landschaft abwechslungsreich und grün: Hügel wachsen von kleinen Erhebungen zu richtigen Bergen an, auf den Wiesen stehen malerisch die Heuhaufen, Bäche plätschern über Steine. Noch sind die Dörfer Fildu de Jos (es existiert seit 1249 und gehörte damals zum Landgut von Fyld), **Fildu de Mijloc, Fildu de Sus** und **Tetişu** unberührt vom Fortschritt.

Die Einwohner selbst gingen in die Geschichte ein durch ihren Kampf für eine Vereinigung von Transsilvanien, Crişana und dem Banat mit dem restlichen Rumänien. Heute leben hier vorwiegend Rumänen, Ungarn und Roma. Sobald man von der DN1G nach Westen abbiegt, zwingt die schmale Straße zu einem deutlich langsameren Tempo. Neben dem Weg fließt die Almaş, wer sie überqueren will, muss dazu einzelne Baumstämme als Brückenersatz überqueren.

Die Menschen hier leben von dem, was ihnen die Viehzucht einbringt, sie pflanzen Kartoffeln und arbeiten mit Holz. Wie in den meisten Teilen des ländlichen Rumäniens wandern die Jungen in die Städte ab; sie haben nur wenig Interesse daran, die alten und mühseligen Arbeitsmethoden zu erhalten.

Fildu de Jos glänzt mit einer herrlichen Holzkirche, die 1727 komplett aus Holz errichtet wurde. Die Holzarbeit ist eine wunderbare Mischung aus reichlich Erfindungsgabe, Eleganz und Standfestigkeit. Gleiches gilt auch für die grob behauenen Tore der Bauernhäuser, die noch überall im Dorf zu sehen sind. Innen ist die Kirche mit Wandgemälden von 1856 ausgeschmückt.

Andere Holzkirchen stehen in **Sânmihaiu Almaşului, Baica** und **Racâş**. Von diesen sehr individuellen und hübschen Bauwerken gibt es in ganz Crişana viele zu besichtigen, nicht nur in der für ihre Holzarbeiten berühmten Region Maramureş.

157 C4

MONEASA

Der Badeort Moneasa liegt auf 256 Metern Höhe im dicht bewaldeten Codru-Moma-Gebirge, westlich von Vascău. Viele der Hotels wirken wie Relikte aus einer anderen Ära, doch die Region bietet gute Wandermöglichkeiten im Westen des Apuseni-Gebirges.

157 B3 Auf der DN 76 ■

Maramureş ist der Inbegriff des mittelalterlichen Europas. Hier spielen die alten Traditionen auch heute noch eine große Rolle im Alltag – und die Menschen verstehen, sie zu genießen.

Maramureş

Grabmalereien in leuchtenden Farben auf dem „Fröhlichen Friedhof" von Săpânţa

Die restaurierte Piaţa Libertăţii liegt im Zentrum von Baia Mare

Maramureş

OFT WIRD SIE AUCH DAS LAND AUS HOLZ GENANNT: DIE MARAMUREŞ MIT ihren Eichen- und Tannenwäldern. Ihre Einwohner, die sogenannten Moroşeni, sind für ihre Tischlerfertigkeiten berühmt, die sie über die vergangenen 900 Jahre immer weiter verfeinert haben. Zu ihren Meisterwerken zählen die Holzkirchen mit ihren hohen Türmen und den Schindeldächern, die zu einem besonderen Charakteristikum der schönen Landschaft geworden sind.

Am Nordwestrand Rumäniens liegt Maramureş, eine isolierte, 6304 Quadratkilometer große Enklave in den Karpaten. Seit dem 14. Jahrhundert wurde Maramureş als Teil Transsilvaniens betrachtet, doch durch seine abgeschiedene Lage und die eigenen Traditionen hatte die Region stets einen ganz besonderen Charakter. Mit der Landaufteilung im Anschluss an den Ersten Weltkrieg fiel lediglich ein Drittel der „ursprünglichen" Maramureş-Region wieder an Rumänien: der Teil südlich des Tisa-Flusses.

Der Landschaft ist es anzusehen, dass sie über Jahrhunderte gut gepflegt wurde – und zwar durch Handarbeit, weniger mit Maschinenkraft. Vor allem in den vier Tälern, die das „historische Maramureş" bilden, wird das augenfällig: in Cosău, Iza, Mara und Vişeu. Sie bilden den Kern der Region und haben sich ihr ländliches Erbe bewahrt, mit ihren

Bräuchen, ihrer volkstümlichen Architektur, der Musik und den Trachten.

Andere, ebenfalls sehr ländliche Gebiete grenzen im Westen und Süden an das historische Maramureş, dazu zählt etwa das Umland von Sighetu Marmaţiei (zweitgrößte Stadt der Region) nahe der Tisa, aber auch die *ţărilе* Lăpuş und Chioar. (Wörtlich übersetzt bedeutet *ţărilе* „die Länder", doch „unabhängige mittelalterliche Ländereien" trifft es inhaltlich eigentlich besser.) Ţara Oaşului (siehe S. 173) ist Maramureş ebenfalls eng verbunden, liegt jedoch außerhalb der *judeţ*-(Bezirks-)Grenzen in der Crişana.

Bei einer Fahrt Richtung Osten durch die Valea Vişeului (Vişeu-Tal) gelangt man entlang der Nordgrenzen der Region ins Rodna-Gebirge, wo Maramureş an Moldova (Moldau) grenzt (siehe S. 193ff). Das soll einer Legende nach von einem Adligen aus Maramureş gegründet worden sein. Das Verwaltungszentrum der gesamten Region ist die pulsierende Industriestadt Baia Mare.

Beinahe hundert Holzkirchen gibt es in Maramureş – acht davon wurden zum Unesco-Weltkulturerbe erklärt. Doch die Holzarchitektur der Region geht über den Bau von Kirchen weit hinaus: Auch die Häuser sind prachtvoll gestaltet, sie haben steile Dächer und überdachte Veranden, sehenswert sind auch die herrlichen Hoftore mit ihren dekorativen Schnitzarbeiten.

In Maramureş dreht sich noch immer alles um die Landwirtschaft und die Jahreszeiten; oft sind sie durch Feiern markiert, deren Entstehung weit in vorchristliche Zeit zurückreicht. Im Sommer wird das *fânul* (Heu) gemäht, getrocknet und gestapelt, und von April bis Oktober leben die Schäfer auf den Bergweiden, um die gemeinsamen Schafherden rund um die Uhr zu hüten und vor Wölfen und Schafdieben zu schützen.

Vom Bergwerksbetrieb (eine alte Tradition in Maramureş) in Baia Sprie, Borşa und Cavnic einmal abgesehen, hat die Schwerindustrie das historische Maramureş nicht erreicht. Der Reiz der Gegend beruht auf mehr als der Summe aller Postkartenansichten: Es ist vielmehr die Ursprünglichkeit der Region, die sie sich trotz des Drucks der Moderne bewahren konnte, die Maramureş zu etwas so Besonderem macht. ■

Baia Mare (Frauenbach/Neustadt)

Baia Mare
177 B1
Besucher-information
www.visitmaramures.ro
Centrul de Informare Turistică, Hotel Mara
0262 226 656

BAIA MARE, DIE KREISSTADT VON MARAMUREŞ, LIEGT VOR der reizvollen grünen Kulisse des Guţâi-Gebirges. Leider zählt Baia Mare zu Rumäniens am stärksten verschmutzten Industriestädten. Der Name bedeutet eigentlich „große Grube", denn die Gegend ist ein Zentrum des Bergbaus. Der Abbau von Gold, Silber und anderen Nichteisenmetallen hat hier seit mehr als 2000 Jahren Tradition. In der Stadt gibt es dennoch ein paar Schmuckstücke zu besichtigen.

Das Zentrum von Baia Mare wirkt modern, doch sein Herz ist mittelalterlich: 1329 fand die Stadt in einer zeitgenössischen ungarischen Chronik als Rivulus Dominarum (Frauenfluss) Erwähnung – angeblich soll der Name daran erinnern, dass es den Frauen der Stadt gelang, mit ihrem Charme die Zerstörung der Zitadelle durch die einfallende ungarische Armee zu verhindern.

Die meisten sichtbaren Zeichen aus Baia Mares Vergangenheit konzentrieren sich auf bzw. um einen einzigen Platz, die **Piaţa Libertăţii**. Dieser „Freiheitsplatz" und die umliegenden Gebäude wurden kürzlich restauriert und wirken nun wie eine elegante Oase. Das älteste Haus – die **Casa Elisabeta** – wurde um 1440 errichtet und steht auf der Ostseite des Platzes; es wurde nach der Frau des transsilvanischen Führers Iancu de Hunedoara benannt. Es ist das einzige Gebäude, das von der einstigen Schlossanlage übrig blieb, die er eigens für sie bauen ließ. Iancu und sein Sohn, der ungarische König Matei Corvin (reg. 1458–90), erhielt die Stadt und ihre Minen als Dank von den lokalen Adligen, nachdem es ihnen gelungen war, die Türken auf Abstand zu halten. Nur der erste Stock und der Keller des Gebäudes sind noch original erhalten; heute werden in dem Gebäude häufig Ausstellungen gezeigt.

Iancu de Hunedoara erbaute auch den 40 Meter hohen Wachturm auf der Strada 1 Mai, den **Turnul lui Ştefan**, sowie die nahe gelegene **Catedrala Sf. Ştefan** (St.-Stefans-Kathedrale). Zwischen der Strada 1 Mai und Strada Crişan befinden sich die Überreste eines Bauwerks aus dem 15. Jahrhundert, das eine Lateinschule namens **Schola Rivulina** beherbergte. Die Schule war eine der ersten in Rumänien, hier wurde ab Mitte des 16. Jahrhunderts bis 1755 unterrichtet.

Das **Muzeul Judeţean de Artă** (Regionales Volkskunstmuseum; *Str. 1 Mai 8, Tel. 0262 213 964, Mo geschl.,* €) zeigt fast ausschließlich Bilder von Mitgliedern der Baia-Mare-Schule, die auch als Nagybánya-Kolonie bekannt ist. (Nagybánya ist der ungarische Name für Baia Mare.) Die Schule wurde 1896 von Simon Hollósy (1875–1918) als private Kunsthochschule gegründet; sie war eine der Vorreiterinnen der europäischen Malerei und weckte das Interesse einiger der erlesensten ungarischen Künstler, wie etwa Károlyi Ferenczy (1862–1917) und Jenö Maticska (1885–1906). Das Gebäude selbst wurde 1784 gebaut.

Nur wenige Gehminuten entfernt wird auf der **Piaţa Izvoarelor** (Platz der Quellen) der Wochenmarkt der Stadt abgehalten. Die runde **Bastionul Măcelarilor** (Fleischhauerbastei) aus dem 15. Jahrhundert ragt über dem Platz auf. 1703 wurde hier der Rebellenführer Pintea Viteazul wegen seiner Beteiligung am

Rákóczi-Aufstand gegen die Habsburger Herren hingerichtet.

Wer nördlich der Piaţa Libertăţii die Strada Podul Viilor entlangspaziert und dann nach rechts in die Strada Dacia abbiegt, kommt zur schmalen **Strada Monetăriei** (Straße der Münzer). Ganz in der Nähe liegt ein hübscher Innenhof; hier befindet sich das **Muzeul Judeţean de Arheologie şi Istorie** *(Str. Monetărie 3, Tel. 0262 211 927, Mo geschl., €)*, das Archäologie- und Geschichtsmuseum der Region. Die Sammlungen sind in der königlichen Münzanstalt untergebracht, die 1411 gegründet wurde; das Gebäude stammt allerdings aus den 1730er Jahren. In der Umgebung von Baia Mare wurden Siedlungsspuren entdeckt, die bis ins Paläolithikum zurückreichen; zu den bemerkenswertesten Ausstellungsstücken gehören einige Schätze aus der Bronzezeit, z. B. Goldringe und Kupferbeile.

Ein zehnminütiger Spaziergang von der Piaţa Libertăţii in westlicher Richtung über den Fluss Şaşar führt zum **Muzeul de Etnografie şi Artă Populară** *(Str. Dealul Florilor 1, Tel. 0262 276 895, Mo geschl., €)*. Das Freilichtmuseum ist in zwei Bereiche unterteilt. Das sechs Hektar große **Muzeul Satului** (Dorfmuseum) präsentiert eine Holzkirche, Bauernhöfe und Scheunen aus der Region. Sehenswert ist aber auch die **Expoziţia Pavilionară** auf der anderen Straßenseite: In einem Museumsgebäude wird die seit dem Mittelalter im Bezirk Chioar gepflegte Bienenhaltung vorgestellt.

Bauern unweit von Baia Mare beim Heumachen. Es wird im Winter an das Vieh verfüttert

Die zwei Hauptachsen des Geschäftszentrums sind der ost-westlich verlaufende Bulevardul Bucureşti und der nord-südlich verlaufende Bulevardul Unirii. Einige der elegantesten Cafés und Bars wurden auf dem Bulevardul Bucureşti eröffnet.

In der Nähe des Bulevardul Unirii befindet sich eine der lohnenden Attraktionen von Baia Mare, das **Muzeul de Mineralogie** *(B-dul Traian 8, Tel. 0262 227 517, Mo geschl., €)*. Auch wer die rumänischen Erklärungen nicht lesen kann, sollte es besuchen: Unten werden die lokalen Gesteine und Kristalle gezeigt, ein Stockwerk höher einige wunderschöne Kristall-Ausblühungen. ■

Das historische Maramureş

Valea Marei
177 B2

„MARAMUREŞ ŢARA VECHE CU OAMENI FĂRĂ PERECHE – Maramureş ist ein altes Land und seine Menschen unvergleichlich". So lautet ein reichlich unbescheidener *doină* (Spruch) aus Maramureş. Ganz offensichtlich haben sich die Einwohner der vier Täler Mara, Cosău, Iza und Vişeu ihren Sinn für Identität bewahrt.

Entscheidungen, Entscheidungen: Ocna Şugatags wöchentlicher Tiermarkt ist eine gesellschaftliche und landwirtschaftliche Attraktion

VALEA MAREI (MARA-TAL)

Von Baia Mare aus geht es über den Guţâi-Pass ins Valea Marei. Bei der Fahrt talwärts ins malerische Dorf **Mara** begeistert die Landschaft mit ihren wilden Berggipfeln, die sich bis in die Ukraine ziehen. Ein Stück weiter auf der Straße steht in **Deseşti** eine erste wunderschöne Holzkirche, die **Sf. Paraschiva** geweiht ist. Sie wurde 1770 erbaut und ist eine der Holzkirchen auf der Liste des Unesco-Weltkulturerbes. Die Kirche ist solide und schön zugleich gebaut, ihr großer Kirchturm verjüngt sich nadelspitzenförmig nach oben. Die Aussichtsplattform der Kirche diente als Wachturm – sie war ein lebens-

notwendiges Frühwarnsystem bei drohenden Tatarenüberfällen. Auch die steilen Dächer hatten eine Funktion: So wurde verhindert, dass der Schnee im Winter die Holzkonstruktionen zum Einstürzen bringen konnte. Deseştis Kirche zeigt einige der erlesensten Beispiele der Volkskunst in Maramureş. Die Gemälde wurden von zwei Meistern aus der Region geschaffen: Radu Munteanu und Gheorghe Visovat. Gezeigt wird unter anderen „Arbore lui Ieseu" (Der Stamm Jesse) über dem Altar und „Judecata de Apoi" (Das Jüngste Gericht) im Exonarthex (Vorhalle).

In fünf Kilometer Entfernung bilden einige traditionelle Bauernhöfe mit schön geschnitzten Toreinfahrten das hübsche Dörfchen **Hoteni**, das auf einer weiten, von Hügeln umgebenen Hochebene liegt. Berühmt wurde das Dorf durch das Fest **Tânjaua**, dessen Ursprünge sich bis zu den Römern zurückverfolgen lassen. Bei dem Ritual der Wahl des besten Pflügers des Dorfes dreht sich alles um einen stilisierten „Pflug" aus Tannenzweigen, der mit Bändern geschmückt die Hauptstraße entlang getragen wird. In der Zwischenzeit jagt die Dorfjugend den erwählten Pflüger, fängt ihn ein und taucht ihn in den Fluss. Über die letzten Jahre hat sich das Fest zu einem Volksmusikfest entwickelt.

Deseşti
177 B2
Besucher-information
Primăria, Str. Principală 190
0262 372 601

VALEA COSĂULUI (COSĂU-TAL)

Die Valea Cosăului liegt jenseits von Hoteni, also östlich der DN 18. Am Ostrand von **Călineşti** steht, isoliert auf einem Hügel, eine kleine Kirche aus dem Jahre 1630. Sie wurde aus dicken Eichenbalken errichtet und birgt die Überreste einiger Fresken aus dem 18. Jahrhundert. Im Zentrum des Dorfes können das *vâltoare* (ein fächerförmiges hölzernes Becken zum Waschen und Walken von Textilien) und der *cazan* (Destillierapparat) für *ţuică* (Zwetschgenwasser) besichtigt werden. Am besten bei der Einfahrt nach Călineşti nach dem Weg fragen.

Valea Cosăului
177 B2

Ein paar Kilometer weiter südlich führt die Hauptstraße nach **Sârbi**, wo die Häuser herrlich geschnitzte Tore haben. Die Ursprünge der Seilmuster mit ihren Rosetten und Strichmännchen reichen bis ins Neolithikum (also rund 7000 Jahre) zurück. Die beiden kleinen, aber soliden Holzkirchen zeigen, dass das Dorf einst in zwei Gemeinden unterteilt war. Beide Gotteshäuser, eines von 1665 und das andere von 1667, stehen auf Hügeln oberhalb der Fernstraße.

Budeşti wirkt beinahe wie eine Fortsetzung von Sârbi. Der Name geht auf einen Landbesitzer namens

Bud aus dem 14. Jahrhundert zurück. Mit seinen 5000 Einwohnern ist Budeşti eines der größten Dörfer im historischen Maramureş. Von den beiden Holzkirchen in Budeşti wurde die wunderschöne **Biserica Josani** 1628 für die ansässigen *nemeşi* (Landadel) errichtet. Die Fresken (1762) stammen von Alexandru Ponehalschi, zur Ikonensammlung der Kirche gehören einige Ikonen aus dem 15. Jahrhundert. Eine *toacă* (hölzernes Schlagbrett) hängt am Eingang, sie wird mit dem Hammer geschlagen, wenn die Gemeindeglieder zusammengerufen werden sollen. Die nahe gelegenen Steinplatten bilden die *masa moşilor* (Ältestentisch), an der die Gläubigen als Begräbnis- und Ostergaben Körbe mit Lebensmitteln platzieren. Jede Familie hat Ostern ihren festgelegten Platz an diesem Tisch.

VALEA IZEI (IZA-TAL)

Valea Izei
177 B2–C1

Zu den Höhepunkten eines Besuchs von Valea Izei gehört der Weg, der von der hübschen Ortschaft **Vadu Izei** nach Osten führt. Das kleine Örtchen liegt etwa 6 Kilometer südlich von Sighetu Marmaţiei (siehe S. 186 f.). Sowohl in Vadu Izei als auch im Nachbarort **Valea Stejarului** im Osten leben noch zahlreiche Weber und Holzarbeiter.

Noch weiter östlich kommt man nach **Bârsana**. Der Name des Ortes leitet sich von *bârsani* ab: So heißen die lokalen Schäfer, die langhaarige Schafe züchten. Die größte Sehenswürdigkeit des Ortes ist das neu erbaute orthodoxe Kloster. Alle Gebäude des Klosters sind ausschließlich aus Holz im traditionellen Stil errichtet worden, die Mehrzahl von ihnen erst nach der Revolution von 1989. Einen Kilometer zurück auf derselben Straße steht auf einem Hügel – umgeben von Obstgärten – eine anmutige **Holzkirche aus dem frühen 18. Jahrhundert**. Sie wurde näher zum Dorf verlegt, nachdem das Kloster, zu dem sie ursprünglich gehörte, 1791 geschlossen wurde. Die Fresken wurden 1806 von Toader Hodor gemalt. Die volkstümlichen Malereien zeigen Einflüsse des Barock und Rokoko und sind von hoher Qualität. Sie sind auch der Hauptgrund, weshalb die Kirche zum Unesco-Weltkulturerbe erklärt wurde.

Die Fahrt geht weiter Richtung Südosten nach **Poienile Izei**, wo eine weitere außergewöhnlich schöne Holzkirche auf einem Hang steht, auch sie hat inzwischen Weltkulturerbe-Status. Das Gebäude wurde zwischen 1604 und 1632 aus Tannenstämmen errichtet. Die wunderbaren Malereien an den Eingangstüren zeigen die Heiligen Paul und Peter. Herausragendste Sehenswürdigkeit der Kirche sind jedoch die 1794 von Gheorghe din Dragomireşti gemalten Fresken. Die berühmtesten und eindrücklichsten Szenen gehören zum „Jüngsten Gericht" im ersten Raum: An der Nordwand treiben die Verdammten unerbittlich auf der Gehenna, dem Fluss des Höllenfeuers, ihrer endgültigen Strafe zu, während der Fluss selbst wiederum von einem monströsen Leviathan mit bemerkenswert menschlichen Augen verschlungen wird.

Südöstlich von Poienile Izei liegt **Botiza** an einem Nebenfluss der Iza, der Ort ist von Poienile Izei über eine unbefestigte Straße erreichbar. Mittlerweile ist der Ort dank der Initiative seiner Frauen ein blühendes Touristenzentrum: Eine Reihe von Gästehäusern wurden eröffnet, Kunsthandwerker verkaufen traditionelle Maramureş-Teppiche, die häufig mit stilisierten Tänzern, Tannen und Kirchen verziert sind.

Über die Berge in Richtung Osten geht es über Şieu und Bogdan Vodă nach **Ieud**. Die ältere und interessantere der beiden Kirchen ist die **Biserica din Deal** (Kirche auf dem Hügel) aus dem 17. Jahrhundert (ebenfalls Unesco-Weltkulturerbe). Allein schon von außen wirkt das Gebäude zauberhaft, doch beim Eintreten steht man vor einem Wunderwerk: Wandmalereien bedecken jeden Zentimeter verfügbaren Platzes des Kirchenraumes. Die Fresken wurden 1782 von Alexandru Ponehalschi gemalt und gelten als sein Meisterwerk. Ponehalschi wurde in der byzantinischen Tradition ausgebildet, doch in seinen Spätwerken ist die Hinwendung zum Barock unübersehbar.

Versteckt in einem Feld außerhalb des Dorfes liegt ein **jüdischer Friedhof**. Er ist eine der wenigen schmerzlichen Erinnerungen an eine einst blühenden jüdischen Gemeinde, die friedlich in Maramureş lebte. Die meisten Juden der Region starben in den Konzentrationslagern.

VALEA VIŞEU (VIŞEU-TAL)

Das lange, schmale Valea Vişeu verläuft am Maramureş-Gebirge entlang, das die Grenze zwischen Rumänien und der Ukraine bildet. Im Norden liegen ein paar isolierte Dörfer der Huţuls, einem Volk, das Slawisch spricht und zahlreiche Bräuche (sogar Details seiner Trachten) mit den Rumänen von Maramureş und der Bucovina teilt.

In **Vişeu de Sus** fährt die einzige noch in Betrieb befindliche **Waldbahn** *(OK Travel kontaktieren, B-dul Ştirbei 38, Bukarest, Tel. 021 311 2390, www.oktravel.ro)* von Maramureş. Die Privatbahn bietet die Möglichkeit zu einer unvergesslichen Fahrt in die Berge, Endstation ist der Fluss Vaser in der Nähe der ukrainischen Grenze. Wer will, läuft von dort zu Fuß zurück, so lässt sich die bewaldete Tallandschaft noch intensiver erleben.

Östlich der Bergbaustadt Borşa liegt das Skigebiet **Staţiunea Borşa**; ein Blickfang sind die hohen Scheunen auf den umliegenden Wiesen am Rand des **Parcul Naţional Rodna** (Nationalpark Rodna). Das alpine Schutzgebiet bietet zahlreiche landschaftlich reizvolle Wandermöglichkeiten.

Hinter Staţiunea Borşa steigt die Straße zum **Prislop-Pass** an, er führt ins benachbarte Moldova. Auf dem Weg Richtung Pass kommt man an einem unauffälligen Denkmal vorbei, das jedoch einen erwähnenswerten historischen Hintergrund hat: 1717 hatten die Krimtataren den Einwohnern von Maramureş einmal mehr verheerende Schäden zugefügt. Darauf griff eine Gruppe Moroşeni unter der Leitung eines Priesters aus Borşa die Plünderer im Tal mit solcher Entschlossenheit an, dass sich diese nie mehr wieder hierher trauten. Wie es der Zufall will, hieß der Priester passenderweise Popa Lupu – Hochwürden Wolf. ■

Valea Vişeu
177 C1–D1

Mit ihrem 56 Meter hohen Kirchturm soll die Kirche in Bârsanas Klosterkomplex die höchste Holzkonstruktion Europas sein

Viele Frauen in Maramureş weben ihre Textilien noch immer aus handgesponnener Wolle selbst

Mit dem Auto durch das historische Maramureş

Der Ausflug mit dem Auto entführt in einen atemberaubend schönen Teil der Region Maramureş: Die kurvige Straße schlängelt sich durch einen Teil von Ţara Chioarului über den Neteda-Pass nach Budeati.

Startpunkt ist das Zentrum von **Baia Sprie**; von dort aus die Straße nach rechts nehmen und hügelaufwärts nach **Şişeşti** fahren. In Şişeşti lohnt ein Besuch des **Muzeul Memorial Vasile Lucaciu** 1 *(No. 250, Tel. 0262 298 070, Mo geschl., €)* bei der orthodoxen Kirche. Lucaciu (1852–1922), auch bekannt unter dem Namen „Löwe von Şişeşti", war ein griechisch-katholischer Priester, der für die Rechte der ethnischen Rumänen in Transsilvanien kämpfte. Der Museumskomplex umfasst das Gemeindehaus, die Schule, die Bibliothek und die Kirche (1890). Hinter der Kirche stößt man auf das dünne, sonnengebleichte Gerippe einer früheren Holzkirche, die mit wunderbaren Mustern überzogen ist.

Es geht weiter in südöstlicher Richtung nach **Şurdeşti**, dort rechts auf die Straße Richtung Copălnic Mănăstur abbiegen und den Hinweisschildern zur *Biserica* folgen. Am Ende einer von Walnussbäumen gesäumten Anfahrt steht **Sf. Arhangheli** 2 *(im Gemeindehaus nach dem Schlüssel fragen)*, eine griechisch-katholische Kirche aus dem Jahr 1766. Bis vor Kurzem war sie die größte Holzkirche in Europa; allein der Kirchturm ist über 52 Meter hoch. Inzwischen hat ihr das Kloster Peri in Săpânţa den ersten

Platz streitig gemacht. Im Inneren ist sie mit Wandmalereien aus dem 18. oder frühen 19. Jahrhundert ausgeschmückt. In Şurdeşti signalisiert das Glockengeläut den Beginn und das Ende eines Heuernte-Tages – ein weiteres Relikt der bäuerlichen Tradition der Maramureş. Handwerker des Dorfes fertigen hölzerne Heurechen und -gabeln sowie haarige Wolljacken, die sogenannten *gube*.

Zurück auf der Hauptstraße, geht es rechts weiter Richtung Cavnic. Beim Verlassen von Şurdeşti sollte man nach einem Felsen auf der linken Seite der Straße Ausschau halten: Er ist mit der rumänischen Flagge bemalt. Unterhalb des Felsens, von der Straße aus nicht einsehbar, liegt eine Felsgruppe, die Heuhaufen ähneln: Sie wird von den Einheimischen **Clăile de Piatră** (3) genannt. Der Legende nach spazierte der hl. Peter eines Sonntags durch Şurdeşti und sah einen Mann beim Heumachen. Peter wurde so wütend, dass er den Bauern verfluchte und die Heuhaufen in Felsen verwandelte.

Cavnic ist eine alltägliche Bergbaustadt, doch hinter der Stadtgrenze öffnet sich die Landschaft. Die Straße windet sich durch Tannenwälder und über den **Neteda-Pass** (4). Direkt hinter dem Pass sollte man kurz parken und die Aussicht genießen: Der Blick geht über samtenes Weideland, auf dem sich die Heuhaufen wie Pünktchen ausmachen. Die Allee in Richtung Budeşti wird von Pappeln gesäumt, in der Ferne sind die Gipfeln der Karpaten und die ukrainische Grenze auszumachen. So weit das Auge reicht war alles früher ebenfalls Teil von Maramureş, doch das Land nördlich des Flusses Tisa wurde nach dem Ersten Weltkrieg aufgeteilt. Nach dem Ende des Zweiten Weltkriegs beanspruchte die Sowjetunion diesen Teil der Karpaten für sich.

Nun führt die kurvige Straße wieder bergab, vorbei an Myrtenhainen und von Heuhaufen durchsetzten Weiden, die Fahrt endet schließlich in **Budeşti** (siehe S. 181f). ■

Siehe Übersichtskarte S. 177
- Baia Sprie
- 48 Kilometer
- 1 Stunde (mit Pausen)
- Budeşti

UNBEDINGT ANSEHEN
- Şurdeşti
- Neteda-Pass

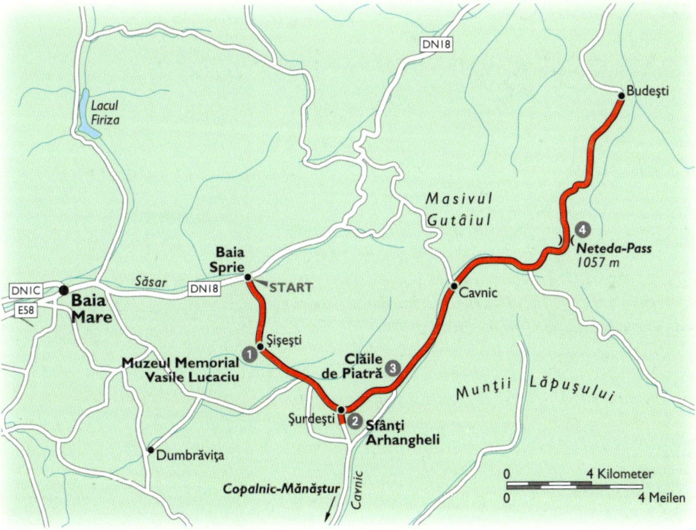

Sighetu Marmaţiei

Sighetu Marmaţiei
177 B2
Besucher-information
Centrul de Informare Turistică, Str. Piaţa Libertăţii 21
0262 312 5528

DIE HISTORISCHE HAUPTSTADT VON MARAMUREŞ IST EINE schnell wachsende Stadt. Das Industrie- und das Universitätszentrum liegt in der Nähe der Tisa und erfreut sich zunehmender Beliebtheit bei den Touristen. Das alte Zentrum erstreckt sich um die Piaţa Libertăţii und die Strada Mihaly de Apşa, zwei parallel verlaufende Einbahnstraßen mit hübschen österreichisch-ungarischen Bauwerken.

Datini

Jedes Jahr im Dezember findet das zweitägige Festivalul Datinilor de larnă (Festival der Winterbräuche) – kurz Datini genannt – statt. An diesen Tagen darf jeder seine besten (oder auffälligsten) traditionellen Kleider anziehen: Die Jungs tragen schaurige Masken mit Wolfsköpfen oder grelle Militäruniformen, die Mädchen dicke weiße Jacken oder bestickte Schafsfellwesten und hohe schwarze Stiefel. Das Festival 2006 überschnitt sich mit der Wiedereröffnung einer Brücke über die Tisa, die vor über 60 Jahren geschlossen worden war. Sie führt von Sighet hinüber in die ukrainische Stadt Solotvino. ■

An der Piaţa Libertăţii liegt das **Muzeul Maramureşului** (Maramureş-Museum; *Piaţa Libertăţii 15, Tel. 0262 311 521, Mo geschl., €*). Das nette Volkskundemuseum ist in einem Barockgebäude von 1730 untergebracht und quillt förmlich über vor farbenprächtigen handgemachten Textilien, Holzarbeiten und anderen Kunstwerken aus der reichen bäuerlichen Tradition der Region; auch einige furchterregende Neujahrsmasken befinden sich darunter.

Das **Memorialul Victimelor Comunismului şi al Rezistenţei** *(Str. Corneliu Coposu 4, Tel. 0262 319 424, im Winter Mo geschl.)* liegt am anderen Ende der nahen Strada Coposu. In dem Gebäude befand sich eines der repressivsten Gefängnisse des kommunistischen Staates – in den frühen 1950er Jahren wurden hier zahlreiche Intellektuelle, Journalisten, Minister, Priester und andere Personen ohne Gerichtsverfahren festgehalten. Die meisten von ihnen starben durch Folter oder Hunger, darunter Iuliu Maniu (1873–1953), der Führer der Nationalen Bauernpartei und einer der größten Demo-

Das Dörfchen Săpânţa: Auf den Kreuzen des „Fröhlichen Friedhofs“ sind witzige Verse eingraviert, die den Tod mit Galgenhumor nehmen

kraten Rumäniens. Heute befinden sich hier ein Museum und Studienzentrum, die sich beide dem Andenken der Gefangenen und der Geschichte des Widerstands im kommunistischen Rumänien widmen.

Das Geburtshaus des Autors und Holocaust-Überlebenden Elie Wiesel steht an der Kreuzung Dragos Voda und Tudor Vladmirescu. Möbliert ist das **Museum** *(Str. T. Vladimirescu 1, Mo geschl.)* wie ein typisches jüdisches Haus vor dem Zweiten Weltkrieg.

Auch das **Muzeul Maramureşului, Secţia în Aer Liber** *(Zugang via DN18, Mo geschl., €)*, Sighets Dorfmuseum, ist sehenswert. Es liegt in den Außenbezirken der Stadt und wurde wie ein traditionelles Maramureş-Dorf angelegt. Jedes Haus hier zeigt einen speziellen Stil oder eine bestimmte Periode; die ältesten Gebäude datieren aus dem 16. Jahrhundert. ■

Oben: Ein malerisches Tal südlich von Sighetu Marmaţiei

Lapus-Tal

Valea Lăpuşului
177 BI

HOHE BERGE TRENNEN DAS LAPUS-TAL VOM HISTORISCHEN Maramureş – so konnte es seine ganz eigene Identität entwickeln. Im grünen Tal fallen sanft gewellte Wiesen auf. Die Weiden sind hier aber größer und die Hänge sanfter geböscht als im historischen Maramureş, denn das Tal liegt näher an der transsilvanischen Hochebene. Die Region ist auch unter dem Namen Ţara Lăpuşului bekannt – die Bezeichnung für einen mittelalterlichen Grundbesitz, der vor der Ankunft der Ungarn von ethnischen Rumänen bewohnt und verwaltet wurde. Eine Straße von Baia Mare führt ins Tal.

Valea Lăpuşului: Türöffnung in Rogozs Holzkirche aus dem 18. Jahrhundert

Die wichtigste Stadt der Region ist **Târgu Lăpuş** mit etwa 13 000 Einwohnern. Der Name deutet es bereits an: Die Stadt hat einen Markt *(târg)*, auf dem während der Saison frisches Obst und Gemüse aus der Region, Fleisch und Käse verkauft werden.

Von Târgu Lăpuş geht es weiter nach Nordosten zu einer Holzkirche aus dem 18. Jahrhundert, sie steht in **Rogoz**. Das überstehende Dach schützt einige stilisierte Pferdekopf-Schnitzereien – geheimnisvolle Relikte des weit verbreiteten heidnischen Glaubens, dass Pferde die bösen Geister fernhalten. Im Inneren ist die Kirche so knorrig und handfest wie die Eiche, aus der sie gebaut wurde. Der Eingang in den Hauptteil des Gebäudes ist sehr niedrig und beinahe wie ein offener Mund geformt; nur wenige Leute passen hier durch, ohne sich zu bücken. Die Priester dieser kleinen Gemeindekirchen waren darauf bedacht, dass Kirchgänger ihren Kopf beugten, wenn sie eintraten – ob sie nun wollten oder nicht.

Das Tal ist ein Wander- und Klettergebiet der Superlative: Hier sollte man das Auto stehen lassen und einem der Bergwege folgen, um die Landschaft so richtig in sich aufnehmen zu können *(Wanderkarten verkaufen die Reisebüros in Baia Mare)*. Einige der Pfade gehen weit hinein in die Wälder, die den Lăpuş säumen, und führen zu Felsenhöhlen und schmalen Wasserfällen, die die Felswände über Hunderte von Metern hinabstürzen. Wildpflanzen wie die Kaiserkrone und der Wacholder wachsen auf den flussnahen Wiesen neben anderen schönen Blumen und Kräutern. ■

Țara Chioarului

Schotterstraße ins Paradies? (Natürlicher) Reichtum und Armut liegen oft eng beieinander

ALS WESTLICHER NACHBAR DES LAPUS-TALS BIETET DAS liebliche Țara Chioarului zahlreiche Wandermöglichkeiten. Die malerische Landschaft prägen grüne Wiesen, gepflügte Äcker und tiefblaue Bauernhäuser mit strohgedeckten Dächern und umgestürzten Holzzäunen. Die Bewohner pflügen ihre Felder mit Ochsen, sie arbeiten mit hölzernen Eggen und beschwören damit mittelalterliche Bilder herauf: Vergleiche zwischen biblischen Szenen und dem historischen Land der „freien Rumänen" drängen sich wie von selbst auf.

Obwohl die Hauptstraße von Baia Mare nach Cluj durch Țara Chioarului führt, ist diese Region touristisch weniger entwickelt als das historische Maramureș; allerdings gibt es Pläne, Bücher über die Volkskunde und die Folklore zu publizieren und den Besuchern damit auf ihrer Suche nach den vielen Handwerkern der Region behilflich zu sein.

Șomcuta Mare ist die größte Stadt des Bezirks und eignet sich als Ausgangspunkt für Ausflüge. Im Norden der Stadt liegen weitere architektonische Schätze in Form von alten Holzkirchen, die aussehen, als wären sie aus massiven Eichenstämmen errichtet – ihre individuellen, asymmetrischen Formen und ihre solide Bauweise sind unvergleichlich. In den Dörfern **Coaș, Coruia, Remetea Chioarului** und **Vălenii Șomcutei** finden sich ganz ausgezeichnete Beispiele dafür.

Das Dorf **Mesteacăn** – der Name bedeutet übersetzt „Birke", doch die Birkenwälder wurden durch Obstplantagen ersetzt – hat eine erstaunliche Möglichkeit gefunden, das Brauchtum am Leben zu halten: in Form eines jährlichen Wettbewerbs, bei dem die beste Senserin, die beste *plăcinta*-(Pfannkuchen-) Bäckerin und Dichterin ermittelt werden. Dieser Wettkampf, die Idee eines pensionierten Oberst, wurde zum ersten Mal 1997 abgehalten. Das Festival soll den Stolz auf die lokalen Fertigkeiten und die Selbstachtung stärken – und natürlich Touristen anziehen. Die Einwohner tragen anlässlich des Festes traditionelle Kleidung aus bestickter weißer Baumwolle mit bunten Einfassungen und Westen. Untermalt wird das Fest durch Aufführungen von *învârtite* – schnellen Kreistänzen. Die hier getanzten Varianten heißen Șapte Pași und Patru Pași. ■

Țara Chioarului
177 A1-B1

Hinterglas-Ikonen

Eine der faszinierendsten Ausprägungen der rumänischen Volkskunst sind die religiösen, auf Glas gemalten Ikonen. Sie werden in einem unmittelbaren, farbenfrohen Stil gefertigt, der die Aufmerksamkeit fesselt, und gelten heute als typisch rumänisches Phänomen. Doch woher stammen diese Ikonen ursprünglich, und warum werden sie auf Glas gemalt, in einem Land, das Holz im Überfluss hat?

Die Geschichte beginnt in der Antike, als die Byzantiner ihre Bilder auf Glas malten. Auch die Böhmen und Mähren malten auf Glas. Niemand weiß genau, wann oder wie die Rumänen sich diese Fertigkeit aneigneten, doch immer wieder wird behauptet, dass alles seinen Anfang in Nicula nahm, einem winzigkleinen Bergdorf nordöstlich von Cluj.

Über einige Jahrhunderte blieb Nicula eine standhafte orthodoxe Gemeinde zwischen ungarischen Katholiken. Die Gemeindeglieder waren stolz auf ihre kleine Kirche aus dem Jahr 1552, ebenso wie auf die Ikone der Jungfrau Maria, die die Wand schmückte. Die Ikone war von einem Einheimischen namens Luca von Iclod gemalt worden. Als Habsburg die Türken bezwang und Transsilvanien eroberte, versuchten sie auch, den christlich-orthodoxen Glauben auszulöschen. Doch einige der Österreicher waren neugierig und wollten mit eigenen Augen sehen, wie die „Abtrünnigen“ ihre Religion ausübten. 1694 kam eine Gruppe Offiziere der Kaiserlichen Armee nach Nicula und besuchte die Kirche. Besonders Lucas Ikone zog ihre Aufmerksamkeit auf sich, und als sie näher traten, meinten sie zu sehen, wie die Jungfrau echte Tränen weinte. Sie waren nicht die einzigen Zeugen – das Ereignis wurde als Tatsache anerkannt, nachdem die Soldaten und andere vor Gericht geschworen hatten, dass die Ikone 26 Tage lang unaufhörlich geweint habe.

Von überall strömten daraufhin die Menschen herbei in der Meinung, dass das Bild über Heilkräfte verfügen müsse. Bald schon wurde nach Kopien verlangt. Holz für die Bemalung einer Ikone vorzubereiten, braucht seine Zeit, und als die Nachfrage das Angebot überstieg, begannen die Leute in Nicula, das Bild der Jungfrau auf Glas zu malen. Das bezogen sie von Armeniern im nahe gelegenen Gherla. Glas hatte gleich mehrere Vorteile: Es war nicht nur leichter und schneller zu bearbeiten, es kostete auch deutlich weniger als Holz.

Rumäniens Hinterglas-Ikonen wurden im 18. und 19. Jahrhundert immer beliebter, nicht zuletzt deshalb, weil sie günstiger waren als die hölzernen Ikonen. Ikonenmalerei auf Holz erforderte eine hohe Kunstfertigkeit, relativ viel Material wurde gebraucht und es mussten außerdem teure Materialien wie Blattgold verwendet werden. All das trieb den Preis für die Holzikonen nach oben. Auch das Malen von Hinterglas-Ikonen erfordert eine gewisse Geschicklichkeit – das Bild muss spiegelverkehrt gemalt und die Farben müssen in der richtigen Reihenfolge aufgetragen werden –, doch die Kosten sind minimal.

Die bunten, fröhlichen Bilder gewannen rasch Anhänger unter Künstlern; viele unterschiedliche Schulen entstanden, die anerkannt, katalogisiert und in wichtigen Museumssammlungen ausgestellt wurden. Dazu zählen das Muzeul Ţăranului Român in Bukarest (siehe S. 62f.) und das Glasikonenmuseum in Sibiel, Transsilvanien (siehe S. 132 f.). Noch immer stößt man auf Hinterglas-Ikonen in Dorfkirchen und ländlichen Häusern, wo sie häufig in speziellen Winkeln als eine Art häuslicher Schrein hängen. Manchmal werden die Ikonen mit bestickten *ştergare* (Tüchern) geschmückt.

In Maramureş wurden viele traditionelle Kirchen mit Hinterglas-Ikonen ausgeschmückt, unter anderen die Biserica Josani (siehe S. 182) in Budeşt, die Ieud din Şes (in Ieud) und die Holzkirche in Nicula.

Interessanterweise liefern etliche der Ikonen den sichtbaren Beweis dafür, dass in den ländlichen Regionen Rumäniens Christentum und heidnischer Glaube untrennbar miteinander verwoben sind. Viele der volkstümlichen Bilder zeigen Heilige wie Elias, Georg, Haralambie und Nikolaus. ■

Rechts: Eine transsilvanische Hinterglas-Ikone des hl. Georg, wie er den Drachen tötet. Sie stammt aus dem späten 19. Jahrhundert und ist im Bauernmuseum in Bukarest zu sehen

ҪФНТѸЛ. М. ГЕОРГЕ
1872.

Weitere Sehenswürdigkeiten

BREB

Etwas südlich vom Dorf Hoteni liegt die hübsche Ortschaft Breb. Hier scheint alles noch beim Alten zu sein – der Besucher erlebt das Dorf als eine Zeitreise ins Mittelalter. Wer im Frühjahr oder Sommer herkommt, trifft Bauern, die ihr Gras mit Sensen mähen. Wie viele andere rumänische Dörfer hat auch Breb eine neue orthodoxe Kirche, die in ihrer Neuheit allerdings etwas deplatziert wirkt. Sie erhebt sich zwischen den traditionellen Holzhütten, die von Obst- und Gemüsegärten umgeben sind. Zwei malerische Bauernhäuser aus anderen Dörfern wurden in Breb rekonstruiert und gehören dem Mihai Eminescu-Trust.
177 B2

SĂPÂNŢA

Das fröhliche Săpânţa taucht in beinahe jeder Pauschalreise auf, die Maramureş im Programm hat – und das zu Recht. Bekanntester Anblick dieser Stadt westlich von Sighetu Marmaţiei ist der zentral gelegene **Cimitirul Vesel** (Fröhlicher Friedhof; €) mit seinem Wald aus leuchtend blauen Holzkreuzen. Sie sind alle von einem kleinen Dach geschützt und mit einem individuellen, bemalten Flachrelief und einem Reim versehen (siehe S. 186 f.). Der hier ansässige Holzschnitzer Ion Stan Pătraş hatte 1935 die Idee, dem Tod etwas von seinem Schrecken zu nehmen, indem er witzige, manchmal skurrile Gedichte verfasste, die das Leben des Verstorbenen zusammenfassten. Pătraş starb vor einigen Jahren, doch sein Assistent setzt die Tradition fort. Das Betreten des Friedhofs kostet Eintritt.

Bei der Ankunft im Dorf fallen die dicken, locker gewebten Decken und Teppiche ins Auge, die über den Zäune hängen; manche sind ganz schlicht, andere mit breiten Streifen gemustert. Sie werden aus heimischer, gefärbter Wolle gefertigt und sind meist zum Verkauf gedacht. Traditionellerweise handelt es sich um Pferde- bzw. Kuhdecken; die schlichten, dunkelrot gestreiften Decken heißen *cergi* und gelten mittlerweile als wertvolle Artikel. Mindestens das halbe Vergnügen eines Besuchs in Săpânţa besteht im Bummeln durch das charmante Dorf, wobei man ein Schwätzchen halten sollte mit den Frauen, die sich zum Weben auf dem Bürgersteig niedergelassen haben. Man sollte es ruhig mal mit Fragen wie: *Cât costa?* (Wie viel kostet das?) oder *Asta îmi place* (das gefällt mir) versuchen. Oft reicht es auch, die Frauen einfach mit einem fröhlichen „*Buna ziua*" (Guten Tag) zu begrüßen. Wolle wird in großen Bottichen in dunkelrotem Wasser, das seine Farbe der Färberöte (Krappwurz) verdankt, gefärbt; zahlreiche Läden und Stände präsentieren eine große Auswahl an unterschiedlichem Kunsthandwerk.
177 B2 **Besucherinformation** Centrul de Informare Turistică, Primăria Săpânţa, Str. Principală 512 0262 372 101

TROIŢA REDNICENILOR

Am nördlichen Ende von Berbeşti steht neben der Hauptstraße nach Sighetu Marmaţiei ein bemerkenswertes Holzkruzifix. Es ist bekannt unter dem Namen Troiţa Rednicenilor (Rednics Grenzkreuz). Die darauf abgebildete Szene vom Kalvarienberg stammt aus dem 18. Jahrhundert und ist die älteste in ganz Maramureş. Das Kreuz stellt die Figuren in voller Größe dar, Iosif de Aramitea (Joseph von Arimathia) und die Jungfrau Maria auf der linken, Johannes der Täufer (Evanghelistul Ioan) und Maria Magdalena auf der rechten Seite. In der Mitte ist ein wunderbar gearbeiteter und sehr ausdrucksstarker Christus zu sehen. Das Ensemble enthält auch zwei Medaillons mit den Gesichtern von Sonne und Mond: ein Verweis auf den heidnischen Glauben, der noch immer in die religiöse Anbetung in Maramureş einfließt. Niemand kennt den Ursprung dieses Kreuzes. Eine Geschichte erzählt, dass ein Sträfling das Kreuz schnitzte, um seine Sünden zu verbüßen; in einer anderen Version wird behauptet, dass Leibeigene es schufen.

In beinahe ganz Europa sind die Wegkreuze verschwunden, nur in Rumänien haben erstaunlich viele überlebt. Oft wurden sie am Dorfrand an Wegkreuzungen aufgestellt, da man glaubte, so könnten böse Geister vertrieben werden. Die Leute in Berbeşteni lieben ihr Kruzifix und haben bereits große Summen ausgeschlagen, die ihnen für den Verkauf geboten wurden. Als ein Kunsthistoriker vorschlug, das Denkmal nach Bukarest umzusetzen, drohten die Einwohner damit, das Dorf niederzubrennen. Das Kreuz wurde nach der Familie Rednic benannt, die seit dem 14. Jahrhundert in Berbeşti lebt.

Moldova ist berühmt für seine sakrale Baukunst und die östlich geprägte Großzügigkeit seiner Einwohner. Auf einer Fahrt durch die Region erlebt der Reisende eine weitere Facette des faszinierenden rumänischen Kulturerbes.

Moldova (Moldau)

Detail eines Freskos im Kloster Voroneţ in der Bukowina

Die leuchtenden Fresken an den Klosterwänden von Voroneţ entstanden um 1540

Moldova (Moldau)

IN DEN RUMÄNISCHEN SCHULEN LERNT JEDES KIND, DASS MOLDAU VON Fürst Dragoş gegründet wurde – nach seinem legendären Kampf mit einem Auerochsen (das riesige Wildrind ist der Vorfahre der europäischen Hausrinder und mittlerweile ausgestorben). Auf der Jagd entdeckte Dragoş den Fluss Moldau, den er nach seiner Hündin Molda benannte: Sie starb, als sie ihn vor den Hörnern des Auerochsen schützen wollte. Noch heute ist der Kopf des Auerochsen das Symbol der Region, obwohl erst Dragoş' Nachfolger, Fürst Bogdan I. aus Maramureş, die Region Moldau Mitte des 14. Jahrhunderts zum unabhängigen Fürstentum erklärte.

Die Region Moldova wird von den westlich orientierten Transsilvaniern als etwas rückständig empfunden, gleichzeitig gilt sie aber auch als Wiege der rumänischen Empfindsamkeit und Kultur. Im Gegensatz zu anderen Grenzregionen Rumäniens liegt Moldova neben einem unabhängigen Staat, mit dem es die gleichen Wurzeln teilt: der jungen Republik Moldawien, die ursprünglich zum mittelalterlichen Fürstentum Moldau gehörte.

Zu den berühmtesten Sehenswürdigkeiten im heutigen Moldova gehören die *bisericile pictate al Bucovinei*, die bemalten Kirchen der Bukowina im Nordwesten. Wer diese erstaunlichen, innen wie außen vollständig mit Fresken bemalten Bauwerke sehen will, muss tief ins Herz der Moldova reisen.

Die Bukowina entstand nach den russisch-türkischen Kriegen 1768–74, als Habsburg den Norden der Moldau annektierte. Wegen seiner dichten Buchenwälder nannten die Habsburger die Region Buchenland, daraus wurde ins Rumänische übersetzt Bukowina. Die Bukowina wurde zum Korridor zwischen den neuen polnischen Territorien Österreichs und Transsilvanien. Im Vertrag von Versailles sprach man die Bukowina wieder Rumänien zu, doch nach dem Zweiten Weltkrieg wurde das Gebiet erneut aufgeteilt: Der Norden ging an die Sowjetunion und gehört heute zur Ukraine.

Unendliche, sanft gewellte Hügel prägen den Osten der Region Moldova. In manchen Teilen wirkt die Landschaft wie eine Patchworkarbeit aus geometrischen Streifen. Sie gehören Kleinbauern, denen es noch immer irgendwie gelingt, von ihrer Hände Arbeit zu leben. In anderen Bezirken sind große Landparzellen unter dem Pflug, hier hat man den Eindruck, das Zeitalter der Agrarindustrie habe gerade erst begonnen. Typisch für das ländliche, nordöstliche Moldova sind die Dörfer, in denen baufällige Bauernhöfe und Häuser aus Lehmziegeln und Stroh stehen. Doch trotz ihres harten Lebens gehören die Menschen zu den gastfreundlichsten in ganz Rumänien: Wo man auch hinkommt, wird dem Besucher ein Glas frische Milch oder ein Schnaps angeboten.

Von der historischen Hauptstadt Iaşi im Nordosten bis zum Vrancea-Gebirge im Südwesten, entlang der Donau und sogar in den Ebenen des Zentrums gibt es Faszinierendes und Unerwartetes zu entdecken. ■

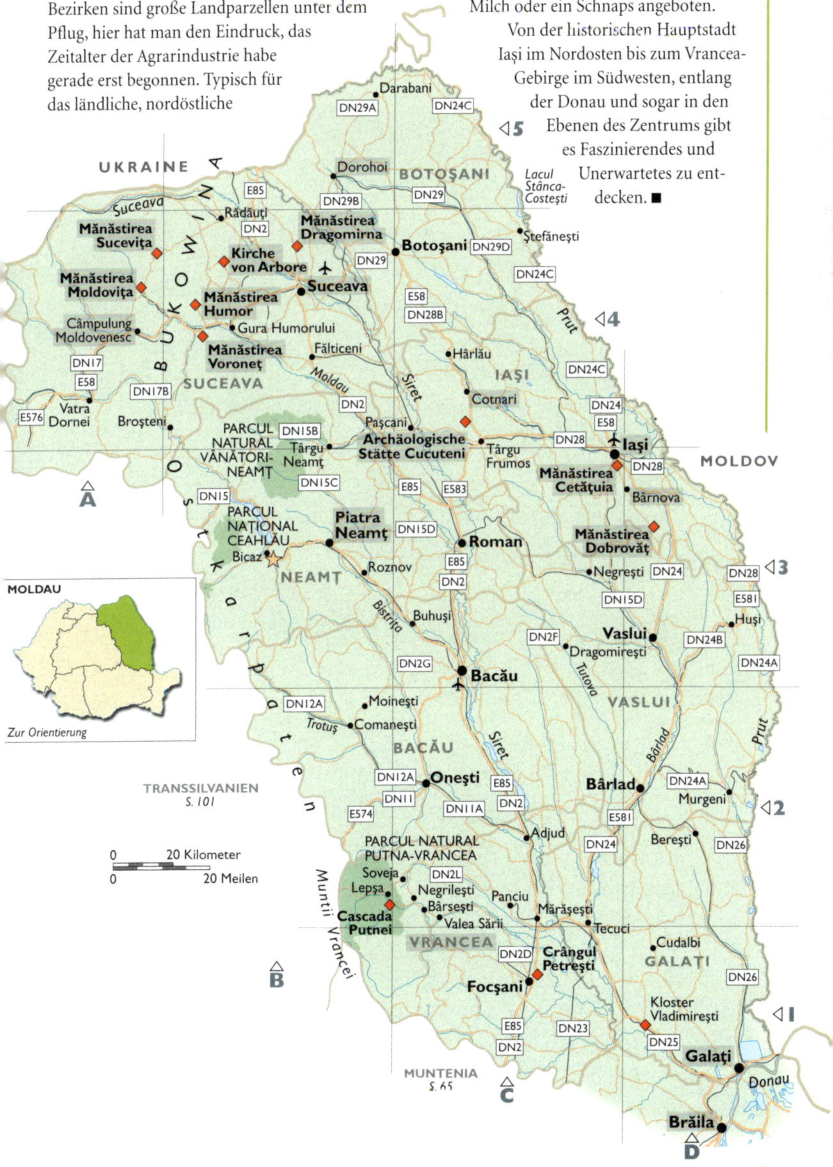

Iaşi und Umgebung

Iaşi
195 C3
Besucher-information
Centrul de Informare Turistică, Str. Armeană 13, Bloc G6, Apt. 3
0232 217 884

EINST WAR DIE HEUTIGE BEZIRKSHAUPTSTADT IAŞI (ODER Jassy) die mittelalterliche Hauptstadt des Fürstentums Moldau, und auch heute noch bildet die Stadt das Herz der Nation. Die Stadt leidet unter sozialen und wirtschaftlichen Problemen, ist aber auch Sitz der ältesten Universität des Landes, eines hervorragenden Orchesters und eines erlesenen Theaters. Es ist eine Stadt, die darum kämpft, ihren einstigen Status als kulturelles Zentrum wiederzuerlangen.

Französischer Einfluss: Der Kulturpalast in Iaşi wurde 1925 errichtet

Palatul Culturii
Piaţa Ştefan cel Mare şi Sfânt 1
0232 218 383
Mo geschl.
€

In den 1960er Jahren wurde der Stadt ihr Herz herausgerissen, doch blieben etliche glanzvolle Bauwerke aus der vorkommunistischen Ära erhalten. Das Bedeutendste ist der im Jahr 1925 errichtete Palatul Culturii, der neo-gotische Kulturpalast. Das Mansardendach gibt dem Gebäude einen französischen Anstrich – tatsächlich ließ sich der rumänische Architekt I. D. Berindei beim Zeichnen der Pläne vom Pariser Rathaus Hôtel de Ville inspirieren. Ursprünglich wurde es als Justizgebäude geplant und steht heute auf der Piaţa Ştefan cel Mare şi Sfânt, dem Standort einiger mittelalterlicher Zitadellen, deren älteste 1432 errichtet wurde.

Berindei setzte das gotische Leitmotiv innerhalb des Palastes fort, wie an der dunklen Eichentäfelung des Gerichtssaals zu sehen ist, der heute einen Teil des **Muzeul de Istorie** beherbergt: Das Geschichtsmuseum ist eines von vier Museen, die im Kulturpalast besucht werden können. Das **Muzeul de Artă** (Kunstmuseum) zeigt Beispiele rumänischer Malerei aus der Zeit zwischen den Weltkriegen, während zu den Raritäten im **Muzeul de Etnografie** (Ethnografisches Museum) einige große Pflanzenölpressen gehören. Das **Muzeul Ştiinţei şi Tehnicii Ştefan Procopiu** ist ein Wissenschafts- und Technologiemuseum, zu dem auch eine Sammlung mechanischer Musikinstrumente gehört.

Die Kirche mit ihren roten Klinkersteinen neben dem Kulturpalast ist **Sf. Nicolae** geweiht, sie stammt aus dem späten 15. Jahrhundert. Gebaut wurde sie für Moldaus berühmten Fürsten Ştefan cel Mare (Stefan der Große), doch sie brannte im frühen 19. Jahrhundert nieder. Der französische Architekt André Lecomte du Nouÿ rekonstruierte sie zwischen 1884 und 1904.

Das hübsche, in der Nähe gelegene Steingebäude mit der hohen Arkade ist die 1679 entstandene Casa Dosoftei. Das Gebäude war ursprünglich Teil von Iaşis Fürstenhof. In seinen drei Stockwerken ist nun die **Secţia de Literatura Română Veche** *(Str. Anastasie Panu 54, Tel. 0232 146 321, Mo geschl., €)* untergebracht: Die Sammlung religiöser Manuskripte, rumänischer Literatur (bis 1830) und Ikonen ist ein Paradies für Bücherliebhaber.

Ein fünfminütiger Spaziergang Richtung Norden auf dem Bulevardul Ştefan führt zur **Trei Ierarhi** (Drei-Hierarchen-Kirche; *Str. Ştefan cel Mare şi Sfânt 28*). Filigrane Steinmetzarbeiten bedecken vollständig die Wände dieser Kirche, die 1637 für Fürst Vasile Lupu erbaut wurde. Ursprünglich waren Gold, Silber und kostbare Steine in das Muster eingearbeitet, doch selbst ohne diese erlesenen Details wirkt dieses Bauwerk beeindruckend. Bis heute diskutieren Kunsthistoriker über die Herkunft des Stils. Einige meinen, dass die Kirche einem *chivot* (Reliquienschrein) nachgebildet worden ist, was zur ursprünglichen Rolle des Gebäudes passen würde: Es war die Ruhestätte der griechischen Heiligen Paraschiva. Lecomte du Nouÿ restaurierte das Bauwerk, die Wandmalereien wurden ersetzt. Dimitrie Cantemir – Gelehrter, Diplomat und ehemaliger Fürst der Moldau (reg. 1710–11) – liegt hier begraben. Er war Autor des Buches *Descriptio Moldaviae (Beschreibung der Moldau)*, einem der ersten Reiseführer über das Fürstentum.

Die armenische Kirche aus dem frühen 19. Jahrhundert, die **Biserica Armenească**, befindet sich in der Strada Armeană – von der Piaţa Pala tului sind es acht Gehminuten Richtung Nordosten entlang der Strade Costache Negrim. Die Präsenz der Armenier in der Moldau reicht bis ins 13. Jahrhundert zurück; es gab sogar einen armenischen Fürsten – Ioan Vodă cel Cumplit (Johann der Tapfere, reg. 1568–72). Sehenswert ist hier vor allem der Friedhof der Kirche – genauer gesagt die Grabsteine bei der Kirchenmauer. Sie stammen vermutlich aus dem 14. Jahrhundert und sind mit konkaven Kreisen und Blumen verschönert, die kleine Schälchen bilden. Ursprünglich lagen die Steine flach; die Vertiefungen wurden entworfen, um das Regenwasser aufzufangen, so dass die Vögel hier eintauchen und ihre Köpfchen neigen können, als wären sie ins Gebet ver-

Ein geteiltes Land

In östlicher Richtung, etwa 18 Kilometer Luftlinie von Iaşi entfernt, liegt der Fluss Prut. 1940 annektierte die Sowjetunion das Land auf der anderen Seite des Flusses – Bessarabien – und trennte damit die rumänische Region Moldova in zwei Hälften. Familien wurden über Nacht auseinander gerissen. Nach der Auflösung der UdSSR hoffte Rumänien, dass die beiden Hälften wieder vereint würden. Doch stattdessen erzwang die russische Minderheit auf der anderen Seite des Prut die Gründung eines neuen Staates: der heutigen Republik Moldawien. ■

tieft – eine nette Erinnerung an die östlichen Einflüsse im Christentum.

Ein Stück weiter nördlich auf der Strada Cuza Vodă 51 befindet sich die **Mănăstirea Golia** *(Tel. 0232 218 324, €)*. Fürst Vasile Lupu beauftragte italienische Steinmetze mit der Erweiterung und Verschönerung der bestehenden Kirche von 1546 – daher auch die interessante Fassade, eine Mischung aus barockem und byzantinischem Stil. Obwohl er ein türkischer Vasall war, sah sich Lupu als Anwärter auf den byzantinischen Thron. Er schmiedete starke Bündnisse mit den orthodoxen Klöstern außerhalb der Moldau, förderte den Druck christlicher Texte und gründete eine Akademie. Bei der Klosterkirche Golia sind seine kyrillischen Initialen (BB für Vasile Voivode oder Basil der Fürst) und das Symbol der Moldau (der Auerochsenkopf) dezent im Inneren zu sehen.

Vom Kloster Golia aus führt ein fünfminütiger Spaziergang Richtung Osten – entlang der Cuza Vodă und über die Strada Sărariei – zur Strada Sinagogelor und der **Sinagoga Mare**, eine der ältesten jüdischen Synagogen Rumäniens. Sie wurde im Jahr 1671 gegründet, im 18. Jahrhundert umgebaut, und in den 1970er Jahren restauriert.

Von der Strada Cuza Vodă aus geht es Richtung Süden zum neoklassischen **Teatrul Naţional Vasile Alecsandri** *(Str. V. Alecsandri 5, Tel. 0232 255 999)*, das auch das nationale Opernensemble beherbergt. Das Theater wurde in den 1890er Jahren vom österreichischen Architektenteam Fellner und Helmer erbaut. Gegenüber vom Theater – in

Die wunderbar ausgestaltete Kirche im Kloster Barboi auf der Strade Costache Negri im Osten von Iaşi

der Cuza Vodă 29 – befindet sich Iaşis Filharmonia, das Gebäude wurde 1815 errichtet.

WEITERE SEHENSWÜRDIGKEITEN IN IAŞI

In nördlicher Richtung geht es weiter auf der Strada Brătianu, dann nach links in den Bulevardul Independenţei bis zu einem zauberhaften, Mitte des 18. Jahrhunderts errichteten Haus, dem ersten Universitätsgebäude der Stadt (1860 gegründet). Heute beherbergt es das **Muzeul de Istorie Naturală** und zeigt eine der erlesensten naturgeschichtlichen Sammlungen des Landes. Der Weg führt bis zum Ende der Straße, dann nach links und schließlich die erste Straße wieder rechts und den Hügel hoch zum Bulevardul Copou. Weiter nördlich geht es bis zur Grădina

Copou. Das nahe gelegene **Muzeul Mihai Eminescu** ist dem Leben und Werk von Rumäniens Nationaldichter gewidmet: Der radikale Denker studierte in Iaşi.

Im hügeligen Viertel Ţicău stößt man auf das **Bojdeuca Ion Creangă**, ein Holzhäuschen, in dem zwischen 1872 und 1889 einer der bekanntesten und radikalsten Schriftsteller des 19. Jahrhunderts lebte: Ion Creangă. Das Museum ist wunderbar zwanglos gestaltet und enthält Erinnerungsstücke und Fotos aus seinem Leben.

RUND UM IAŞI

Mănăstirea Cetăţuia

Auf einem Hügel in der Nähe der Weinberge vermittelt das Kloster Cetăţuia einen Einblick in Iaşis Geschichte. Fürst Gheorghe Duca gründete das Kloster, das 1672 vollendet wurde und noch heuete bewirtschaftet wird. Duca blickte neidisch auf Trei Ierarhi (siehe S. 197) und gab überragende Steinmetzarbeiten in Auftrag, sowohl im Innen- als auch im Außenbereich der Kirche. Bemerkenswert ist das *brâu*-(Seil-)Motiv, das sich außen um die Kirche spannt. Die Fresken wurden von zwei arumänischen Künstlern gemalt: Gheorghe und Mihai Dima. (Als arumänisch werden die unterschiedlichen Gruppen ethnischer Rumänen bezeichnet, die in verschiedenen Ländern Südosteuropas Enklaven bildeten.)

Bârnova

Eine der reizvollsten Straßen rund um Iaşi führt nach Bârnova – durch Lorbeer- und Rhododendronwälder. In dem Dorf selbst befindet sich eine schöne befestigte Klosteranlage aus dem frühen 17. Jahrhundert. Die Kirche mit ihren massiven Mauern wurde in den 1620er Jahren für Fürst Miron Barnovschi errichtet, als die Einwohner der Moldau noch gegen die Türken kämpften. Das Kloster wird heute von asketisch wirkenden, or-

Muzeul de Istorie Naturală
✉ B-dul Independenţei
☎ 0232 201 339
🕒 Mo geschl.
$ €

Muzeul Mihai Eminescu
✉ Universitatea Veche 16
☎ 0747 499 405
🕒 Mo geschl.
$ €

Bojdeuca Ion Creangă
✉ Str. Simion Bărnuţiu 4
☎ 0747 499 488
🕒 Mo geschl.
$ €

Mănăstirea Dobrovăţ
195 D3
✉ Dobrovăţ-Ruşi
☎ 0232 321 321

Mănăstirea Catăţuia
195 D3

Bârnova
195 D3

Cotnari
195 C4

thodoxen Mönchen mit langen Bärten geleitet. Die Brüder spielen eine wichtige Rolle im Dorfleben, sie leiten beispielsweise die Grundschule.

Mănăstirea Dobrovăţ

Kloster Dobrovăţ nahe Bârnova liegt fast noch romantischer am Rande eines ausgedehnten Waldgebietes. Die

Vor einem der bemalten Klöster in Moldova

sechs hier lebenden Mönche kümmern sich um eine der künstlerisch erlesensten Kirchen der Region. Die Kirche wurde 1503 von Ştefan cel Mare errichtet und war die letzte von rund 40 Kirchen, die Ştefan während seines Kampfes für die Unabhängigkeit seines Landes in Moldau, Transsilvanien und in der heutigen Ukraine errichten ließ. Ştefans größter Feind war das Osmanische Reich; seine Aktionen und Erfolge sind in der rumänischen Geschichtsschreibung nachzulesen. Innen sind verblasste Fresken zu sehen, die 1529 geschaffen wurden. Neben einigen allgemeinen Geschichten aus dem Christentum, zu denen die seltene Darstellung der „Scara Virtuţilor" („Tugendleiter", siehe auch Kloster Suceviţa, S. 206 f.) gehört, findet sich auch eine Votivmalerei, auf denen ein Modell der ursprünglichen Kirche zu sehen ist. Der Torturm von Dobrovăţ wurde 1743 errichtet.

Ausgrabungsstätte Cucuteni

Nordwestlich von Iaşi, an der Straße zwischen Târgu Frumos und Hârlău, liegt die archäologische Stätte Cucuteni. Sie befindet sich am Nordrand des Dorfes Cucuteni und enthält einige Grabhügel und Spuren einer dakischen Zitadelle aus der Eisenzeit. Hier fanden Archäologen entscheidende Hinweise, dass in den Gebieten, die heute zu Moldova, der Republik Moldawien und der Ukraine gehören, zwischen 4200 und 3200 v. Chr. eine hoch entwickelte Kultur gelebt hatte: die Cucuteni oder Tripolie. Unter ihnen befanden sich begnadete Baumeister und Handwerker. Die Cucuteni wurden von nomadischen Indo-Europäern vernichtet, bevor die ägyptischen und sumerischen Hochkulturen überhaupt zum Leben erwachten. In Piatra Neamţ sind einige atemberaubende Beispiele ihrer Töpferkunst zu bewundern.

Cotnari

Aus den Weinbergen von Cotnari nordwestlich von Iaşi stammt ein köstlicher Dessertwein: Grasă de Cotnari. Fürst Ştefan cel Mare höchstpersönlich importierte die Reben im 15. Jahrhundert aus der ungarischen Region Tokay. Der berühmte Wein ist von außergewöhnlich grüner Farbe, die mit zunehmendem Alter immer intensiver wird. Der Diplomat Dimitrie Cantemir (siehe S. 197) stellte im 17. Jahrhundert hoch erfreut fest, dass er etliche Gläser des Weines trinken konnte, ohne einen Kater zu bekommen. In der **Hauptniederlassung** *(S. C. Cotnari S.A., Cotnari, Nr. 10, Tel. 0232 730 296)* befindet sich ein Museum; hier kann der Wein auch verkostet werden. ■

Suceava

EINST HAUPTSTADT DES FÜRSTENTUMS MOLDAU, IST SUceava heute die Kreishauptstadt der südlichen Bukowina. Es lohnt sich, die historischer Bauwerke und Museen zu besichtigen. Die meisten liegen zentrumsnah an der Piaţa 23 Decembrie. Die Stadt ist ein beliebter Zwischenstopp auf dem Weg in die Karpaten und zu den berühmten bemalten Klöstern der Bukowina.

Suceava
195 B4
Besucher-information
Centrul de Informare Turistică, Str. Vasile Bumbac 14
0230 551 241

Die **Mănăstirea Sf. Ioan cel Nou** (Kloster des hl. Johannes des Neuen) in der Strada Mitropoliei ist einem der Schutzpatrone Moldovas geweiht: Er wurde von den Türken gemartert, als er sich weigerte, zum Islam überzutreten. Das Kloster wurde im Jahr 1514 von Bogdan III. gegründet. Die Außenwände der großartigen Klosterkirche Sf. Gheorghe wurden 1522 vollendet und sind mit verblichenen Fresken bedeckt – eine gute Einstimmung auf die bemalten Klöster weiter im Westen.

Ein fünfminütiger Spazierweg entlang der Strada Ciprian Porumbescu führt zum charmanten *han* (Gasthaus) aus dem späten 16. oder dem frühen 17. Jahrhundert, das heute das lohnende **Muzeul Etnografic** beherbergt. Der erste Stock ist wie ein Gasthaus eingerichtet. Zu den Höhepunkten zählt ein prachtvoller Kamin, der mit den regionstypischen grün-gelben Kuty-Kacheln geschmückt ist. Sie wurden frei nach byzantinischen Motiven gestaltet. Im zweiten Stockwerk sind Werkzeuge zu sehen: Kleidung, Kunsthandwerk und andere Gegenstände aus verschiedenen Gebieten der Bukowina.

Das Freilichtmuseum des Ethnografischen Museums liegt auf einer Lichtung am Ostrand der Stadt. Das **Muzeul Satului Bucovinean** zeigt 80 volkstümliche Bauwerke aus der Ţara de Sus (Hochland von Bukowina), unter anderem die Casa Roşu (spätes 19. Jh.), eine verblüffende kleine Kirche (18. Jh.), die mit Pferdekopf-Motiven geschmückt ist, sowie eine Wassermühle aus Humor.

Kuty-Kacheln schmücken einen Kamin in Suceavas sehenswertem Ethnografischen Museum

Die eindrucksvollen Ruinen von Suceavas mittelalterlicher Festung **Cetatea de Scaun** (Zitadelle; €) ragen über der Stadt auf. Eine kurvenreiche Straße führt über drei Kilometer hinauf zur Burg; kürzer ist der Fußpfad vom Stadtzentrum aus. Errichtet wurde sie 1388 von Fürst Petru I. Muşat (reg. 1375–1391), Ştefan cel Mare baute das Bauwerk jedoch nahezu vollständig neu und fügte einen Burggraben, die zwei Meter dicken Außenmauern und die kreisrunden Bollwerke hinzu. Die Zitadelle widerstand den wiederholten Türkenangriffen. Erst 1673 gelang es den Janitscharen schließlich, sie zu sprengen.

Westlich der Zitadelle steht die älteste Kirche von Suceava, die **Biserica Mirăuţi** *(Str. Mirăuţilor 17)*. Errichtet wurde sie von Petru I. Muşat als erste orthodoxe Kathedrale der Moldau; alle moldawischen Fürsten wurden bis 1522 darin gekrönt. ■

Muzeul Etnografic
Str. Ciprian Porumbescu 5
0230 216 439 Nebenstelle 115
Mo geschl.
€

Muzeul Satului Bucovinean
Platoul Cetăţii
Mo geschl.
€

Bukowinas mittelalterliche Kirchen

Mănăstirea Dragomirna
195 B2
Comuna Mitocul Dragomirnei
0230 533 839
€

Mănăstirea Humor
195 B4
Str. Mănăstirea, Humor
€

Mănăstirea Voroneţ
195 B4
Voroneţ
0230 235 323
€

RUMÄNIENS NATIONALDICHTER MIHAI EMINESCU NANNTE sie *dulce bukowina* – „süßes Land der Buchenwälder“: Die Bukowina ist aber nicht nur wegen ihrer landschaftlichen Schönheit, sondern vor allem wegen der mittelalterlichen Kirchen berühmt.

Während des Überfalls der Türken auf Bulgarien und Serbien suchten Tausende orthodoxer Geistlicher Zuflucht in den Karpaten, wo sie von den moldawischen Fürsten aufgenommen wurden. Zwischen dem 15. und 17. Jahrhundert stieg die Zahl der religiösen Einrichtungen so stark, dass Moldau – und besonders die Bukowina – als zweiter Berg Athos bekannt wurde. Die befestigten Klöster schützten Dorfbewohner und Soldaten während der Angriffe. Die Bibelszenen an den Außenmauern unterhielten und erzogen die Gläubigen, die die Kirche nicht betreten wollten oder die Liturgie nicht verstanden. Wer Voroneţ aus Zeitgründen nicht besichtigen kann, sollte sich eine halbe Stunde Zeit nehmen, um das Kloster Dragomirna zu besuchen: Das sehenswerte Gebäude (ohne Außenfresken) liegt in der Nähe von Suceava.

MĂNĂSTIREA DRAGOMIRNA

Kloster Dragomirna liegt zehn Kilometer nördlich von Suceava (siehe S. 201). Erzbischof Crimca ließ die Anlage zwischen 1602 und 1609 erbauen; der Stil markierte den Beginn einer neuen Phase religiöser Bauwerke in der Moldau: Steinfassaden ersetzten nun die Außenfresken. Das Osmanische Reich übernahm immer stärker die Kontrolle über die Region, und so steckten die Klöster mehr Geld in die Verteidigung als in schmückendes Beiwerk. Geschützt hinter hohen, befestigten Mauern, weist die steinerne Fassade der Kirche alle Elemente des charakteristischen „Moldaustils“ auf: ein großartig geschwungenes Dach, einen byzantinischen Grundriss, gotische Details um Türen und Fenster, Reliefarbeiten mit Farnen und Blüten und ein *brâu*-Motiv mit dem dreifach geflochtenen Seil. Auffallendstes Merkmal sind aber die Proportionen: Die Kirche ist 42 Meter hoch, aber nur unglaubliche 9,5 m breit. Den besten Gesamteindruck erhält man, wenn man das Bauwerk vom östlichen Ende aus betrachtet.

Dragomirna ist eines von einer Handvoll Klöster in der Region, die während der kommunistischen Herrschaft nicht geschlossen wurden.

Heute betreiben die Nonnen eine Herberge, die Pilgern und Besuchern Zimmer zum Übernachten bietet.

MĂNĂSTIREA HUMOR

Kloster Humor liegt fünf Kilometer westlich von Câmpulung Moldovenesc. Es wurde 1530 für Fürst Petru Rareş und seinen Kanzler Teodor Bubuiog errichtet. Der Ort gleicht einer Mini-Zitadelle und hat einen frei stehenden Wachturm (1641).

Die Kirche des Klosters wurde 1535 bemalt. Ein Künstler namens Toma schuf die Außenfresken, bei denen die Farbe Rot dominiert. Einer der Höhepunkte ist das Fresko „Arborele lui Jesse“ (Baum Jesse) im Zentrum der Südwand. Inmitten einer stilisierten Akanthus-Pflanze werden Szenen in Vignetten gezeigt. Das Bild verfolgt die Verästelungen des Familienbaums bis zu seinen Wurzeln: Wie in Jesaja beschrieben, liegt Jesse am Boden, mit einem Ast, der aus seinem Bauch herausragt.

Auf der Ostseite der Dreikonchen-Kirche tanzen Reihe um Reihe die Figuren der Heiligen um Gott und Christus. Zahlreiche Tafeln an der Kirche zeigen Bilder von Seraphen, aber auch Blumenmuster. Die Gemälde im Inneren der Kirche sind ebenfalls fantastisch; beachtenswert sind die „Flucht nach Ägypten“ sowie der „Auszug aus Ägypten“ in der mittleren Grabkammer, der letzten Ruhestätte von Teodor Bubuiog und seiner Frau. Humor überlebte die kommunistische Ära als Pfarrkirche; 1991 gewann es seinen Status als Kloster zurück. Wer über Nacht bleiben möchte, findet im Dorf Humor zahlreiche Gästehäuser.

Kloster Dragomirna aus dem frühen 17. Jahrhundert liegt nördlich von Suceava

Roma

Für die meisten von uns sind die Roma ein Rätsel. Im Westen auch als Sinti oder Zigeuner bekannt, werden sie in Rumänien *Ţigani* oder *Rroma* genannt. Gefürchtet, aber auch insgeheim bewundert (wenn nicht sogar beneidet), machen sie inoffiziell etwa zehn Prozent der rumänischen Bevölkerung aus und gehören zu den am stärksten benachteiligten Einwohnern des Landes.

Sie leben in Städten, aber auch in Dörfern, und ihre Häuser sind häufig deutlich von den anderen abgegrenzt. Am besten erkennt man die Roma, wenn sie ihre traditionelle Kleidung tragen, die je nach Gruppe variiert. Charakteristisch sind vor allem die breitkrempigen, schwarzen Filzhüte, die in manchen Teilen Transsilvaniens noch von Männern getragen werden, und die langen, bunt gemusterten Röcke der Frauen.

Es ist eine traurige Tatsache, dass die Roma vor 1989 häufig ein besseres Leben führten als heute – trotz der Tatsache, dass die Kommunisten ihren Status als Minderheit nicht anerkannten. Heute sehen viele Rumänen die frei lebenden Ţigani, wie sie hier meist genannt werden, als eine Bedrohung ihrer eigenen Existenz. Einige Ţigani verdienten auf dem Schwarzmarkt ein riesiges Vermögen; der Unmut ihnen gegenüber wuchs noch, als manche gigantische Häuser bauten, um ihren Reichtum zu demonstrieren. Einige dieser Villen findet man in Ciurea in der Nähe von Iaşi, in Paşcani zwischen Suceava

und Iaşi sowie in Buzescu unweit von Alexandria. Die Beziehungen zwischen Zigeunern und Nicht-Roma sind angespannt, mitunter kommt es zu Gewalttätigkeiten.

Der schlechte Ruf der Roma entwickelte sich in Rumänien über Hunderte von Jahren, in einem Zeitraum, in dem sie meist in die Sklaverei geboren wurden. Im 14. und 15. Jahrhundert kauften hoch respektierte Fürsten wie Mircea cel Bătrân und Ştefan cel Mare ganze Zigeunerfamilien am Sklavenmarkt auf der Krim. Oft wurden sie als „Geschenke" zu Klöstern gesandt, wo von ihnen erwartet wurde, dass sie die niedersten Arbeiten verrichteten, ohne jegliche Rechte. Doch nicht alle Roma teilten dieses Schicksal: Es bildeten sich auch Gruppen, die umherzogen und sich ihren Lebensunterhalt mit einer Vielzahl von Fertigkeiten verdienten.

Rumäniens Zigeuner wurden 1862 von Mihail Kogălniceanu aus der Sklaverei entlassen, er war einer der großen liberalen Staatsmänner Rumäniens. Während des Zweiten Weltkriegs wurden Hunderttausende Roma in die Todeslager deportiert. Die rumänischen Kommunisten behandelten sie besser; bis in die 1970er Jahre schafften es einige der Roma, auf den Straßen zu überleben. Ihr *bulibasha* (König) war für sie eine größere Autorität als die weltliche Regierung. Selbst heute noch sind manche nur teilweise sesshaft und reisen mit Pferd und Wagen umher.

Viele gebildete Roma machen sich mittlerweile in der Öffentlichkeit bemerkbar, und es gibt Bemühungen, die weniger Begünstigten besser in die Gesellschaft zu integrieren. Doch Nicht-Zigeunern fällt es schwer, die Fülle und Komplexität der Roma-Kultur zu begreifen; viele wissen noch nicht einmal, dass es sie gibt. Die Roma stammen vom indischen Subkontinent; ihre Sprache ist mit Sanskrit und dem modernem Pandschabi verwandt und sollte nicht mit Rumänisch verwechselt werden. In Rumänien sind die Roma meist zweisprachig, oft mischen sie ihre eigene Sprache mit dem Rumänischen.

Traditionellerweise gehörten die Zigeuner einer Berufsgruppe an, von denen jede einen recht strengen Verhaltenskodex hatte. Am bekanntesten sind die *lăutari* (Musiker) und *căldărari* (Kesselflicker und Kupferschmiede), doch gibt es auch die *cărămidari* (Ziegler), *ursari* (Bärenbändiger) und andere. Manche der Roma arbeiten noch in ihren traditionellen Berufen; die Musik ist ein lebenswichtiger Bestandteil ihres Alltags. Eine der einflussreichsten Gemeinden von lăutari lebt in Clejani, einem Dorf südlich von Bukarest, wo es seit einigen hundert Jahren eine informelle Lehranstalt gibt. Einer ihrer berühmtesten Schüler ist der Sänger Dimitru Baicu, besser bekannt als Cacurică, ein Mitglied der international bekannten Band Taraf de Haïdouks.

Die Literatur quillt über vor romantischen Erzählungen über Zigeuner, doch vor allem Walter Starkies wunderbares Buch *Raggle Taggle: Adventures with a Fiddle in Hungary and Roumania* (1933) ist ein Klassiker. Gute Dokumentarfilme über die Roma sind Dumitru Budralas *Der Fluch des Igels* (2004), *The Land Is Waiting* von Laurenţiu Calciu (2004) und Tony Gatlifs *Latcho Drom* (1993). ■

Mănăstirea Moldovița
195 A4
Vatra Moldoviței
0230 336 348
€

Mănăstirea Sucevița
195 A4
Sucevița (40 km nordwestlich von Gura Humorului)
0230 417 110
€

Bei Sucevița wurde die letzte bemalte Kirche der Region gebaut

MĂNĂSTIREA VORONEȚ

Am Südrand des Dorfes Voroneț liegt das befestigte Kloster Voroneț. Ștefan cel Mare gründete es 1488. Das bis heute bewirtschaftete Kloster ist eines der eindrucksvollsten Beispiele des moldawischen Stils. Seine Schindeldächer sind wie ein Zelt geformt, damit Schnee und Wasser von den Außenmauern ferngehalten werden. Diese sind mit atemberaubenden Fresken bemalt. Die Fresken – dominierende Farbe hier ist das sogenannte Voroneț-Blau – wurden um 1540 geschaffen. Der Metropolit Grigore Roșca blickt links vom Haupteingang auf den Betrachter in einem lebensgroßen Porträt. Rund um ihn sind die Biografien und die Gerichtsverfahren der Heiligen Gheorghe, Nicolae und Ioan cel Nou dargestellt.

Herausragend sind zwei Außenfresken: das prachtvolle „Judecata de Apoi" („Das Jüngste Gericht"), das das gesamte westliche Ende ausfüllt, und der „Arborele lui Ieseu" („Baum Jesse") in der Mitte der Südwand. Interessanterweise beinhaltet der Baum auch Porträts von griechischen Philosophen, darunter Plato und Aristoteles, die aufgrund ihrer moralischen Autorität aufgenommen wurden. Wer ein Fernglas dabei hat, kann auch am oberen östlichen Ende der Nordwand die ungewöhnliche Darstellung Satans bewundern, wie er Adam in Versuchung führt, seine Seele zu verkaufen, man findet sie in der Freskensequenz „Păcatul lui Adam" („Adams Vertrag").

MĂNĂSTIREA MOLDOVIȚA

Das Kloster Moldovița liegt im Dorf Vatra Moldoviței und wurde 1532 für Fürst Petru Rareș errichtet. Die verwendeten Materialien waren wesentlich günstiger als in Voroneț; dennoch ist die Wirkung eindrucksvoll. Hinzu kommen noch einige großartige Details, die nur hier im Kloster zu sehen sind.

Das vielleicht fesselndste Fresko ist die Szene „Asediul Constantinopolului" – die Belagerung von Konstantinopel – an der Südwand neben der Vorhalle. Das Gemälde erzählt, wie die Jungfrau Maria die byzantinische Stadt rettet, indem sie die persischen und awarischen Feinde 626 zurückschlägt. Der orthodoxe Patriarch wird abgebildet, wie er die Jungfrau um Hilfe anfleht. Die gesamte Episode (die einer Marienhymne entlehnt ist) wurde hier in das 16. Jahrhundert verlegt: Die Kleider, die türkischen Turbane der heranrückenden Kavallerie, die Kanonen und die Schiffe wirkten auf die Betrachter der damaligen Zeit als Bitte an Maria, die Moldau vor den angreifenden Türken zu bewahren. Diese Wandmalerei ist eines der bedeutendsten künstlerischen Dokumente der Krise, mit der Rareş konfrontiert war (sein Porträt schmückt die Mauern der Stadt; auch seine Frau Elena ist abgebildet). Die militärisch anmutenden Heiligen, die die Säule links davon einnehmen, sind ein weiterer Aufruf zu den Waffen. Überraschend ist auch die Darstellung der Jungfrau Maria: Sie wird symbolisch durch mehrere halbe weiße Kreise und einen Feuersturm dargestellt; rote und weiße Feuertropfen regnen auf die Angreifer herab.

MĂNĂSTIREA SUCEVIŢA

Die rechteckigen Befestigungsanlagen des Klosters aus dem späten 16. Jahrhundert sind außergewöhnlich und eindrucksvoll, doch ist man erst durch den Torbogen eingetreten, fällt der Blick unweigerlich auf ein Fresko. Es ist die berühmte „Scara Virtuţilor" („Tugendleiter") – außergewöhnlich sowohl wegen ihrer Größe als auch ihrer Platzierung. Eine Leiter mit 32 Sprossen erstreckt sich von der Erde bis zum Himmel; Mönche versuchen, die Leiter zu erklimmen. Christus lehnt sich mit offenen Armen weit aus dem Himmelsfenster, während er die Mönche dazu ermutigt, weiter zu ihm hinaufzuklettern. Eine Gruppe von Engeln mit bunten Flügeln unterstützt ihn dabei. Darunter krümmen sich die schwächeren Mönche in Agonie, während sie, den teuflischen Versuchungen erlegen, in Zerberus' Schlund stürzen.

Suceviţa war die letzte der 22 bemalten moldawischen Kirchen – das Phänomen der Außenfresken hörte ebenso rasch auf, wie es begonnen hatte. Bei Suceviţa ist nichts mehr von der offenkundigen politischen Propaganda feststellbar, wie sie in Voroneţ und Moldoviţa zu sehen ist. Stattdessen sind die Malereien asketischer, der Blick ist mehr nach innen gerichtet und wirkt ätherisch.

Suceviţas Hauptfarbe ist ein tiefes Meergrün, doch strahlen die Wände in vielen Farben, sogar in Gold. Das Kloster wurde von einer mächtigen Familie aus Bischöfen und Fürsten gegründet, die enge Verbindungen mit Polen hatten. Zeichen dieses Einflusses sieht man an der Südwand, links von dem wunderbaren „Baum Jesse": In einer Szene wird die Jungfrau gezeigt, wie sie einen Schleier über die Köpfe der sich verneigenden Priester hält. Die Geschichte nennt sich „Pocrov" (abgeleitet vom slawischen Wort für „Schleier"); sie ist umrahmt von einer nach vorne halboffenen Kirche mit Zwiebelkuppel, wie sie für Polen sehr viel typischer war als für Rumänien. Das Dorf Suceviţa bietet viele freundliche Gästehäuser für müde Reisende.

ARBORE

Die Kirche von Arbore gehört zu keinem Kloster. Sie wurde 1503 vom *hatman* (General) Luca Arbore errichtet. 1541 wurden die Fresken geschaffen. Nur die Wandmalereien am westlichen Ende der Außenmauern haben überdauert, die wunderschönen Innenfresken wurden zwischenzeitlich restauriert. Die Kirche steht in einem hübschen Dorf mit Blick auf ein weites Tal, in dem die Menschen auf den Feldern arbeiten. Hier lohnt es sich, Halt zu machen und die Einheimischen mit einem freundlichen „*Buna ziua*" (Guten Tag) zu begrüßen – wer weiß, was sich daraus ergibt. ■

Detailausschnitt vom „Paradies", einem Fresko an der Westmauer des Klosters Voroneţ

Suceviţa

✉ Centrul de Informare Turistică, Str. Principală (in der Nähe von Han Suceviţa)

☎ 0230 417 083

Kirche von Arbore

195 B4

✉ Arbore

☎ 0744 892 538

$ €

Der schlank wirkende Turm Stefans des Großen und die Museen für Schöne Künste und Ethnografie in Piatra Neamţ

Mit dem Auto durch den Kreis Neamţ

Die spektakulären Ausläufer der Karpaten im *judeţ* (Kreis) Neamţ bilden die Kulisse dieses wunderbar ländlichen Teils der nördlichen Moldova. Die Route schlängelt sich durch Weideland und führt an einigen sehenswerten Klöstern vorbei.

Nördlich von Bicaz biegt man zunächst auf die DN15 ab; nach dem Damm am Südende des **Lacul Izvorul Muntelui** ① folgt die Straße auf den nächsten 40 Kilometern dem links von der Straße liegenden Staudamm mit seinen bewaldeten Uferböschungen. In Poiana Largului rechts auf die DN15B abbiegen und in nördlicher Richtung zum **Pasul Petru Vodă** fahren: Der 820 Meter hohe Pass führt über die Dörfer **Pluton, Dolheşti, Pipirig, Pâţâligeni** und **Stânca** bis nach **Leghin**. Die meisten der Siedlungen haben ungewöhnliche, einstöckige und mit Schindeln bedeckte Häuser mit Holzveranden.

In Leghin geht es steil eine Bergstraße hinunter, unterwegs können drei malerische Klöster besichtigt werden. **Secu** ② *(Tel. 0233 251 862,* €), fünf Kilometer südlich von Leghin, wurde 1605 fertiggestellt. Die Anlage wurde beträchtlich verändert. Nach weiteren fünf Kilometern ist **Sihăstria** ③ *(Tel. 0233 251 896)* erreicht. Hier geht es zu Fuß den Hügel hinauf, wo eine Kirche aus dem frühen 19. Jahrhundert sowie eine weitere, größere und moderne Kirche von ihrem erhöhten Standpunkt aus einen schönen Blick über das friedliche, bewaldete Tal bieten.

Der Name des Klosters bedeutet „Fluchtburg". Auf den letzten drei Kilometern dieses Abstechers geht es auf einer Waldstraße bis zur Lichtung von **Sihla** ④. Das hübsche kleine Kloster *(skete)* aus dem 16. Jahrhundert besteht aus einer hölzernen Klause (1763) und der zehn Minuten Fußweg entfernten **Peştera Sfintei Teodora de la Sihla**. In der Höhle lebte im 17. Jahrhundert 20 Jahre lang eine regionale Heilige namens Teodora. Wegmarkierungen führen von Sihăstria zu der Einsiedelei.

Zurück in Leghin, geht es weiter auf der DN15B in östlicher Richtung, von dort biegt links eine Straße zur **Mănăstirea Neamţ** ⑤ *(Tel. 0233 251 851)* ab. Fürst Alexandru cel Bun ließ das Kloster Anfang des 16. Jahrhunderts an der Stelle einer alten Kirche errichten; Ştefan cel Mares Steinmetze erweiterten später den traditionellen Grundriss. Wer hier einem Gottesdienst beiwohnt, kommt vielleicht in den Genuss, eine Liturgie zu hören, wie sie bereits in den frühesten Jahren des Byzantinischen Reiches von den Mönchen angestimmt wurde. Neamţ ist das größte orthodoxe Lehrkloster in Rumänien.

Auf dem Weg zurück zur Hauptstraße geht es am beschilderten Eingang des 180 Hektar großen

Parcul Natural Vânători Neamț 6 vorbei, er ist eines von drei rumänischen Schutzgebieten für den *zimbru* (Wisent). Das Besucherzentrum des Parks *(Str. Zimbrilor 2, Tel. 0233 251 060, €)* befindet sich in Vânători Neamț.

Die Fahrt geht weiter in östlicher Richtung auf der DN15B, dann biegt man nach links zur Stadt **Târgu Neamț** ab. Eine Seitenstraße links mit einem entsprechenden Hinweisschild führt zur **Cetatea** 7. Die Burg wurde im späten 14. Jahrhundert für Fürst Petru I. Mușat erbaut. Die Festung war uneinnehmbar.

Zurück in Târgu Neamț, geht es vier Kilometer weiter auf der DN15C nach Süden, dann führt rechts eine Straße zur acht Kilometer entfernten **Mănăstirea Agapia** 8 *(Tel. 0233 244 736, €)* aus dem 16. Jahrhundert. Die Kirche birgt Gemälde, die 1862 vom rumänischen Künstler Nicolae Grigorescu vollendet wurden. Neben ihrer häuslichen und landwirtschaftlichen Arbeit weben die etwa 500 Nonnen Teppiche und malen Ikonen. Es gibt ein Museum und einen Souvenirladen.

Siehe Karte S. 195
Bicaz
240 Kilometer
5 Stunden
Bicaz

UNBEDINGT ANSEHEN

- Mănăstirea Sihla
- Parcul Natural Vânători Neamț
- Cetatea Neamț
- Mănăstirea Agapia

Zurück auf der Hauptstraße, geht es wiederum nach rechts; nach vier Kilometern folgt rechts ein Abzweig zur **Mănăstirea Văratec** 9 *(Tel. 0233 244 741, €)*, Rumäniens größtem Nonnenkloster. Die Hauptkirche wurde 1802 errichtet. Das Kloster liegt atemberaubend in einer weiten, bewaldeten Landschaft. Der Weg führt nun nach Süden in die geschichtsträchtige Stadt **Piatra Neamț** (siehe S. 214). Für den Rückweg nach Bicaz Richtung Westen fahren. ■

Die barocke Fassade des Geschichtsmuseums in Focşani ist beinahe das Einzige, was in der Stadt von der hübschen Architektur des 19. Jahrhunderts erhalten geblieben ist

Vrancea

VRANCEA LIEGT IM SÜDWESTEN MOLDOVAS UND IST BErühmt für seine Weinberge und das spektakuläre Gebirgspanorama. Der östliche Saum der Region verschmilzt mit der Bărăgan-Ebene, einer scheinbar endlosen Weite, während sich im Westen die Munţii Vrancei 1600 Meter hoch erheben. Die spitzen Gipfel des Vrancea-Gebirges sind Zeugen der einstigen Vulkantätigkeit dieser Region. In Vrancea lag das Epizentrum des Erdbebens von 1977 – ab und zu stößt man noch auf Spuren der häufigen Erdrutsche, für die die Region berühmt-berüchtigt ist.

Vrancea
195 C1–C2

Focşani
195 A4

Vrancea hat eine reiche Folklore: Das Lamm aus der berühmten Legende von Mioriţa (siehe S. 110) wurde angeblich genau hier geboren. Vranceas Hirtenkultur öffnet einen vollkommen neuen Blickwinkel auf Rumäniens Geschichte: Es ist noch nicht allzu lange her, dass die Schäfer ihre Herden auf ihren langen Wanderungen zwischen Mărginimea Sibiului in Transsilvanien (siehe S. 132 ff.) und der Krim über das Vrancea-Gebirge trieben.

Hauptstadt von Vrancea ist **Focşani**, das während der 1960er Jahren besonders stark unter der Systematisierung litt. Der Mangel an Wegweisern macht die Stadt zum Alptraum für ausländische Autofahrer, doch rund zwei Kilometer nordöstlich der Stadt (über die DN2) liegt das bescheidene, aber hübsche **Secţia de Arthitectură şi Tehnică Populară „Crângul Petreşti“** *(Crângul Petreşti, com. Vânători, Tel. 0237 212 130, Mo geschl., €)*. Das Freilicht-Dorfmuseum zeigt ausführlich die Unterschiede zwischen den Bauernhäusern in den Bergen und in der Ebene.

Die zahlreichen *podgoriile* (Weingüter) konzentrieren sich um eine Gruppe von Dörfern westlich von Focşani. Zur Erntezeit hat man manchmal die Gelegenheit, am Straßenrand die großen, gerade frisch gepflückten süßen Trauben zu kaufen und sie anschließend zu genießen.

Nachdem Rumänien im Ersten Weltkrieg den Alliierten beigetreten war und Deutschlands Ostfront bereits im Vrancea-Gebirge lag, gelang es Rumänien im August und September 1917, das weitere Vorrücken der deutschen Armee zu stoppen. Auf beiden Seiten gab es große Verluste, doch die Rumänen betrachteten es dennoch als großen Sieg.

Bei **Mărăşeşti**, 19 Kilometer nördlich von Focşani (auf der DN2), erinnert ein eindrucksvolles, aber eher bedrohlich wirkendes **Mausoleum** *(Tel. 0237 260 574, Mo geschl., €)* an das Ereignis. Innen sind einige persönliche Gegenstände von Ecaterina Teodoroiu zu sehen, die als Mann verkleidet an den Kämpfen teilnahm und in deren Verlauf fiel.

Auf der DN2D verlässt man Focşani im Nordwesten – die Straße führt nun durch hübsche Buchenwälder ins Vrancea-Gebirge. Etwa 50 Kilometer nach Verlassen der Stadt geht es hinter Valea Sării und Bârseşti nach rechts ins Dorf **Negrileşti**. Viele der Bauernhäuser hier sind aus Holz oder Flechtwerk und Lehm gefertigt. In mehreren der traditionellen Gemeinden finden sich noch eine Bäckerei oder Schmiede – am besten ist es anzuhalten, auszusteigen und auf Entdeckungsreise zu gehen.

24 Kilometer westlich von Negrileşti (auf der DN2D) zweigt direkt vor dem Dorf Lepşa eine Landstraße nach Süden ab, sie führt zu den imposanten Wasserfällen der **Cascada Putna**. Die Kaskaden stürzen aus 69 Metern dramatisch in die Tiefe. Die Felsformationen entstanden durch alte Lavaströme, die einst durch die Cheile Tişiţei (Tişiţa-Schlucht) geflossen sind. Die Gegend ist ein beliebtes Wandergebiet.

Der Kurort **Soveja** ist berühmt für sein schwefel- und natriumreiches Wasser. In Soveja hörte der Schriftsteller Alecu Russo 1853 das erste Mal den Archetyp der epischen Ballade „Mioriţa“. Sie wurden noch im selben Jahr von seinem Freund, dem Dramatiker, Folkloristen und Politiker Vasile Alecsandri, in einer Phase gestiegenen Nationalbewusstseins veröffentlicht. Östlich von Soveja bieten sich von der Straße grandiose Blicke auf die Karpaten. ■

Ţara Vrancei

Man erzählt sich, der Name Vrancea gehe auf Baba Vrâncioaia zurück – einer Mutter von sieben Jungen, die in Fürst Ştefan cel Mares Armee eintraten, um gegen die Türken zu kämpfen. Sie waren so tapfer, dass der Fürst jedem von ihnen einen Berg in den südöstlichen Karpaten schenkte. Er sagte ihnen, sie sollten ihre Ländereien Ţara Vrancei (Land von Vrancea) nennen. Ein Dorf namens Vrâncioaia in den Bergen verleiht dieser Geschichte noch heute Glaubwürdigkeit. ■

Mărăşeşti
195 C2

Negrileşti
195 C2

Cascada Putna
195 B2

Soveja
195 C2

Das Denkmal bei Mărăşeşti erinnert an die tapferen Rumänen, die sich im Ersten Weltkrieg 1917 der vorrückenden deutschen Armee entgegen stellten

Der Südosten

Galaţi
195 D1

Brăila
195 D1

LEERER RAUM ODER VERBORGENER SCHATZ – DIE EBENEN im Südosten können beides sein – je nach Gesichtspunkt. Die Ebenen werden durch die Flüsse Siret (Sereth) und Donau begrenzt. Der Siret tritt dramatisch vom Norden her ein, die Donau pflügt sich majestätisch ihren Weg im Süden. Bevor der Strom sich in seine drei Hauptkanäle aufteilt, fließt er an zwei sehenswerten Städten vorbei.

GALAŢI

Galaţi ist der größte und lebhafteste Flusshafen Rumäniens und seit 500 v. Chr. besiedeltes Gebiet. Mindestens seit dem 16. Jahrhundert wurde hier Handel getrieben. Die Stadt wurde mehrmals verwüstet, zuletzt 1944, als die deutsche Armee die größtenteils jüdische Bevölkerung praktisch halbierte. Heute ist Galaţi vor allem durch seine Schiffswerft und einen großen Stahlkonzern bekannt, der während der kommunistischen Ära gegründet und 2001 privatisiert wurde. Die Stadt hat ein hübsches altes Zentrum und profitiert von ihrem Blick auf den Fluss, an dem eine kilometerlange Uferpromenade entlangführt.

Fürst Vasile Lupu gab die befestigte Kirche **Sf. Precista** *(Str. Traian 1)* 1647 in Auftrag. Die Kirche diente als Zuflucht bei Angriffen, sie hat eine eigenartige Aussichtsplattform auf einer Seite des Glockenturms und innen eine Brücke über Hauptschiff und Altar. In den 1950er Jahren wurde sie geschlossen.

Das hübsche, zweigeschossige **Muzeul de Arta Vizuală** *(Str. Domnească 141, Tel. 0236 413 452, Mo geschl., €)* zeigt eine beeindruckende Sammlung von Gemälden aus dem 20. Jahrhundert sowie Skulpturen und Drucke, darunter ein kubistisches Porträt des Dichters Ilarie Voronca von Victor Brauner (1903–66).

Gara Fluvială *(Str. Portului 34)* beherbergt das Hafenamt und ist ein hübsches Ziegel-Steingebäude im neo-rumänischen Stil, das von Petre Antonescu 1915 errichtet wurde. Mit seinem imposanten Wachturm dominiert es das Ufer.

BRĂILA

Die Stadt Brăila liegt direkt jenseits der Grenze zu Muntenia. Mehrfach wurde sie im Laufe ihrer Geschichte besetzt; heute präsentiert sie sich als ein belebter und fröhlicher kleiner Ort. Sehenswert sind die vielen gut gepflegten Bauwerke aus dem 19. Jahrhundert. Das **Muzeul Judeţean Brăila** *(Piaţa Traian 3,*

Tel. 0339 401 002, Mo–Di geschl., €) befindet sich im einstigen Hotel Francez, einem schönen Gebäude aus dem Jahr 1855. Die archäologische Abteilung des Kreismuseums ist besonders eindrucksvoll; sie konzentriert sich auf regionale Fundstätten aus der Jungsteinzeit und der Bronzezeit. Ein Höhepunkt ist unter anderem der Besuch einer Werkstatt eines Juweliers aus Grădiştea.

Das Völkerkundemuseum **Secţia de Etnografie şi Artă Populară** *(Tel. 0339 401 004, Mo geschl., €)* ist überraschend interessant: Es hat seine Räumlichkeiten in einem hübschen Pavillon in der Grădina Publică, dem öffentlichen Park, und bietet einige farbenprächtige Sammlungen.

Wer die Donau liebt, sollte mit der Autofähre übersetzen und nach Tulcea (siehe S. 225) oder über die DN22 ins Donaudelta (siehe S. 227ff.) fahren. ■

Maica Veronica

Kloster Vladimireşti, ein auf der DN25 zwischen Galaţi und Tecuci gelegenes Nonnenkloster, wurde 1938 von Vasilica Barbu Gurău gegründet. Die Äbtissin, bekannt als Maica Veronica, führte ein außergewöhnliches Leben: Sie half vielen Menschen, vor den stalinistischen Säuberungsaktionen der 1950er Jahre zu fliehen – ihre Geschichte wird in Silviu Crăciunas' „*The Lost Footsteps*" (1961) erzählt. 1955 wurde sie als „Staatsfeind" verhaftet und zu 15 Jahren Haft in dem Jilava-Gefängnis bei Ploieşti verurteilt. 1956 verhaftete man die Nonnen des Klosters für das Tragen „illegaler Uniformen". Veronica wurde 1964 in die Freiheit entlassen und hielt geheimen Kontakt mit vielen Schwestern, um schließlich 1990 160 Nonnen nach Vladimireşti zurückzuführen. 2005 verstarb sie. ■

Moldawische Frau beim Sammeln von Maisblättern für ihr Vieh

Weitere Sehenswürdigkeiten

CÂMPULUNG MOLDOVENESC

Auf der Hauptroute zwischen Maramureş und Moldova liegt die alte Marktstadt Câmpulung Moldovenesc. Ihr Name bedeutet „moldawisches Langfeld", was die langgestreckte Form der Stadt und seiner Umgebung recht genau beschreibt. In der Umgebung liegen im Norden die ausgedehnten Berghänge von Obcina Feredeu und im Süden die Munţii Rarău-Giumalău. Die alpine Lage lädt zum Bergwandern ein. Nördlich von Câmpulung liegen verstreut die Dörfer der Huţul, eines slawisch sprechenden Volkes, das vermutlich von den Kelten abstammt. Einige Beispiele ihres schönen, traditionellen Kunsthandwerks können im Holzschnitzermuseum **Muzeul Arta Lemnului** *(Calea Transilvaniei 10, Tel. 0230 311 378, Mo geschl., €)* in Câmpulung besichtigt werden.

195 A4 **Besucherinformation** Biroul de Promovare-Consultanţa şi Publicitate în Turism, Str. Sirenei 21 0726 577 560

DOROHOI

Die kleine Stadt mit ihren 30 000 Einwohnern liegt rund 160 Kilometer nordwestlich von Iaşi. Die Kirche **Sf. Nicolae** wurde 1495 von Ştefan cel Mare in Auftrag gegeben; das **Muzeul Ştiinţele Naturii** *(Str. Cuza 43, Tel. 0231 611 773, Mo geschl., €)* im einstigen Präfekturgebäude aus dem 19. Jahrhundert zeigt eine eindrucksvolle Insektensammlung. Die eigentliche Attraktion der Stadt ist aber das **Muzeul George Enescu** *(Str. Enescu 81, Tel. 0231 615 450, Mo geschl., €)*, das dem Leben des Komponisten George Enescu gewidmet ist. Enescu wurde in der Ortschaft Liveni geboren (16 km weiter östlich) – das moldawische Haus seiner Eltern aus dem 19. Jahrhundert ist heute eine Gedenkstätte, die **Casa memorială G. Enescu** *(Tel. 0231 515 446, Mo–Di geschl., €)*.

Die meisten Einwohner Dorohois leben in modernen Apartments, es gibt aber auch einen kleinen, begrünten Distrikt mit einstöckigen Häusern, die vor dem Zweiten Weltkrieg errichtet wurden. Das heute friedlich wirkende Viertel blickt auf eine unrühmliche Vergangenheit zurück – hier lebten die meisten Einwohner der jüdischen Gemeinde. Der Großteil wurde 1940 während eines grausamen Pogroms getötet, der von der rumänischen Armee organisiert worden war; viele der Überlebenden wurden nach Transnistrien deportiert.

195 B5

PIATRA NEAMŢ

Die freundliche Stadt (100 000 Einw.) liegt im Windschatten einer Hügelgruppe; hier befand sich einst eine bedeutende Siedlung der Daker: Petrodava. Der Name bedeutet „Deutscher Felsen" – zahlreiche deutsche Siedler kamen im Mittelalter hierher –, doch viele Menschen nennen es einfach kurz Piatra. Das Zentrum ist relativ klein und die Stadt leicht zu durchstreifen. Mittelpunkt ist ein städtischer Park, der entlang der Strada Alexandru cel Bun verläuft. Piatra Neamţ hat eine lebendige Atmosphäre, trotz der kaputten Stufen und des geborstenen Straßenbelags, die von Zeiten der Vernachlässigung erzählen.

Blickt man vom Park aus Richtung Piaţa Libertăţii, so sieht man die **Biserica Sf. Ioan** (1491) im moldawischen Stil, den **Turnul lui Ştefan** (Stefansturm) und einen mittelalterlichen Torbogen – das ist alles, was von Ştefan cel Mares Fürstenhof aus dem 15. Jahrhundert noch geblieben ist. Dem Hof gegenüber befindet sich das **Muzeul de Artă** *(Piaţa Libertăţii 1, Tel. 0233 216 808, Mo geschl., €)* in einer hübschen Villa aus den 1930er Jahren. Das Kunstmuseum bietet einen Überblick über die rumänische Malerei des 19. und 20. Jahrhunderts. Das Gebäude daneben, das verwirrenderweise die gleiche Adresse hat wie das Kunstmuseum, beherbergt das kleine **Muzeul de Etnografie** *(Tel. 0233 216 808, Mo geschl., €)*, das auf ansprechende Wiese die lokalen Traditionen präsentiert. Auf keinen Fall sollte man sich das **Muzeul de Istorie şi Arheologie** *(Str. Mihai Eminescu 10, Tel. 0233 217 496, Mo geschl., €)* entgehen lassen: Das Geschichts- und Archäologiemuseum zeigt einige der erlesensten Sammlungen prähistorischer Keramik in Rumänien: Zu den Höhepunkten gehören Begräbnisurnen, Miniaturfiguren und Altäre aus der Cucuteni-Kultur (siehe S. 200).

195 B3 **Besucherinformation** Centrul de Informare Turistică, B-dul Republicii 15 0233 211 524 ■

Die Steppe, die Wälder und Sümpfe verleihen der Dobrogea ein beinahe schon mediterranes Flair. Im Landesinneren gedeiht Wein, die Schwarzmeerküste lockt Besucher in die luxuriösen Badeorte und ins Donaudelta, eine der größten unberührten Landschaften der Erde.

Dobrogea (Drobudscha)

Ruinen der griechischen Stadt Histria

Sonnenaufgang an der Schwarzmeerküste südlich von Constanța

Dobrogea

DIE DOBROGEA (DOBRUDSCHA) IST EIN ABGELEGENES FLECKCHEN ERDE zwischen Donau und Schwarzem Meer und insgesamt 23 300 Quadratkilometer groß. Obwohl die Bevölkerung überwiegend rumänischen Ursprungs ist, leben dort zahlreiche Russen, Ukrainer, Türken und andere Minderheiten. Die Dobrogea hat eine ganz eigene Geschichte; sie war jahrhundertelang Teil des Byzantinischen, Bulgarischen und später des Osmanischen Reiches. Anders als die Nachbarregionen Moldova und Muntenia wurde die Dobrogea vor der türkischen Besatzung im frühen 15. Jahrhundert nur kurz von rumänischen Fürsten regiert. Erst nach dem Unabhängigkeitskrieg von 1877/78 fiel die Region wieder an Rumänien zurück. Heute gehört die südliche Dobrogea – der Landstrich zwischen Vama Veche und Balcic – zu Bulgarien.

Die Dobrogea ist Rumäniens einzige Region mit maritimem Charakter. Die meisten Besucher suchen entweder Sonne und Sand in den Schwarzmeerbadeorten in der Nähe von Constanța, der Hauptstadt der Dobrogea, oder besuchen das Donaudelta. Dort teilt sich der große Strom vor seiner Einmündung ins Schwarze Meer in Tausende kleine Kanäle. Das Delta ist das drittgrößte Feuchtgebiet der Erde – eine riesige, sich ständig verändernde Landschaft mit schwimmenden Schilfinseln, sandigen Inseln, Sümpfen und Dünenwäldern. Die Moderne ist hier weit weg, es ist ein magischer Ort, der die Menschen immer wieder in eine längst vergangene Zeit zurückversetzt.

Das Innere der Dobrogea wirkt auf der Karte zwar leer und öde, aber in Wirklichkeit findet man dort eine bunte Mischung aus Kulturland und ursprünglicher Natur, aus Wäldern und Steppen. In den ganz unterschiedlichen Habitaten leben Abertausende Vögel, Säugetiere und Insekten, maurische Landschildkröten, Schlangen, Glattechsen und Eidechsen, Hasen, Otter, Wölfe und Füchse und die aparten Baumfrösche mit Greiffingern. Hier und da werden die weiten Horizonte sanft von den Umrissen der Munţii Măcinului und anderer Hügel durchbrochen. Westlich von Constanţa und weiter im Norden westlich von Tulcea liegen die Weingüter von Murfatlar (in Rumänien vor allem wegen seiner Rotweine berühmt) und Niculiţel.

Rein materiell gesehen gehört diese Region zu den ärmsten des Landes. Dennoch findet man fast überall viele Spuren einer frühen menschlichen Besiedlung: nomadische Skythen, die ihre *kurgans* (Grabhügel) hinterließen, Daker aus der Eisenzeit, Griechen aus Milet, die die Küstenstädte Histria, Tomis (Constanţa) und Callatis (Mangalia) gründeten, Römer und römische Byzantiner, Petschenegen, Tartaren und Türken haben diesen Landstrich geprägt.

In den verstreuten Dörfern der Dobrogea leben viele verschiedene Volksgruppen – Bulgaren, Griechen, Italiener, Roma, Russen, Spanier, Tartaren, Türken und viele andere. Diese Menschen ließen sich hier zu verschiedenen Zeiten und aus ganz unterschiedlichen Gründen nieder (die Italiener und Griechen kamen beispielsweise als Steinbrucharbeiter im 19. Jh., während die Tartaren schon im 13. Jh. erstmals auftauchten). Viele ihrer hübschen Bräuche haben sich über die Jahrhunderte gehalten. ■

Dobrogeas Hauptstadt Constanţa ist eine blühende Hafenstadt am Schwarzen Meer

Constanţa (Konstanza)

DIE HAFENSTADT CONSTANŢA, DIE UNTER KÖNIG KARL I. zu einem Badeort avancierte, bietet einen Mix aus Industrie und Kultur. Ölumschlagplätze und Schiffswerften lassen den Vergnügungsstrand klein erscheinen. Constanţa liegt zwischen den rumänischen Küstenbadeorten und wird regelmäßig bei Kreuzfahrten angelaufen.

Constanţa
217 C2

Besucherinformation
www.infolitoral.ro
Info Litoral
Str. Traian 36
0241 555 000

Muzeul de Istorie Naţională şi Arheologie & Edificiul Roman cu Mozaic
Piaţa Ovidiu 12
0241 614 562
Mo–Di geschl.
€

Constanţa kann seine Geschichte bis zu einem Fischerdorf aus dem 6. Jahrhundert zurückverfolgen. Griechen aus Milet verwandelten die Siedlung am Schwarzen Meer in die blühende Hafenstadt Tomis. Später eroberten die Römer und Byzantiner die Hafenstadt, die dann nach dem römischen Kaiser Konstantin benannt wurde.

Die **Piaţa Ovidiu** ist ein hübscher Blickfang: Mitten aus dem Verkehr ragt eine hohe Säule mit der Statue des römischen Dichters Ovid empor. Der römische Kaiser Augustus verbannte Ovid aus unbekannten Gründen im Jahre 8 v. Chr. nach Tomis. Ovid beschrieb sein Leid in zwei Gedichtsammlungen. In den „Tristia" klagt er über die bittere Strenge der Winter am Schwarzen Meer sowie über die riesigen Mengen an Wein, den die Einheimischen damals offenbar kübelweise tranken. Ovid durfte nie wieder nach Rom zurückkehren und starb in Tomis.

Hinter Ovids Statue liegt der Eingang zum **Muzeul de Istorie Naţională şi Arheologie** (Geschichts- und Archäologiemuseum), in dem man stundenlang in griechischer und römischer Bildhauerkunst schwelgen kann. Ernsthafte Ausgrabungen begannen in Constanţa in den 1960er Jahren. Dabei fanden Archäologen ein gut erhaltenes Netz an Straßen, Häusern und sogar frühchristlichen Kirchen des alten Tomis. Die teilweise rekonstruierten und verblassten Überreste eines römischen Fußbodenmosaiks zeigt das Mosaikmuseum **Edificiul Roman cu Mozaic**. Es war Teil des römischen Forums, das die altgriechische Agora der Antike abgelöst hatte.

Südlich der Piaţa Ovidiu spaziert man zur wunderschön ausgestatteten

Moscheea Mare Mahmoud II (Mahmudiye-Moschee, *Str. Crângului 1, Tel. 0241 611 390, Mo geschl., €*). Sie ist eine Nachbildung der Moschee in Konya (Anatolien) und die Größte in ganz Rumänien. König Karl schenkte sie der muslimischen Gemeinde der Dobrogea 1910. Der riesige Teppich, der in der berühmten Werkstätte Hereke in Istanbul gewebt wurde, war ein Geschenk des letzten osmanischen Kaisers – Abdul Hamid II. – an die türkische Bevölkerung der Insel Ada Kaleh im Donaudelta. Vom 50 m hohen Minarett bietet sich ein herrlicher Blick auf die alte Hafenstadt. Die Moschee wird von einer großen muslimischen Gemeinde genutzt.

Nördlich der Piaţa Ovidiu liegt am nördlichen Ende des Bulvardul Tomis ein auffälliges, rot-weiß-gestreiftes Gebäude aus dem Jahre 1893: das **Muzeul de Artă Populara** (Museum der Volkskunst). Die Sammlung bunt gefärbter Textilien, modisch-traditioneller Kleidung und ungewöhnlicher Haushaltsgeräte wirkt inmitten einer so alten Stadt etwas merkwürdig.

Acht Gehminuten sind es vom Museum zum hübschen **Muzeul Marinei Române** (Rumänisches Marinemuseum) in der ehemaligen Marine-Akademie. Zu den Highlights gehören Modelle antiker griechischer Trireme (Dreiruder) und Fotos der russischen Meuterer, die während der russischen Revolution 1905 hier angelegt haben.

Kein Besuch in Constanţa wäre vollständig ohne einen Bummel auf der **Uferpromenade**. Sie stammt aus der Regierungszeit König Karls I., der die Stadt zu einem elegenaten Badeort ausbaute. Das wie eine Hochzeitstorte aussehende Gebäude am Wasser ist das **Cazino Paris** (1909), es wurde im französischen Sezessionsstil für Karls Frau Elisabeth errichtet. Heute dient es als Restaurant und Bar.

Wer sich mit den Wasserbewohnern des Donaudeltas und des Schwarzen Meeres vertraut machen möchte, sollte das **Aquarium de Constanţa** in der Nähe der Promenade aufsuchen. Am gegenüberliegenden Ende der Promenade hält der **Farul Genovez** Wache. ■

Muzeul de Artă Populara
- ✉ B-dul Tomis 32
- ☎ 0241 616 133
- 🕒 Mo geschl.
- $ €

Muzeul Marinei Române
- ✉ Str. Traian 53
- ☎ 0241 803 301
- $ €

Das Casino und die Promenade in Constanţa wurden von König Karl I. beauftragt, der die Stadt zu einem beliebten Badeort ausbauen ließ

Aquarium de Constanţa
- ✉ B-dul 16 Februarie 1
- ☎ 0241 611 277
- 🕒 Mo geschl.
- $ €

Die Kultur des Weinbaus

Der Weinbau gehört wie selbstverständlich zum Alltag der Rumänen und hat eine lange Tradition. Der Legende nach ist Dionysos, der Gott des Weines, ein Thraker, der auf rumänischem Boden geboren wurde. Ausgehöhlte Trinkbecher aus Cucuteni legen nahe, dass Wein schon im 5. Jahrtausend v. Chr. in der historischen Region Moldau angebaut wurde. In dakischen Gräbern wurden Münzen und Schmuck mit Traubenornamenten aus dem 4. Jahrhundert v. Chr. gefunden.

Der dakische König Burebista (ca. 82–44 v. Chr.) ordnete einst an, alle Weinberge zu vernichten, um sie vor dem Missbrauch durch andere Volksstämme zu schützen. Eine These lautet, dass die Römer diese dakischen Weinberge wieder kultiviert hätten; einer anderen These zufolge haben die Römer die Weinstöcke überhaupt erst nach Rumänien gebracht. Wie auch immer: Bis in die nördlich gelegene Region Maramureş sind jedenfalls bis heute die Spuren antiker Weinterrassen an den Hügeln zu erkennen.

Rumänien schätzen Weinreben wegen ihres Ertrags, aber auch als Schmuck. Die hübschen Pflanzen werden selbst in den einfachsten Hinterhöfen über einer Art Baldachin gezogen – nicht nur, um eine gute Ernte zu erzielen, sondern auch wegen ihrer natürlichen Schönheit und des im Sommer bitternötigen Schattens.

Viele Weinberge werden seit dem 17. Jahrhundert genutzt, einige sogar schon noch länger. Dazu gehören die Weinbaugebiete Dealu Mare zwischen Buzău und Târgovişte in Muntenia, Nicoreşti und Odobeşti in Vrancea und Niculiţi in der Dobrogea. Die Vielzahl der Weinsorten reicht von trockenen und Schaumweinen bis zu dunklen, fast lilafarbenen Rotweinen, die den schweren Geruch von Lakritz verströmen.

Cotnari (nordöstlich von Iaşi; siehe S. 200) ist bekannt für seine Dessertweine, vor allem den grünlichen Grasă de Cotnari, der mitunter 20 Jahre reift. Das Weingut in Cotnari geht auf den moldawischen Fürsten Ştefan cel Mare (Stefan der Große) zurück, der im 15. Jahrhundert ungarische Tokajer-Reben importierte.

Links: Beim rumänischen Weinbau verlässt man sich noch sehr auf Handarbeit
Oben: Eine Frau sammelt Trauben für einen jungen Hochzeitswein
Rechts: Ein Weinkeller in Braşov, jedes der Fässer ist rund 1,80 Meter lang

Während des 16. und 17. Jahrhunderts stellte Wein ein Sechstel des moldawischen Exports dar, Weine aus Cotnari zählten zu den beliebtesten Weinsorten. Das Geheimnis des Erfolgs soll in der kalkhaltigen Erde rund um Cotnari und der Edelfäule (ausgelöst durch die Grauschimmelfäule) beruhen. Der Wein beeindruckte einige der berühmtesten Herrscher Europas, darunter etwa Peter den Großen und König Jan Sobieski von Polen.

Rumänischer Wein wurde traditionell in Fässern aus Eichenholz, die stark konservierend und resistent gegen den gescheckten Klopfkäfer war, gelagert und verschifft. Noch immer bevorzugen rumänische Winzer alte Eichenfässer oder Edelstahlfässer mit Eichenringen zur Reifung ihrer edlen Weine.

Die Weingüter der Dobrogea gaben immer schon den Startschuss für die Weinlese im ganzen Land, da der Standort durch extrem heiße Sommer und den kalk- und sandhaltigen Boden begünstigt ist. Die Weine aus Murfatlar wurden schon beim römischen Dichter Ovid erwähnt, der bemerkt hatte, dass die Menschen in der Dobrogea ihren Wein gern verstärkten, indem sie ihn einfroren. Heute produziert das Weingut Murfatlar mehr Weiß- als Rotweine, aber dennoch kennen die meisten Leute die Gegend eher wegen des vollmundigen Merlots. Recaş (östlich von Timişoara) wurde 1998 als rumänisch-britische Firma gegründet und sucht sich gerade eine eigene Nische auf dem internationalen Markt.

Die transsilvanischen Weingüter von Târnave liegen am Fluss Târnave westlich von Mediaş (Mediasch). Hier hat man sich auf Weißwein aus Riesling- und Traminertrauben spezialisiert.

Einige der rumänischen Heimatmuseen zeigen wuchtige hölzerne Traubenpressen aus dem 18. und 19. Jahrhundert, die belegen, wie ernst die Kunst des Weinmachens in der Vergangenheit genommen wurde. ■

Basarabi und Adamclisi

Basarabi
217 B2

Adamclisi
217 B1

DIE KLEINE STADT BASARABI LIEGT NUR 19 KILOMETER westlich von Constanța und ist nach der bessarabischen Dynastie benannt, die in Muntenia seit dem 14. Jahrhundert geherrscht hat. Bekannt ist der Ort vor allem wegen seiner Klosteranlage und der Nähe zum berühmten Weingut Murfatlar.

Südlich von Basarabi liegt in einem alten Kreidebruch der **Complexul Monastic de la Basarabi**, der aus sechs rudimentär erhaltenen orthodoxen Kirchen und Kapellen sowie Mönchszellen und Grabmalen besteht, die in das weiche Gestein gehauen worden sind. Niemand kennt das Alter der Kirchen, aber eine Inschrift gibt Hinweise darauf, dass der Ort zumindest bis 992 bewohnt war. Vorsicht vor den tiefen Löchern: Sie waren einst als Fallen für Eindringlinge gedacht.

Detail des Tropaeum Traiani, eines römischen Siegesdenkmals in Adamclisi

Hinweis: Basarabi-Besucher benötigen im Voraus einen Passierschein des Kulturministeriums.

Die Kirchenwände sind mit Zeichen übersät. Mit einer Taschenlampe kann man christliche Kreuze, tier- und menschenähnliche Symbole, Strichfiguren und Inschriften mit kyrillischen, glagolitischen (das älteste slawische Alphabet) und altgriechischen Schriftzeichen und möglicherweise dakische Runen erkennen. Ein Graffito, das ein Schlangenpaar zeigt, deutet darauf hin, dass vielleicht sogar die Wikinger hier gewesen sind. Der Plan, diese Anlage als Kloster wiederzueröffnen, wurde bis jetzt nicht in die Tat umgesetzt; wer den Ort besucht, kann die Schwierigkeiten bei der Durchführung erahnen.

Podgoria Murfatlar *(Str. Murfatlar 1, Tel. 0241 706 850)*, ein Weingut in Murfatlar, liegt am Nordrand von Basarabi. Das Weingut hat sich auf Rot- und Weißweine, darunter auch Lacrima lui Ovidiu (Ovids Tränen) spezialisiert, beherbergt ein Weinmuseum und bietet Weinproben mit traditionellen rumänischen Gerichten an.

ADAMCLISI (ADAMKLISSI)

Das schöne und stimmungsvolle Adamclisi liegt einsam in den Flussniederungen südwestlich von Constanța. Hauptattraktion ist das **Tropaeum Traiani**, ein riesiges rundes Siegesdenkmal aus Stein, das 106 bis 9 zu Ehren Trajans (der Dakien erfolgreich besetzt hatte) errichtet wurde. Das Monument steht am Ende einer Straße, ist aber nur noch eine Kopie von 1977. Original ist jedoch noch der Kern der Anlage.

Archäologen haben Reste einer byzantinischen Stadt und einiger byzantinischen Kirchen entdeckt. Ein Teil der Funde wird in einem **Museum** ausgestellt *(DN24 nach Tichilești, dann DJ223, Tel. 0241 614 562, €)*. ■

Histria

Die Ruinen der antiken griechischen Hafenstadt Histria unweit des Schwarzen Meeres verteilen sich über 72 Hektar

HISTRIA, BEKANNT ALS DAS „RUMÄNISCHE POMPEI", IST DIE bedeutendste archäologische Stätte an der rumänischen Ostküste. Man fand dort griechische, römische und byzantinische Überreste aus einer Zeitspanne vom 7. Jahrhundert v. Chr. bis zum 7. Jahrhundert n. Chr. Histria war einst die erste bedeutende Hafenstadt an der Westküste des Schwarzen Meeres. Die archäologische Stätte liegt rund 77 Kilometer nördlich von Constanţa.

Histria ist der älteste griechische Ort und die älteste urbane Struktur auf rumänischem Boden. Die Zeit hat jedoch viele Wunden in Histria hinterlassen. Das 72 Hektar große Areal ist überwuchert und wird von einer Straße in zwei Hälften geteilt. 2005 gab es ambitionierte Restaurierungspläne, aber bisher wurde wenig getan. Obwohl die Mauern teilweise 7,50 m hoch sind, braucht man dennoch viel Phantasie, um sich Histria so vorzustellen, wie es einst einmal ausgesehen haben könnte.

Wichtigste Elemente sind die sechs Stadtmauern aus dem 5. Jahrhundert v. Chr. bis in die byzantinische Epoche, ein römisches Forum, Zeus- und Aphroditetempel, zwei römische Bäder, acht Basiliken (einschließlich christlicher und heidnischer Schreine), Werkstätten und Handelsplätze. Histria wurde schließlich zugunsten von Tomis (Constanţa) aufgegeben, weil der Hafen verschlammt war.Der Ort gehört heute verwaltungstechnisch zum Schutzgebiet Donaudelta. ■

Histria

217 C2

Danube Delta Biosphere Reserve (DN2A & DN22, dann DJ226)

0241 614 562

€

Babadag und Enisala

Babadag
217 C3

Enisala
217 C3

IN BABADAG IST DER STARKE TÜRKISCHE UND TARTARISCHE Einfluss unübersehbar. Die Dobrogea ist die Heimat der meisten rumänischen Muslime, Tausende beten in der Moschee im Zentrum von Babadag. Im Dorf Enisala finden sich Spuren anderer Einflüsse, besonders die der genuesischen Kaufleute aus dem 13. Jahrhundert.

Der Name Babadag geht möglicherweise auf Sari Saltuq Baba, einen seldschukischen Türken und Mystiker zurück, der das umliegende Land vom byzantinischen Kaiser Michael VIII. Paläologus (reg. 1258/59–82) Mitte des 13. Jahrhunderts erhalten

In Babadag hat es über die Jahrhunderte hinweg immer eine starke muslimische Gemeinde gegeben. Die zentral gelegene Moschee Gazi Ali Paşa ruft die Gläubigen seit dem 17. Jahrhundert zum Gebet

hatte. Er förderte die Verbreitung des Islam auf dem Balkan und soll hier begraben liegen. Eine andere Quelle führt den Namen der Stadt auf die türkischen Worte *baba* (Vater) und *dag* (Berg) zurück. Der arabische Reisende Ibn Battuta schrieb im 14. Jahrhundert, dass Babadag die letzte von Tartaren beherrschte Stadt gewesen sei, bevor der walachische Fürst Mircea cel Bătrân die Dobrogea eroberte. Die Entdeckung eines byzantinisch-tartarischen Schatzes auf einem nahe gelegenen Hügel bekräftigt diese Ansicht. Im späten 17. Jahrhundert verlegte der Pascha der osmanischen Provinz Silistrien das Hauptquartier der türkischen Streitkräfte hierher. Nach dem russisch-türkischen Krieg 1771 verfiel Babadag zunehmend.

Alle islamischen Gebäude im Zentrum Babadags gehören zur **Moscheea lui Gazi Ali Paşa**, die unschwer an ihrem 21 Meter hohen Minarett zu erkennen ist. Die Moschee ist nach Ali Gazi, dem Regenten der türkischen Dobrogea, benannt und wurde 1610 errichtet. Die restaurierte Moschee untersteht dem Mufti von Rumänien. Das **naientală** (Museum für orientalische Kunst; *Str. Mihai Viteazu 1, Mo & Nov.–Feb. geschl., Tel. 0240 516 204, €)* gewährt tiefere Einblicke in die Geschichte der Tartaren und Türken in der Dobrogea.

ENISALA

Das Dorf liegt östlich von Babadag. Sehenswert ist das ansprechende kleine Heimatmuseum **Gospodăria Tărănească** *(DN22C, Mo geschl., €)*, das in einem traditionellen einstöckigen Gebäude des frühen 20. Jahrhunderts wunderschöne Textilien ausstellt.

Die restaurierten Ruinen der **Cetatea Enisala** thronen auf einem hohen Felsen über dem Dorf. Die Burg stammt aus dem späten 13. Jahrhundert; sie ist eine jener Festungen, die die Kaufleute aus Genua errichteten, als sie das Mittelmeer und das Schwarze Meer beherrschten. Nachdem er die Tartaren vertrieben hatte, stationierte Mircea cel Bătrân im späten 14. Jahrhundert eine Garnison in der Burg. Die Aussicht macht Aufstieg (oder die Auffahrt) auf alle Fälle lohnenswert. ■

Tulcea (Tultscha)

Im Hafen von Tulcea beginnen viele Ausflugsfahrten ins Donaudelta

DIE KLEINE FLUSSHAFENSTADT AM WESTLICHEN RAND DES Donaudeltas ist der wichtigste Standort für Besichtigungsfahrten in das Delta. Der Fluss macht hier eine eindrucksvolle Schleife und bietet natürlichen Schutz. Der geschäftige Hafen wimmelt von Fährschiffen (und im Sommer von schwimmenden Hotels), zwischen denen sich Ruderboote bewegen, die von Tulcea nach Tudor Vladimirescu, einem Dorf am gegenüberliegenden Ufer, übersetzen.

In dem hübschen Gebäude aus dem 19. Jahrhundert an der rechten Seite der Faleza (Uferpromenade) befindet sich das kleine, aber lebendige **Muzeul Judeţean de Artă**. Es ist besonders interessant wegen seiner Ansichten der Dobrogea aus dem 20. Jahrhundert, unter anderem von Künstlern wie Nicolae Dărăscu, Ştefan Dimitrescu und Cecilia Cuţescu. Das Museum besitzt außerdem eine erstaunlich gute Sammlung surrealistischer Gemälde des rumänischen jüdischen Künstlers Victor Brauner (1903–66), der den Ort 1920 besuchte.

Die **Secţia de Etnografie**, der volkskundliche Teil des Museums, ist in einem nahe gelegenen ehemaligen Bankgebäude aus dem 19. Jahrhundert untergebracht. Hier findet man einige faszinierende Beispiele der multi-ethnischen Kultur der Dobrogea, in der griechische, türkische, russische und bulgarische Einflüsse hineinspielten.

Das **Monumentul Independenţei** (Unabhängigkeitsdenkmal) von 1904, das an Rumäniens Befreiung aus türkischer Hand 1878 erinnert, krönt den Hügel der Zitadelle im Zentrum des Parks.

Tulceas andere Hauptsehenswürdigkeit ist der Parcul Monumentul Independenţei, eine archäologische Stätte. Das archäologische Museum **Muzeul de Istorie şi Arheologie** steht an der Stelle der Cetatea Aegyssus, einer dakischen und später römischen Festung. Das Museum erzählt auf unterhaltsame Weise die Geschichte der wichtigsten archäologischen Stätten der Dobrogea, zum Beispiel der dakischen Festungen Dinogetia (bei Garvăn) und Troesmis (bei Igliţa), der griechischen Siedlung Argamum (Jurilovca), des römischen Noviodunum (Isaccea) und der römischen Hafenstadt Halmyris (Murighiol). Andere Höhepunkte sind die Reliefs, die trakische Reiter zeigen. ■

Tulcea
217 C4

Muzeul Judeţean de Artă
Str. Grigore Antipa 2
0240 513 249
Mo geschl.
€

Secţia de Etnografie
Str. 9 Mai 4
0240 516 204
€

Muzeul de Istorie şi Arheologie
Str. Gloriei, Parcul Monumentul Independenţei
0240 513 626
Mo geschl.
€

Westlich von Tulcea: Schilfinseln im Herbst

Westlich von Tulcea

DIE HÜGELIGE LANDSCHAFT WESTLICH VON TULCEA IST gespickt mit schönen orthodoxen Klosteranlagen. Ein Ausflug in das Weinanbaugebiet führt zu drei der am schönsten gelegenen Klöstern.

Mănăstirea Celic Dere
217 B3–B4

Mănăstirea Cocoş
217 B4

Mănăstirea Saon
217 B4

Von Tulcea fährt man rund 32 Kilometer Richtung Westen und kommt durch die Stadt **Somova**, deren See viele Zugvögel anzieht. Von dort geht es südlich auf einer Landstraße weiter. Nach drei Kilometern ist hinter Teliţa das friedliche Kloster **Mănăstirea Celic Dere** *(Poşta village, Tel. 0721 278 417, €)* erreicht. Der Name leitet sich vom nahe gelegenen Flüsschen (türkisch für „stählernder Bach") ab. Das Kloster wurde 1841 von zwei lipovanischen (russischen) Mönchen gegründet, heute leben und arbeiten hier 80 Nonnen. Das bescheidene Museum *(Mo geschl.)* birgt eine Sammlung seltener religiöser Bücher, antiker Teppiche und besitzt Rumäniens älteste Ikone, die vom Berg Athos hierher gebracht wurde. Interessant sind die Werkstätten, in denen Teppiche gewebt werden. Die herrliche hölzerne *moară cu vănt* (Windmühle), die von der Schwarzmeerküste hierher versetzt wurde, ist eine der wenigen erhaltenen Wind- und Wassermühlen, die einst zu Tausenden das Landschaftsbild der Region prägten.

Zurück auf der Hauptstraße, geht es weiter westlich durch Weinberge zum Dorf **Niculiţel**, wo man die Überreste einer **paläochristlichen Kapelle und Krypta** *(Str. Muzelui, Tel. 0745 769 874, Mo geschl., €)* aus dem Jahre 370 findet. Damals herrschte Kaiser Valerius. Der Ort wurde 1971 entdeckt, nachdem heftige Regenfälle eine der ältesten Kirchen Rumäniens freigelegt hatten. Die Kapelle wurde wunderschön restauriert; in der Krypta befinden sich die Gebeine der vier christlichen Märtyrer Zotikos, Attalos, Kamasis und Philippos. Ihre vier Särge können heute in der nahe gelegenen **Mănăstirea Cocoş** besichtigt werden *(an der Hauptstraße Tulcea – Galaţi, 6,5 km nordwestlich von Niculiţel, Tel. 0240 542 131)*.

In der Nähe von Niculiţel folgt das sehenswerte und stille Kloster **Mănăstirea Saon** (Kloster Saon), das Mönche vom Kloster Celic Dere 1846 gegründet haben. Saon wurde 1916 ein Konvent, 1960 ließen es die Kommunisten schließen. 1990 wurde es wiedereröffnet. Die Nonnen arbeiten heute in der Landwirtschaft, fischen und halten Bienen. Der Klostergarten steht voller Apfel- und Kirschbäume. ■

Das Donaudelta

DAS DONAUDELTA IST MIT SEINEN 5800 QUADRATKILOMEtern Sandinseln, schwimmenden Schilfinseln, Deichen, Wäldern und Sümpfen der jüngste Teil Rumäniens, denn es bildete sich erst vor 13 000 Jahren, als der Golf von Tulcea verschlammte. Große Boote können nur drei der über tausend Wasserwege und Seen des Gebietes befahren. Die Sandbänke und Schilfinseln verlagern sich ständig, da der Fluss am Ende seiner 2860 Kilometer langen Reise hier Millionen Tonnen Schlamm ablädt.

Das Donaudelta ist das drittwichtigste Feuchtgebiet der Erde und zieht Millionen von Zugvögeln an. Mehr als 300 Arten sind hier heimisch oder besuchen das Delta als Zugvögel auf der Durchreise. Der Rosapelikan, der Krauskopfpelikan, der Eistaucher, die Zwergscharbe, der Braunsichler und der Rallenreiher brüten hier. Im Delta sind darüber hinaus auch 45 Arten von Süßwasserfischen heimisch.

Trotz seiner offensichtlichen Bedeutung als Feuchtgebiet bleibt das Ökosystem verwundbar. Die Ukraine hat kürzlich vorgeschlagen, den Bystroe-Kanal bis zum Schwarzen Meer auszubauen. Rumänien und die EU haben gegen das Vorhaben protestiert mit dem Ergebnis, dass die Ukraine jetzt Fachleuten die Entscheidung überlassen will.

EIN BESUCH IM DELTA

Im Delta ist es von April bis Anfang September besonders spektakulär, allerdings haben dann auch die Stechmücken Hochkonjunktur. Viele Tourenanbieter setzen den Schwerpunkt ihres Angebotes auf Vogelbeobachtungen; die besten von ihnen wissen um die Bedeutung eines ökologisch korrekten und nachhaltigen Tourismus, viele sprechen auch Englisch. Der beste Ansprechpartner bei der Suche nach erfahrenen Führern ist die **Asociaţia de Ecoturism din România** (siehe S. 263).

Nur wenige Straßen durchqueren das Delta, zu den Städten, die mit dem Auto erreichbar sind, zählt Murighiol am **Lacul Murighiol** (Murighiolsee). Er ist einer der besten Seen zur Beobachtung von Vögeln und eine wichtige Brutstätte der Pelikane.

Die entspannendste Art, das Delta zu erkunden, ist eine Bootsfahrt. Von Tulcea aus verbinden regulär fahrende und schnelle Fähren die drei Hauptkanäle mit dem Schwarzen Meer. Die beliebteste Route ist der mittlere Hauptarm, der **Braţul Sulina**. Er verbindet Tulcea mit dem alten Donauhafen Sulina an der Küste (siehe S. 229). Unterwegs bietet sich die Möglichkeit, in einigen Fischerdörfern von Bord zu gehen, die beste touristische Infrastruktur bietet Crişan (siehe S. 231).

Braţul Chilia, der nördliche Kanal, trennt Rumänien von der Ukraine. Der Fährdienst von Tulcea endet am Dorf Periprava. Das Dorf war eine dakische Siedlung und später ein kommunistisches Gefängnis, es liegt auf der Sanddüne oder -insel Grindul Letea (siehe unten).

Der südliche Kanal – **Braţul Sfântu Gheorghe** – ist dem heiligen Georg geweiht und zweigt einige Kilometer östlich von Tulcea vom Braţul Sulina ab. Die Fähren ab Tulcea befahren den Kanal dreimal pro Woche. Die Fahrt endet am Fischerdorf Sfântu Gheorghe (siehe S. 229) an der Mündung des Kanals.

GRINDUL LETEA

Diese Insel besteht komplett aus Sand und bietet trotzdem einer erstaun-

Danube Delta Biosphere Reserve

217 D3–C4

Besucherinformation

Administraţia Rezervaţiei Biosferei Delta Dunării (ARBDD), Str. Portului 34A, 820 243 Tulcea

0240 518 945

Die ARBDD kontrolliert den Zugang zu einigen Abschnitten des Deltas. Sie erteilt (oder verwehrt) die Erlaubnis zum Fischen und zu anderen Aktivitäten im Delta, die das Ökosystem möglicherweise schädigen könnten.

ÜBERNACHTEN IM DELTA

Das moderne **Hotel Cormoran** (in Uzlina bei Murighiol) bietet verschiedene Unterkunftsmöglichkeiten zu vernünftigen Preisen und hilft gern beim Anmieten von Booten und Führern. Es gibt auch kleinere schwimmende Hotels, die sowohl die kleineren Kanäle als auch die Hauptarme befahren (siehe auch S. 260f.).

In einem Baum über einem Wasserlauf befindet sich ein geschützter Beobachtungsplatz

Grindul Letea
217 D4

lichen Vielzahl an Pflanzen- und Tierarten einen Lebensraum. Es gibt sogar Laubwälder, in denen zwei Arten sandliebender Eichen gedeihen, einige der Bäume sind 400 Jahre alt. Die ARBDD (siehe S. 227) hat drei Wanderrouten auf Grindul Letea ausgearbeitet. Jede verbindet die fünf Dörfer und führt durch verschiedene Habitate; die Wanderungen dauern zwei bis vier Stunden. Wanderkarten zu diesen Routen gibt es bei der ARBDD-Zentrale in Tulcea.

Halbwilde Pferde grasen auf der Insel; außerdem leben hier der *enot* (Marderhund), der schwarzbäuchige Fuchs, Ottern und die giftige Schlange *Vipera renardi*. See- und Weißkopfseeadler, Wespenbussarde und Turmfalken kreisen, während die Dörfer Bienenfresser und Blauracken anziehen. Rotflügel-Brachschwalben und Stelzenläufer bewohnen die Schilfinseln und Salzsümpfe.

Archäologen haben auf Grindal Letea römische und genuesische Überreste aus dem Mittelalter gefunden; daraus schließt man, dass die Insel seitdem ständig bewohnt war. Die heutigen Dörfer sind jedoch kaum mehr als kleine Weiler. Die Dorfstraßen sind oft nichts anderes als breite Graswege, die von den Palisadenzäunen der einstöckigen Holzschindelhäusern gesäumt werden. Die meisten Leute bewegen sich hier zu Fuß, mit dem Rad, zu Pferde oder mit Pferd und Wagen.

Ähnlich wie Periprava sind **Sfiştofca** und **Cardon** (das kleinste Dorf der Insel mit 19 Einwohnern im Jahr 1992) hauptsächlich von Russisch sprechenden Lipovanern bewohnt. **Letea** (1992: 456 Einw.) erinnert an ein ukrainisches Dorf und hat ein kleines Kloster *(skete)*. Das Dorf **C. A. Rosetti** fungiert als kommunales Zentrum der Insel; dort

wohnen mehrheitlich Rumänen. Die Dörfer sind dank ihrer Kirchen mit Zwiebeltürmen leicht zu finden. Die meisten Insulaner üben traditionelle Beruf aus: etwas Landwirtschaft und Tierhaltung, Fischen, Jagen, Bienenhaltung und Weidenschnitzen. Alle genannten Tätigkeiten sind innerhalb des ausgewiesenen Wild- und Naturreservats **Pădurea Letea** verboten.

SULINA

Der Küstenort Sulina hat eine abenteuerliche Vergangenheit: 1856–1938 war er Sitz der Europäischen Donaukommission, die nach dem Krimkrieg gegründet wurde, um die Interessen aller Anrainerstaaten zu wahren. Dadurch wuchs das Fischerdorf zu einer Stadt mit 40 000 Einwohnern. Der drohende Krieg mit Deutschland veranlasste die Kommission, 1938 Sulina zu verlassen – das abrupte Ende der Blutezeit Sulinas.

Die Lipovaner

Die Lipovaner sind Anhänger eines Priesters namens Filip. Ihre Vorfahren flüchteten aus Russland ins Donaudelta, nachdem die Glaubensreform von 1653 die russisch-orthodoxe Kirche in zwei Gruppen gespalten hatte. Die verfolgten „Altgläubigen" zogen es vor, ihre Heimat zu verlassen. Sie ließen sich in Serbien, Polen, Moldau und erstaunlicherweise eben auch im Osmanischen Reich, zu dem die Dobrogea gehörte, nieder. ■

Der **Farul Comisei Europene a Dunării de Jos** *(Str. II 15, Tel. 0240 542 131, Mo geschl., €)* ist ein Leuchtturm, der 1870 von der Europäischen Donaukommission gebaut wurde und heute als Museum genutzt wird. Seine beiden kleinen Räume informieren über die Stadtgeschichte. Der Leuchtturm bietet einen großartigen Ausblick auf das Delta.

Der nahe gelegene Friedhof **Cimitirul Maritim** spiegelt den multinationalen Charakter Sulinas wider. Man findet hier französische, englische, deutsche, italienische, russische und rumänische Namen. Der Friedhof ist in vier große Teile geteilt, jeweils einen für die Religionszugehörigkeit der Verstorbenen.

SFÂNTU GHEORGHE

Im Fischerdorf Sfântu Gheorghe an der Mündung des Braţul Sfântu Gheorghe kann man Seeluft und Sonnenschein genießen und die Sanddünen erkunden. Die **Rezervaţia Sfântu Gheorghe-Palade-Perişor-Sacalin** liegt gegenüber der Kanalmündung. Dort können Besucher die Tier- und Pflanzenwelt unter der Leitung eines registrierten Führers kennenlernen. Wer Glück hat, hört die große Rohrdommel und bekommt Rotschenkel, Grasmücken und Ammern zu Gesicht. ■

Sulina
217 D4

Sf. Gheorghe
217 D3

Mit dem Boot durch das Delta

Ein Ausflug durch die zauberhaften Seitenkanäle und Seen im Herzen des Donaudeltas bietet die Möglichkeit, weitere Facetten des Deltas kennenzulernen. Die Vielfalt der Tier- und Pflanzenwelt zieht jeden in ihren Bann und erstaunt ein ums andere Mal.

Die folgende Route wird von der Verwaltungsbehörde des Deltas, der Administrația Rezervațieei Biosferei Delta Dunării (ARBDD, siehe S. 227) empfohlen. Wer das Delta erkunden will, muss sich ein Boot samt englisch- oder deutschsprachigem Führer mit einer Lizenz des ARBDD mieten. Boot und Führer lassen sich über einige Hotels im Delta *(Verzeichnis bei der ARBDD)* oder durch renommierte Reisebüros organisieren. Dazu zählen die Mitglieder der Acociața de Ecoturism din România (siehe S. 263).

Ein guter Startort ist Tulcea, zunächst geht es Richtung Osten in den Brațul Sfântu Gheorghe. Hinter den Dörfern **Nufăru** und **Ilganii de Jos** geht es links in den **Canalul Litcov**, den künstlich angelegten Litcov-Kanal. Der Kanal bahnt sich seinen Weg durch einige schmalerer Kanäle und Seen; die Führer wissen, welche befahren werden dürfen. Weiden hängen manchmal tief über dem Wasser, an den Ufern wachsen Wassererlen und Pappeln, Bachminze und Wasserschierling, während tiefrosafarbene und gelbe Wasserlilien die Seen bedecken. Zu den größeren Seen zählen der **Lacul Gorgova**, der **Lacul Potcoava** und der **Lacul Isac**. Reiher, Enten und Schwäne nisten oft im Schilf.

Weiter geht die Fahrt Richtung Süden auf dem **Canalul Caraorman** zum Dorf **Caraorman** (1), das 55 Kilometer von Tulcea entfernt liegt. Das Dorf, dessen Name aus dem Türkischen stammt und mit „schwarzer Wald" übersetzt werden kann, liegt auf einer 19 Kilometer langen Sandbank. Die meisten der 490 Einwohner sind russischer, lipovanischer (siehe Kasten S. 229) und ukrainischer Herkunft. Alle Häuser sind traditionell mit Reet gedeckt, weiß getüncht und mit blauen Malereien verziert. Mit ihrer Front zeigen sie alle zum Wasser. Hölzerne Fischerboote mit hochgezogenem Bug – sogenannte *lotci* – liegen hier verankert und erinnern an die Gondeln in Venedig. Dank der seit 1989 enorm gestiegenen Fischpreise konzentrieren sich die Dorfbewohner heute stärker auf den Fischfang als auf die Viehzucht. Auf der Ostseite des Dorfes liegt die lange, niedrige, reetgedeckte ***cherhana***: Hier lagern die Einheimischen in den eisgekühlten Kühlräumen des Gebäudes den Fisch, den sie in den nahe gelegenen Seen gefangen haben. Von hier aus wird er nach Murighiol oder Tulcea zum Verkauf gebracht. Zu den bevorzugten Fängen zählen Brassen, Karpfen, Barsche und Zander.

Die Feuchtgebiete des Donaudeltas entstanden erst vor 13 000 Jahren

Im nahe gelegenen schönen Naturschutzgebiet **Rezervaţia Pădurea Caraorman** wachsen massive 400 Jahre alte Eichen im Sand, Kletterpflanzen erreichen eine Länge von bis zu 15 Metern. Zu der artenreichen Tierwelt zählen Eulen, Adler, Wildkatzen, Wildschweine und Wölfe. Für den Besuch des geschützen Waldgebietes braucht man eine Sondergenehmigung.

Zurück geht es Richtung Norden über den Canalul Caraorman und dann rechts in den **Canalul Crişan**. Dieser Kanal wurde in den 1980er Jahren verbreitert und ist Teil von Baumaßnahmen, die im Rahmen von Ceauşescus Plänen zur Industrialisierung des Deltas durchgeführt wurden. Westlich von Caraorman liegen Dünen aus feinstem Sand.

Ungefähr 12 Kilometer von Caraorman entfernt trifft man auf das Dorf **Crişan** 2. Am Nordufer liegt das tradtionell aussehende **Hotel Lebăda** *(Tel. 0240 543 778)*, in dem lokale Fischspezialitäten gekocht werden. Weiter westlich erinnert eine Gedenktafel an die Eröffnung des ausgebaggerten und verbreiterten Braţul Sulina als Hauptverkehrskanal im Jahr 1859. Am Südufer des Dorfes Criflan steht wiederum eine malerische *cherhana*.

Etwa einen Kilometer stromaufwärts hinter Crişan liegt am Nordufer nahe der Kreuzung mit der **Dunărea Veche** (alten Donau) das **Centrul de Documentare şi Educaţie Ecologică** der ARBDD (Ökologisches Informations- und Bildungszentrum; *Tel. 0240 519 214, Mo geschl.*). Es zeigt Videos Ausstellungen zur Fauna des Deltas, hat eine Bibliothek und informiert hervorragend über das Donaudelta.

Weiter geht es auf dem Sulina-Arm Richtung Westen. 25 Kilometer östlich von Tulcea liegt die Stadt **Maliuc** mit Hotels und Gästehäusern. Wer Zeit hat, sollte die Gastfreundschaft der Einheimischen genießen und einige Fischspezialitäten probieren. Zu den Hotels gehören beispielsweise der **Complex Turistic Sacia** *(Tel. 0240 546 539)* und das **Hotel Maliuc** *(Tel. 0748 200 372)*. Mit einem Ruderboot kann man zum nördlich gelegenen **Lacul Furtuna** 3 fahren, dort lassen sich gut Vögel beobachten. Nächste Station in westlicher Richtung ist das Dorf **Partizani (Partizan)** 4. Dort rudern Fischer ihre Gäste nordwärts zu den drei Seen Tataru, Lung und Mester. Anschließend geht es zurück nach Tulcea. ■

Siehe Karte S. 217
Tulcea
128 Kilometer
5 Stunden (mit Umwegen und Zwischenstopps mehr)
Tulcea

NICHT VERPASSEN
- Caraorman
- Crişan
- Lacul Furtuna

Araberpferde vom nahe gelegenen Gestüt bei Mangalia bei einer Übungseinheit am Strand

Mangalia

DER HÜBSCHE STRANDORT MANGALIA IST NICHT NUR BEkannt für seine intensive Sonneneinstrahlung und sein mediterranes Klima, sondern auch für sein griechisches, römisches und byzantinisches Erbe. In der Antike war der Ort unter dem Namen Callatis bekannt; er wurde auf Anweisung eines Orakels im 4. Jahrhundert v. Chr. von Griechen aus Megara gegründet. Er liegt südlich von den modernen Küstenorten und 45 Kilometer südlich von Constanța.

Mangalia

217 C1

Besucher-information

Primăria Municipiului Mangalia, Şoseaua Constanţei 13

0241 751 060

Herausragend unter den Sehenswürdigkeiten der Stadt ist die freigelegte rumänisch-byzantinische Straße, die nun Teil des Speisesaals des **Hotel President** *(Str. Teilor 6, Tel. 0241 755 861)* ist. Das Hotel liegt auf halbem Weg zwischen der Şoseaua Constanţaţei (der Hauptdurchgangsstraße) und dem Meer auf einem 836 Quadratmeter großen Areal aus Pflastersteinen und Wasserrinnen, die zum südlichen Teil der Burg Callatis (6. und 7. Jh.) gehörten. Die Straße ist 6 m breit und kann jederzeit besichtigt werden. Außerhalb des Hotels sind Teile der römischen Stadtmauern, die auf den Überresten der früheren griechischen Mauern errichtet wurden, zu sehen.

Zwei Minuten vom Hotel entfernt findet man die Grundrisse einer syrischen Basilika aus dem 4. Jahrhundert, die vermutlich Bischofskirche war. Fährt man zurück zur Hauptdurchgangsstraße von Mangalia, gelangt man zum großartigen **Museul**

de Arheologie Callatis (Archäologischen Museum; *Şoseaua Constanţaţei 23, Tel. 0241 753 580, €*). Das Museum ist eine wahre Fundgrube an griechischen, thrakischen und neolithischen Exponaten – das Spektrum reicht von kleinen Goldfiguren bis hin zur tönernen Wasserrohren. Die Ausstellung ist alles andere als bieder und akademisch, sondern zeigt sehr anschaulich das Alltagsleben der jeweiligen Epoche.

Andere faszinierende archäologische Relikte befinden sich an verschiedenen Orten der Stadt *(im Touristenbüro nachfragen)*. Selbst unter Wasser haben Taucher Spuren von Callatis' altem Hafen gefunden.

Vom Museum geht es in fünf Minuten zur **Moscheea Esm Han Sultan** *(Str. Oituz 1, Tel. 0241 754 250, €)*. Auf dem Friedhof dieser beeindruckenden islamischen Moschee (1525) befinden sich muslimische Grabsteine und Relikte des antiken Callatis. Die Moschee ist auch heute eine Gebetsstätte, die nichtmuslimische Besucher willkommen heißt, wenn sie die Gepflogenheiten der Muslime respektieren.

VOR DEN TOREN DER STADT

Drei Kilometer nördlich von Mangalia liegt in einem hübschen Küstenort unweit von Staţiunea Venus der Zuchthengstbetrieb **Herghelia Mangalia** *(SN Cai de Rasa Herghelia Mangalia, Şoseaua Constanţaţei Km 3, Tel. 0241 751 325, €)*, wo seit 1926 Pferde gezüchtet werden. Die meisten der 300 Pferde sind ägyptische Araberpferde (Ibn Galal), es gibt aber auch einige Shagyar-Araber – eine arabisch-moldawische Kreuzung. Besucher sind willkommen und können manchmal auch ausreiten *(€)*. Die Umgebung bietet außerdem gute Wandermöglichkeiten.

Einige Kilometer westlich von Mangalia liegt in einem Gebiet, das La Movile genannt wird, eine der berühmtesten Höhlen der Welt: **Peştera Movile**. Sie ist nur 220 Meter lang, hat eine sehr niedrige Deckenhöhe und wurde durch Zufall 1986 entdeckt. Einzigartig ist ihr völlig von der Außenwelt abgeschlossenes Ökosystem, das seine Energie ausschließlich durch die Oxidation von Hydrogensulfiden (Chemosynthese) gewinnt. Die Organismen, die hier leben, kommen also – laienhaft ausgedrückt – ohne Licht aus. Die Höhle wird heute von der Primăria Mangalia und der Grupul pentru Exploraţie şi Speologie Subterane geschützt. Als Besucher muss man sich auf die Erkundung des Geländes oberhalb der Höhle beschränken, da die Höhle selbst ausschließlich Wissenschaftlern und Studenten zugänglich ist. *(Weitere Informationen bei der Primăria Mangalia oder bei Cristian Lascu, Str. Frumoasă 31, Bukarest, Tel. 021 312 4051)*. ■

Mitglieder der großen russisch-orthodoxen Gemeinde von Slava Rusă feiern im Kloster

Weitere Sehenswürdigkeiten

HALMYRIS

Die archäologische Stätte liegt auf den grasbewachsenen Hügeln beim Dorf Murighiol und wirkt zunächst ein wenig trostlos. Dabei handelt es sich um die Ausgrabungsstätte einer bedeutenden römischen Festung. Noch immer wird an der Freilegung der Kasernen und der Bischofskirche aus dem 6. Jahrhundert gearbeitet. Zu ihren Überresten gehören die bemalten Grabsteine zweier Märtyrer. Kaiser Trajan kämpfte in zwei Kriegen gegen die Daker um die Übernahme dieses strategisch wichtigen Ortes, der den Römer die Herrschaft über das fruchtbare Donaudelta und den Zugang nach Asien sicherte. Die nächsten 600 Jahre diente Halmyris als militärischer Stützpunkt, Marinehafen und Nachschubdepot für die römische Kolonisten und den kulturellen Austausch. Insgesamt wurde Halmyris von der Eisen- bis zur byzantinischen Zeit 1100 Jahre lang bewohnt. Wer bei den Ausgrabungsarbeiten helfen will, kann das *Earthwatch Institut* kontaktieren *(GB: 044/1865 318838)*.

217 C3 Weitere Informationen beim **Institutul de Cercetari Eco-Muzeale**
Str. 14 Noiembrie 3, Tulcea 0240 513 231

SLAVA RUSĂ

Das Dorf südwestlich von Babadag ist einer der ruhigsten und verwunschensten Orte der Dobrogea. Obwohl die Hälfte seiner 1400 Einwohner aus Italien und Spanien stammen, wurde es von Lipovanern gegründet und gilt als wichtigstes Zentrum der russisch-orthodoxen Kirche der Altgläubigen in der Dobrogea. Die russisch-orthodoxen Klöster Uspenia und Vovidenia liegen in der Nähe, das Dorf selbst hat zwei russische Kirchen. Sehenswert sind die Holzhäuser – viele sind mit Schnitzereien verschönt.

Slava Rusă wurde an der Stelle der römischen und später römisch-byzantinischen Stadt (L)Ibida (2.–7. Jh. n. Chr.) erbaut. Wer um die Stadt wandert, kann die laufenden Ausgrabungen verfolgen. Zu den aufregenden Entdeckungen bei den Ausgrabungen zählen ein Trockenofen zum Glasbrennen eine dreischiffige Basilika und mehrere große Nekropolen (die Cavoul Tudorka – das Tudorko-Grabmal – enthielt die Körper von 39 Verstorbenen und ist mit Fresken ausgeschmückt). Die Stadt wird von einer Mauer eingefasst und ist insgesamt 27 Hektar groß. Damit handelt es sich um eine der bedeutendsten römischen Städte, die jemals in der Dobrogea gefunden wurden.

Drei Kilometer vom Dorf entfernt haben Archäologen außerdem ein frühchristliches Kloster aus der Zeit zwischen der zweiten Hälfte des 4. Jahrhunderts und der ersten Hälfte des 7. Jahrhunderts entdeckt.

217 B3 **Besucherinformation**
Muzeul de Istorie şi Arheologie, Tulcea
0240 513 626 ■

Reiseinformationen

Straßenbahn-Haltestelle in Bukarest

REISEINFORMATIONEN

REISEPLANUNG

REISEZEIT

Rumänien liegt größtenteils in der kontinentalen Klimazone: Lange, heiße Sommer und kalte, zum Teil sogar bitterkalte Winter sind typisch für diese Zone. Die beste Reisezeit hängt davon ab, wohin man im Land fahren will und was man dort unternehmen möchte.

Bukarest besucht man am besten im Frühjahr oder im Herbst; die Winter sind hier oft feucht und kalt, im Sommer kann es extrem heiß werden. Dann erreichen die Temperaturen 30–40 °C.

Wer im Gebirge oder im Bergland von Transsilvanien wandern oder trekken will, sollte das in den warmen Monate von Mai bis Ende September tun. Im Oktober geht dort die Wandersaison zu Ende, im November schließen viele kleinere Hotels und Sehenswürdigkeiten bis zum nächsten Frühjahr.

Hauptsaison im Donaudelta und am Schwarzen Meer sind die Monate Juli und August, dann scheint dort das ganze Land seinen Urlaub zu verbringen. Im Donaudelta ist es vor allem gegen Ende des Frühjahrs besonders schön, dann ist noch relativ wenig los. Gleiches gilt für den Herbst, wenn die Massen wieder abgereist sind. Die Wassertemperaturen des Schwarzen Meeres sind ab Juni bis Mitte September hoch genug, um schwimmen zu gehen. Im Winter ist dagegen der Schwarzmeer-Badeort Mamaia praktisch geschlossen, in dieser Zeit sind offene Hotels nur schwer zu finden. Constanţa ist dagegen groß genug – hier haben viele Hotels rund ums Jahr geöffnet.

Die Skisaison in der Region Braşov beginnt Mitte Dezember und endet Mitte März. Der beliebteste Skimonat ist der Februar, dann kann es in den vielbesuchten Skiorten des Landes ziemlich voll werden. Braşov selbst ist eine lebendige, rund ums Jahr attraktive Urlaubsdestination: Wenn die Wintersportler ihre Skier einmotten, kommen die ersten Wanderer und Erholungssuchenden in die Stadt.

In Rumänien gibt es keine ausgesprochene Festival-Jahreszeit. Die größten Siebenbürgener Volksfeste (einschließlich des beliebten Mittelalter-Festivals in Sighişoara), finden im Hochsommer statt – weil dann die meisten Touristen und Urlauber in der Region sind. Kultur- und Musikfestivals in den größeren Städten werden eher im Frühjahr und Herbst veranstaltet. Einmal abgesehen von den Festivitäten rund ums Weihnachts- und Neujahrsfest verläuft der Winter relativ „festivalarm".

NICHT VERGESSEN

Wer nach Rumänien reist, muss nichts Besonderes mitnehmen, letztendlich hängt der Inhalt des Koffers von den eigenen geplanten Aktivitäten ab.

Wer wandern will, sollte auf jeden Fall gute, hohe Wanderschuhe mit ausreichender Profilsohle mitnehmen, außerdem Regenkleidung für mögliche spätnachmittägliche Schauer. Da auch die Sommerabende im Gebirge kühl ausfallen, sollte ein Fleecepullover nicht fehlen. Mücken sind ein Problem – vor allem in den waldreichen Gebieten und im Donaudelta –, entsprechend sollte man vorsorgen. Wer sich für Tiere, vor allem Vögel, im Donaudelta interessiert, sollte unbedingt an ein gutes Fernglas denken. Apotheken sind flächendeckend im Land vorhanden, wer regelmäßig Medikamente einnehmen muss, sollte sie dennoch von zu Hause mitbringen.

Mit gepflegter Freizeitkleidung hat man im Prinzip im ganzen Land die richtige Wahl getroffen; wer allerdings einige Zeit in Bukarest verbringen möchte, sollte sich für Konzerte und Restaurantabende zumindest eine Ausgehgarnitur mitnehmen (Blazer für die Herren bzw. ein Kleid für die Damen). Für Stadtbesichtigungen empfehlen sich bequeme Schuhe. Wer gern im Dunkeln schläft, sollte eine Schlafmaske mitnehmen: Nur die wenigsten Hotels haben wirklich lichtundurchlässige Vorhänge.

VERSICHERUNG

Für die Reise nach Rumänien sind keine Impfungen verpflichtend. Seitens des Auswärtigen Amtes wird jedoch der Impfschutz gegen Tetanus, Diphtherie und Hepatitis empfohlen. Der Abschluss einer Auslandskrankenversicherung inklusive Rückflug im medizinischen Notfall ist sinnvoll. Auf jeden Fall sollte man die Europäische Krankenversicherungskarte mitnehmen. Mit ihr können im Land Sachleistungen (Arztbesuch, Krankenhausaufenthalt und so weiter) in Anspruch genommen werden. Wer unsicher ist, sollte vor der Abreise mit seiner örtlichen Krankenkasse Kontakt aufnehmen. Die rumänische nationale Krankenkasse heißt Casa Judeteana de Asigurari de Sanatate.

EINREISE

REISEDOKUMENTE

Seit Januar 2007 ist Rumänien Mitglied der Europäischen Union. Deutsche und Österreicher brauchen deshalb lediglich einen Personalausweis, Schweizer ihren Reisepass.

ZOLL

Die Einfuhr von Devisen ist unbegrenzt möglich, allerdings besteht ab einem Betrag von umgerechnet 10 000 US$ eine Deklarationspflicht. Der Warenverkehr innerhalb der EU ist für Reisende unbeschränkt, sofern die Waren für den persönlichen Bedarf und nicht für den Weiterverkauf bestimmt sind. Die Einfuhr illegaler Drogen wird streng bestraft.

ANREISE

MIT DEM FLUGZEUG

Rumäniens staatliche Fluggesellschaft heißt Tarom (www.tarom.ro); der internationale Flughafen in Bukarest ist der Flughafen Otopeni. Von dort aus bestehen regelmäßige (meist sogar mehrmals tägliche) Verbindungen zu fast allen großen europäischen Flughäfen. Osteuropäische Hauptstädte wie Budapest, Prag, Warschau und Sofia werden von den jeweiligen nationalen Fluggesellschaften angeflogen.

Es lohnt sich generell, nach günstigen Linien- oder Charterflügen Ausschau zu halten. Durch die Mitgliedschaft in der EU hat die Zahl der Flüge und Verbindungen noch zugenommen. Rumäniens Billigfluglinie Blue Air (www.blueair-web.com) fliegt inzwischen von einer ganzen Reihe europäischer Städte zu Bukarests zweitem Flughafen Băneasa Airport. Regelmäßige Verbindungen von Băneasa zu anderen europäischen Städten an – meist mit Zwischenlandung in der slowakischen Hauptstadt – bietet auch die in Bratislava stationierte Fluglinie SkyEurope (www.skyeurope.com). Wer kein Problem damit hat, in Timişoara einzureisen, kann nach den Angeboten von Carpatair (www.carpatair.com) schauen: Diese Fluggesellschaft steuert von verschiedenen deutschen und italienischen Städten aus die westrumänische Stadt an. Carpatair bietet auch Anschlussflüge in kleinere Städte wie Cluj-Napoca, Iaşi und Sibiu.

Die meisten internationalen Fluggesellschaften landen auf dem Bukarester Flughafen Otopeni (Tel. 021 230 0022); sein offizieller Name lautet Henri Coanda International Airport. Otopeni liegt etwa 20 Kilometer vom Zentrum entfernt und ist bequem mit dem Taxi oder Bus erreichbar. Für die Fahrzeit sollte man an Wochentagen eine Stunde einkalkulieren (hängt vom Verkehrsaufkommen ab), abends und an den Wochenenden verringert sich die Fahrzeit auf 30–45 Minuten. Vorsicht bei der Wahl der Taxis: Auf keinen Fall die Mitnahmeangebote in der Ankunftshalle annehmen, sondern direkt aus der Halle und zu den Taxiständen mit den gelben Taxis gehen. Eine Taxifahrt vom Flughafen ins Zentrum kostet ungefähr 50–60 RON. Die Buslinie 783 fährt vom Flughafen aus verschiedene Haltepunkte in der Innenstadt an (alle 30 Minuten, 6–24 Uhr). Die Fahrt kostet 2 RON, das Ticket wird an einem kleinen Fensterschalter in der Nähe der Bushaltestelle verkauft. Der Flughafen selbst ist relativ klein und effizient. Es gibt dort Autovermietungen, Möglichkeiten zum Geldwechsel und Geldautomaten gleich außerhalb der Hauptankunftshalle.

Billigfluglinien, einschließlich der rumänischen Blue Air, landen in Băneasa (Tel. 021 232 0020); dieser Flughafen liegt zehn Kilometer außerhalb des Zentrums. Er bietet allerdings nur wenige Dienstleistungen für ankommende Fluggäste. Ein Taxi vom Flughafen ins Zentrum kostet rund 30–40 RON. Die Buslinie 131 fährt ins Zentrum, die Buslinie 205 bringt die Fahrgäste zum wichtigsten Bahnhof von Bukarest, der Gara de Nord (Nordbahnhof).

Außer den hauptstädtischen Flughäfen gibt es noch weitere, etwa in Timişoara, Arad, Cluj-Napoca, Iaşi, Târgu Mureş, Baia Mare, Bacău, Suceava und Constanţa. Die dort befindlichen kleinen internationalen Flughäfen werden von einigen europäischen Flughäfen aus angeflogen. Im Sommer gibt es eine Reihe zusätzlicher Charterflüge nach Constanţa und zu den Badeorten am Schwarzen Meer.

MIT DEM ZUG

Das rumänische Bahnnetz ist sehr gut an das europäische Schienennetz angeschlossen, es gibt zahlreiche regelmäßige Verbindungen in die europäischen Hauptstädte. Mindestens ein Zug verlässt Bukarest täglich mit den Zielorten Budapest, Wien, Prag und anderen Hauptstädten. Man sollte allerdings wissen, dass das Bahnfahren teilweise sehr lange dauert – vor allem nach dem Grenzübertritt. Der tägliche Zug von Prag nach Budapest braucht fast einen Tag (23 Std. 42 Min.) für die 1500 Kilometer lange Strecke! Auf Langstrecken werden auch Schlafwagen eingesetzt.

Viele Züge nach Bukarest kommen an der Gara de Nord an. Der Hauptbahnhof liegt zwei Kilometer nordwestlich vom Zentrum und ist gut mit dem Taxi oder der U-Bahn erreichbar. Die Gara de Nord erscheint zunächst etwas schäbig, wurde aber in den letzten Jahren renoviert und bietet nun eine ganze Menge Dienste für Reisende. Es gibt ein gutes Café, einen McDonald's und verschiedene Lebensmittelläden, in denen man Reiseproviant kaufen kann. Die Fahrkartenschalter liegen im Gang gleich außerhalb der Hauptabfahrtshalle. Gleise und Abfahrtszeiten sind deutlich sichtbar gekennzeichnet.

MIT DEM BUS

Eurolines (www.eurolines.com), die bedeutendste internationale Busgesellschaft, lässt regelmäßig Fernreisebusse von den wichtigsten europäischen Städten nach Bukarest und weiter in die anderen rumänischen Städte fahren. Busfahrten sind ähnlich teuer wie Bahnreisen, auch die Fahrzeiten sind vergleichbar – unter Umständen sind die Busse sogar schneller unterwegs. Fahrkarten sollte man sich frühzeitig besorgen, da die Busse vor allem bei Studenten sehr beliebt und entsprechend schnell ausgebucht sind (vor allem in den Sommersemesterferien). Busse nach Bukarest kommen in der Regel am Busbahnhof neben dem Hauptbahnhof Gara de Nord (siehe S. 237) an. U-Bahnen und Taxis fahren dann von dort weiter ins Zentrum.

MIT DEM AUTO

Rumänien ist gut mit dem Auto erreichbar; normalerweise reist man über Ungarn ein. Es ist aber auch möglich, von Serbien, Bulgarien, der Ukraine oder der Republik Moldau ins Land zu fahren. Wer von Ungarn kommt, folgt der Ausschilderung zu den rumänischen Städten Oradea (von Norden kommend) oder Arad (von Süden aus): Beide liegen an großen transeuropäischen Fernstraßen. An der Grenze muss normalerweise mit langen Schlangen gerechnet werden, vor allem am Freitag staut sich dort der Verkehr wegen der Wochenendurlauber. Wer die Wartezeit minimieren will, sollte entweder spät in der Nacht oder am frühen Morgen ankommen. Kleinere Grenzübergänge sind unter Umständen nicht rund um die Uhr geöffnet.

UNTERWEGS IN RUMÄNIEN

MIT DEM AUTO

Für das Autofahren in Rumänien reichen der nationale Führerschein und die üblichen Fahrzeugpapiere. Wer das rumänische Autobahnnetz nutzen will, benötigt eine Vignette *(rovinieta)*. Sie wird an den Grenzübergängen und an einigen Tankstellen für rund 15 RON (eine Woche) oder 24 RON (30 Tage) verkauft. Wer einen Mietwagen nimmt, bekommt alle nötigen Versicherungs- und Kfz-Dokumente ausgehändigt und oft auch noch die Vignette dazu. Die Verkehrsregeln entsprechen denen in Westeuropa.

Autofahren in Rumänien hat seine zwei Seiten. Mit dem eigenen Wagen ist man deutlich flexibler, wenn es darum geht, kleinere Städte und Dörfer (vor allem in Transsilvanien und Maramureş) zu besuchen, denn diese sind vielfach nur schwer mit Bus oder Bahn zu erreichen. Auf manchen Strecken ist das Auto auch durchaus schneller als die Bahn, auch wenn zwischen großen Städten die Fahrt im Intercity wohl doch die schnellste Verbindung darstellt. Zu den Schattenseiten des Autofahrens gehören die engen Straßen, die oft in einem schlechten Zustand sind, aggressive Autofahrer und das hohe Verkehrsaufkommen (vor allem in den Städten). Versuchen Sie besser nicht, mit dem eigenen Wagen in Bukarest herumzufahren: Der Verkehr dort ist ein Alptraum!

Die Benzinpreise sind mit den Preisen in Österreich vergleichbar, sie liegen also ein wenig unter den deutschen Spritpreisen. Unbedingt ratsam ist ein guter Straßenatlas (in allen größeren Tankstellen zu bekommen): Die Straßen sind oft mangelhaft beschildert.

In Rumänien gelten folgende Geschwindigkeitsbegrenzungen: Auf der Autobahn 130 km/h, 100 km/h auf Schnell- und Europastraßen, 90 km/h auf zweispurigen Landstraßen, 50 km/h innerhalb von Ortschaften. Diese Regeln sollte man streng einhalten, die Bußgelder sind hoch. In Rumänien gilt im Straßenverkehr die 0,0-Promillegrenze, auch das Benutzen von Handys am Steuer ist verboten (was die Rumänen selbst aber offenbar sehr gerne ignorieren).

Wer einen Mietwagen benötigt, sollte das von zu Hause aus telefonisch oder online erledigen. Die meisten großen internationalen Mietwagenfirmen wie Hertz, Avis, Thrifty bespielsweise. haben Regionalbüros am Bukarester Flughafen und in der Stadt eingerichtet. Fahrer müssen 21 Jahre alt sein und eine Kreditkarte besitzen, der Führerschein sollte mindestens ein Jahr alt sein. Im Mietwagenpreis ist normalerweise eine Basisversicherung enthalten, es empfiehlt sich aber, diese je nach Bedarf aufzustocken. Die Leihwagen sind entweder die neuesten rumänischen oder europäische Markenautos, eher selten sind sie mit einer Automatikschaltung ausgestattet.

Unverbleites Benzin bekommt man überall; die meisten Tankstellen akzeptieren internationale Kreditkarten.

MIT DEM STADTBUS

In den meisten Städten und Großstädten gibt es ein ausgedehntes Netz an öffentlichen Verkehrsmitteln. Fahrkarten kosten zwischen ein und zwei RON pro Fahrt (hängt von der Stadt ab) und können in der Regel in Zeitungs- und Tabakläden oder an Fahrkartenschaltern direkt an der Haltestelle gekauft werden. Im Bus muss der Fahrschein gültig gestempelt und bis zum Fahrtende aufbewahrt werden. In manchen Städten ist für jedes große Gepäckstück ein Extraticket zu lösen. Im Zweifelsfall also lieber gleich zwei Tickets kaufen … Das Busfahren gestaltet sich relativ leicht, am schwierigsten ist es, die Routen und die Haltestellen aus den manchmal verwirrenden Fahrplänen herauszulesen.

MIT REGIONALBUSSEN

Überlandfahrten zwischen Städten sind preiswert und angenehm und auf kurzen Distanzen (bis zu 160 km) oft die bessere Alternative zur Bahn.

Es gibt keine nationale Busgesellschaft im eigentlichen Sinne. Viele Gesellschaften befinden sich in Privatbesitz und betreiben regionale Busflotten. Wer sich einen landesweiten Fahrplan zusammenstellen will, wird ziemliche Mühe haben – es ist nahezu unmöglich.

Am ehesten hilft da noch die Website www.autogari.ro. Oft ist es einfacher, ohne allzu große Vorbereitung und relativ spontan loszufahren und erst an der Endstation oder beim Umsteigen zu entscheiden, mit welchem Transportmittel man letztendlich am besten zur gewünschten Destination weiterreist.

Rumänische Busbahnhöfe *(autogara)* befinden sich normalerweise ganz in der Nähe der Bahnhöfe, was natürlich das Umsteigen erleichtert. Busbahnhöfe sind aber oft recht verwirrend: Konkurrenzunternehmen bieten gleiche Strecken an und jagen sich gegenseitig die Kunden ab. Nicht immer hängen Fahrpläne aus, auch die Fahrkartenschalter sind häufig nicht leicht zu finden. Manche Fahrkarten müssen vorab am Schalter gelöst werden, andere erst beim Busfahrer. Feste Regeln scheint es nicht zu geben, eine gewisse Beharrlichkeit zahlt sich aber aus, und wenn gar nichts mehr weiterhilft, fragt man jemanden um Rat.

Busse – vor allem die allgegenwärtigen Minibusse – sind meist ziemlich voll, es empfiehlt sich deshalb, das Ticket mindestens einen Tag im Voraus zu kaufen. Teilweise ist das aber gar nicht möglich; in solchen Fällen muss man sich zu einer bestimmten Zeit an der Haltestelle einfinden, um die Fahrkarte beim Fahrer zu erwerben. Wer seine Fahrkarte schon vorab kauft, erhält meistens auch eine Sitzplatzreservierung.

MIT DEM FLUGZEUG

Das Fliegen innerhalb des Landes ist relativ einfach und erschwinglich, aber natürlich teurer als eine Bus- oder Zugfahrt. Wer wenig Zeit hat oder zu vielen weit voneinander entfernten Orten reisen will, für den ist das Fliegen sicher die richtige Entscheidung. Tarom (www.tarom.ro), die Staatslinie, fliegt von Bukarest in einige der größeren Städte des Landes, sa auch nach Timişoara, Iaşi und Cluj-Napoca. Die Billigfluglinien Blue Air (www.blueair-web.com) und Carpatair (www.carpatair.com) bieten Inlandsflüge an, Blue Air fliegt vom Bukarester Flughafen Băneasa und Carpatair vom Flughafen Timişoara. Flugtickets sind in den Reisebüros zu bekommen. Zwischen manchen Städten gibt es allerdings keine täglichen Verbindungen.

MIT DEM TAXI

Taxis sind verlässlich und preiswert, in den Großstädten sind sie oft das beste Verkehrsmittel. Die Fahrer sind gesetzlich dazu verpflichtet, ihre Preise außen am Auto anzuschlagen. Bei einem ehrlichen Taxifahrer kostet die Fahrt 1–1,50 RON pro Kilometer. Wenn höhere Tarife angezeigt werden, sollte man nicht einsteigen. Taxi-Abzocker sind mittlerweile seltener geworden, aber es lohnt sich trotzdem, nach dem Taxi eines seriösen Unternehmens Ausschau zu halten. Das gilt vor allem für die Fahrten von den Bahnhöfen oder dem Flughafen Otopeni in die Innenstadt, denn an diesen Orten sind Betrüger leider immer noch häufig am Werk.

Generell sollte man alle Angebote ablehnen, die einem in der Ankunftshalle des Flughafens oder des Hauptbahnhofs gemacht werden. Die legal operierenden Taxifahrer warten stets draußen gut sichtbar am Taxistand auf Kundschaft.

MIT DEM ZUG

Der Zug ist auf Langstrecken das beste Transportmittel und relativ günstig. Die Staatsbahn CFR unterhält ein ausgedehntes Bahnnetz, Züge fahren in fast jede Stadt des Landes. Allerdings lässt sich die rumänische Bahn nicht mit den Bahnen in Deutschland, Österreich und der Schweiz vergleichen: Einmal abgesehen vom Vorzeigezug Intercity (IC) sind viele Züge unglaublich langsam, oft sehr dreckig und schlecht gewartet. Dazu kommt noch, dass sich Fahrpläne oft ohne Vorankündigung von einem Tag zum anderen ändern. Einigermaßen zuverlässig sind die Angaben auf der CFR-Website (www.cfr.ro); hier findet man auch eine englische Übersetzung (trotzdem stößt man immer wieder auf veraltete Angaben).

Rumänische Züge fahren in vier Kategorien, die sich auf den jeweiligen Komfort und die Geschwindigkeit beziehen. Am besten sind die ICs. Dabei handelt es sich um moderne und gut gepflegte Züge, die noch am ehesten mit den westeuropäischen Bahnen vergleichbar sind. Die ICs verkehren zwischen den meisten größeren Städten. Der Nachteil ist allerdings, dass sie nicht so häufig fahren, dass man IC-Reisen also sorgfältig im Voraus planen muss. IC-Züge sind – verständlicherweise – teurer als alle anderen Züge und erfordern eine Sitzplatzreservierung. Neben den ICs gibt es noch den „Rapid" (Schnellzug; auf den Fahrplänen mit einem R gekennzeichnet) und den „Accelerat" (Eilzug; A); beide sind deutlich länger als die ICs unterwegs, sie verkehren dafür aber häufiger und sind immer noch halbwegs sauber. „Personae"-Züge (P) – vor allem Regionalzüge – sind schlecht gepflegt und halten unterwegs an jeder nur möglichen Haltestelle. Diese Züge sollte man nur nehmen, wenn nichts anderes fährt.

Die Bahnfahrkarten sind an den Schaltern in den Bahnhöfen oder in speziellen CFR-Büros (in den meisten Städten) erhältlich. Nach dem Schild „CFR – Agentia de Voiaj" Ausschau halten oder im Hotel nach der Adresse fragen. Fahrkarten für Fahrten am gleichen Tag sind in der Regel nur am Bahnhofsschalter zu bekommen. Wer das einrichten kann, sollte seine Fahrkarten aber besser ein bis zwei Tage vorher kaufen, das gilt vor allem für die vielbefahrenen Strecken (z. B. Bukarest–Constanţa während der Sommermonate), die entsprechend schnell ausgebucht sind. Auch eine Platzreservierung (1,80 RON) empfiehlt sich. In der Regel wird man auch noch gefragt, ob man 1. oder 2. Klasse fahren will – in Wirklichkeit besteht zwischen beiden kein großer Unterschied.

Rumänien ist Mitglied im Netz der Eurail-Pässe (www.eurail.com). Ein Eurail-Pass für Rumänien kostet 195 € und enthält zehn Fahrten in der 1. Klasse innerhalb von zwei Monaten. Ob das ein interessantes Angebot ist, hängt natürlich von der persönlichen Reiseplanung ab. Angesichts der generell günstigen Tarife lohnt es sich wohl nur in wenigen Fällen. Wichtig zu wissen: Die Sitzplatzreservierung muss trotzdem für jede Fahrt vorab gelöst werden.

Die rumänischen Bahnhöfe *(gara)* sind oft dreckig und ungemütlich, wirklich gefährlich ist es dort aber wohl eher nicht. Trotzdem sollte man sich nicht länger als unbedingt nötig an diesen Orten aufhalten. Wie überall in Europa stehen auch in Rumänen die Ankunftszeiten *(sosiri)* auf weißen Übersichtsplänen und die Abfahrtszeiten *(plecari)* auf gelben.

Seit 2006 gilt in allen Zügen ein Rauchverbot, das auch streng durchgesetzt wird.

PRAKTISCHE TIPPS

ALKOHOLGESETZE

Das gesetzliche Mindestalter für den Konsum alkoholhaltiger Getränke liegt bei 18 Jahren. Alkoholläden im klassischen Sinne gibt es nicht.

Entsprechende Getränke können aber in Supermärkten, Kiosken und kleinen Lebensmittelgeschäften gekauft werden.

ELEKTRIZITÄT

Die Stromspannung in ganz Rumänien beträgt 220 V.

ETIKETTE

Zwischen Westeuropa und Rumänien gibt es hinsichtlich der allgemeinen Etikette keine gravierenden Unterschiede. Wer privat eingeladen wird, bringt ein kleines Geschenk in Form eines Blumenstraußes, Pralinen oder eine Flasche Wein mit. Höflicherweise bietet man dem Gastgeber immer an, die Schuhe auszuziehen.

Beim Besuch einer Kirche oder eines Klosters werden ein respektvolles Verhalten und angemessene Kleidung erwartet: Die Schultern sollten bedeckt sein, kurze Hosen sind bei Männer und Frauen verpönt, Frauen sollten außerdem die Haare bedecken.

FEIERTAGE

Behörden, Banken, Museen und viele Läden und Restaurants schließen an nationalen Feiertagen. Viele Rumänen fahren traditionell am 1. Mai an die Küste – je nachdem, wie der Feiertag fällt, sind die Büros dann oft auch länger als einen Tag geschlossen.

1. und 2. Januar: Neujahr
April: orthodoxes Osterfest
1. Mai: Tag der Arbeit
1. Dezember: Nationalfeiertag
25. und 26. Dezember: Weihnachtsfeiertage

KOMMUNIKATION

Postämter

Postämter *(Poşta Română)* befinden sich im Zentrum aller Städte, Kleinstädte und Dörfer. Sie öffnen zu den üblichen Zeiten, eine Ausnahme ist das zentrale Postamt in Bukarest (Str. Matei Millo 10), das Montag bis Samstag von 7.30 bis 20 Uhr (So geschl.) geöffnet hat. Andere große Postämter öffnen unter Umständen ebenfalls einige Stunden am Samstag. Die Schlangen in den Postämtern sind oft sehr lang. Wer nur Briefmarken braucht oder seine Postkarten abschicken will, sollte zunächst an der Hotelrezeption nachfragen, denn viele halten als Service für ihre Gäste Briefmarken bereit. Postämter bieten häufig auch einen Faxdienst an und haben Telefonkabinen, aus denen Auslandsgespräche geführt werden können.

Telefon

Der internationale Landescode ist die 40. Von Westeuropa aus wählt man deshalb als internationale Vorwahl die 0040, dann die Ortsvorwahl (ohne 0) und anschließend die Teilnehmernummer. Innerhalb des Landes wird die Ortsvorwahl stets mit der 0 gewählt.

Einige Ortsvorwahlen größerer Städte:
Braşov 0268
Bukarest 021
Cluj-Napoca 0264
Constanţa 0241
Iaşi 0232
Sibiu 0269
Timişoara 0256

Wer von Rumänien ins Ausland telefonieren will, wählt für Deutschland die 0049, für Österreich die 0043 und für die Schweiz die 0041.

Öffentliche Telefone – sie sind orangefarben – finden sich über die Städte verteilt, vor allem an Bahnhöfen und großen Plätzen. Da auch in Rumänien das Handy seinen Siegeszug angetreten hat, werden die öffentlichen Telefonhäuschen immer weniger gepflegt und es wird allmählich immer schwieriger, überhaupt ein funktionstüchtiges zu finden. Öffentliche Telefone funktionieren mit Telefonkarten, die im Wert von 10, 15 und 20 RON in Postämtern, ROMTELECOM-Büros und einigen Zeitungs- und Tabakläden bereitgehalten werden. Aus öffentlichen Telefonzellen lassen sich Orts- und Ferngespräche führen – je nach Betrag auf der Karte. Auch von den Hotelzimmern aus sind Ferngespräche möglich, meist aber mit einem saftigen Preisaufschlag (günstiger sind da die Postämter).

Es ist möglich, ein Handy mitzunehmen; ob es in Rumänien auch funktionieren wird, kann beim eigenen Provider erfragt werden. Die Roaminggebühren sind teilweise immer noch sehr hoch. Billiger ist es häufig, in Rumänien eine Prepaid-Sim-Karte zu erwerben. Vodaphone und Orange bieten solche Karten für 25 RON an, zum Telefonieren müssen sie aufgeladen werden.

Internet

Das Internet erfreut sich auch in Rumänien größter Beliebtheit, die Zahl der Internet-Cafés hält sich allerdings noch in Grenzen. In Bukarest, Braşov und Cluj-Napoca gibt es einige Internet-Cafés im Stadtzentrum, in kleineren Städten findet man unter Umständen nur ein oder zwei Adressen. Wenn das eigene Hotel keinen Internetanschluss im Zimmer anbietet (was die meisten besseren Häuser inzwischen tun) und über kein Business-Center mit öffentlich zugänglichem Computer verfügt, kann man an der Rezeption nach dem nächstgelegenen Internet-Café fragen. Die Tarife sind günstig und belaufen sich meist auf rund 2,50 RON pro Stunde. Kabellos surfen ist im Kommen, einige Hotels und Cafés in Bukarest und anderswo bieten schon kostenlose WLAN-Verbindungen an: Beim Aufklappen des Laptops wird dann automatisch eine Internetverbindung hergestellt. In Bukarest locken sogar schon KFC- und Pizza-Hut-Restaurants ihre Gästen mit einem solchen Service. Einige Hotels und Restaurants bieten dafür einen ganz speziellen Tarif an: Dort kann man sich zehn Minuten lang frei einloggen, alle weiteren Minuten rechnet man dann über eine Prepaid-Karte (4 US $ pro Stunde oder 15 US $ für einen Tag) ab.

MEDIEN

In Rumänien erscheinen mehrere landesweit verbreitete Tageszeitungen in rumänischer Sprache, außerdem eine Tageszeitung in Englisch: Diese Zeitung heißt *Nine o'Clock*, sie ist eine gute Quelle für Lokal- und Finanznachrichten und bietet einige Information zu kulturellen Themen (darunter auch ein Verzeichnis aller Kinos in Bukarest). Die Zeitung erscheint in der Hauptstadt und wird in Hotels und an Zeitungsständen für 2,5 RON verkauft.

Hinzu kommen verschiedene englischsprachige Publikationen für Touristen und in Rumänien lebende Ausländer. Am hilfreichsten ist der Führer *In Your Pocket* mit eigenen Ausgaben für Bukarest und Braşov. *In Your Pocket* findet man nur selten an den Zeitungsständen, aber manchmal in den Souvenirshops der großen Hotels. Der offizielle Preis liegt bei 8 RON, viele Hotels geben ihre Exemplare aber kostenlos her. Ganz hilfreich ist auch das zweimonatig in Englisch erscheinende Magazin *Bucureşti, What, Where, When*. Es enthält einen recht guten Stadtplan, informative Artikel und eine Auswahl an praktischen Hinweisen in der Rubrik „Concierge". Der gleiche Verlag publiziert auch vergleichbare Magazine in Timişoara und Constanţa.

Größere Zeitungsstände und Hotelläden verkaufen aktuelle (oder einen Tag alte) Ausgaben des *International Herald Tribune*, des *Wall Street Journal Europe* und der *Financial Times* sowie jüngere Ausgaben von *Time*, *Newsweek* und *The Economist*, außerdem einige weitere ausländische Zeitungen.

Fast jedes Hotel hat einen Fernseher im Zimmer stehen (mit Kabel- oder Satellitenprogrammen), so dass oft auch einige englische Programme, allerdings überraschenderweise nicht immer CNN und BBC World, zu empfangen sind. Die bekanntesten englischen Sender sind Discovery, National Geographic TV, MTV und VH1.

GELD

LEI

Die Landeswärung ist der *leu*, häufiger begegnet man der Pluralform *lei* (die offizielle internationale Abkürzung lautet allerdings RON). Banknoten gibt es in den Einheiten 1, 5, 10, 20, 50, 100 und (weniger gebräuchlich) 500 RON. Der Leu unterteilt sich in 100 *bani*, Münzen gibt es im Wert von 5, 10 und 50 Bani. Teilweise wird der Preis noch in „alten Lei" ausgewiesen; sie verschwanden offiziell 2007, als eine Währungsreform den „alten" Lei durch einen „neuen" Lei im Verhältnis 1 (neu) : 10 000 (alt) ersetzte. Alle alten Banknoten wurden aus dem Verkehr gezogen und sind kein offizielles Zahlungsmittel mehr.

EURO

Da Rumänien noch nicht zur Euro-Zone gehört, ist der Euro kein offizielles Zahlungsmittel. Trotzdem nennen viele Hotels ihre Zimmerpreise bereits in Euro, einige größere Hotels sogar ausschließlich. Euro sind inzwischen sogar leichter als der Dollar zu tauschen.
Der Wechselkurs (Ende 2008):
1 € = 3,7 RON
1 RON = 0,26 €

GELDWECHSEL

Devisen können in Banken und bei speziellen Geldwechslern an Flughäfen, Bahnhöfen und in Hotels getauscht werden. Manchmal wird der Kunde nach einem Pass gefragt, man sollte ihn also bereithalten. Die Banken bieten generell die besseren Wechselkurse und nehmen geringere Gebühren als die Wechselschalter. Am besten fährt man allerdings mit den Geldautomaten, die inzwischen überall in den Städten und an den Flughäfen zu finden sind. Visa- und MasterCard werden fast immer genommen (an die PIN denken).

KREDITKARTEN

Visa und MasterCard sind in den meisten Hotels, Restaurants und Läden anerkannte Zahlungsmittel, in Läden wird die Karte aber oft erst ab einer gewissen Kaufsumme akzeptiert.

BESUCHER-INFORMATIONEN

Rumänien verfügt über kein Netz an nationalen Touristeninformationen, sodass jede Stadt selbst für ihre Werbung und ihr touristisches Angebot verantwortlich ist. Viele Städte wie Tulcea, Braşov, Timişoara und Sighişoara haben hilfreiche Touristeninformationen eingerichtet, die lokale Tipps geben, meist auch eine Zimmervermittlung anbieten und oft auch Restaurantempfehlungen geben können. Meist sind sie am großen „I" – oft in Blau geschrieben – außen am Gebäude erkennbar. Andere Städte wie Bukarest und Cluj-Napoca besitzen ärgerlicherweise keine Touristeninformationen oder etwas Vergleichbares.

Das rumänische Fremdenverkehrsbüro unterhält eine hervorragende Website mit allgemeinen Informationen über das Land: www.romaniatourism.com.

ÖFFNUNGSZEITEN

Banken, Behörden und andere staatliche Institutionen haben Montag–Freitag von 8.30/9 bis 16 Uhr geöffnet. Büros sind in der Regel auch über Mittag durchgehend offen. Museen haben häufig am Montag ihren

Ruhetag. Läden und Supermärkte haben längere Öffnungzeiten und sind meistens auch samstags offen. Große Lebensmittelgeschäfte öffnen von 8 bis 20 Uhr (So geschl.), in Ausnahmefällen auch sonntags (dann allerdings kürzer). In fast jeder größeren Stadt gibt es einige wenige Läden, die rund um die Uhr offen sind, dort bekommt man am Wochenende oder spätabends noch nichtalkoholische und alkoholische Getränke, Tabak- und Süßwaren.

ÖFFENTLICHE TOILETTEN

Die öffentlichen Toiletten entsprechen noch nicht dem westlichen Standard; ihre Nutzung kostet in der Regel rund 1 RON. Eine bessere (sauberere) Alternative ist die Suche nach einem gepflegten Hotel oder Restaurant. Wer mag, trinkt dann dort noch einen Kaffee.

REISEN MIT BEHINDERUNG

Mit dem Beitritt zur EU 2007 sieht sich Rumänien nun stärker verpflichtet, seine Straßen, Gebäude und öffentlichen Verkehrsmittel behindertengerecht umzurüsten. Das dauert natürlich seine Zeit, sodass behinderte Reisende (im Rollstuhl) derzeit noch mit großen Problemen zu kämpfen haben. Dazu zählen hohe Bordsteine, meist fehlende Rampen bei Treppen und viel zu enge Aufzüge. Allgemein gilt wohl, dass die besseren 4- und 5-Sterne-Hotels eher auf die speziellen Bedürfnisse von Behinderten vorbereitet sind als kleinere und vor allem ältere Hotels.

RELIGION

Viele Rumänen gehören der Rumänisch-Orthodoxen Kirche an, die mit den orthodoxen Kirchen in Serbien, Bulgarien, Griechenland und Russland verwandt ist. Die Rumänen feiern Weihnachten am 25. Dezember, ihr orthodoxes Osterfest wird eine Woche später als in der katholischen Kirche gefeiert. Zu den religiösen Minderheiten zählen die ungarischen Katholiken, die Protestanten in Siebenbürgen und im Westen des Landes.

TRINKGELD

Trinkgeld ist hier nicht so verbreitet wie in Westeuropa, doch die Bedienungen in besseren Restaurants erwarten eine Anerkennung – bis zu zehn Prozent des Rechnungsbetrags. Bei Taxifahrern sollte man den zu zahlenden Betrag aufrunden (etwa von 7,50 RON auf 8 RON).

ZEIT

Rumänien liegt in der Osteuropäischen Zeitzone, das heißt + 1 Stunde zur Mitteleuropäischen Zeitzone (MEZ). Wenn es in Berlin 12 Uhr ist, ist es in Bukarest schon 13 Uhr. Auch Rumänien nutzt die Sommerzeit, es bleibt also ganzjährig bei einer Stunde Zeitverschiebung.

IM NOTFALL

KRIMINALITÄT UND SICHERHEIT

Rumänien ist ein relativ sicheres Land, Gewaltverbrechen passieren eher selten. Mit Kleinkriminalität (Betrug, Bagatelldiebstählen und Taschendieben) ist aber überall zu rechnen. Das gilt vor allem für Orte mit großen Besucherströmen wie die Flughäfen, Bahnhöfe und Busbahnhöfe. Unbedingt Angebote von Fremden ablehnen und immer ein wachsames Auge auf Taschen und sonstige Gegenstände haben! Bei langen Bahnfahrten empfiehlt es sich sehr, die Abteiltür abzuschließen und niemals sein Gepäck unbeaufsichtigt stehen zu lassen.

Die Rufnummer für Polizei, Feuerwehr und Notarzt ist die 112. Theoretisch sollte am anderen Ende der Leitung auch jemand Englisch sprechen können. Meist ist dies der Fall.

BOTSCHAFTEN

Deutschland, Österreich und die Schweiz unterhalten Botschaften in Bukarest.

Bundesrepublik Deutschland
Str. Cpt. Av. Gheorghe
Demetriade 6–8
011849 Bukarest
info@bukarest.diplo.de
www.bukarest.diplo.de

Republik Österreich
Dumbrava Rosie 7
020461 Bukarest
bukarest-ob@bmeia.gv.at
www.bmeia.gv.at/
www.bmeia.gv.at/aussenministe
rium/buergerservice/oester
reichische-vertretungen.html

Schweiz
Str. Grigore Alexandrescu 16–20
010626 Bukarest
buc.vertretung@eda.admin.ch
http://www.eda.admin.ch/eda/
de/home/reps/eur/vrou/emb
buc.html

NOTRUFNUMMERN

Landesweit für Polizei, Feuerwehr und Krankenwagen: 112

AUTOPANNE

Bei einem Unfall die Notrufnummer 112 anrufen, damit Polizei und gegebenenfalls Krankenwagen verständigt werden. Notruftelefone an den Autobahnen sind bislang nur selten zu finden: Wer kein eigenes Handy dabei hat, muss einen Autofahrer anhalten und ihn um einen Anruf bitten.

Auch bei kleineren Schäden sollte man die Polizei rufen; sie nimmt den Hergang auf und stellt (wenn möglich) den Schuldigen fest. Wichtig sind Kopien aller polizeilichen Unterlagen für die Versicherung.

Eine Grundversicherung für jedes Auto ist Pflicht. Das gilt auch für Mietwagen – Schäden sollten damit eigentlich abgedeckt sein. Vor der Übernahme des Wagens muss das aber eindeutig geklärt werden.

GESUNDHEIT

Rumänien ist frei von Seuchen (auch von Malaria), die gesundheitlichen Risiken sind nicht größer als in anderen europäischen Ländern. Das Leitungswasser ist in der Regel sauber und trinkbar, besser sind natürlich abgefüllte

Wasserflaschen, die es überall zu kaufen gibt.

Ein Krankenwagen kann im Notfall über die landesweite Nummer 112 gerufen werden. In Bukarest gibt es einige Privatkliniken mit einer 24-Stunden-Ambulanz. Dahin führt ein Anruf bei Puls (Tel. 973 oder 0749 973 973 oder 0720 973 973) oder SOS Medical (Tel. 9761 oder 0722 333 000).

Rumänien verfügt über ein gutes Netz an Apotheken, die an ihrem großen grünen Kreuz außen an den Gebäuden erkennbar sind. Die Apotheker sind gut ausgebildet und können oft auch Medikamente ohne vorherigen Arztbesuch empfehlen. In den meisten Städten und Kleinstädten gibt es zumindest eine Notdienst-Apotheke, die rund um die Uhr geöffnet hat. Die Adresse findet man in Zeitungen; an der Rezeption des Hotels hilft man ebenfalls gerne beim Suchen. Bukarest hat mehrere Apotheken mit einem 24-Stunden-Service. Eine davon ist die Farmacia Verde (Calea Dorobanţilor 15, Tel. 0212 301 451).

LESETIPPS

Das interessanteste (und auch bekannteste) politische Buch ist wahrscheinlich *Red Horizons* von Ion Mihai Pacepa, dem ranghöchsten Überläufer der früheren rumänischen Geheimpolizei Securitate. Sein Buch ist eine schreckliche Aufzählung all der Verbrechen, die von Nicolae Ceauşescu, seiner Familie und dem Ceauşescu-Regime in den 1970er und 1980er Jahren verübt wurden.

Dennis Deletants Werk *Ceauşescu and the Securitate* ist eine akademische Abhandlung über die ruchlose rumänische Geheimpolizei.

Helena Drysdales *Looking for George* ist eine eher persönliche und sehr fesselnde Abrechnung mit dem Leben in Rumänien in den 1980er Jahren. Drysdale zeigt auf, wie schnell jede Illoyalität brutal von der Regierung bestraft wurde.

Als Reiselektüre für unterwegs empfehlen sich vier relative neue Bücher, von denen jedoch keines ausschließlich auf Rumänien fokussiert ist. Jason Goodwins *On Foot to the Golden Horn* (deutscher Titel: *Von Danzig bis nach Istanbul: Zu Fuß durch das alte Europa*) erzählt von der Wanderung des Autors von der polnischen Ostseeküste bis nach Istanbul; darin finden sich lange und sehr farbige Beschreibungen der Reise durch Transsilvanien.

Patrick Leigh Fermors 1986 verfasster Reisebericht *Between the Woods and the Water* (deutscher Titel: *Zwischen Wäldern und Wasser: Zu Fuß nach Konstantinopel. Von der mittleren Donau bis zum Eisernen Tor*) beschreibt eine Wanderung von Hook van Holland nach Istanbul Mitte der 1930er Jahre. Ein Großteil des Buches bezieht sich auf die Zeit in Siebenbürgen.

Claudio Magris *Danube* (deutscher Titel: *Donau: Biographie eines Flusses*) wurde erstmals 1986 veröffentlicht. Es handelt sich um eine fesselnde Beschreibung des Lebens an Europas zweitlängstem Fluss (der längste ist die Wolga) – ein Teil beschreibt den rumänischen Teil der Donau und die Deltaregion.

Ruth Ellen Gruber spürt den dramatischen Veränderungen in der jüdischen Geschichte und Kultur in ihrem Buch *Jewish Heritage Travel: A Guide to Eastern Europe* nach.

Dieser aktuelle Führer zu ehemaligen und noch bestehenden jüdischen Stätten enthält viele Innenansichten, nutzliche Informationen und Reisetipps, die man unterwegs sehr gut gebrauchen kann.

Ergänzend dazu gibt es einige historische Romane, deren Handlung in Rumänien angesiedelt ist und in denen Fiktion und Fakten einander durchdringen. Olivia Mannings *The Balkan Trilogy* erzählt die Geschichte eines jungen Englischlehrers und seiner Frau, die genau in dem Moment nach Bukarest reisen, als der Zweite Weltkrieg ausbricht. Der Roman wurde übrigens mit Kenneth Branagh und Emma Thompson verfilmt.

Graf Miklós Bánffy verewigte seinen Familiensitz in drei romantischen Romanen über Siebenbürgen in der Zeit vor dem Ersten Weltkrieg. Sie wurden auch ins Englische übersetzt und unter dem Titel *The Writing on the Wall: The Transylvanian Trilogy* veröffentlicht.

Neueren Datums sind Philip Ó Ceallaighs *Notes from a Turkish Whorehouse*. Anders als der Titel vermuten lässt, handelt es sich dabei jedoch um eine Sammlung von Kurzgeschichten über das heutige Bukarest.

Jede Empfehlungsliste zur Literatur über Rumänien bliebe unvollständig, wenn darin Bram Stokers Roman *Dracula* fehlte; er schrieb sein berühmtes Werk Ende des 19. Jahrhunderts.

HOTELS & RESTAURANTS

HOTELS

Auf Websites werden rumänische Hotels und Pensionen *(pensiuni)* häufig nach einem gestaffelten Sterne-System eingeteilt, das allerdings nur einen ungefähren Annäherungswert an die tatsächliche Qualität des Hauses darstellt. Sterne werden nämlich nach einer objektiven Bewertung der Ausstattungsmerkmale von Hotels und Pensionen vergegen; dazu zählen auch Kriterien wie Klimaanlagen im Zimmer oder Telefone im Bad. Generell lässt sich sagen, dass der Standard in den Hotels höher als in den Pensionen ist: Eine 5-Sterne-Pension ist deshalb in der Regel nicht viel mehr als ein nettes Gästehaus, das Annehmlichkeiten wie Satellitenfernsehen im Zimmer oder Zimmertüren mit Magnetkartenschloss zu bieten hat. Dafür fehlen dann aber so wichtige Kriterien wie Lage, Sauberkeit, Lärmpegel und Atmosphäre.

5-Sterne-Hotels großer Ketten wie Marriott oder Hilton sind hervorragend für Geschäftsreisende geeignet, gut sind aber auch die 3- oder 4-Sterne-Hotels im Besitz von Einheimischen. Der Standard ist in den letzten Jahren gestiegen, Pensionen sind oft genauso komfortabel wie 5-Sterne-Hotels (und kosten weniger als die Hälfte). Manchmal bieten Hotels unter einem Dach sowohl 4- als auch 3-Sterne-Zimmer an. Ist dies der Fall, sollte man sich am besten mehrere zeigen lassen. Der Preis eines 3-Sterne-Zimmers kann durchaus 50 Prozent unter dem eines 4-Sterne-Zimmers liegen, und oft fehlt dann nur so etwas Banales wie ein Föhn.

Auf der anderen Seite empfiehlt es sich, grundsätzlich auf Unterkünfte mit nur zwei oder weniger Sternen zu verzichten. Meist handelt es sich dabei um zugige, unrenovierte Relikte aus der kommunistischen Ära oder um kleine Hotels, denen so Essenzielles wie heißes Wasser rund um die Uhr fehlt.

Dagegen können Pensionen *(pensiune)* oder private Apartments sehr wohl interessant sein: Sie sind meistens blitzblank und ihren Preis oft sehr viel mehr wert als so manches Hotel. Touristische Städte wie Sighişoara bieten umwerfend schöne Gästehäuser (um die 40 € pro Nacht); wer also auf einen Souvenirladen und eine rund um die Uhr besetzte Rezeption verzichten kann, wird sich hier sicher wohlfühlen. Ferienwohnungen für Kurzaufenthalte in Städten wie Bukarest oder Braşov sind preislich gute Alternativen zu den meist überteuerten Hotels. In Bukarest bekommt man eine Drei-Zimmer-Wohnung in einem modernen Gebäude im Zentrum mit allen Annehmlichkeiten eines Hotels schon für rund 55 € pro Nacht.

Eine andere Variante sind Privatunterkünfte, die immer beliebter werden. Einige Organisationen bieten Agenturdienste an und vermitteln Unterkünfte auf dem Land und bei Bauern für ein paar Tage oder auch Wochen. Viele dieser Privatunterkünfte finden sich in den abgelegenen hübschen Dörfern von Maramureş und in oberen Transsilvanien. ANTREC (www.antrec.ro) ist eine nationale Organisation, die sich dem Urlaub auf dem Land und dem Ökotourismus verschrieben hat. Die Homepage gibt einen guten Überblick über ihr Angebot. Sehr zu empfehlen ist auch die private Vermittlung DiscoveRomania (www.discoveromania.ro). Sie bietet Aufenthalte in Familien, kombiniert mit Kulturprogramm, Wanderungen, Bergtouren und Abenteuerausflügen.

Auch im Delta gibt es viele verschiedene Unterkünfte – die Bandbreite reicht von Gästehäusern über Landhotels bis hin zu *hoteluri plutitoare* (Schwimmende Hotels). Letztgenannte benötigen eine Lizenz von ABRDD (siehe S. 227 ff.) und können sogar von Ort zu Ort fahren.

Viele Besucher campen auch im Delta; um die Umwelt zu schonen, sollte man dafür aber nur von ABRDD lizensierte Campingplätze auswählen.

HOTELS

Preiskategorien für ein Doppelzimmer mit Bad und Frühstück (wenn nicht anders angegeben) in der Hauptsaison:

€€€€€	über 160 €
€€€€	120–160 €
€€€	80–120 €
€€	40– 80 €
€	unter 40 €

RESTAURANTS

Preiskategorien für ein Drei-Gänge-Menü mit Wein:

€€€€€	über 30 €
€€€€	20–30 €
€€€	15–20 €
€€	8–15 €
€	unter 8 €

Bei der Reise über Land wird man an Busbahnhöfen und Bahnhöfen immer wieder von Privatpersonen angesprochen, die Zimmer vermieten. In Bukarest sollte man sich darauf sicherheitshalber besser nicht einlassen, aber überall sonst im Land sind diese Angebote häufig ganz akzeptabel. Trotzdem ist das Für und Wider sorgfältig abzuwägen. Die Zimmer sind oft deutlich billiger als Hotel- und Pensionszimmer, liegen aber unter Umständen in unattraktiven Gegenden und weit weg von allen Sehenswürdigkeiten. Oft muss man sich als Gast das Bad mit der restlichen Familie teilen.

Nicht alle rumänischen Städte haben eine Touristeninformation; diejenigen, die eine haben – dazu zählen Braşov, Tulcea, Sighişoara, Sibiu und Timişoara – helfen bei der Zimmersuche. Viele haben eine Liste mit den Hotels und Privatunterkünften vorliegen und suchen das Passende für die jeweiligen Bedürfnisse heraus. Manche Mitarbeiter, etwa die hilfsbereiten in Timişoara, telefonieren herum, ob etwas frei ist.

Wenn einem der angebotenen Preis zu hoch erscheint, sollte man ruhig verhandeln. An der Rezeption oder auf den Homepages werden in den Städten oft an Wochenenden günstigere Tarife angeboten, bei Aufenthalten von mehr als zwei Tagen ist ebenfalls ein Rabatt möglich.

RESTAURANTS

Bukarest, Braşov und mit einigen Abstrichen auch Cluj-Napoca weisen eine lebendige Gastronomieszene auf und bieten viele Möglichkeiten, gut zu speisen. Doch diese „Restaurantrevolution" hat (leider) noch nicht den Rest des Landes erreicht. Viele kleinere und größere Städte besitzen gerade einmal ein oder zwei ordentliche Restaurants, außerdem einige Pizzerien, Cafés und kleinere Lokale, die von Einheimischen geführt werden.

In kleinen Städten und Ortschaften ist das Restaurant im örtlichen Hotel oft die beste Wahl. Eine Pizza ist fast überall zu bekommen, denn so gut wie jede rumänische Stadt – egal, ob groß oder klein – hat zumindest eine annehmbare Pizzeria.

Ein Restaurant heißt auch im Rumänischen „Restaurant". Wie überall auf der Welt trügt aber oft der äußere Schein: In zunächst wenig einladenden Lokalen wird oft erstaunlich gut und zu supergünstigen Preisen gekocht. Lokale mit der Aufschrift *crama* sind in der Regel Kellerrestaurants, die eine traditionelle Atmosphäre, Livemusik oder ein anderes Unterhaltungsprogramm bieten.

Eine *cofetărie* ist – anders als erwartet – kein Café im herkömmlichen Sinne, sondern eine Art Konditorei, in der Kuchen und nichtalkoholische Getränke verkauft werden. Für einen Kaffee dagegen geht man ganz einfach ins *café*. Cafés sind in den letzten Jahren wie Pilze aus dem Boden geschossen und bieten meist einen hervorragenden Espresso und andere koffeinhaltige Getränke; viele haben sich auf die Produkte bekannter italienischer Kaffeeröstern wie Illy, Lavazza oder Segafredo spezialisiert. Einige Cafés bieten auch Süßes, Sandwiches und Salate, sie sind aber nicht wirklich zu empfehlen, wenn man einen Imbiss sucht. Eine *cantina* ist ein Selbstbedienungsrestaurant, das in der Regel nur für das Mittagessen oder ein sehr frühes Abendessen geöffnet hat. Dabei wählt man Gerichte aus, die hinter dem Tresen präsentiert werden. *Cantinas* sind bei Studenten beliebt und teilweise wirklich gut und günstig – und man zahlt nach wie vor mit Bani.

Am untersten Ende der Skala finden sich die zahllosen Fastfood-Lokale. Von den internationalen Ketten ist McDonald's in den größeren Städten vertreten, unter anderem beim Nordbahnhof in Bukarest, der Gara de Nord. KFC ist eine weitere beliebte Kette, wenn auch nicht ganz so verbreitet. Dann gibt es noch die Regionalküchen – Rumänen lieben Gerichte aus dem Nahen Osten: Kebabs in allen Varianten und *Shawarma*-Sandwiches (Pitabrot, gefüllt mit Geschnetzeltem, Krautsalat, Zwiebeln, Soße und allem, was sonst so vor Ort gegessen wird). Man bekommt Pizzen zum Mitnehmen, und manche Imbissbuden haben die regionalen Varianten von Hamburgern, Cheeseburgern und Hotdogs im Angebot. Frühmorgens stehen die Leute vor Fenstern Schlange, aus denen französische Backwaren wie Croissants (gefüllt mit Schokolade, Früchten oder Käse) gereicht werden. Fast überall anzutreffen ist die Kette Fornetti.

Der beste Snack in Rumänien ist zweifelsohne *covrigi* – eine Art weiche Brezeln, die mit Sesam oder Salz bestreut sind. Sie werden für ein paar Cent heiß aus dem Ofen verkauft. Gleich danach kommen die *gogoşi* (meist werden sie zusammen mit *covrigi* verkauft): Dabei handelt es sich um eine Art Berliner bzw. Krapfen mit Puderzucker.

Per Gesetz sind Restaurants dazu verpflichtet, Nichtraucherplätze anzubieten – viele Lokale ignorieren diese Vorgabe aber. Die besseren Restaurants bemühen sich inzwischen allerdings, die Wünsche ihrer Gäste hinsichtlich (Nicht-)Raucherplätzen zu erfüllen. Die Bestrebungen, das Rauchen an öffentlichen Orten zu beschränken, machen zwar Fortschritte (so ist das Rauchen inzwischen in allen Zügen verboten), aber die Umsetzung erfolgt noch sehr langsam.

Essenszeiten

Die meisten Restaurants sind täglich von Mittag bis Mitternacht geöffnet – wenn nur wenige Gäste da sind, schließen manche Küchen aber auch früher. Das Mittagessen ist traditionell die wichtigste Mahlzeit des Tages und wird zwischen 12 und 15 Uhr eingenommen. Zwischen 15 und 18 Uhr ist meistens nur wenig los, die Lokale sind zwar offen, aber es ist nicht allzu viel Personal anwesend. Das Abendessen wird ab 18 Uhr bis Mitternacht serviert (man sollte aber sicherheitshalber vor 22 Uhr bestellen). In der Regel braucht man in einer kleinen Gruppe keine Reservierung, aber ein Anruf vorab schadet nie.

Bestellen

Auch wenn die meisten Lokale eine englische Übersetzung ihrer Speisekarte oder sogar eine separate englische Speisekarte bereithalten, kann man die Bedienung jederzeit um Hilfe bitten. Auch wenn das Personal oft nur gebrochen Englisch spricht, bekommt man doch ein paar Empfehlungen oder Hilfe bei der Auswahl der Beilagen. In der Regel beginnt ein Essen mit einer Suppe und einer Platte mit Käse und kaltem Fleisch oder Wurst. Salat wird entweder vor dem Hauptgericht oder dazu serviert. Wer seinen Salat vorher essen möchte, sollte das der Bedienung sagen.

Vegetarier haben es in Rumänien schwer: Die einheimische Küche kennt zwar einige fleischlose Gerichte, aber in der Praxis werden sich Vegetarier mit Salaten, Eiern, Beilagen und der allgegenwärtigen Polenta begnügen müssen.

Getränke

Die Rumänen loben die Qualität ihrer Weine bei jeder Gelegenheit (und unbestritten steigt diese Qualität auch tatsächlich an), sie trinken aber selbst lieber Bier. Meist stehen ein oder zwei Biere vom Fass und eine ganze Reihe von Flaschenbieren zur Auswahl. Die Einheimischen sind gar nicht so patriotisch wie andere Biernationen, und neben den traditionellen heimischen Sorten wie Ursus und Ciuc finden sich weltweit bekannte Marken wie Stella Artois, Heineken, Tuborg und Carlsberg, die im Land in Lizenz gebraut werden. Nach dem Abendessen sollte man ruhig einmal die landestypischen „Feuerwasser" – *ţuica* oder die noch stärkere *palinca* – probieren. Die Obstbrände werden normalerweise aus Pflaumen, Trauben oder Aprikosen destilliert. Die Stärke und Qualität variiert von Region zu Region, die Brände schmecken aber alle überraschend gut. Traditionellerweise gießt man sie in einem Zug hinunter. *Noroc!*

Rechnung und Trinkgeld
Wer nach der Rechnung verlangt, bittet die Bedienung um die *nota de plat*. Es ist ganz in Ordnung, die Posten einmal durchzurechnen, in der Regel stimmt aber die Summe. Üblicherweise fügt man ein Trinkgeld hinzu, wenn man zufrieden war – aber nicht mehr als zehn Prozent.

KREDITKARTEN
Visa und MasterCard werden in den meisten Restaurants und Hotels des Landes akzeptiert – mit anderen, z. B. American Express, wird es deutlich schwieriger. Wenn im Folgenden das Symbol für Kreditkarten auftaucht, bedeutet dies, dass das Hotel oder Restaurant Visa- und MasterCard-Karten akzeptiert, aber nicht zwangsläufig auch die Karten anderer Anbieter.

ZUR ANORDNUNG
Hotels und Restaurants sind zunächst nach den jeweiligen Kapiteln sortiert, innerhalb einer Region bestimmt die Preiskategorie die Reihenfolge, innerhalb einer Preiskategorie gilt die alphabetische Ordnung.

BUKAREST

Die Hotelpreise in Bukarest sind für das, was die Häuser bieten, unverschämt hoch. Eine Möglichkeit, die Kosten etwas zu senken (ohne auf Annehmlichkeiten verzichten zu müssen), ist das Mieten von Apartments. Entsprechende Wohnungen sind schon für Kurzaufenthalte von ein paar Tagen zu haben. Sie kosten 50 bis 60 € die Nacht und damit etwa halb so viel wie ein Hotelzimmer. Eine vertrauenswürdige Agentur in Bukarest ist UNID (Tel. 021 320 8080, Fax 021 327 5699, www.accommodation.ro).

ATHÉNÉE PALACE HILTON
€€€€€
STR. EPISCOPEI 1–3
TEL. 021 303 3777
FAX 021 315 2121
www.bucharest.hilton.com
Das 1914 gebaute Hotel gilt allgemein als schönstes Hotel der Stadt: Es liegt zentral am Revolutionsplatz und bietet alles, was man sich von einem 5-Sterne-Hotel bei diesem Preis verspricht. Bei Online-Buchungen bekommt man günstigere Tarife.
272

CASA CAPŞA
€€€€€
CALEA VICTORIEI 37
TEL. 021 313 4038
FAX 021 313 5999
www.capsa.ro
Das Zentrum von Bukarests historischer Altstadt – Capşa (siehe S. 55) wurde sorgfältig renoviert und verströmt in seinem Originalzustand wieder die Atmosphäre vergangener Zeiten. Früher übernachteten hier viele Mitglieder europäischer Königshäuser.
52

HOWARD JOHNSON GRAND PLAZA HOTEL
€€€€€
5–7 CALEA DOROBANŢILOR
TEL. 021 201 5000
FAX 021 201 1888
www.hojoplaza.ro
Das Haus ist der prächtigste 5-Sterne-Hotelpalast der Hauptstadt. Das Design ist elegant, durchdacht und durch und durch modern. Eines der hoteleigenen Restaurants gilt als beste Adresse der Stadt für ein Sushi-Essen.
285

K+K HOTEL ELISABETA
€€€€–€€€€€
STR. SLĂNIC 26
TEL. 021 311 8631
FAX 021 311 8632
www.kkhotels.com
Das neu eingerichtete Hotel bietet eine moderne Möblierung in der Lobby und den öffentlichen Bereichen. Frühbucher bekommen hier einen ordentlichen Rabatt. Das Hotel bietet spezielle Wochenend-Pauschalen.
67

DALIN
€€€€
B-DUL MĂRĂŞEŞTI 70–72
TEL. 021 335 5541
FAX 021 335 6306
www.hoteldalin.ro
Etwas weniger elegant als vergleichbar teure Hotels ist das kleine, ein wenig durchschnittlich wirkende Haus, das aber für alle diejenigen ideal ist, die Wert auf eine zentrale Lage legen. An der Rezeption lässt sich meist ein Rabatt heraushandeln (vor allem dann, wenn es nicht ausgebucht ist). Auch bei Online-Buchungen gibt es einen Nachlass.
16

DUKE
€€€€
B-DUL DACIA 33
TEL. 021 317 4186
FAX 021 317 4189
www.hotelduke.ro
Das Duke ist günstiger und angesichts der Lage, des Komforts und des 5-Sterne-Ambientes allemal sein Geld wert. Es liegt nur wenige Gehminuten vom Zentrum entfernt an einer der wichtigsten U-Bahn-Stationen.
38

IRISA
€€€€
STR. BANU MANTA 24
TEL. 021 223 4965
FAX 021 223 4969

Das kleine, elegante Hotel im Norden der Stadt ist eine gute Wahl; das nette Café-Restaurant lädt zum Entspannen ein. Die Apartments sind hübsch, eindeutig schöner sind aber die Doppelzimmer.

37

OPERA

€€€€

STR. BREZOIANU 37

TEL. 021 312 4857

FAX 021 312 4858

www.hotelopera.ro

Nicht weit weg vom Hauptpark der Stadt liegt dieses Hotel in einem ruhigen Wohnviertel. Es ist relativ klein und traditionell gehalten, aber genau richtig für alle, die ruhig, aber doch zentral in der Stadt übernachten wollen. Das Frühstücksbüfett ist hervorragend. Wer übers Wochenende kommt, erhält zehn Prozent Rabatt.

DAN

€€€

B-DUL DACIA 125

TEL. 021 210 3958

FAX 021 210 3917

www.hoteldan.ro

Das Dan ist ein recht elegantes 3-Sterne-Hotel mit kleinen, aber komfortablen Zimmern. Jedes ist individuell eingerichtet, es lohnt sich also, mehrere anzuschauen. Die Zimmer nach hinten hinaus sind ruhiger. Am günstigsten sind die Zimmerpreise mitten im Winter und im Hochsommer.

REMBRANDT

€€€

STR. SMÂRDAN 11

TEL. 021 313 9315

FAX 021 313 9316

www.rembrandt.ro

Das Boutique-Hotel in Bukarests wiederbelebtem Stadtteil Lipscani bietet einige exzellente Leistungen bei gleichzeitig moderaten Preisen. Im Haus befindet sich eine Bar, gleich um die Ecke liegen einige der besten Clubs und Restaurants der Hauptstadt. Früh buchen, da es schnell belegt ist.

15

RESIDENCE

€€€

STR. CLUCERULUI 19

TEL. 021 223 1978

FAX 021 222 9046

www.residence.com

Das neue Hotel ist einfach, aber dennoch luxuriös ausgestattet und sehr viel günstiger als andere vergleichbare Häuser. Die Zimmer des Hotels im britischen Kolonialstil sind mit Holzmöbeln und Eisenbetten bestückt. Zum Hotel gehören zwei gute Restaurants mit Terrassen zur Straße hin.

35

DER BESONDERE TIPP

LOCANTA JARISTEA

Das Restaurant wurde zwischen den beiden Weltkriegen eröffnet. Wer hier zu Abend isst, erlebt ein Stück von Bukarests glorreicher Vergangenheit. Die riesige (nur rumänische) Speisekarte kann man getrost vergessen – lieber den Ober fragen, was er an Speisen und Getränken empfiehlt. Eine Show mit einer Mischung aus Opernarien, Jazzstücken, Tanz und Kabarett beginnt um etwa 20.30 Uhr und zieht sich durch den ganzen Abend. Wer hier diniert, stellt sich auf einen langen Aufenthalt ein. Das Essen (meist traditionelle Grillgerichte) und die Weine sind hervorragend. Unbedingt reservieren!

€€€

STR. GEORGE GEORGESCU 50–52

TEL. 021 335 3338

www.jaristea.ro

80

CASA DOINA

€€€€

B-DUL KISELEFF 4

TEL. 021 222 6717

Das Casa Doina in einer restaurierten Villa aus dem 18. Jahrhundert ist der perfekte Ort für einen besonderen Anlass. Serviert werden hervorragend zubereitet rumänische und internationale Gerichte, viel frischer Fisch und besondere Vorspeisen (mit Polenta, Schinken, Schafskäse und Sauerrahm). Die Kleiderordnung lautet: gepflegt, aber zwanglos; eine Reservierung ist Pflicht.

60

GOLDEN FALCON

€€€

STR. HRISTO BOTEV 18–20

TEL. 021 314 2825

Das Falcon bietet eine hervorragende Auswahl an Grillgerichten, hier kommt das beste türkische Essen des Landes auf den Tisch. Die Vorspeisen werden auf einem Rollwagen serviert, kaum dass sich Gäste am Platz niedergelassen haben.

50

BALTHAZAR

$$–$$$

STR. DUMBRAVA ROŞIE 2

TEL. 021 212 1460

Balthazar mischt französische und asiatische Einflüsse und ist auch deshalb so beliebt bei den Gourmets der Stadt. Wer genug von Krautrouladen und Polenta hat, kann sich auf Lachs-Tartar mit Mascarpone oder Dim Sum als Vorspeise freuen. Reservierungen sind unbedingt notwendig, gewünscht wird eine elegante, aber zwanglose Kleidung.

60

AMSTERDAM CAFÉ

€€

STR. COVACI 6

TEL. 021 313 7581

Das einladende Bistro ist bei Studenten sehr beliebt und das Herz des neu belebten Viertels Lipscani. Auf der Karte finden sich Sandwiches, leichte Hauptgerichte und köstliche Kaffees.

50

CARU' CU BERE

€€

STR. STAVROPOLEOS 3–5

TEL. 021 313 7560

Das immer gut besuchte Restaurant mit Bierausschank hat eine wunderschön erhaltene Einrichtung aus dem 19. Jahrhundert. Auf der Speisekarte finden sich traditionelle lokale Gerichte, zu empfehlen sind aber in erster Linie die Suppen.

Nichtraucher · Klimaanlage · Hallenbad · Pool im Freien · Fitnessclub · Kreditkarten

Einmal probieren sollte man auch die Würste und das Nationalgericht *ciorbă de burtă* (Kuttelnsuppe). Wer es den Einheimischen nachmachen will, fügt der Suppe einen Löffel Essig bei. Am Abend werden rumänische Tänze aufgeführt. Unbedingt reservieren!
120

CASA VECHE
€€
STR. GEORGE ENESCU 15–17
TEL. 021 312 4119
Casa Veche zählt zu den besten Pizzerien der Stadt. Im Sommer ist die zentral gelegene Straßenterrasse immer voll – wer dort sitzen will, sollte unbedingt einen Tisch reservieren.
60

DRUMEȚUL
€€
STR. COMPOZITORILOR 28
TEL. 021 413 3430
Das von Einheimischen besuchte Lokal liegt abseits des trendigen Zentrums. Wer nicht durch das Land reisen will (oder kann), aber zu den Klängen rumänischer Volksmusik einmal Hausmannskost zu einheimischen Preisen probieren will, sollte mit einem Taxi hierherfahren (rund 15–20 RON ab dem Zentrum). Zu den Spezialitäten des Hauses zählen *sarmale* (Kohlrouladen) und Hühnerleber.
120

GRAND CAFÉ GALLERON
€€
STR. NICOLAE GOLESCU 18 A
TEL. 021 312 4565
www.grandcafegalleron.ro
Das Café serviert frisch belegte Sandwiches, extragroße Salatteller und sehr guten Espresso. Das wunderschön restaurierte Gebäude liegt gleich hinter dem Atheneum. Wer seinen Laptop dabei hat, findet hier einen kostenlosen WLAN-Anschluss.
60

LA MAMA
€€
STR. BARBU VACARESCU 3
TEL. 021 212 4086
Das La Mama ist eine beliebte, weit verbreitete lokale Restaurantkette, in der hervorragende rumänische Gerichte zu anständigen Preisen serviert werden. Fast alles ist empfehlenswert, vor allem aber die Grillgerichte. Am besten im Hotel nach der nächstgelegenen Filiale fragen.
75

MUNTENIA (GROSSE WALACHEI)

TÂRGOVIŞTE

DÂMBOVIȚA
€€
B-DUL LIBERATĂȚII 1
TEL./FAX 0245 213 370, 0245 213 374
www.hoteldambovita.ro
Hotel Dâmbovița – eines der wenigen Hotels in Târgovişte – bietet auch Apartments mit Terrassen und schönem Blick über die Stadt. Die Zimmer sind einfach, aber komfortabel. Im Haus befinden sich drei Restaurants und zwei Bars.
80
Nur Visa

TOURISTIC COMPLEX KAROLINE
€€
ALEEA MĂNĂSTIRII
TEL. 0245 217 975
www.karoline.ro
Hier speisen die Gäste in einer gartenähnlichen Atmosphäre zwischen viel Schatten spendendem Grün. Die Ferienanlage liegt in der Nähe des Klosters Mănăstirea Dealu und ist eine nette Adresse für eine Mittagspause vor dem Besuch der historischen Sehenswürdigkeit. Zur Wahl stehen Tische im Freien und im Haus.
140
Nur MasterCard

CURTEA DE ARGES

POSADA
€€
B-DUL BASARABILOR 27–29
TEL. 0248 721 451
Das Hotel im Stadtzentrum ist eine Superadresse für alle Gäste mit kleinem Reisebudget. Von hier aus lassen sich die örtlichen Sehenwürdigkeiten bequem erreichen.
115

SINAIA

ECONOMAT
€€
2 PELESULUI
TEL. 0244 311 151
FAX 0244 311 150
http://hoteleconomat.apps.ro
Das Hotel ist im gleichen „sächsischen" Stil wie das Castel Peleş erbaut worden und bietet schöne Blicke auf das Schloss und seine hübsche Umgebung. Vom Hotel (mit eigenem Restaurant) aus lassen sich viele der Heilbäder und Sehenswürdigkeiten von Sinaia bequem erreichen.
34 Gebühr

FLOARE DE COLT
€€
PLEVNEI STR. 10
TEL. 0244 311 410
www.montania.ro/en_vile_FLC.htm
Zum Schloss Peleş sind es nur fünf Minuten zu Fuß, außerdem bietet die Villa spektakuläre Ausblicke auf das Bucegi-Gebirge. Mieten kann man entweder eine der drei Wohnungen oder aber die ganze Villa.
6

TAVERNA SARBULUI
€€€€
CALEA CODRULUI
TEL. 0244 314 400
FAX 0244 314 348
http://tavernasarbului.ro
Genießen Sie ein traditionelles serbisches Essen mit Kalb- oder Schweinefleisch, zu dem frisches Gemüse von den hiesigen Märkten serviert wird. Die Atmosphäre ist angenehm, die Gäste speisen zu den Klängen eines Orchesters. Wer nicht im Haus sitzen will, begibt sich auf die Terrasse mit schönem

Blick über die grüne Hügellandschaft.
700 P

CAMPULUNG MUSCEL

CASA ANGLIA
€–€€
14 PARCUL MIREA
TEL. 0788 128 617
www.visionsofromania.co.uk
Das Gästehaus in einem Garten zu Füßen der Karpaten beeindruckt durch eine sehr persönliche Atmosphäre. Es wurde 2005 gebaut, die (englischen) Besitzer bieten verschiedene Übernachtungsmöglichkeiten. Im Preis eingeschlossen sind der Abholservice vom Flughafen, Frühstück, Mittag- und Abendessen. Familien mit Kindern sind nicht erwünscht.
4 P

OLTENIA (KLEINE WALACHEI)

TÂRGU JIU

ANNA
€€
B-DUL ECATERINA TEODOROIU 17
TEL./FAX 0253 206 333, 0253 206 334
www.hotel-anna.ro
Das Hotel (mit Restaurant) im Herzen von Târgu Jiu bietet eine angenehme Atmosphäre und hat sehr nettes Personal; die Einrichtung ist einfach und modern. Eine gute Adresse für Paare und Kleingruppen.
15 P

CRAIOVA

HELIN
€€€
CALEA BUCURESTI U 10
TEL./FAX 0251 467 171, 0251 467 172
www.helinstrading.com
Eines der neuesten 4-Sterne-Hotels in Craiova. Es bietet verschiedene Zimmer vom Einzel-/Doppelzimmer bis hin zum Studio. Zum Hotel gehört auch ein Nachtclub.
25 P

REX
€€
STR. FAGARASI 3A
TEL. 0351 404 637, 0723 204 039
TEL./FAX 0251 416 328
www.restaurantrex.ro
Das Restaurant serviert traditionelle Gerichte, hier besonders aus der Siebenbürger Küche. Die Besitzer kombinieren dabei erfolgreich rustikale und moderne Elemente.
300 P

TRANSSILVANIEN (SIEBENBÜRGEN)

CLUJ-NAPOCA

OPERA PLAZA
€€€€
STR. G-RAL TRAIAN MOŞOIU 10–12
TEL. 0364 403 600
FAX 0364 403 607
www.operaplaza.ro
Die hübsch renovierte ehemalige Bonbonfabrik eröffnete 2006 als erstes 5-Sterne-Hotel von Cluj. Die Zimmer sind nichts Besonderes, aber gut proportioniert und mit allem modernen Komfort ausgestattet. Das Hallenbad und die Fitnessräume sind die besten Einrichtungen dieser Art im weiten Umkreis. Die Lage des Hotels ist nahezu ideal, denn es liegt in einem ruhigen Teil der Stadt und doch nur fünf bis zehn Gehminuten vom zentralen Platz PiaTa Unirii entfernt.
52 P

PENSION DÉJÀ VU
€€€
STR. ION GHICA 2
TEL. 0264 354 941
FAX 0264 354 939
www.deja-vu.ro
Déjà Vu ist sicher die attraktivste unter den vielen Pensionen in der Stadt und liegt 20 Minuten vom Zentrum entfernt. Hier übernachten deshalb auch eher Geschäftsleute als Stadtbesucher.

AGAPE
€€€–€€€
STR. IULIU MANIU 6
TEL./FAX 0264 406 523
www.hotelagape.ro
Das gehobene Hotel wird von der Ungarischen Katholischen Kirche unterhalten, die auch das neoklassizistische Gebäude aus dem 19. Jahrhundert renoviert hat. Die tadellosen Räume (die meisten für Nichtraucher) im ersten und zweiten Stock öffnen sich zu einem Innenhof und sind geräumiger als die Dachzimmer im obersten Stockwerk. Zur Hotelanlage gehören acht Restaurants.
64 P

FULLTON
€€€
STR. SEXTIL PUŞCARIU 10
TEL. 0264 597 766
FAX 0264 597 898
www.fullton.ro
Im kleinen und modernen Boutique-Hotel übernachten vor allem Geschäftsleute. Jedes Zimmer ist individuell eingerichtet, der Preis richtet sich nach dem Zimmer und der Größe des Bettes. Die Flure sind etwas vollgestellt, zu empfehlen sind die Zimmer in den oberen Stockwerken: Sie sind ein wenig größer und wirken luftiger.
12 P

MELODY-CENTRAL
€€
PIAŢA UNIRII 29
TEL. 0264 597 465
FAX 0264 597 468
www.centralmelody.com
Wenn man es nur nach seinem blassen, neoklassizistischen Äußeren beurteilen würde, könnte man meinen, das zentral gelegene Hotel hätte seine besten Tage schon hinter sich. Umso mehr ist man davon überrascht, wie sauber und gepflegt das Haus innen aussieht. Die Zimmerpreise richten sich nach der Größe, es lohnt sich also, sich mehrere zeigen zu lassen.
60 P

METEOR
€€
B-DUL EROILOR 29
TEL./FAX 0264 591 060
www.hotelmeteor.ro
Das zentral gelegene Meteor ist eine ganz gute, günstige Übernachtungsmöglichkeit, die Zimmerpreise sind akzeptabel. Die Möblierung (darunter große Doppelbetten) ist modern, auch wenn vielleicht ein eindeutiger Stil fehlt. Die sauberen Bäder könnten eine Modernisierung vertragen.
30

VILA EUNICIA
€€
STR. EMILE ZOLA 2
TEL. 0264 431 950
FAX 0264 594 067
www.vilaeunicia.ro
Das Hotel liegt in einer Seitenstraße unweit des Hauptplatzes. Die familiäre Pension bietet zwar kleine, aber gut gepflegte Räume mit sauberen Teppichböden, Betten aus Hartholz und Einbauschränken. Die gemütlichen Aufenthaltsbereiche sind Nichtraucherzonen, es gibt einen kostenlosen WLAN-Zugang.
9

HANUL URSITA
€
VALEA NEGRILESEI 860
ALBA
TEL. 0723 230 790
www.ursita.ro
Der umgebaute Bauernhof mit Selbstversorgerzimmern versteckt sich in Bucium in den Apuseni-Bergen. Wer will, kann bei den Frauen des Ortes ein Essen bestellen, sie kochen traditionelle Gerichte und bringen sie dann ins Haus.
10

HUBERTUS
€€€–€€€€
B-DUL 21 DECEMBRIE 22
TEL. 0264 596 743
Das Hubertus ist eines der schönsten Lokale der Stadt und ideal für ein ruhiges Abendessen. Hier werden vor allem Wildgerichte zubereitet, aber es finden sich auch internationale Gerichte wie Steaks und Meeresfrüchte und traditionelle rumänische Speisen auf der Karte. Die Weinkarte gehört zu den besten der ganzen Stadt, die Bedienung hilft gern bei der Auswahl.
60

MATEI CORVIN
€€€
STR. MATEI CORVIN 3
TEL. 0264 597 496
Jahrelang galt es als das beste Restaurant in Cluj, noch immer zählt es zu den sehr guten. Spezialität des Hauses sind ungarische Gerichte, fast schon ein Muss ist das hervorragende Gulasch mit großen Stücken Fleisch, Kartoffeln, Teigklößen und viel Pfeffer. Sowohl für ein Mittagwie auch für das Abendessen sollte man unbedingt vorher reservieren.
35

ERNESTO
€€–€€€
PIAŢA UNIRII 23
TEL. 0264 596 909
Das romantische Kellerrestaurant bietet klassische französische Küche, im Hintergrund singt Edith Piaf. Das günstige Mittagsbüfett (20 RON) umfasst frisch zubereitete Salate, Suppen, eine Käseauswahl und drei Hauptgerichte, die auf Bestellung gekocht werden.
40

HANUL CETĂŢII
€€
STR. FORTĂREŢEI 6
TEL. 0264 594 091
Das Lokal liegt unweit des zentralen Platzes Piaţa Unirii und kocht hervorragende traditionelle rumänische Gerichte. Der Eintopf – dicke und gut gewürzte Rindfleischstücke und Gemüse mit Kartoffelpüree – ist besonders lecker. Da das Lokal klein ist, sollte man vor allem abends unbedingt reservieren.
20

CREMA
€
PIAŢA UNIRII 25
TEL. 0723 161 002
Das moderne Café beim Hauptplatz Piaţa Unirii kocht den besten Kaffee der Stadt und serviert frische Obstsäfte. Über die vergoldete Einrichtung sollte man einfach hinwegsehen und lieber die guten Getränke genießen. Zu essen gibt es nicht viel mehr als ein paar Gebäckstücke und Eis.
40

FLOWERS
€
PIAŢA UNIRII 24
Das vor allem von Studenten besuchte Teehaus liegt gleich neben dem Crema, es wirkt elegant, hat aber trotzdem eine entspannte Atmosphäre. Hier sollte man unbedingt die guten Tees probieren, die Kaffees sind nichts Besonderes. Kostenloser WLAN-Zugang.
25

BISTRIŢA

COROANA DE AUR
€€–€€€
PIAŢA PETRU RAREŞ 4
TEL. 0263 232 470
FAX 0263 232 667
www.hotel-coroana-de-aur.ro
Das moderne Hotel ist wahrscheinlich die beste Übernachtungsadresse in der Stadt. In Bram Stokers Roman *Dracula* verbringt die Hauptperson Jonathan Harker hier eine Nacht auf dem Weg zu Draculas Schloss am Borgo-Pass (Borgo ist der ungarische Name für den Tihuţa-Pass). Im Hotelrestaurant kann man das „Räubersteak" essen, das auch Harker im Roman hier bestellt hat.
110

CASTEL DRACULA
€€
PIATRA FÂNTÂNELE
TIHUŢA PASS
TEL. 0263 264 010

FAX 0263 266 119
www.hotelcasteldracula.bn.ro
Bei dem modernen 3-Sterne-Hotel handelt sich nicht um Draculas Schloss, doch es ist nicht weit entfernt von dem Ort in den Bergen, wo Stoker sein fiktives Schloss errichtet hat. Da es außerhalb von Bistriţa liegt, braucht man ein eigenes Auto oder Taxi, um dorthin zu gelangen. Die Zimmer sind mit schönen Stilmöbeln eingerichtet, der Blick von den Hotelzimmern ist hübsch, das Abendessen wird im stimmungsvollen Weinkeller serviert.
62 P

SIBIU

In Sibiu gibt es zwei gute Touristeninformationen, die bei der Zimmersuche helfen. Die städtische Touristeninformation (Str. Samuel Brukenthal 2, Tel. 0269 208 913, Fax 0269 208 811, www. sibiu.ro) verfügt über eine Hotelliste, Landkarten von der Umgebung und Flyer von kleineren Pensionen. Kultours (Piaţa MICĂ 16, Tel./Fax 0269 216 854, www. kultours.ro) ist ein junges Reisebüro, das bei der Zimmersuche und -buchung hilft, Mietautos und Leihräder vermittelt und Sightseeingtouren anbietet.

CONTINENTAL
€€€
CALEA DUMBRĂVII 2–4
TEL. 0269 218 100
FAX 0269 210 125
www.continentalhotels.ro
Das renovierte Hochhaus aus der kommunistischen Ära bietet Standardzimmer mit allen 3-Sterne-Annehmlichkeiten zu moderaten Preisen. Die Zimmerkategorien sind „Standard" und „Executive". Bei Letzteren handelt es sich um Zimmer mit Klimaanlage (die man im Sommer dringend braucht), Bademänteln und Hausschuhen.
182 P

ÎMPĂRATUL ROMANILOR
€€€
STR. N. BĂLCESCU 2–4
TEL. 0269 216 500
FAX 0269 213 278
www.imparatulromanilor.ro
Das renovierte Hotel aus dem 18. Jahrhundert ist in der Lobby und in den Zimmern mit Stilmöbeln eingerichtet; es zählt zu den schöneren Hotels in der Nähe des historischen Zentrums. Viele Zimmer erstrecken sich über zwei Etagen (oben ein Schlafraum, unten ein Wohnraum). Einige Zimmer wurden umgebaut, es lohnt sich also, sich mehrere zeigen zu lassen.
93 P

PALACE
€€€
STR. PĂDUREA DUMBRAVA 1
TEL. 0269 218 086
FAX 0269 242 222
www.hotelpalace.ro
Das Palace ist ein sehr hübsches Hotel, sein Nachteil ist die Lage (5 km außerhalb der Stadt an einer vielbefahrenen Straße). Dafür sind die Standard-Doppelzimmer riesig groß und bieten teilweise sogar ein separates Wohnzimmer. Möbel und Teppiche sind fast schon luxuriös zu nennen.
25 P

CASA LUXEMBURG
€€
PIAŢA MICĂ 16
TEL./FAX 0269 216 854
www.casaluxemburg.ro,
www.kultours.ro
Das saubere historische Gästehaus bietet relativ karge Zimmer und kaum zusätzliche Annehmlichkeiten oder Dienstleistungen. Aber es liegt in der Nähe des historischen Zentrums; angesichts des Preises muss man frühzeitig buchen.
12

GASTHOF CLARA
€€
STR. RÂULUI 24
TEL. 0269 222 914
FAX 0269 206 071
www.gasthofclara.ro
Die gehobene Pension liegt an einer lebhaften Straße auf der anderen Flussseite, vom Hauptplatz läuft man rund zehn bis 15 Minuten dorthin. Die tadellos sauberen, in warmen Farben gehaltenen Zimmer sind modern möbliert. Das dazugehörige deutsche Restaurant ist eine ganz gute Wahl, auch dann, wenn man nicht im Haus selbst wohnt.
6 P

PENSION DANIEL
€€
STR. MĂSARILOR 1
TEL. 0269 243 924
FAX 0269 215 197
www.ela-hotels.ro
Die Zimmer sind hell und luftig gehalten, die Möbel eine Mischung aus modernem Stil und dem Geschmack des 19. Jahrhunderts. Die Lage dieser ansprechenden Pension ist ideal, denn gleich gegenüber führen Steintreppen in die Altstadt.
11 P

PENSION PODUL MINCIUNILOR
€–€€
STR. AZILULUI 1
TEL. 0269 217 259
www.ela-hotels.ro
Sie ist zwar schlicht gehalten, aber trotzdem die netteste unter den 2-Sterne-Pensionen in der Stadt und nicht weit vom Zentrum entfernt gelegen. Die Zimmer sind sauber.
7

CRAMA SIBIUL VECHI
€€–€€€
STR. PAPIU ILARIAN 3
TEL. 0269 210 461
Das stimmungsvolle Kellerrestaurant ist ein Muss. Probieren sollte man unbedingt die gegrillte und mit Käse und Wurst gefüllte Hühnerbrust, die zu einer Art kleinem Sack zusammengebunden wird (daher der Name „Schäfer-Sack"). Reservieren ist ratsam.
60

LA TURN
€€–€€€
PIAŢA MARE 1
TEL. 0269 213 985

La Turn ist ein gut besuchtes Grillrestaurant gleich am Hauptplatz. Seine Stärken sind die traditionellen Suppen, Grillgerichte und Gemüse. Zur Auswahl stehen auch drei der beliebtesten rumänischen Suppen, zubereitet mit Kutteln, Schweinefleisch oder Fleischklößchen. Eine der hervorragenden Hausspezialitäten sind die Schweinerippchen.
135

LA PIAZZETTA
€€
PIAŢA MICĂ 15
TEL. 0269 230 879
Die italienische Pizzeria serviert die besten Pizzen in Sibiu, wenn nicht sogar in ganz Rumänien. Da sie insgesamt nur 25 Plätze hat, sind vor allem am Wochenende Reservierungen anzuraten.
25

IL CAPPUCCINO
€
PIAŢA MICĂ 14
TEL. 0788 299 807
In der Nähe der Casa Luxemburg gelegen, serviert das italienische Café hervorragenden Kaffee sowie Kleingebäck und köstliche Desserts.
20

SIGHIŞOARA

Sighişoara bietet einige wirklich wunderschöne Privatpensionen; wer also nicht auf dem Rundumservice eines Hotels besteht, sollte sich hier für eines der Gästehäuser entscheiden. Eher ungewöhnlich für Rumänien, ist das Frühstück in der Regel *nicht* im Pensionszimmerpreis enthalten, sondern muss extra bestellt werden (5–6 € pro Person). Wer sich nicht für eine der folgenden Adressen entscheidet, kann in der Touristeninformation nachfragen (Str. Octavian Goga 8, Tel. 0265 770 415) – sie hält ein Verzeichnis weiterer Hotels und Gästehäuser bereit. Ohne Reservierung ist man im Juli oder August auf jeden Fall auf die freundliche Hilfe der Touristeninformation angewiesen.

KORONA
€€€
STR. ZAHARIA BOIU 12–14
TEL. 0265 770 480
FAX 0265 770 483
www.hotelkorona.ro
Hinsichtlich Service und Angebot ist Korona sicherlich das beste der Standardhotels in der Stadt, auf eine Superlage und Atmosphäre muss man hier allerdings verzichten, da das Hotel außerhalb der Burg liegt. Um zum Busbahnhof oder Bahnhof zu kommen, braucht man ein Taxi.
30

SIGHIŞOARA
€€–€€
STR. ŞCOLII 4–6
TEL. 0265 771 000
FAX 0265 777 788
www.sighisoarahotels.ro
Sighişoaras bekanntestes Hotel ist eine weitläufige Anlage, die sich direkt im Zentrum der Burg befindet. Die Zimmer sind allerdings eher enttäuschend: Verblichene Teppichböden und abgenutzte Überwürfe und Decken schreien geradezu nach einer Renovierung. Das Kellerrestaurant zählt zu den besten der Stadt.
32

CASA CU CERB
€€
STR. ŞCOLII 1
TEL. 0265 774 625
FAX 0265 777 349
www.casacucerb.ro
Die hübsch renovierte Pension hat ein gutes Restaurant und liegt am Hauptplatz der Burg. Die Zimmer sind hell und sauber und mit Holzböden und Eisenbetten ausgestattet. 2002 hat hier sogar einmal Prinz Charles von Wales übernachtet. Im Sommer sollte man frühzeitig buchen, da das Haus schnell belegt ist.
10

CASA EPOCA
€€
STR. TÂMPLARILOR 4
TEL. 0265 773 232
FAX 0265 772 237
www.casaepoca.com
Das Haus aus dem 17. Jahrhundert wurde umgebaut, jedes Zimmer ist ein Unikat. Viele Räume sind mit Möbeln aus dem 17. Jahrhundert eingerichtet, dazu kommen spektakuläre Blicke über die Stadt und die umliegenden Hügel.
10

CASA SĂSEASCĂ
€–€€
PIAŢA CETĂŢII 12
TEL./FAX 0265 772 400
www.casasaseasca.com
Casa Săsească ist vor allem wegen seiner traumhaften Lage in der Burg eine gute Wahl. Die Wände sind im ländlich-deutschen Stil angemalt, Räume und Bäder sind blitzblank. Das Frühstück (20 RON) ist nicht im Preis enthalten.
9

CLAUDIU
€–€€
STR. ILARIE CHENDI 28
TEL./FAX 0265 779 882
www.hotel-claudiu.com
Das eher einfach und schlicht gehaltene Hotel (ein Familienbetrieb) liegt in einer ruhigen Ecke der Neustadt. Wenn andere Hotels/Pensionen voll sind, sind die tadellos sauberen Zimmer eine gute Alternative. Die unten gelegenen Zimmer sind im Sommer kühler. Das hoteleigene Restaurant hat einen guten Ruf.
16

GUESTHOUSE CRISTINA
€
STR. COJOCARILOR 1
TEL. 0744 119 211
Man sollte nicht überrascht sein, wenn Cristina, die Besitzerin des kleinen Familienhauses in der Burg, einen am Bahnhof anspricht und ihre Zimmer anbietet. Im Juli und August ist Cristina oft die Rettung. Luxus sollte man jedoch nicht erwarten, aber alles ist sauber, bequem und nahe am Geschehen gelegen.
5

PENSION VILA FRANKA
€
STR. 1 DEC. 1918 1
TEL. 0265 771 515
FAX 0265 775 901
www.sighisoara-tourism.com
Vila Franka ist die attraktivste Pension außerhab des Burgbereichs; die Einrichtung wirkt zwar ein wenig in die Jahre gekommen, aber die Zimmer und die Bäder sind sauber und gemütlich. Das Frühstück ist nicht im Preis enthalten. Das in der Nähe liegende Restaurant Rustica (siehe unten) serviert ab 9 Uhr ein gutes Frühstück.
10

CASA VLAD DRACUL
€€–€€€
STR. COSITORARILOR 5
TEL. 0265 773 304
Das hübsche, auf Besucher ausgerichtete Restaurant belegt das Eckhaus in der Burg, in dem Dracula angeblich 1431 geboren wurde. So überrascht es nicht, dass sich das Thema Dracula auf der Speisekarte wiederfindet. Die Küche ist sehr zu empfehlen.
70

CONCORDIA
€€
PIAȚA HERMANN OBERTH
Die neue und moderne Pizzeria liegt bequem neben den Treppen, die zur Burg hinaufführen. Die Pasteten sind überdurchschnittlich gut.
40

RUSTICA
€–€€
STR. 1 DEC. 1918 5
TEL. 0742 012 889
Genau das Richtige für eine schnelle Mahlzeit zwischendurch. Das Rustica ist ein tolles traditionelles Restaurant in der Neustadt. Die *sarmale* (Kohlrouladen) sind hervorragend und werden mit Polenta serviert.
40

TÂRGU MUREȘ

Die Provinzhauptstadt Târgu Mureș (auf manchen Karten erscheint sie auch als Tîrgu Mureș) besitzt überraschenderweise zwei der schönsten Hotels des Landes, beide sind unbedingt zu empfehlen. Wer im Sommer in die Stadt kommt und dorthin will, wo sich auch die Einheimischen vergnügen, sollte den Taxifahrer bitten, ihn zum „Weekend" zu fahren: Dabei handelt es sich um einige Freiluft-Restaurants und -Bars, die außerhalb der Stadt am Flussufer liegen.

CONCORDIA
€€€–€€€€
PIAȚA TRANDAFIRILOR 45
TEL. 0265 260 602
FAX 0265 269 666
www.hotelconcordia.ro
Man hält es kaum für möglich, in einer solchen eher durchschnittlichen transsilvanischen Stadt ein solches Design-Hotel zu finden. Die Zimmer sind in der minimalistischen Ästetik der 1960er Jahre eingerichtet. Neben der Designqualität besticht auch die hervorragende Ausstattung, inklusive wunderschön gefliester Bäder mit extradicken weißen Baumwollhandtüchern. Das Hotel hat natürlich auch einen WLAN-Anschluss, und er funktioniert sogar in der eleganten, straßenseitigen Bar.
34

PRESIDENT
€€€
STR. GHEORGHE DOJA 231
TEL. 0365 410 420
FAX 0365 410 418
www.presidenthotel.ro
Dank der Lage fünf Kilometer außerhalb der Stadt an der Hauptstraße nach Cluj-Napoca ist es nicht weit bis zum Busbahnhof. Wer hier übernachtet, sollte aber mit einem eigenen Auto unterwegs sein, es sei denn, man hat Lust, für jede Fahrt in die Stadt ein Taxi zu rufen. Die Zimmer sind riesig und königlich mit allem nur denkbaren Schnickschnack ausgestattet, einschließlich neuer Jacuzzis in den Bädern.
70

CONTINENTAL
€€–€€€
PIAȚA TEATRULUI 6
TEL. 0265 250 416
FAX 0265 250 116
www.continentalhotels.ro
Das Continental ist eine gute, günstigere Alternative zu den Hotels President und Concordia, es liegt ganz ansprechend nur einige Minuten vom Hauptplatz entfernt. Die Zimmer sind recht klein, aber sauber und bequem.
110

TRANSILVANIA
€€
PIAȚA TRANDAFIRILOR 46
TEL./FAX 0265 265 616
Das Hotel befindet sich am Hauptplatz und wird gerade umfassend renoviert. Viele der ehemaligen 2-Sterne-Zimmer wurden zu 3- und 4-Sterne-Unterkünften ausgebaut. Alle renovierten Zimmer bieten komfortable Doppelbetten und schicke moderne Bäder. Die älteren 2-Sterne-Zimmer sind eine gute, günstige Alternative.
120

VILLA HELVETIA
€€
STR. BORSOS TAMÁS 13
TEL. 0265 216 954
FAX 0265 215 099
www.villahelvetia.ro
Wie bei so vielen einfachen Pensionen sind auch hier die Zimmer karg, aber sauber. Es gibt ein Restaurant und eine kleine Bar für den abendlichen Drink. Die Lage ist gut, nur zehn Minuten sind es von hier bis zum Hauptplatz. Wer vom Bahnhof oder Busbahnhof kommt, braucht ein Taxi.
11

PENSION TEMPO
€–€€
STR. MORII 27
TEL./FAX 0265 213 552
www.tempo.ro
Wer die versteckt liegende Familienpension finden will – sie liegt einen Kilometer vom Zentrum entfernt –, benötigt ein

Taxi. Die Zimmer sind nur spärlich möbliert, aber sauber und ruhig. Zur Pension gehört eines der besten Restaurants der Stadt, das Tempo Laci Csarda.
12

TEMPO LACI CSARDA
€€–€€€
STR. MORII 27
TEL. 0265 213 552
Die Verbindung von Târgu Mureş mit der ungarischen Geschichte spiegelt sich auch in diesem Restaurant, das gut zubereitete ungarische Gerichte (etwa Paprikahuhn) in traditioneller, rustikaler Atmosphäre serviert. Als Nachtisch empfiehlt sich *gombot cu prune*: Die Pflaumenknödel werden mit Zucker und Zimt serviert.
120

PIZZERIA LA TEA
€
STR. PAPIU ILARIAN 1
TEL. 0265 212 244
Die Pizza kann im Lokal gegessen oder mitgenommen werden. Der Speiseraum ist nicht gerade der ideale Ort für ein romantisches Abendessen bei Kerzenschein, sondern eher für diejenigen passend, die mittags oder abends schnell etwas essen möchten.
20

BRAŞOV

ARO PALACE
€€€€
B-DUL EROILOR 27
TEL. 0268 478 800
FAX 0268 478 889
www.aro-palace.ro
Das Jugendstilgebäude wird Schritt für Schritt renoviert und erstrahlt allmählich wieder in seinem alten Glanz. Es ist das beste Hotel der Stadt, seine riesige und elegante Glaslobby böte Raum für eine ganze Blaskapelle. Doch trotz aller Annehmlichkeiten sind die Preise etwas überzogen. Es lohnt sich daher, auf der Homepage nach Wochenend- und Ferienangeboten zu schauen.
200

CASA HEIDI
€€€€
BRAN
TEL. 0235 256 228
FAX 0257 797 40 43
www.casa-heidi.com
Der Übernachtungspreis schließt die gesamte Villa – mit drei Doppelzimmern und zwei Dachzimmern – ein und ist von daher ideal für Familien. Das gemütliche Haus liegt im hübschen Dörfchen Bran und nur einen Fußweg von Draculas Schloss entfernt.
5

AMBIENT
€€€
STR. IULIU MANIU 27A
TEL. 0268 470 856
FAX 0268 474 210
www.hotelambient.ro
Nur 5 bis 10 Minuten sind es zu Fuß zur Altstadt; das neue Hotel liegt leider in einem unattraktiven Viertel der Neustadt. Die Suiten und Apartments haben Jacuzzi-Badewannen, die Standard-Einzelzimmer und -Doppelzimmer aber nur Duschen. Das Personal ist freundlich und spricht Englisch. Die recht dunklen und eher einfachen Zimmer sind sehr sauber.
39

LA RESIDENZA
€€€
STR. GRĂDINARILOR 18
TEL. 0268 473 377
FAX 0268 473 378
www.residenza.ro
Eine der schönsten Pensionen in Braşov! La Residenza bietet elegante Zimmer in einer ruhigen Villa aus den 1930er Jahren, in die Altstadt sind es nur zehn Minuten zu Fuß. Von vielen Zimmern schaut man auf das Tampa-Gebirge, einige haben kleine Terrassen mit Blick in den Garten. Am besten ist das üppige Frühstück.
7

PENSION CURTEA BRAŞOVEANA
€€–€€€
STR. BAILOR 16
TEL. 0268 472 336
FAX 0268 472 145
www.curteabrasoveana.ro
Die hübsche und gut geführte Pension besitzt insgesamt nur 14 motelartige Zimmer, die sich alle zu einem kleinen Garten hin öffnen. Die Lage in dem stimmungsvollen und netten Wohnviertel Fichei, das nur ein paar Minuten zu Fuß vom historischen Stadtkern entfernt liegt, ist ein großes Plus.
14

CAPITOL
€€
B-DUL EROILOR 19
TEL. 0268 418 920
FAX 0268 472 999
www.aro-palace.ro
Das Betonhochhaus aus der kommuinistischen Ära ist heute ein ordentliches 3-Sterne-Hotel mit sauberen, modernen Zimmern und einer hervorragenden Lage am Rand der Altstadt. Preis, Ausstattung und Lage stimmen.
184

COROANA
€€
B-DUL REPUBLICII 62
TEL. 0268 477 448
FAX 0268 418 469
www.aro-palace.ro
Das verblichene, einst elegante Hotel aus dem frühen 20. Jahrhundert ist etwas für Fans der Marlene-Dietrich-Ära. Die ertragen auch die abgenutzten Decken und die grässlichen Armaturen …
80

PENSION AMALFI
€€
STR. PAUL RICHTER 7
TEL./FAX 0268 511 883
www.pensiunea-amalfi.ro
Das kleine Privathaus bietet fünf ganz individuelle Apartments. Jedes ist mit einem Schlafzimmer, Bad, einem Wohnraum und einer Küche ausgestattet. Die Lage ist geradezu ideal, das Haus liegt an einer ruhigen Allee hinter der Schwarzen Kirche.
5

PENSION AMBIENT
€€
STR. IULIU MANIU 62B
TEL. 0268 410 622
FAX 0268 410 387
www.pensiuneambient.ro
Die Pension Ambient ist netter, ruhiger und etwas günstiger als das gleichnamige Hotel. Alle Zimmer verfügen über einen Internetanschluss.
18 P

TRANSYLVANIAN CASTLE
€€
MICLOŞOARA
TEL. 0742 202 586
FAX 0267 314 088
www.transylvaniancastle.com
Das renovierte Gästehaus aus dem 19. Jahrhundert im „sächsischen" Stil liegt in einer Ortschaft nördlich von Braşov und gehörte Graf Kálnoky. Die Zimmer sind mit exklusiven Siebenbürger Antiquitäten ausgestattet. Das Hauptschloss aus dem 16. Jahrhundert ist ein B&B, hier wird Siebenbürger Küche serviert. Die Besitzer bieten eine ganze Auswahl an Ausflügen zu kulturellen und landschaftlichen Sehenswürdigkeiten sowie Bergtouren an.

COLIBA HAIDUCILOR
€€€
POIANA BRAŞOV
TEL. 0268 262 137
Das Restaurant im Tavernenstil zählt zu den bekanntesten im Land – ein Besuch von Poiana Braşov wäre unvollständig ohne einen Abstecher hierher. Die Atmosphäre erinnert an eine Jagdhütte, gekocht wird traditionell. Vegetarier werden weder von den Tierhäuten an den Wänden noch von der Lammsuppe, die in einem halben Lammschädel serviert wird, begeistert sein ... Eine Reservierung ist unbedingt notwendig.
100 P

ŞURA DACILOR
€€€
POIANA BRAŞOV
TEL. 0268 262 327
Das große, familiengeführte Restaurant hat es sich zur Aufgabe gemacht, die Geschichte der Daker mit traditionellen Speisen und Volksmusik lebendig zu halten. Zur Auswahl stehen moderne Gerichte, aber auch jahrhundertealte Rezepte wie *Dakischer Brocken*, eine im Ofen überbackene Polenta, die mit Sauerrahm serviert wird.
300

BELLA MUZICA
€€–€€€
PIAŢA SFATULUI 19
TEL. 0268 477 946
Das Kellerrestaurant offeriert eine vielfältige Mischung aus internationalen und rumänischen Gerichten in einer eher privaten Atmosphäre. Als Erstes serviert die Bedienung einen Schluck *palinca* – einen hochprozentigen Pflaumenschnaps. Der Gast bekommt drei Karten vorgelegt: eine für das Essen, eine für die Getränke und eine für die Musik. Man sollte unbedingt reservieren.
40

CASA HIRSCHER
€€–€€€
PIAŢA SFATULUI 12–14
TEL. 0268 410 533
www.casahirscher.ro
Casa Hirscher sorgt mit vielen Kerzen, einem hervorragenden Service und italienischer Karte für eine angenehme Stimmung. Zur Auswahl stehen frische Salate, Pastagerichte und hervorragend zubereitete Gerichte mit Huhn, Rind oder Fisch.
54

ŞIRUL VĂMII
€€–€€€
STR. MURESENILOR 18
TEL. 0268 477 725
Die Einheimischen lieben das Lokal wegen seiner kreativen Abwandlung traditioneller Gerichte und der lockeren Atmosphäre. Einen Versuch lohnt der Tafelspitz mit Meerrettich. Als Abschluss empfiehlt sich ein frisch zubereitetes Gebäck namens „Füllhorn" mit Früchten und Sahne und übergossen mit Schokolade.
45

DEANE'S IRISH PUB
€€
B-DUL REPUBLICII 19
TEL. 0268 411 767
www.deanes.ro
Man hört viel von diesem Pub, aber in Wahrheit ist das Essen nur durchschnittlich. Am ehesten sollte man noch wegen des irischen Frühstücks kommen. Immerhin ist das ein guter Ort, um Iren zu treffen, Livemusik zu hören und sich im Karaoke zu versuchen.
50

LA FIFI
€
STR. PAUL RICHTER 4
TEL. 0722 581 638
Das kleine, bei Studenten beliebte Café ist genau richtig für einen guten Kaffee; es liegt abseits der Touristenwege.
20

BANAT UND CRIŞANA

TIMIŞOARA

Die inoffizielle Hauptstadt Westrumäniens bietet zahlreiche Hotels und Pensionen in allen Preisklassen. Leider liegen die besseren Unterkünfte außerhalb des Stadtzentrums, es gibt aber auch noch eine Handvoll guter Häuser in der Stadt.

Wer noch kein Zimmer hat, kann auch die freundlichen Mitarbeiter der Touristeninformation (Str. Alba Iulia 2, Tel./Fax 0256 437 973) um Hilfe bitten.

LA RESIDENZA
€€€–€€€€
STR. INDEPENDENŢEI 14
TEL. 0256 401 080
FAX 0256 401 079
www.laresidenza.com
Das typische Stadthaus ist eines der hübschesten und einladendsten Hotels des Landes. Zu den großen Pluspunkten zählen die wunderschön ein-

gerichteten Zimmer, die hochmodernen Fitnessgeräte und die Sauna. Der grüne Garten und der Pool sorgen für zusätzliche Entspannung. Da es nur ein paar Zimmer gibt, sollte man unbedingt frühzeitig reservieren.

20

BEST WESTERN AMBASSADOR

€€€

STR. MANGALIA 1–3

TEL. 0256 306 880

FAX 0256 306 883

www.ambassador.ro

Nach dem Auftakt in der herrschaftlich eingerichteten Lobby und dem Empfangsbereich – sie sind mit schönen Stilmöbeln aus dem 19. und frühen 20. Jahrhundert und mit Kunstwerken ausgestattet – enttäuschen die eher karg möblierten Zimmer. Andererseits ist alles sehr sauber, und der Pool und der Innenhof sind an einem wirklich heißen Sommernachmittag echt angenehm.

40

NH TIMIŞOARA

€€€

STR. PESTALOZZI 1/A

TEL. 0256 407 440

FAX 0256 407 441

www.nh-hotels.com

Die NH-Kette ist passend für alle, die nach einem modernen, gut gepflegten Hotel mit relativ moderaten Preisen suchen. Das Frühstück ist nicht im Preis inbegriffen. Das Haus befindet sich gleich außerhalb des historischen Zentrums, rund 15 Gehminuten von der Piaţa Victoriei entfernt.

80

NORTH STAR CONTINENTAL RESORT

€€€

B-DUL REVOLUŢIEI 3

TEL. 0256 494 144

FAX 0256 204 038

www.hotelcontinental.ro

Anders als der Name vermuten lässt, ist das Hotel kein Mitglied der Continental-Kette und auch kein Resort im eigentlichen Sinne. Das gut geführte Hotel ist stattdessen ein Hochhaus mit sauberen, einfachen Zimmern und einer vor allem auf Geschäftsreisende ausgerichteten Ausstattung.

164

SAVOY

€€€

SPL. TUDOR VLADIMIRESCU 2

TEL. 0256 249 900

FAX 0256 275 500

www.hotelsavoy-tm.com

Das Boutique-Hotel in einer Jugendstilvilla aus den 1930er Jahren liegt rund zehn Gehminuten von der Piaţa Victoriei entfernt. Die Zimmer im neu angebauten Flügel hinten sind ruhiger, dafür sind die Zimmer vorne heraus interessanter eingerichtet. Das hoteleigene Restaurant ist wirklich sehr gut.

55

TIMIŞOARA

€€–€€€

STR. MĂRĂŞEŞTI 1–3

TEL. 0256 498 851

FAX 0256 499 450

Das Hochhaus besitzt gemütliche, saubere und gut gepflegte Zimmer, einmal abgesehen von einigen Flecken auf den Teppichböden und Decken. Ganz ordentlich ist auch das Hotelfrühstück.

152

CENTRAL

€€

STR. LENAU 6

TEL. 0256 490 091

FAX 0256 490 096

www.hotel-central.ro

Das Central liegt gleich beim Hauptplatz Piaţa Victoriei und wirkt von außen etwas düster. Umso angenehmer sind die sauberen und hellen Zimmer zu einem fairen Preis. Alle Zimmer sind in diesem Hotel mit einer Klimaanlage und einem Föhn in den Bädern ausgestattet.

84

RISTORANTE AL DUOMO

€€€–€€€€

STR. PAUL CHINEZU 2

TEL. 0256 437 199

Das recht förmliche italienische Spitzenrestaurant liegt nur wenige Schritte vom zentralen Platz Piaţa Unirii entfernt und bietet eine hervorragende Auswahl an Pasta- und sonstigen Gerichten. Die Einheimischen loben es sehr, der italienische Koch ist schon häufiger in den rumänischen Kochshows aufgetreten.

35

LLOYD

€€–€€€

PIAŢA VICTORIEI 2

TEL. 0256 294 949

Das Essen im stimmungsvollen Restaurant wird recht unterschiedlich beurteilt. Zu empfehlen sind jedenfalls die traditionellen Huhn- und Schweinefleischgerichte. Die Terrasse an der zentral gelegenen Piaţa Victoriei ist bei schönem Wetter besonders ansprechend.

65

CASA CU FLORI

€€

STR. ALBA IULIA 1

TEL. 0256 435 080

In diesem ruhigen und schönen Lokal sollte man einige der traditionellen Gerichte aus der Region Banat probieren. Das Café unten ist ideal für einen Kaffee und ein Stück Kuchen. Im Sommer ist die Terrasse gut gefüllt mit Leuten, die hier entspannt die Vorbeiflanierenden beobachten.

40

DA TONI

€€

STR. DALIEI 14

TEL. 0256 490 298

Die sehr authentische Pizzeria im Toskanastil ist eine der besten des Landes. Vor allem mittags ist sie gut besucht. Wer sich seinen Platz aussuchen möchte, sollte früh genug kommen.

30

TIMIŞOAREANA CLUB XXI
€€
PIAŢA VICTORIEI 2
TEL. 0256 295 421
Dank der Livemusik (Volksmusik) und der Möglichkeit zu tanzen ist das traditionelle rumänische Restaurant immer gut besucht. Zu empfehlen sind *sarmale* und *mămăligă*, aber auch alle anderen rumänischen Standardgerichte.
60

ORADEA

CONTINENTAL
€€€
AL. ŞTRANDULUI 1
TEL. 0259 418 655
FAX 0259 411 280
www.continentalhotels.ro
Der renovierte Hochhausbau ist etwas für Leute, die nach einem guten Preis-Leistungs-Verhältnis Ausschau halten. Für das Hotel sprechen der Pool im Garten mit heißer Quelle, die sogar ein Bad im tiefen Winter ermöglicht.
168 P

ELITE
€€€
PARCUL I. C. BRĂTIANU 26
TEL. 0259 414 924
FAX 0259 419 759
www.hotelelite.ro
Auch wenn die Lage nicht hervorragend ist: Das kleine Hotel zählt zu den besten der Stadt. Die Zimmer sind elegant eingerichtet und die Betten haben bequeme Matratzen. Die elegante Lobby bietet eine Bar, die sich zur Terrasse hin öffnet.
32 P

VULTURUL NEGRU
€€€
STR. INDEPENDENŢEI 1
TEL. 0259 450 000
FAX 0259 450 045
www.vulturulnegru.ro
Das 1906 errichtete massive Jugendstilgebäude hat schon bessere Tage gesehen, aber die Besitzer arbeiten hart daran, die einstige Schönheit wiederherzustellen. Die Zimmer sind sauber, groß und gut gepflegt. Am größten sind die Eckzimmer. Das Hotel bietet Rabatte ab zwei Übernachtungen.
47 P

ATLANTIC
€€
STR. IOSIF VULCAN 9
TEL./FAX 0259 426 911
www.hotelatlantic.ro
Das Hotel ist klein, gemütlich und zentral gelegen; hübsch wirkt auch die schon etwas verblasste Jugendstilfassade. Innen ist alles modern und kommt den Bedürfnissen von Geschäftsreisenden entgegen.
4 P

ATRIUM
€€
STR. REPUBLICII 38
TEL. 0259 414 421
www.hotelatrium.ro
In Preis und Ausstattung dem Scorilo vergleichbar, fehlt es dem Atrium allerdings an einer anheimelnden Atmosphäre und einem exzellenten Restaurant. Das Lobby-Atrium ist eindrucksvoll, die Zimmer sind karg, sauber und ruhig.
20 P

SCORILO
€€
PARCUL PETOFI 16
TEL. 0259 470 910
FAX 0259 470 952
www.hotelscorilo.ro
Die Zimmer dieses gut gelegenen und von einer Familie geführten Hotels belegen drei Etagen einer ehemaligen Bischofsresidenz aus dem 18. Jahrhundert. Das Hotel besitzt zwei Restaurants – eines davon im Originalkeller–, die beide zu den besten der Stadt zählen. Für das Kellerrestaurant ist eine frühzeitige Reservierung erforderlich.
16 P

LA GALLERIA
€€€–€€€€
STR. MADACH IMRE 1–5
TEL. 0259 475 490
www.lagalleria.biz
Die Galleria ist eines der besten italienischen Restaurants für alle, die gern Fisch essen: Das Thunfisch-Carpaccio ist köstlich. Gleiches gilt für die gemischte Grillplatte mit Scampi, Schwertfisch und Lachs. Unbedingt frühzeitig reservieren.
40

KELLY'S IRISH PUB & PIZZERIA
€€
STR. MADACH IMRE 1–5
TEL. 0259 413 419
Die irisch inspirierte Pizzeria ist an Wochenenden immer gut besucht. Außer Pizzen bekommt man hier auch Sandwiches und Bargerichte wie Chicken Wings.
90

MARAMUREŞ

BAIA MARE

HOTEL CARPAŢI
€€€
STR. MINERVA 16
TEL. 0262 214 812
FAX 0262 215 461
www.hotelcarpati.ro
Das eindrucksvolle Hotel liegt am Ufer des Săsar in der Altstadt von Baia Mare. Mit seinen ruhigen, schön gestalteten Gärten ist es in der lauten Stadt ein wunderbar friedlicher Zufluchtsort.
94 P

COMPLEX LOSTRIŢA
€
STR. BLIDARI 13B
TEL. 0744 471 692
www.complexlostrita.ro
Rund 18 Kilometer außerhalb von Baia Mare liegt dieser ungewöhnliche Komplex zu Füßen des Igniş-Gebirges. Zur Anlage gehören ein Hotel und ein Restaurant. Wer gern Forelle isst, sollte hier einkehren, die Fische stammen aus der hauseigenen Forellenzucht.
25 (plus 1 Villa) P

MOLDAU

IAŞI

DER BESONDERE TIPP

LITTLE TEXAS

Die amerikanischen Besitzer haben keine Kosten und Mühen gescheut, hier ein echt texanisches Roadhouse (einschließlich dicker Matratzen aus den USA) zu bauen. Im Sommer treffen sich auf der rückwärtig gelegenen Terrasse Gäste und Einheimische auf ein Bier oder ein Stück Grillfleisch am Pool. Das angeschlossene Restaurant serviert das ganze Jahr über hervorragende Tex-Mex-Gerichte. Little Texas liegt rund fünf Kilometer außerhalb des Zentrums von Iaşi an der Straße zum Flughafen. Ein Taxi kostet 8 RON.

€€€
MOARA DE VÂNT 31–33
TEL. 0232 272 545
FAX 0232 216 995
www.littletexas.org
32

TRAIAN
€€€
PIAŢA UNIRII 1
TEL. 0232 266 666
FAX 0232 212 187
www.grandhoteltraian.ro
Das Ende des 19. Jahrhunderts erbaute neoklassizistische Gebäude entwarf kein Geringerer als Alexandre Gustave Eiffel (ja, der Eiffelturm-Erbauer). Es wurde 2006 komplett renoviert und gilt nun als Top-Adresse in Iaşi.
60

UNIREA
€€–€€€
PIAŢA UNIRII 5
TEL. 0232 205 000
FAX 0232 205 026
www.hotelunirea.ro
Das Hochhaus aus kommunistischer Zeit hat eine hervorragende Lage – zum Bahnhof sind es zu Fuß nur zehn Minuten. Die unscheinbaren Zimmer sind sauber und modern.
186

ASTORIA
€€
STR. LĂPUŞNEANU 1
TEL. 0232 233 888
FAX 0232 244 777
www.hotelastoria.ro
Das Astoria stammt zwar aus den 1920er Jahren, doch bei der kürzlich durchgeführten Renovierung blieb nicht mehr viel von seinem alten Charme erhalten. Die sauberen, unscheinbaren Zimmer sind in Ordnung, die Lage ist sogar hervorragend.
60

CASA LAVRIC
€€€
STR. SF. ATANASIE 21
TEL. 0232 229 960
Das kleine Lokal kocht einige der besten moldauischen und rumänischen Spezialitäten; dazu zählt gegrilltes Schweinefleisch in einer Sahnesoße mit Polenta als Beilage. Probieren sollte man auch eine Flasche Grasă de Cotnari, einen der landesweit besten Weißweine, der nicht weit entfernt von Iaşi angebaut wird.
40

LITTLE TEXAS
€€–€€€
MOARA DE VÂNT 31–33
TEL./FAX 0232 272 545
www.littletexas.org
Ausgerechnet an der Grenze zu Moldawien steht hervorragendes mexikanischen Essen auf der Karte – weder Burritos noch Fajitas oder Quesadillas fehlen. Aber auch Steaks vom Grill, doppelt gebackene Kartoffeln und selbst Cheeseburger können geordert werden. Und zum Abschluss hat man die süße Qual der Wahl zwischen Brownies, Apple Pie oder einem Stück texanischem „Mud Pie".
60

PHENICIE
€€–€€€
STR. LASCĂR CATARGIU 9
TEL. 0232 222 239
Das libanesische Restaurant hat einen guten Ruf, serviert leckere Vorspeisen (Hummus, Tabouleh) und bekannte Hauptgerichte (meist Gegrilltes) und bietet die Möglichkeit, entweder eher leger oder aber sehr formell zu essen. Unbedingt die Nachspeisen probieren!
50

PIZZA PAZZO
€€
B-DUL TUDOR VLADIMIRESCU
TEL. 0232 210 442
Die Pizzen sind lecker in dieser Mini-Pizzeria, die anscheinend immer geöffnet hat. Pizzen kann man je nach Appetit in drei Größen (S, M, L) ordern. Spezialität des Hauses sind die Ofengerichte wie etwa das Huhn auf Wiener Art: Es wird zunächst in einer Pilz-Sahne-Soße gekocht und dann im Ofen überbacken.
40

CORSO
€
STR. AL. LĂPUSNEANU 11
TEL. 0232 276 143
www.corsoterasa.ro
Der Treffpunkt im Stadtzentrum, um abzuhängen oder an einem heißen Sommertag ein Bier zu trinken. Das Corso bietet eine gute Auswahl an nichtalkoholischen Getränken, aber nur wenig zu essen. Außerdem befindet sich hier eine kostenlose WLAN-Zone.
120

SUCEAVA

Auch wenn Suceava an sich eine unattraktive Industriestadt abgibt, ist der Ort doch ein wichtiger Bahnknotenpunkt und immerhin die größte Stadt in der Nähe der mit Fresken bemalten Klöster – also ein guter Ausgangspunkt für verschiedene Ausflüge. Wer früh genug in Suceava ankommt, kann sogar noch am gleichen Tag mit dem Auto oder Bus nach Gura Humorului fahren. Die kleine Stadt liegt 32 Kilometer außerhalb, besitzt ein sehr nettes Hotel und einige gute Pensionen und liegt nur drei Kilometer von zwei

Klöstern (Humor und Voroneţ) entfernt. Beide Bahnhöfe von Suceava sind ein gutes Stück vom Zentrum entfernt, daher empfiehlt sich ein Taxi (Preis für eine Fahrt etwa 8 RON).

CONTINENTAL
€€€
STR. MIHAI VITEAZUL 4–6
TEL. 0230 210 944
FAX 0230 216 266
www.continentalhotels.ro
Das zentral gelegene moderne Hotel mit gehobenem Standard bietet einfache Zimmer, komfortable Betten und ein gutes Restaurant, das bis Mitternacht geöffnet ist. Einige der auf der Homepage genannten Ausstattungsmerkmale, darunter der Internetanschluss im Zimmer, sind aber de facto nicht vorhanden. Trotzdem ist das Hotel wegen seiner Sauberkeit empfehlenswert.
96

VILLA ALICE
€–€€
STR. SIMION FLOREA MARIAN 1
TEL./FAX 0230 522 254
www.villaalice.ro
Das in der Nähe des Zentrums gelegene Haus wird von einer Familie geführt und bietet sowohl Standard- als auch Luxuszimmer (letztere verfügen über einen freien Internetzugang und Klimaanlage). Die Zimmer sind einfach, aber sauber gehalten. Das Hotel ist an ein Wellness-Center angeschlossen und bietet als Zusatzangebot eine Sauna, Fitnessgeräte und wohltuende Massagen.
10

LATINOS
€€–€€€
STR. CURTEA DOMNEASCĂ 3
TEL. 0230 523 627
An den Wochenenden spielt sich hier in der gehobenen Pizzeria das abendliche Leben ab. Das Restaurant ist ab 9 Uhr zum Frühstücken geöffnet.
50

GURA HUMORULUI

BEST WESTERN BUCOVINA
€€€
GURA HUMORULUI
TEL. 0230 207 000
FAX 0230 207 001
www.bestwesternbucovina.ro
Der eindrucksvollen Best Western Lodge gelingt eine Balance zwischen Komfort und rustikaler Gemütlichkeit. Die Zimmer auf den oberen Stockwerken öffnen sich zu Terrassen mit schönem Blick über die Hügel und die Stadt. Das Personal hilft, Ausflüge zu den sehenswerten Klöstern zu organisieren.
130

CASA ELENA
€€
VORONEŢ
TEL. 0230 230 651
FAX 0230 235 326
www.casaelena.ro
Das schöne und gut gepflegte Gästehaus liegt nicht weit entfernt vom Kloster Voroneţ und bietet recht einfach ausgestattete, aber saubere Zimmer. Das Restaurant ist hervorragend und bestens geeignet, um moldauische Spezialitäten wie beispielsweise *pomana porcului* – kleine Stücke geräuchertes Schweinfleisch und Würste – zu probieren.
30

CASA IOANA
€€
VORONEŢ
TEL. 0745 610 317
Die Casa Ioana besteht im Prinzip bloß aus einigen wenigen Zimmern in einem kleinen Bauernhaus und liegt ganz in der Nähe des Klosters. Taxifahrer kennen es – wer mit dem eigenen Wagen anreist, muss in Richtung Kloster Voroneţ fahren und nach dem Schild mit dem Namen Ioana und dem Bild eines kleinen Mädchens in einem Bauerngewand Ausschau halten.
5

DOBROGEA

CONSTANŢA

Constanţa hat sich seiner einstigen Bedeutung erinnert und inzwischen seinen historischen Stadtkern wiederbelebt. Wer im Juli oder August vorhat, an die Schwarzmeerküste zu fahren, um dort am Strand zu liegen und zu schwimmen, sollte über Constanţa aber gleich weiter nach Mamaia reisen. Das Wasser in Mamaia ist sauberer und der Badeort besser auf Sommerurlauber eingestellt. Die Preise in beiden Städten steigen im Hochsommer, im Winter sinkt die Nachfrage, weshalb viele Hotels bereit sind, einen Preisnachlass zu gewähren.

ROYAL
€€€
B-DUL MAMAIA 191
TEL. 0241 545 570
FAX 0241 545 882
www.hotelroyal.ro
Das hübsche und gepflegte Royal ist ein ganz akzeptabler Kompromiss, wenn man nicht weit von Constanţas historischem Zentrum und dem Strand entfernt wohnen will. Dafür darf man sich dann allerdings nicht an der eher trist wirkenden Straße stören. Die Zimmer sind etwas besser als die im Ibis und Class, das Hotel besitzt außerdem eine Sauna und ein paar Fitnessgeräte. Während der Saison unbedingt frühzeitig buchen.
50

FERDINAND
€€–€€€
STR. FERDINAND 12
TEL. 0241 617 974
FAX 0241 617 924
www.hotelferdinand.ro
Das Ferdinand hat den kleinen Vorteil, dass es näher an den Stadtstränden von Constanţa als das Ibis oder Class liegt. Die Zimmer mit tadellosen Bädern sind gehobener Standard und bequem eingerichtet, einige haben Blick aufs Meer.
20

IBIS
€€–€€€
STR. MIRCEA CEL BĂTRÂN 39–41
TEL. 0241 508 050
FAX 0241 508 051
www.ibishotel.com
Zu den Stadtstränden und ins historische Zentrum ist es nur ein kurzer Spaziergang. Das unscheinbar wirkende Hochhaushotel bietet saubere, quadratisch angelegte Zimmer mit allen modernen Annehmlichkeiten und dazu noch hervorragende Preise.
154

CLASS
€€
STR. RĂSCOALA DIN 1907 1
TEL. 0241 660 766
FAX 0241 660 909
www.hotelclass.ro
In fußläufiger Entfernung zur Altstadt und zum Hafen bietet das Class einfache, aber geschmackvoll eingerichtete Zimmer und tadellose Bäder. Wem das Schwimmen sehr wichtig ist, der sollte sich allerdings besser nach einer anderen Unterkunft umsehen, denn die schöneren Strände liegen in Mamaia, etwa 5 bis 6 Kilometer weiter auf der Straße.
26

MARCO POLO
€€€
STR. SARMISEGETUZA 2
TEL. 0241 617 357
Die zentral gelegene Pizzeria serviert ansprechende Speisen, außer Pizzen auch Steaks, Meeresfrüchtegerichte und sehr gute Salate.
90

EL GRECO
€€–€€€
STR. DECEBAL 18
TEL. 0241 554 032
Auf der Karte finden sich die traditionellen Vorspeisen und Salate eines griechischen Restaurants, nur ein wenig an den rumänischen Geschmack angepasst. Wer sich nicht entscheiden kann, sollte das Huhn *kaftero* probieren, eine gut gewürzte Mischung aus gegrilltem Huhn, Bohnen, Tomaten und grünen Paprika. Es ist wahrscheinlich das beste Gericht in Constanţa.
50

COLONADELOR
€€
STR. TRAIAN 53
TEL. 0241 618 058
Hauptanziehungspunkt ist im Sommer die Terrasse, wo man mit etwas Glück eine kühlende Brise vom Hafen erwischt. Das Colonadelor hat das ganze Jahr über geöffnet und wird vor allem wegen seiner guten Pizzen und der rumänischen Spezialitäten besucht.
200

IRISH PUB
€€
STR. ŞTEFAN CEL MARE 1
TEL. 0241 550 400
www.irishpub.ro
Nicht gerade das, was man sich gemeinhin unter einem irischen Pub vorstellt. Das gehobene und in dunklem Holz gehaltene Bistro serviert hervorragende Steaks, Koteletts und Meeresfrüchte, außerdem verschiedene Cocktails und Kaffees. Das Pub öffnet um 9 Uhr und serviert dann alle möglichen Arten von Omeletts.
60

AMSTER'S
€–€€
B-DUL TOMIS 55
TEL. 0241 511 499
Das stimmungsvolle Café liegt einen Block vom Stadtzentrum entfernt und bietet heiße Getränke oder einen Imbiss an. Ein kostenloser WLAN-Zugang ist ebenfalls vorhanden.
70

MAMAIA

Nach Mamaia sollte man in der Hochsaison (Mitte Juni–August) nicht ohne ein reserviertes Zimmer reisen, die gesamte fünf Kilometer lange Uferlinie ist dann ausgebucht. Die Zimmerpreise steigen im Sommer und fallen erst wieder ab Mitte September. Im Oktober ist nicht mehr viel los, viele Hotels schließen dann über die Wintermonate. Ein Hinweis zu den Adressen: Mamaia kennt keine Adressen mit Straßennamen, alle Gebäude werden nur mit ihrem Namen bezeichnet (Nummern gibt es auch nicht). Karten, die die Namen und die Lage der Urlaubsresorts zeigen, sind in den Hotels erhältlich.

HOTELS
Preiskategorien für ein Doppelzimmer mit Bad und Frühstück (wenn nicht anders angegeben) in der Hauptsaison:

€€€€€	über 160 €
€€€€	120–160 €
€€€	80–120 €
€€	40– 80 €
€	unter 40 €

RESTAURANTS
Preiskategorien für ein Drei-Gänge-Menü mit Wein:

€€€€€	über 30 €
€€€€	20–30 €
€€€	15–20 €
€€	8–15 €
€	unter 8 €

GRANDHOTEL REX
€€€€€
MAMAIA
TEL. 0241 831 520
FAX 0241 831 690
www.grandhotelrex.ro
Das palastartige Hotel aus der Zwischenkriegszeit (das Originalhotel wurde 1936 erbaut) hat das ganze Jahr über geöffnet. Es wurde bis hin zu den alten Lüstern restauriert und ist nun wieder eines der besten Hotels an der rumänischen Schwarzmeerküste. Innen ist alles frisch und sauber, mit hellem Holz möbliert und mit blauen Teppichböden ausgelegt.
102

IAKI
€€€€
MAMAIA
TEL. 0241 831 025
FAX 0241 831 169
www.iaki.ro

Der ausgedehnte pinkfarbene Komplex bietet hervorragende Sportmöglichkeiten, verfügt über ein Hallenbad und Fitnessräume. Die Zimmer sind allesamt großzügig geschnitten, haben hohe Decken und eine moderne Ausstattung (inklusive Internetanschluss). Das Hotel ist ganzjährig geöffnet.
98

TULCEA

Tulcea ist die größte Stadt im Donaudelta und deshalb ein guter Standort für organisierte Ausflüge ins Delta. Abgesehen davon ist der Ort allerdings wirklich nicht viel mehr als eben eine gemütliche Hafenstadt; wer Zeit hat, sollte also unbedingt weiter ins Delta hineinfahren. Es lohnt sich, hier über eines der vielen Reisebüros oder die Touristeninformation eine Privatunterkunft zu buchen (Str. Garii 26, Tel./Fax 0240 519 130).

DER BESONDERE TIPP

DELTA NATURE RESORT

Im Donaudelta sind eine ganze Reihe neuer, ökologisch ausgerichteter Resorts entstanden, die ihren Gästen ein Naturerlebnis garantieren, ohne die Umwelt zu belasten. Das hübscheste und teuerste dieser Anlagen ist das Danube Nature Resort in der Nähe der Ortschaft Parches. Es liegt von Tulcea aus etwa 20 Kilometer landeinwärts. Hier stehen etwa 30 Bungalows, die allesamt mit ortsüblichen Baumaterialien errichtet wurden und einen Blick aufs Wasser bieten. Die Mitarbeiter helfen bei der Planung von Bootsfahrten und vogelkundlichen Exkursionen im Delta. Die Anlage ist von Tulcea aus mit dem Auto, Minibus oder mit dem Taxi (rund 50 RON) erreichbar.

€€€€€
SOMOVA-PARCHES
TEL. 0213 114 532
FAX 0213 114 533
www.deltaresort.com
30

REX

€€€
STR. TOAMNEI 1
TEL. 0240 511 351
FAX 0240 511 354
www.hotelrex.ro
Das einzige 4-Sterne-Hotel im Stadtgebiet von Tulcea hält großzügig bemessene Räume mit moderner Einrichtung bereit. Ein Nachteil ist die ungünstige Lage (1 km außerhalb des Stadtzentrums).
38

DELTA

€€
STR. ISACCEI 2
TEL. 0240 514 720
FAX 0240 516 260
www.deltahotelro.com
Bei diesem klassischen Hochhausbau aus kommunistischen Zeiten hat man mit entsprechenden Teppichböden und modernen Bädern versucht, ein komfortables, gemütliches 3-Sterne-Hotel im Retro-Stil zu schaffen. Das Hotel punktet vor allem mit einem guten Restaurant, nettem Personal, einem großen Hallenbad und seiner schönen Lage am Fluss und am Hafen.
120

EGRETA

€€
STR. PĂCII 3
TEL. 0240 506 250
FAX 0240 517 103
Die niedrigeren Zimmerpreise des Egreta zeigen an, dass der Standard hier nicht ganz dem im Delta üblichen Maßstab entspricht. Dennoch ist das Hotel sauber und gepflegt, liegt zentral und nicht weit vom Fluss entfernt, und das freundliche Personal spricht zudem Englisch.
98

EUROPOLIS

€
STR. PĂCII 20
TEL. 0240 516 649
FAX 0240 512 443
Der aus der kommunistischen Ära stammende Häuserblock zieht vor allem Reisende mit kleinerem Geldbeutel an. Für das Hotel sprechen das warme Wasser rund um die Uhr und die Heizung im Winter. Das Reisebüro im Haus hilft bei der Buchung von Donau-Kreuzfahrten und Ausflügen ins Flussdelta.
25

SELECT

€€
STR. PĂCII 6
TEL. 0240 506 180
Die Taverne kocht traditionelle Gerichte; probieren sollte man den hiesigen Fisch namens *somn*, einen Verwandten des Wels. Als Nachtisch seien *papanași* empfohlen – frittierte Griesknödel, die mit Sahne und einem Klecks Marmelade serviert werden.
65

TRIDENT

€–€€
STR. UNITATEA 3
TEL. 0240 519 502
Trident ist eine hübsche Pizzeria im Zentrum, in der die Pizzen in einem Lehmofen gebacken werden. Auch die Pastagerichte und die Kaffees sind recht gelungen.
40

EINKAUFEN & UNTERHALTUNG

EINKAUFEN

Am intessantesten für auswärtige Besucher ist das qualitativ hochwertige Kunsthandwerk: die traditionellen Spitzen, die Holzschnitzereien, der Schmuck und die Keramik. In Rumänien gibt es zahlreiche Organisationen, die Qualitätshandwerk vermarkten. Sie stellen Interessierten eine Liste der Kunsthandwerker in der gewünschten Region zur Verfügung und/oder vermitteln auch einen direkten Kontakt zu einzelnen talentierten Künstlern.

Fundaţia Meşteşuguri Româneşti (Stiftung Rumänisches Kunsthandwerk) hat ihren Sitz in Bukarest und pflegt eine landesweite Datenbank mit den Adressen der Handwerker.

In Bukarest lohnt sich ein Abstecher zu den Verkaufsständen im Muzeul National Al Satului „Dimitrie Gusti" (Rumänisches Dorfmuseum, Boseaua Şiseleff 28, Tel. 021 317 9110, www.muzeulsatului.ro). Ein weiterer guter Laden befindet sich im Museul Tăranului Român (Rumänisches Bauernmuseum, Boseaua Şiseleff 3, Tel. 021 650 5360). Eine ergiebige Informationsquelle sind auch die Hotels und die nächstgelegenen Touristeninformationen.

In Biertan bei Sibiu in Transsilvanien findet man Artefact Biertan (Str. Nicolae Balcescu 2, Tel. 0269 868 494, Nov.–März geschl.). Zu sehen sind Möbeln und Textilien, aber der Laden verkauft insgesamt gute Qualitätswaren, etwa handgefertigte Keramik, Gemälde, Ikonen und Schmuck aus ganz Rumänien.

Auch Bücher sind ein schönes Souvenir. Überall im Zentrum von Bukarest, vor allem aber in der Nähe der Universität (Piaţa Universităţii), findet man Stände, an denen gebrauchte Bücher angeboten werden. Manchmal sind sogar Raritäten darunter. Wer lieber neue Bücher kaufen will, sollte Cărtureşti (Str. Arthur Verona 13, Tel. 021 317 3459 oder 078 875 8408; info@carturesti.ro) – einen eindrucksvollen Buchladen mit Teestube – aufsuchen. Der Inhaber verkauft Kunst- und Architekturbücher (viele in Englisch), und besitzt eines der besten Sortimente an Musik-CDs in der Hauptstadt.

In Bukarest finden sich auch einige der landesweit besten Antiquäten-, Secondhand- und Krimskramsläden. Diese Geschäfte ballen sich im Viertel Lipscani. Beginnen Sie mit dem Laden Hanul cu Tei (Str. Lipscani 63–65, Tel. 021 313 0181) und lassen Sie sich anschließend durch die winzigen Sträßchen von Lipscani treiben.

Was Souvenirs betrifft, sind auch die Ikonen und andere sakrale kunsthandwerkliche Stücke zu nennen. Rumänien ist bekannt für seine exzellent gearbeiteten Kopien. Außerhalb der Museen, vor allem bei den bemalten Klöstern rund um Suceava, findet man viele Händler, die sich auf Kunshandwerk und religiöse Werke spezialisiert haben.

In den meisten Großstädten, auf jeden Fall in Bukarest, Braşov, Constanţa, Timişoara und Iaşi, gibt es inzwischen jeweils eine hochmoderne Shopping Mall oder ein Einkaufszentrum. Entlang der Ausfallstraßen haben sich Handelsketten und Supermärkte niedergelassen. Viele Städte besitzen einen zentralen Obst- und Gemüsemarkt – den man sich anschauen sollte.

Hinsichtlich ihres Sortiments sind die Einkaufszentren und großen Supermärkte nicht wirklich interessant. Viele bieten die gleichen Waren wie in Westeuropa an, und entgegen der landläufigen Meinung sind die Qualiätswaren (Kleidung, Kosmetik, Schuhe, Lederwaren) eher teurer als in Deutschland oder Österreich.

UNTERHALTUNG

OPER & KLASSISCHE MUSIK

In den großen Städten des Landes findet man eine lebendige Kulturszene, vor allem die Oper ist sehr beliebt. Bukarest, Braşov, Cluj-Napoca, Constanţa, Iaşi und Timişoara leisten sich alle ein eigenes Opernensemble. Cluj gönnt sich sogar zwei Opern – eine für die rumänische, die andere für die ungarischen Bevölkerung. Das wichtigste Opernhaus der Hauptstadt ist die Bukarester Nationaloper (B-dul Kogălniceanu 70–72, Tel. 021 314 6980, www.operanb.ro). Auf der (englischen) Homepage finden sich eine Programmübersicht und die Möglichkeit, Tickets zu reservieren.

Die Rumänen sind große Liebhaber klassischer Musik. Hotels und Touristinformationen helfen gerne bei der Konzertsuche. Es lohnt sich auch, nach den rumänisch-englischen Kulturprogrammen Ausschau zu halten, etwa nach den folgenden Publikationen: *Şapte Seri (Seven Evenings)* und *Zile şi Nopţi (Days and Nights)*. In Bukarest sollte man sich den Besuch eines klassischen Konzerts im Ateneul Român (Rumänisches Athenäum, Str. Benjamin Franklin 1–3, Tel. 021 315 8798) nicht entgehen lassen; hier ist das Orchestra Simfonică a Filarmonicii George Enescu (Philharmonisches Orchester George Enescu) zu Hause.

VOLKSMUSIK

Die Rumänen interessieren sich sehr für ihre althergebrachte Volksmusik; oft sind es sogar gerade die jungen Rumänen, die sich für die Musik als Zugang zu ihren kulturellen Wurzeln interessieren. Immer wieder stößt man auf Aushänge mit Programmhinweisen; die größte Chance, traditionelle Lieder und Tänze zu erleben, hat man bei den Sommerfestivals in Transsilvanien und Maramureş. Lohnend ist oft auch der Besuch eines traditionellen Restaurants wie des Caru' cu Bere in Bukarest, des Coliba Haiducilor in Poiana Braşov oder des Timişoareana Club XXI in Timişoara.

NACHTLEBEN

Die Rumänen lieben Partys; die Zentren dieser abendlichen Treffen und Tanzveranstaltungen sind logischerweise die Universitätsstädte (Bukarest, Iaşi, Braşov, Cluj-Napoca und Timişoara). Im Sommer verlagert sich das Geschehen an die Schwarzmeerküste und in die Hafenstadt Constanţa sowie in den angrenzenden Ferienort Mamaia. Im Juli und August präsentiert sich Mamaia als eine endlose Ansammlung von Tanzclubs, Diskotheken und Raverlokalen. Der Name des beliebtesten Clubs wechselt von Saison zu Saison, die aktuellsten Infos bieten die Veranstaltungshefte *Şapte Seri* und *Zile şi Nopţi*; beide geben jeweils Regionalausgaben für die wichtigsten Städte des Landes heraus. *Your Pocket* deckt Bukarest und Braşov ab und hilft dort bei der Suche nach den aktuellsten Hot Spots.

Kasinos sind ein großes Geschäft und in allen wichtigen Städten vertreten. Noch ein Hinweis zu sonstigen abendlichen Vergnügungen: Es gibt viele zweifelhaft wirkende Nachtclubs und sogenannte „Gentlemen's Clubs" – meist in den Vororten der großen Städte. Diese nur für Erwachsene gedachten Tanzclubs und Massagesalons mögen anstößig sein, sie sind aber legal. Das gilt jedoch nicht für die Prostitution!

FREIZEITAKTIVITÄTEN & FESTIVALS

OUTDOOR-SPORTARTEN

Bootsfahrten, Angeln & Vogelbeobachtungen

Im sumpfigen Donautdelta mündet die Donau ins Schwarz Meer – die Region ist wunderschön und eine noch weitgehend ursprüngliche Naturlandschaft, die kilometerlange Wasserwege für Kanuten, Bootsfahrer, Angler und Vogelliebhaber bereithält.

Tulcea ist ein geeigneter Standort, um Ausflüge, Übernachtungen und das Ausleihen von Booten zu organisieren. Private Reisebüros können fast alles arrangieren, was man sich wünscht. Als erster Haltepunkt bietet sich die Touristeninformation an, die sich gleich am Ufer in Tulcea (Str. Gării 26, Tel. 0240 519 130) befindet. Die Mitarbeiter halten aktuelle Listen der Agenturen bereit und helfen bei der Ausflugsplanung. Bei vielen Veranstaltern lassen sich Ausflüge und Exkursionen auch schon im Vorfeld der Reise buchen. Go Romania Tours (www.goromania tours.com) bietet etwa die achttägige Exkursion „Discover the Danube Delta" an, Schwerpunkt ist dabei die Vogelbeobachtung.

Wer tiefer ins Delta vordringen will, kann eine der regulären Fähren besteigen oder selbst ein Boot chartern. Zur Auswahl stehen die verschiedensten Bootstypen, das Gesetz verlangt aber in allen Fällen, dass einheimische Kapitäne mit Lizenz für die Gewässer des Biosphärenreservats Donaudelta die Boote steuern. Die entsprechenden Bootsführer sind qualifizierte Einheimische; viele kennen sich hervorragend in der Vogelwelt aus, einige sprechen auch Englisch. Manche geben gern richtig Gas, und sie schädigen durch dieses Verhalten dann den Lebensraum der Vögel. Wer sichergehen will, dass er einen erfahrenen Führer bekommt, sollte die Asociaţia de Ecoturism din România (Str. Gabroveni 2, et. 4, Sector 3, Bukarest, Tel. 074 431 9742; 026 832 6271) in Bukarest kontaktieren. Der Veranstalter Tioc Natur- und Studienreisen (www. tioc-reisen.ro/de) mit Sitz in Sibiu hat sich auf Naturschutz, Vogel- und Tierbeobachtung für Individualreisende und Kleingruppen spezialisiert.

Das Angeln im Delta ist nur mit einer Erlaubnis der Asociaţia Rezervaţiei Biosferei Deltei Dunării (Str. Portului 34A, Tulcea, Tel. 0240 518 945) möglich.

Radfahren & Mountainbiken

Das Radfahren fängt gerade erst an, in Rumänien beliebt zu werden, trotzdem kann jeder sein Rad mitbringen und dann Tausende von Kilometern auf Landstraßen, Nebenstraßen, Forstwegen und sonstigen Pfaden unterwegs sein. Einmal abgesehen von den wichtigen Fernstraßen ist der Verkehr im Lande nach wie vor gering, so dass man ein Paradies für Radler vorfindet. Besser geeignet als Straßenräder sind Touren- und Mountainbikes. Leider gibt es noch relativ wenige Leihräder und Ausrüster oder Fahrradgeschäfte/-werkstätten, die unterwegs Schäden beheben können. In den Zügen ist das Mitnehmen von Rädern gestattet, wenn ein Gepäckwagen vorhanden ist. Bei allen anderen Zügen hängt es vom Schaffner ab …

Unbedingt abzuraten ist vom Radfahren in den Großstädten. Der Verkehr in Bukarest, Cluj-Napoca, Braşov und Constanţa ist fürchterlich und die Straßen eignen sich überhaupt nicht für ein erholsames Radfahren. Etwas besser ist die Situation rund um Sibiu und im ländlichen Transsilvanien. Kultours (Piaţa Mică 16, Tel./Fax 0269 216 854, www.kul tours.ro) verleiht Räder und verkauft gute Radkarten der Region.

Wer die Planung lieber anderen überlassen möchte, kann sich an verschiedene Veranstalter wenden, die Touren für Alleinreisende organisieren und geführte Touren anbieten. Adventure Transylvania (www.adventuretransylvania.com) bietet eine achttägige Mountainbiketour im Bucegi-Gebirge an; im Preis eingeschlossen sind der Transfer ab Bukarest und das Leihfahrrad. Die österreichische Firma Rad & Reisen (Schickgasse 9, 1220 Wien, Tel. 0043/1/40 53 873, www.radreisen.at) bietet auch Radtouren an, u.a. eine achttägige Donau-Radtour und eine achttägige Fahrt durch Transsilvanien (Räder werden gestellt, 60 €). Eine zweiter deutschsprachiger Veranstalter ist der Rad-Reise-Service (Kirchweg 1, 34260 Kaufungen, Tel. 0049/5605/ 56 56, www.rad-reise-service.de), er hat ebenfalls eine achttägige Transsilvanien-Fahrt im Angebot (Leihrad 60 €).

Golf

Da der Golfsport nach wie vor als Elitesportart gilt, entwickelt er sich seit 1989 nur sehr langsam. Immerhin gibt es inzwischen einige nette Plätze im Land. Ein schöner und auch für Touristen zugänglicher Platz ist der 9-Loch-Golfplatz Lac de Verde (www.lac deverde.ro) im lieblichen Prahova-Tal unweit von Braşov. Der Club bietet verschiedene Packages an (inklusive Übernachtungen, Greenfees und Leihausrüstung).

Bergsteigen & Wandern

Mit seiner unberührten Landschaft, den sanft gewellten Hügeln und den alpinen Gebirgen ist Rumänien geradezu ein Paradies für Wanderer und Bergenthusiasten. Die schönsten Destinationen liegen in Transsilvanien, im Bucegi-Gebirge rund um Sinaia und im hohen Făgăraş-Gebirgszug. Hier gibt es gut markierte Wege und nützliche Wanderkarten. Am leichtesten tut man sich, wenn man sich in der betreffenden Stadt (Sinaia, Predeal, Braşov, Sighişoara oder Sibiu sind gute Ausgangspunkte) bei den Touristeninformationen einige Karten besorgt und sich entsprechende Wanderrouten heraussucht. Es gibt Tagestouren als auch mehrtägige Wanderungen mit Übernachtungen in Berghütten *(cabane)*. Die Wandersaison beginnt Anfang Juni und endet im September. Die rumänischen Gebirge – im Durchschnitt sind sie 2000 bis 2500 Meter hoch –, die Berge sind aber doch nicht so einfach zu besteigen, wie manch einer glauben mag. Wichtig sind Wanderschuhe mit Profilsohle, ausreichend Wasser, Sonnencreme und Regenkleidung.

Die rumänische Firma Adventure Transylvania bietet diverse Wanderungen, Bergtouren und Trekkingtouren in unterschiedlichen Schwierigkeitsgraden an (Tel. 0727 394 727, www.adventure transylvania.com). Caliman Club, ebenfalls eine rumänische Firma mit Sitz in Bistriţa im Norden von Transsilvanien, hat sich auf das schöne Someş-Tal und andere eher unbekannte Regionen in den Karpaten spezialisiert. Dieser Anbieter führt neben Wanderungen auch Kanutouren, Radtouren und Ausritte durch (Tel. 0263 235 046). Roving Romania (www.roving-romania.co.uk) mit Sitz in Braşov organisiert ebenfalls Natur- und Bergtouren und kümmert sich um den Naturschutz. Transylvania Uncovered (www.beyondtheforest.com) ist ebenfalls eine hilfreiche Anlaufstation; dort arrangiert man individuell zugeschnittene Touren für Einzelpersonen und Gruppen.

Eine noch recht junge rumänische Firma in Braşov, Discove-Romania, organisiert geführte und ungeführte Touren in vielen unbekannten Regionen des Landes (www.discoveromania.ro).

Das Reisebüro Corbet Transair (www.corbet-transair.ro) arbeitet von Târgu Mureş aus und hilft ebenfalls Urlaubern, kleine, unbekannte Landstriche zu entdecken.

NordNordVest Turism (Tel. 0262 226 508) in Baia Mare hat sich auf die Region Maramureş spezialisiert.

Wer sich näher für die unzähligen Freizeitmöglichkeiten (Wandern, Trekken, Reiten) im Apuseni-Gebirge interessiert, sollte auf den folgenden Websites stöbern: www.buciumland. ro, www.buciu manii.ro und www.greenmoun tainholidays.ro. Hilfreich sind auch die folgenden Websites: www.trek kingforum.com, www.wandern.de (Wandertouren für Individualreisende), www.mountainguide.ro/ en/index.htm (englischsprachiger Bergführer).

Paragliden, Klettern, Kanu fahren & Abenteuersportarten

Abenteuersportarten erfreuen sich in Rumänien einer wachsenden Beliebtheit. Zentrum dieser Aktivitäten ist Braşov. Private Veranstalter bieten Trekkingtouren, machen Vorschläge für Kletterrouten, bieten Paragliding und Downhill-Touren an. Erste Anlaufstelle ist die Touristeninformation in Braşov (Piaţa Sfatului 30, Tel. 0268 419 078, www.brasovcity. ro). Dort liegen Broschüren und Katalogen der örtlichen Anbieter aus. Ebenfalls beliebt bei Abenteuersportlern ist die Region rund um Oradea in Westrumänien. Eine der besten lokalen Agenturen hinsichtlich der Organisation von Outdoor-Aktivitäten ist Apuseni Experience (Tel. 0259 472 434, www.apuseni experience.ro).

Skifahren

Rumäniens Gebirge bieten ab Mitte Dezember (bis Anfang März) gute Schneebedingungen. Verglichen mit Skigebieten in Österreich, der Schweiz oder Frankreich ist die Infrastruktur allerdings enttäuschend. Das bekannteste Skigebiet ist Poiana Braşov, rund 15 Kilometer außerhalb von Braşov gelegen und mit Auto oder Bus zugänglich. Der Ferienort ist klein, besitzt aber ordentliche Pisten und kann relativ zuverlässig mit Schnee rechnen. Die meisten anderen Skigebiete liegen im weiteren Umkreis von Braşov: Sinaia (1 Stunde mit dem Zug) bietet gute Pisten. Ein weiteres beliebtes Skigebiet ist Predeal; es liegt an der Hauptbahnstrecke zwischen Sinaia und Braşov. In allen Skiorten kann man Skier und sonstige Aussrüstung ausleihen und Skikurse belegen. Wer zeitlich flexibel ist, sollte unter der Woche kommen, dann sind die Schlangen nicht ganz so lang.

Schwimmen & Sonnenbaden

Die besten Strände finden sich entlang der Schwarzmeerküste, gleich nördlich und südlich von Constanţa. Allerdings sollte man hier keine unberührten Strände erwarten. Beliebte Badeorte wie Mamaia (nördlich von Constanţa) erinnern eher an eine Hochhausschlucht als an eine unversehrte Küste. Wer das Disko-Treiben und tagsüber viel Sonne sucht, wird sich in Mamaia wohlfühlen.

Wer ernsthaft einige Sommertage an der Küste verbringen möchte, sollte rechtzeitig buchen (am besten ein Pauschalangebot). Im Sommer sind die Strände und Promenaden überfüllt; dann ein Zimmer oder einen Restauranttisch zu ergattern kann ziemlich schwierig werden. Günstiger ist es, lange im Voraus auf ein Pauschalangebot zuzugreifen. In manchen Angeboten ist sogar noch ein Ausflug ins Donaudelta eingeschlossen.

FESTIVALS

Im Folgenden werden die Highligts des rumänischen Festival-Kalenders vorgestellt; die örtlichen Touristeninformationen kennen natürlich auch die regionalen Feste und Festivals.

Dezember/Januar
Viele Städte und Orte veranstalten große Weihnachts- und Neujahrsevents; ab dem Neujahrstag geht es dann wieder ruhiger auf den Straßen zu.

April
Das orthodoxe Osterfest ist der wichtigste Feiertag des Jahres, es wird häufig eine Woche nach dem westlichen Osterfest gefeiert.

Mai/Juni
Fruchtbarkeitsfeste finden im Frühjahr statt. Anfang Mai feiert die Ortschaft Hoteni in Maramureş ihr jährliches Festival Tânjaua de pe Mara. Dabei geht es um die Aussaat. In Bukarest findet im Dorfmuseum die Handwerksmesse statt, bei der traditionelle Techniken wie das Holzschnitzen, das Glasblasen und die Eierbemalung im Mittelpunkt stehen.
Im Juni steht Sibiu im Zeichen des Internationalen Theaterfestivals. Ebenfalls im Juni treffen sich Cineasten in Cluj-Napoca zum jährlichen Transylvania International Film Festival. Bukarest ist Gastgeber des jährlichen internationalen Musikfestivals der Frankophonie. Târgu Mureş veranstaltet in der letzten Juniwoche das beliebte Fest Marosvásárhely Napok.

Juli/August
An das Bukarest des 19. Jahrhunderts erinnert das Bukarest Festival of Old. Paraden finden statt, die Leute laufen in historischen Kostümen herum:. Dazu gibt es traditionelle Speisen und Musik.

Das Sighişoara Medieval Arts Festival Anfang Juli dauert drei Tage und dreht sich um Handwerk, Künste und Musik des Mittelalters. Da immer viele Leute kommen, sollte man sich rechtzeitig um ein Zimmer bemühen.

Das Mädchen-Fest (Târgul de Fete) im Găina-Gebiet ist ein Heiratsmarkt, zu dem die Dorfbewohner in Tracht kommen und die alten Riten der Brautschau wieder aufleben lassen.

Im Juli findet in der Ortschaft Vadu Izea in Maramureş ein viertägiges Volksmusikfest statt: das Maramuzical Festival.

Im August veranstaltet Sfantu Gheorghe das *Festival Anonimul*. Das 2004 begründete Filmfestival führt einen Wettbewerb für Features, Fiction- und Zeichentrickfilme durch (weitere Informationen: www.delta sfantugheorghe.ro, auch deutsch).

Der Badeort Mamaia veranstaltet alljährlich im August das Sommer-Musik-Festival, in Sibiu findet das International Folk Music Festival statt. Beim jährlichen Tanzfestival in Prislop kommen Vertreter aus Transsilvanien, Moldau und Maramureş zusammen, um traditionelle Tänze aufzuführen und traditionelle Gerichte zu genießen. Das Ganze ereignet sich am Prislop-Pass in den Karpaten.

September/Oktober
Sibiu ist Gastgeber des International Jazz Festival, bei dem Jazzmusiker aus ganz Europa und der Welt zu

In allen ungeraden Jahren findet in Bukarest das zehntägige Musikfestival zu Ehren von George Enescu statt.

November/Dezember
Der Tag der nationalen Einheit wird in Bukarest und Alba Iulia am 1. Dezember begangen.

Die im Norden gelegene Stadt Sighet veranstaltet nach den Weihnachtstagen ein Fest des winterlichen Brauchtums.

SPRACHFÜHRER

Rumänisch gehört zu den aus dem Lateinischen hervorgegangenen romanischen Sprachen und wurde im Laufe der Jahrhunderte von slawischen Sprachen, vom Türkischen und Ungarischen beeinflusst. Die größte sprachliche Verwandtschaft besteht zum Italienischen, aber auch Franzosen und Spanier sind in der Lage, zum Beispiel rumänische Zeitungsüberschriften zu verstehen. Englisch wird in den Oberschulen gelernt, relativ viele Rumänen verstehen es inzwischen. Doch es schadet trotzdem nichts, die eigenen Französischkenntnisse zu reaktivieren, wenn es darum geht, mit Taxifahrer oder Fahrkartenverkäufern zu kommunizieren. In Siebenbürgen (Transsilvanien) und im Westen Rumäniens verstehen bzw. sprechen noch viele Menschen Deutsch (oder Ungarisch).

Rumänen sind stolz auf ihre lateinischen Wurzeln; alle Versuche, zumindest ein paar Wörter wie „Danke", „Guten Tag" oder „Auf Wiedersehen" in der Landessprache zu sagen, werden mit einem dankbaren Lächeln bedacht.

Grundwortschatz & Redewendungen

Ja/Nein	*Da/Nu*
Bitte	*Vă rog*
Danke	*Mulţumesc*
Guten Tag	*Bună ziua*
Guten Abend	*Bună seara*
Gute Nacht	*Noapte bună*
Hallo	*Salut/Servus* (in Siebenbürgen)
Auf Wiedersehen/Bis dann	*La revedere*
Entschuldigen Sie	*Scuzaţi-mă*
Wie geht es Ihnen?	*Ce mai faceţi?*
Sehr gut, danke	*Bine, mulţumesc*
Prost! Viel Glück!	*Noroc!*
Guten Appetit!	*Poftă bună*
Offen/Geschlossen	*Deschis/Închis*
Eingang/Ausgang	*Intrare/Iesire*
Kein Zutritt	*Intrare interzisa*
Männer/Frauen	*Bărbaţi/Femei*
Stadtzentrum	*Centru*
Bahnhof	*Gara*
Ankunft/Abfahrt	*Sosire/Plecare*
Wie heißen Sie?	*Cum vă numiţi?*
Sprechen Sie Englisch?	*Vorbiţi englezeşte?*
Ich möchte gerne …	*Aş vrea …*
Wie viel?	*Cât costă?*
Die Rechnungk bitte	*Nota, vă rog*

REGISTER

Angaben in **Fettdruck** verweisen auf Abbildungen.

ABBILDUNGSNACHWEIS

Abkürzungen: (o) oben; (u) unten. Alle Bilder stammen von Steven Weinberg, mit folgenden Ausnahmen. Umschlag: oben links, ©iStockphoto.com/Gabriela Insuratelu; oben rechts: Steven Weinberg; unten rechts: Steven Weinberg; unten links, ©iStockphoto.com/Calin Ilea.
1, 4, Alexandra Avakian; 2–3, G. Kerr; 9, Gavin Hellier/Getty Images; 12–13, Alexandra Avakian; 14–15, Dinu Lazar; 16–17, Alexandra Avakian; 18, Richard l'Anson/LPI/Getty Images; 21 (u), Mihal Radu Baluta; 22–23, Dinu Lazar; 25, AFP/Getty Images; 28–29, Tibor Mester; 30, Hulton Archive/Getty Images; 33, Joel Robine/Getty Images; 34–35, Daniel Mihailescu/Getty Images; 38, Dinu Mendrea; 40, 41, G. Kerr; 42, Pascal Guyot/Getty Images; 43, Time & Life Pictures/Getty Images; 44, 47, Dinu Lazar; 48, age fotostock/SuperStock; 61, G. Kerr; 62 (o), Joe Mabel; 62 (u), G. Kerr; 69, Zediu Felix/Fotolia; 70, Bogdan Morar; 74, Marian Curelaru; 75, Ioana Bancos; 77, Tibor Bognar/Alamy Ltd; 78, 79, Civic Academy Foundation, Bukarest, 2007; 89, G. Kerr; 91, Rumänisches Fremdenverkehrsamt; 92, Rumänisches Fremdenverkehrsamt; 93, © 2006 Artists Rights Society (ARS), New York/ADAGP, Paris; 94, Catalin Rotaru/www.rotaru.com; 96, Cristina Mitroi; 103, Dinu Mendrea; 104, David Tose/Getty Images; 106, Pablo Corral Vega/CORBIS; 111 (o), O. Louis Mazzatenta; 112, Craig Pershouse/Getty Images; 115, Opriscan Romulus Ioan; 117, Dan Tataru/Shutterstock; 118–119, 119, Alexandra Avakian; 120, Oana Vinatoru/ iStockphoto.com; 122, Alin Popescu/Shutterstock; 124, Falk Kienas/Shutterstock; 127, Kathy Kavalec; 128, Dinu Mendrea; 129, Radu Mendrea; 130, Rumänisches Fremdenverkehrsamt; 131, Radu Mendrea; 132, Alan Grant; 134, Andrei Dragomir; 135, allOver photographer/Alamy Ltd; 137, Radu Mendrea; 138, Russell Young/CORBIS; 140, Sandu Mendrea; 142, Dorling Kindersley/Getty Images; 143 (u), Falk Kienas/iStockphoto.com; 143 (o), Holger Ehlers/Alamy Ltd; 144, Kathy Kavalec; 146, Radu Mendrea; 154, G. Kerr; 155, D. Mosel; 164, Seth Brush http://cender.net; 166, Paul Carstairs/Alamy Ltd; 169, Gregory Wrona/Alamy Ltd; 172, allOver photographer/Alamy Ltd; 175, G. Kerr; 176, D. Mosel; 183, Ioana Bancos; 184, Alexandra Avakian; 187 (o), D. Mosel; 188, Kristen Soper/Alamy Ltd; 189, Bogdan Cristel/CORBIS; 194, G. Kerr; 198–199, Page fotostock/SuperStock; 200, G. Kerr; 206, D. Mosel; 216, Tortocan Alexandru; 218, Rumänisches Fremdenverkehrsamt; 220, 221 (o), Tomasz Tomaszewski; 221 (u), Michael Chen/iStockphoto.com; 224, Sorin Cristescu; 228–229, Ed Kashi; 232, Sandu Mendrea; 234, Ceban Cristi.

HINWEISE ZUM VERANTWORTUNGSVOLLEN REISEN:

National Geographic setzt sich für einen nachhaltigen, rücksichtsvollen Tourismus ein, der auf einer respektvollen Haltung der Reisenden gegenüber dem besuchten Ort basiert. Rumänien hat sich zur Einhaltung der Prinzipien verpflichtet, die in der Geotourismus-Charta von National Geographic niedergelegt sind. Unter Geotourismus versteht die Gesellschaft einen Tourismus, der den speziellen Charakter des besuchten Ortes, aber auch seine Umgebung, seine Sitten und Gebäuche und seine natürliche Schönheit, das kulturelle Erbe und das Wohlergehen der dort lebenden Bewohner im Auge hat. Wer gemäß diesen Grundsätzen unterwegs ist, kann sicher sein, den Urlaub auf die bestmögliche Art und Weise zu verbringen. Jeder verantwortungsvolle Reisende sollte sich darüber im Klaren sein, welchen Einfluss auf ein Land er schon allein durch die Auswahl seiner Reiseroute ausüben kann. Folgende Hinweise sollte der Einzelne bei seinen Reisen bedenken:

- Allein durch seine Anwesenheit nimmt jeder Einfluss auf den besuchten Ort/die Region.
- Wer verantwortungsvoll reist, sollte sein Geld auf eine Weise ausgeben, die den ursprünglichen Charakter der bereisten Region erhält (einmal abgesehen davon, dass man auf diese Weise auch viel mehr vom Land erfährt).
- Jeder Besucher sollte dem reichen Natur- und Kulturerbe Rumäniens mit Respekt begegnen.
- Die lokalen Bräuche und Traditionen sind unbedingt zu respektieren.
- Es ist wichtig, den Rumänen seine Wertschätzung gerade für diejenigen Dinge zu zeigen, die die Einzigartigkeit ihres Landes ausmachen: die Natur und Landschaft, die Musik, das Essen, die historischen Dörfer und Gebäude.
- Legenden darf man nicht mit der Realität vor Ort verwechseln: Nicht alle Transsilvanier sind begeistert davon, dass ihre Region immer nur mit dem Dracula-Roman in Verbindung gebracht wird.
- Am meisten Einfluss nimmt man natürlich mit dem Geldbeutel – etwa indem man gezielt solche Einrichtungen unterstützt, die sich wirklich um den besichtigten Ort kümmern, oder wenn man in Geschäften einkauft, die sich dem Schutz zum Beispiel des rumänischen Kunsthandwerks verschrieben haben. Dazu zählen auch kleine Läden und Restaurants oder solche Reiseanbieter, die ihren Ort oder ihre Landschaft lieben und den ausländischen Gästen die Schönheit des Landes ernsthaft nahebringen wollen.
- Unbedingt sollten Reisende all jene Geschäfte und Unternehmen meiden, die den ursprünglichen Charakter eines Ortes verändern.
- Wer auf diese Weise reist, hat mehr von seinem Urlaub, und er kann sicher sein, dass er seinen Teil zum Erhalt und zur Verbesserung des Landes beigetragen hat.

Wer mehr über Geotourismus und National Geographics Center for Sustainable Destinations wissen möchte, findet weitere Informationen auf der Internetseite: www.nationalgeographic.com/travel/sustainable/

DANKSAGUNG

Die Autorin möchte sich bei folgenden Personen und Institutionen für ihre Unterstützung bei der Recherche für dieses Buch bedanken:
Jean Blajan, Corneliu Bucur, Primăria Câmpulung Muscel, Ioana Bogdan Cataniciu, Horia Ciugudean, Mirela und Sorin Ciutacu, Jean-Michel Corbet, Niculiță Dărătean, Crina Draghici, Ștefan Enache, Cristina Enescu, Caroline Fernolend, Reghina Ghițiu, Ioan Godea, Vichi Guța, Institutul de Cercetări Eco-Muzeale Tulcea, Vasile Ionescu, Anamaria und Georgeta Iuga, Mike Joseph, Anca und Gabi Jugănaru, Tibor Kálnoky, Valeria Lehene, Kathleen Laraia McLaughlin, Fundația pentru Meșteșuguri Românești, Ramona Mitrica, Angela und Mike Morton, Adrian Munteanu, Doru Munteanu, Sorin Negrea, Pro Patrimonia, Cristina Popescu, The Rai Family, Reuniunea Mărginimii Sibiului, Done Șerbanescu, Kit Shann, Colin Shaw, Livia Stoia, Nora Stroe, Ecaterina Tantareanu

In der Reihe NATIONAL GEOGRAPHIC TRAVELER sind bisher folgende Titel erschienen:

ÄGYPTEN
ALASKA
AMSTERDAM
AUSTRALIEN
BARCELONA
BERLIN
BOSTON UND UMGEBUNG
CHINA
COSTA RICA
DEUTSCHE NATIONALPARKS
DOMINIKANISCHE REPUBLIK
FLORENZ UND TOSKANA
FLORIDA
FRANKREICH
GRIECHENLAND
GROSSBRITANNIEN
HAWAII
HONGKONG
INDIEN
IRLAND
ITALIEN
JAPAN
KALIFORNIEN
KANADA
KARIBIK
KRETA
KUBA
LONDON
MADRID
MEXIKO
MIAMI UND DIE FLORIDA KEYS
NEAPEL UND SÜDITALIEN
NEW YORK
PANAMA
PARIS
PEKING
PIEMONT UND NORDWEST-ITALIEN MIT TURIN UND DEN ALPEN
PORTUGAL
PRAG UND TSCHECHIEN
PROVENCE UND CÔTE D'AZUR
ROM
RUMÄNIEN
SAN FRANCISCO
SHANGHAI
SIZILIEN
SPANIEN
STATE PARKS – AMERIKAS »KLEINE NATIONALPARKS«
ST. PETERSBURG
SYDNEY
TAIWAN
THAILAND
USA-NATIONALPARKS
VENEDIG
VIETNAM
WASHINGTON, D.C.

Weitere Titel in Vorbereitung

Deutsche Ausgabe veröffentlicht von NATIONAL GEOGRAPHIC DEUTSCHLAND (G+J/RBA GmbH & Co KG)
Hamburg 2009
Übersetzung: Waltraud Horbas, Jutta Ressel M. A., Raphaela Moczynski, Dr. Annegret Pago, Dr. Thomas Pago
Gesamtproducing: CLP • Carlo Lauer & Partner
Satz: CDN Media
Druck und Verarbeitung: Offizin Andersen Nexö Leipzig GmbH, Leipzig
Printed in Germany
ISBN 978-3-86690-103-2

Alle Angaben in diesem Buch wurden zum Zeitpunkt der Erarbeitung sorgfältig geprüft. Dennoch können sich natürlich Details ändern, und der Verlag kann für solche Änderungen, eventuelle Fehler oder Auslassungen keine Verantwortung oder Haftung übernehmen. Bewertungen von Hotels, Restaurants oder Sehenswürdigkeiten geben die Sicht der Autoren wieder.

Titel der amerikanischen Originalausgabe:
NATIONAL GEOGRAPHIC TRAVELER ROMANIA

Veröffentlicht von der National Geographic Society, Washington, D.C. 2007. Alle Rechte vorbehalten.

John M. Fahey, Jr., *Präsident*
Gilbert M. Grosvenor, *Aufsichtsratsvorsitzender*
Nina D. Hoffman, *Vizepräsidentin, Präsidentin der Buchabteilung*
Kevin Mulroy, *Vizepräsident und Herausgeber*
Leah Bendavid-Val, *Direktorin für Fotografie und Illustrationen*
Marianne R. Koszorus, *Layout-Leitung*
Elizabeth L. Newhouse, *Leiterin Reisebuch*
Carl Mehler, *Kartografieleitung*
Cinda Rose, *Art Director*
Barbara A. Noe, *Reihen- und Projektleitung*
R. Gary Golbert, *Herstellungsleitung*
Mike Horenstein, *Herstellung*
Jennifer Thornton, *Redaktion*

Redaktion und Herstellung: AA Publishing, Basingstoke, England
Lawrence M. Porges, *Projektmanagement*
Kay Kobor Hankins, *Künstlerische Gestaltung*
Jane Sunderland, *Redaktion*
Vickie Donovan, *Layout*
Cristina Rai, Florin Filip, *Recherche*
Lisa Sajewski, *Beratung*
XNR Productions, *Kartografieredaktion und -herstellung*
Marshall Kiker, *Illustrationen*
Richard Firth, *Herstellungsleitung*
Connie D. Binder, *Register*
Jack Brostrom, Olivia Garnett, Lynsey Jacob, Michael McNey, Nida Sophasarun, Rob Waymouth, Meredith Wilcox, *Mitarbeiter*

Grafiken S. 86–87 und 148–149 gestaltet von Maltings Partnership, Derby, England